铺面力学

谈至明　著

人民交通出版社股份有限公司
China Communications Press Co.,Ltd.

内 容 提 要

本书系统地论述了铺面力学的基本理论、计算方法及相应的数理知识。内容包括:弹性地基梁,弹性柱体,弹性半空间体,弹性地基上圆板、矩形板,弹性层状体的轴对称、非轴对称问题,横观各向同性层状体,黏弹性理论及应用,塑性理论及应用和结构动态问题。为了阅读方便和教学需要,书末附“数理知识补充”。

本书可供从事铺面工程设计、研究的工程技术人员参考,也可作为道路工程专业研究生的教材。

图书在版编目(CIP)数据

铺面力学 / 谈至明著. — 北京 : 人民交通出版社股份有限公司, 2016.1

ISBN 978-7-114-12753-3

Ⅰ. ①铺… Ⅱ. ①谈… Ⅲ. ①路面—力学—研究 Ⅳ. ①U416.0

中国版本图书馆 CIP 数据核字(2016)第 016919 号

书　　名: 铺面力学
著 作 者: 谈至明
责任编辑: 丁润铎　钱　堃
出版发行: 人民交通出版社股份有限公司
地　　址: (100011)北京市朝阳区安定门外外馆斜街 3 号
网　　址: http://www.ccpress.com.cn
销售电话: (010)59757973
总 经 销: 人民交通出版社股份有限公司发行部
经　　销: 各地新华书店
印　　刷: 北京市密东印刷有限公司
开　　本: 787 × 1092
印　　张: 19
字　　数: 430 千
版　　次: 2016 年 1 月　第 1 版
印　　次: 2016 年 1 月　第 1 次印刷
书　　号: ISBN 978-7-114-12753-3
定　　价: 55.00 元

序

随着基础设施建设的发展，地面铺面工程应用范围越来越广泛，从原来的道路路面、机场跑道道面，扩展到港口、仓库等货物堆场，工厂车间地坪，履带车辆行驶场地，飞行物发射基面等，因此，一个新的学科分支——铺面工程应运而生。铺面力学则是铺面工程的一种应用基础理论，研究铺面结构的力学行为，为铺面工程设计提供分析方法。

铺面力学起源于路面力学计算。在二十世纪五六十年代国内研究路面设计方法时，为探究路面设计理论，一些学者收集翻译有关文献，并着手研究沥青路面和水泥混凝土路面力学分析方法；其后发表一些有关弹性层状体系的文章，编印路面力学计算讲义。随着国内从事路面力学研究的人员的增多和研究的深入，研究人员发表了大量路面设计理论方法及其应用的文章，1985 年，朱照宏等人撰写出版了《路面力学计算》一书，随后数十年，一些相关教材和著作相继出版。使用和研究发现，现有书籍和大学教学内容主要是弹性层状体系和弹性地基板的力学理论，而铺面工程对力学的需求亟待拓展。同时，现有路面力学文章和书籍较多述及含特殊函数无穷积分及多层结构积分常数线性方程组求解方法，而这些内容随着计算机技术的发展，已不难解决也不甚重要了。

路面设计采用力学经验法已成为国内外共识，即以弹性力学分析方法为基础，加以考虑路面使用经验或试验总结结果。对于一些影响因素分析、机理研究及特定问题的求解，弹性力学显得无能为力，需用到反映沥青路面或组成材料特性的黏弹性力学、塑性力学等理论方法。本书系统深入论述路面分析的弹性力学理论，包括弹性层状体系理论和弹性地基板理论，以及其分析方法和结果。同时，对黏弹性力学、塑性力学与动力学及其应用，进行有重点地介绍。对于前者，从弹性地基梁和弹性柱体问题入手，逐渐拓展至弹性地基板和弹性层状体系弹性问题，并对弹性层状体系和弹性地基板的力学理论方法进行了系统梳理阐述，丰富了新内容，包括作者在此领域内取得的一系列成果，以及近年来国内外研究的新进展。对于后者，书中增加了相应章节，其中，讨论了沥青混合料的时—温等效，黏弹性地基梁、板和层状弹性体的振动和准静载解，以及压(冲)模贯入等问题。书中还补充介绍了数理方法中含参数积分、贝塞尔函数及积分变换等知识。

本书作者长期从事道路工程的教学和研究，担任硕士研究生的“路面力学计算”(“铺面力学”)课程教学多年，理论基础深厚，并专注于铺面力学的研究，取得众多研究成果，例如弹性层状体系的力学分析方法、简化近似公式算法及在路面结构设计中的应用，以及不同条件弹性地基板理论分析方法，并获得统一解。本书著述重点突出，由浅入深,对弹性地基板梁问题叙述始于弹性地基梁,再扩展至不同地基薄板、双层板及中厚板;对弹性体系轴对称问题分析,从柱体开始,到半空间,再到层状体系;相关力学分析着意获取理论解析解,公式的推演过程清晰、简明,并注意影响因素与变化规律分析;一些具体问题求解通过示例表述,既突显著作主要内容又提升学习兴趣,便于自学和教学。

本书是迄今为止"铺面力学"内容全面、系统的第一本专著,相信它的出版会对铺面工程技术发展和人才培养起到推动作用,是为序。

王秉纲

2015 年 9 月

前　言

笔者研究生毕业后就职于同济大学,从事道路工程的教学和研究工作,30年来,终始致力于铺面力学的研究,并担任硕士研究生的“路面力学计算”(现更名为“铺面力学”)课程教学多年。笔者撰写本书一是有感于现有关于路面力学的书籍虽不少,但内容较狭窄,仅限于弹性层状体系理论或(和)弹性地基板理论,而铺面工程对力学的需求不仅限于这两个理论,亟待拓展;其次,现有路面力学书籍过多着墨于如何求解含贝塞尔函数的无穷积分、多层结构积分常数的线性方程组,而这些技术的重要性随着计算机技术的发展已逐渐被淡化了;再次,现有书籍中示例和分析较少,不易阅读和自学。

本书从弹性地基梁和弹性柱体问题出发,逐渐拓展至弹性层状体系和弹性地基板问题,对弹性层状体系和弹性地基板理论进行了系统地梳理和整理,增加了笔者在此领域内取得的一系列成果,例如,弹性地基上有弹性夹层的双层梁、板解,不同地基上单层和双层薄板、中厚板的统一解,文克勒地基板极限承载能力,地基梁、板黏弹性振动等内容;纳入近年来国内外研究的新进展,例如,弹性柱体一般解,弹性地基上四边自由矩形薄板、中厚板解,横观各向同性层状体系解等内容;还增加了黏弹性理论及应用、塑性理论及应用和动态问题三章,其中,讨论了沥青混合料的时—温等效,黏弹性地基梁、板和层状弹性体的振动和准静载解,以及压(冲)模贯入等问题。本书力求将力学分析方法扩展至铺面工程的各领域,且呈现铺面力学的最新进展。

铺面力学是解析铺面结构在车辆、飞机、装卸机械,以及集装箱等堆货荷载外部作用下铺面结构力学响应的学问,涉及弹性力学、黏弹性力学、塑性力学和动力学,以及数理方法中特殊函数、积分变换等众多学科的知识。本书对此难以一一展开、细细道来,内容仅限于理论解析解,公式的推演过程力求简明、完整,并增加了大量的示例和规律分析,以便自学和教学。

本书在两年多写作过程中,得到不少同仁的帮助和支持,王秉纲教授拨冗为拙作审阅和作序,书中部分尚未公开发表的新成果由本人与陈景亮、郭晶晶、赵振岐合作完成,插图大部分由陈景亮绘制,在此一并表示感谢。

作　者

2015年9月

前　言

笔者研究生毕业后就职于同济大学，从事道路工程的教学和研究工作，30 年来，终始致力于铺面力学的研究，并担任硕士研究生的“路面力学计算”（现更名为“铺面力学”）课程教学多年。笔者撰写本书一是有感于现有关于路面力学的书籍虽不少，但内容较狭窄，仅限于弹性层状体系理论或（和）弹性地基板理论，而铺面工程对力学的需求不仅限于这两个理论，亟待拓展；其次，现有路面力学书籍过多着墨于如何求解含贝塞尔函数的无穷积分、多层结构积分常数的线性方程组，而这些技术的重要性随着计算机技术的发展已逐渐被淡化了；再次，现有书籍中示例和分析较少，不易阅读和自学。

本书从弹性地基梁和弹性柱体问题出发，逐渐拓展至弹性层状体系和弹性地基板问题，对弹性层状体系和弹性地基板理论进行了系统地梳理和整理，增加了笔者在此领域内取得的一系列成果，例如，弹性地基上有弹性夹层的双层梁、板解，不同地基上单层和双层薄板、中厚板的统一解，文克勒地基板极限承载能力，地基梁、板黏弹性振动等内容；纳入近年来国内外研究的新进展，例如，弹性柱体一般解，弹性地基上四边自由矩形薄板、中厚板解，横观各向同性层状体系解等内容；还增加了黏弹性理论及应用、塑性理论及应用和动态问题三章，其中，讨论了沥青混合料的时—温等效，黏弹性地基梁、板和层状弹性体的振动和准静载解，以及压（冲）模贯入等问题。本书力求将力学分析方法扩展至铺面工程的各领域，且呈现铺面力学的最新进展。

铺面力学是解析铺面结构在车辆、飞机、装卸机械，以及集装箱等堆货荷载外部作用下铺面结构力学响应的学问，涉及弹性力学、黏弹性力学、塑性力学和动力学，以及数理方法中特殊函数、积分变换等众多学科的知识。本书对此难以一一展开、细细道来，内容仅限于理论解析解，公式的推演过程力求简明、完整，并增加了大量的示例和规律分析，以便自学和教学。

本书在两年多写作过程中，得到不少同仁的帮助和支持，王秉纲教授拨冗为拙作审阅和作序，书中部分尚未公开发表的新成果由本人与陈景亮、郭晶晶、赵振岐合作完成，插图大部分由陈景亮绘制，在此一并表示感谢。

作　者

2015 年 9 月

目　录

1 绪 论

1.1 概 述

铺面工程属土木工程范畴,但与房屋、桥梁等结构工程相比,它具有3个显著且独特的工程特点:

(1)工程量巨大,如每公里高速公路的路面材料用量达上万立方米。

(2)结构损坏的危害较低,如道路路面,机场道面,港口、仓库等货物堆场铺面,厂区地坪铺面结构的未扩展性结构开缝及表面平整度衰退等病害,主要影响乘客舒适性和用户经济性,对飞机或车辆行驶安全性不会构成严重危害。

(3)可修复性强,铺面结构在使用期内,通过日常保养、小修保护和大中修,持续不断对铺面结构损坏和表面功能衰退进行维修和恢复。

铺面工程特点决定了铺面结构所用材料相对较廉价,如未筛分的砂礫石、级配碎石、粉煤灰、工业废渣等,这些材料的力学本构关系十分复杂且变异性大。铺面结构所含的可靠性(或称之为结构保证率)较低,现行《公路工程结构可靠性设计统一标准》(GB 131—2006)[1]中,不同等级公路路面结构的目标可靠指标β在1.04~1.64之间,对应的允许结构失效率为5%~15%;而桥梁、隧道结构的目标可靠指标β变化在3.7~5.7之间,对应的允许结构失效率为数万分之一到数十亿分之一。

铺面力学是研究铺面结构在车辆、飞机、装卸机械等流动机械的轮载或其支腿、集装箱等堆货荷载,以及环境因素变化等外部作用下的力学响应,即求得铺面结构任何一点或特征点的应力、位移,进而与由室内材料试验测得的材料强度,或铺面结构使用性能要求值进行对比,以评价铺面结构的适用性及估计铺面结构的使用寿命。

铺面工程特点和结构特性决定了铺面力学的解析十分困难。

(1)铺面材料复杂的本构关系难以描述,若构建复杂的应力—应变本构关系,在数学上是难以求解的。

(2)均匀性较差的路面材料的强度和变形特性等力学性能的变异性十分显著,这种变异性在力学模型中难以得到很好反映,若采用稍粗糙的假定和近似办法处理材料的本构关系和变异性,就可能使分析结果中包含的假设和近似处理引起偏差远远超过结构本身的可靠性要求。

(3)铺面结构是层状结构物,它比其他土木工程常见的梁、杆、柱、拱、桁架、板、壳等结构,在力学上更为复杂难解。

现行各国铺面结构设计方法中,以试验路观测和统计为依据的经验设计方法仍占有相当比例,具有代表性的有AASHTO设计法[2]、基于CBR试验的国际民航组织(ICAO)的机场道面设计法[3]等。但经验设计法存在着推广和拓展困难的缺陷，而铺面力学在揭示不同地区、不同荷载、不同材料、不同铺面结构类型的结构力学响应，以及铺面结构力学响应与荷载、材料、结构参数之间的内在联系方面具有不可替代作用。因此，随着铺面力学研究深入，为了应对不断涌现的新型荷载，例如，波音 777 和空客 380 的 6 轮组主起落架荷载，以力学分析为主，辅以工程经验的力学—经验设计法受到各国青睐，经验设计方法向力学—经验法过渡的步伐日益加快。

现代固体力学的各个分支在铺面工程中均有不同程度的应用。线弹性力学中的弹性地基板理论和弹性层状体系理论是铺面力学中的两大支柱，其中，弹性地基板是分析水泥混凝土铺面结构的最基本力学模型，而弹性层状体系理论是柔性铺面结构设计的基本理论。始于 1929 年用于测定土基和粒料强度的 CBR 试验[4,5]、地基板极限承载力等问题属塑性力学，其中，CBR 试验是典型压模冲压问题。需考虑沥青混合料应力松弛的沥青路面低温开裂、沥青混合料劲度的时—温等效等问题属黏弹性力学范畴[6,7]。落锤式弯沉试验、车辆与铺面结构的耦合振动等问题属于动力学。另外，断裂力学和流固耦合动力学在铺面工程的应用也已起步。

1.2 铺面力学历史

铺面力学的雏形出现在 17 世纪初，1716 年，法国为修筑公路成立一个分析土颗粒组成和测定路基承载力的试验室，这标志着基于试验评价铺面结构承载能力的开端。1747 年在该试验室基础上法国成立了著名工程师学校——国立桥路学校（Ecole Nationale des Ponts et Chaussees）。

弹性层状体系理论是在弹性半空间体理论的基础上发展起来的，弹性半空间体理论中的两大经典问题——半空间体表面作用竖向集中力和水平集中力的解析解分别是由 19 世纪 80 年代的布辛尼斯克（Boussineseq）和塞露蒂（Cerruti）得到的，其中，布辛尼斯克提出的弹性半空间体在竖向集中力作用下应力和位移解[8]迄今仍是土力学中应用最广泛的力学公式。

1919 年，寺泽宽一对轴对称荷载作用下的弹性半空间体，采用贝塞尔函数得到了其应力和位移的一般表达式[9]；1929 年，乐甫（A. E. H. Love）采用势能法得到圆形均布荷载作用下的半空间体应力和位移近似解[10]。1943 ~ 1945 年，波米斯特（D. M. Burmister）用乐甫位移函数和贝塞尔函数建立了弹性层状体系的一般理论[11,12]。1955 ~ 1956 年，牟歧鹿楼应用乐甫位移函数和汉克尔变换得到水平荷载作用下的弹性半空间体的应力和位移解[13]；随后，希夫曼（R. L. Schiffman）、巴伯（E. S. Barber），用此方法得到了水平荷载作用下的层状弹性体系的应力和位移解[14]。横观各向同性体的轴对称问题解由列赫尼茨基（S. G. Lekhnitskii）在 1940 年求得[15]；1958 年胡海昌提出了可求解横观各向同性层状体一般问题的位移函数[16]。

由于上述层状弹性体系的理论解中含有关于贝塞尔函数的无穷积分，难以分析其规律和应用。因此之后的一二十年，众多学者致力于简化求解过程，提高数值计算的精度，绘制可用铺面结构设计的诺模图。其中，国外作出较突出贡献的学者有：英国福克斯（L. Fox）、苏联科岗（Б. И. Kогaи）、法国乔弗洛（G. Jeuffroy），以及威斯特曼（R. A. Westmann），琼斯（A. Jones）

和黄仰贤等人[17]。

我国对弹性层状体系的研究始于20世纪60年代，在简化其求解过程，提高数值计算的精度和绘制可用铺面结构设计的诺模图中作出较大贡献的学者有：朱照宏、许志鸿、王凯、郭文复、郭大智、钟阳等[18~21]。其中，在求解多层未知系数线性方程方面，王凯的"递推回代法"[19]、郭文复的"分层逆子阵的传递矩阵法"[20]、郭大智的"系数递推法"[21]较有影响。

随着计算机技术的发展，多层未知系数线性方程和关于贝塞尔函数无穷积分的求解已不是太大难题，不同未知系数线性方程的不同求解方法的差异已不明显。

对于弹性地基板理论，最早研究此问题的是18世纪物理学大家赫兹（H. Hertz），1884年，赫兹发表了关于浮冰的承载能力问题的论文[22]，但此结果没有应用至铺面结构设计之中。最早被应用于水泥混凝土铺面结构设计的板应力计算式是由古德贝克（G. Goldbeck）提出，它是板角隅作用集中力并将板视为变宽度悬臂梁的近似式[23]。被广泛用于水泥混凝土铺面结构设计的成果是由威斯特卡德（H. M. S. Westergaard）完成的。威斯特卡德在1926~1948年间，先后给出及完善了文克勒地基无限大薄板板中受荷、半无限大板板边受荷、1/4无限大板板角隅受荷时的板应力和挠度解[24~27]。板厚方向温度线性分布引起的板温度翘曲应力的近似解由威斯特卡德和布拉德伯里（R. D. Bradbury）给出[28,29]。弹性半空间体地基薄板在轴对称荷载作用下应力和挠度的解由霍格（A. H. A. Hogg）[30]和舍赫捷尔（O. Я. Шехтер）[31]得到。双参数地基圆形薄板的轴对称问题解由双参数地基假设提出者之一的符拉索夫（Vlazov）求得。另外，可用设计定点荷载铺面结构的地基板极限承载力计算公式由梅依尔霍夫（G. G. Meyerhof）提出[32]。

文克勒地基上矩形薄板的求解方法有单三角级数的莱维（P. P. Levy）解法、双三角级数的纳维（L. Navier）解法，但它们仅适用于对边简（滑）支，或四边简（滑）支矩形板[33]。四边自由矩形板的求解较为困难，局部荷载下的文克勒地基、双参数地基上四边自由矩形薄、中厚板解由石小平、黄义等人应用两个莱维级数叠合求出[34,35]。但它们是级数解，求解过程较冗长繁复，需求解高阶线性方程组。弹性半空间体地基、弹性层状体地基上矩形板等问题至今仍无解析解。

有限元方法的出现和完善，为水泥混凝土铺面结构的数值分析提供了有力的手段。二十世纪七八十年代，国内外很多学者致力于这方面的研究，其中，国外的黄仰贤、S. K. Wang、A. M. Ioannides[36~39]，国内的张佑启、姚祖康、王秉纲、姚炳卿、邓学钧、谈至明等人的研究成果较具有代表性[40~47]。有限元方法不仅可分析线弹性问题，对地基与板间有局部脱空、不规则的异形板，板间荷载传递以及层间不同接触状况的双层板等问题的深入研究提供了可能。我国2002年及2011年颁布《公路水泥混凝土路面设计规范》中路面板荷载应力的计算式是按有限元计算结果回归得到的[48,49]。

弹性地基板理论是分析板与地基相互作用，属不同结构之间的接触问题，涉及板与地基的固体力学的力学特性。目前，常见的弹性地基假设有文克勒地基、弹性半空间体地基和双参数地基3大类。

文克勒地基是由捷克铁路工程师文克勒（E. Winkler）在1867年研究铁路路轨受力时提出的，它力学概念清楚，形式简化，但由于忽略了土体横向联系，适用范围受限。有研究指出，文克勒地基模型的适用范围如下：

(1)高压缩性软土地基、薄的破碎岩层或不均匀的土层。

(2)抗剪强度很低的半液态土(淤泥、软黏土等)地基或基底下塑性相对较大。

(3)地基的压缩层下存在硬层且压缩层很薄时。

弹性半空间体模型夸大了地基的横向联系,其原因是实际地基压缩层的厚度是有限的,而且其变形模量随深度变化。另外,该模型所需的地基的变形模量和泊松比不易测定[35]。

双参数模型有两个出发点:一是在文克勒地基模型基础上增加反映地基土的横向连续特性参数,如费氏(Filonenko-Borodich)模型、巴氏(Pasternak)模型、海藤义(Hetenyi)模型等;二是从弹性连续介质出发,引入约束或简化某些位移与应力分布假设,如符拉索夫(Vlazov)模型、赖斯纳(Reisser)模型等。但尽管不同模型对两参数的物理含义注释各不相同,但最后微分方程的形式是相同的。

另外,层状弹性地基分析水泥混凝土路面结构时也有应用。在研究水泥混凝土路面结构的动态问题时,常采用黏弹性地基假设。

1.3 展　望

铺面力学中各向同性线弹性理论的应用较为完备,其中,各向同性弹性层状体系理论和弹性地基板理论已较成熟;但各向异性问题、黏弹性力学、塑性力学、动力学等方面的应用尚需进一步深入。

铺面结构层大多是碾压成型,其结构层的水平向和竖向在构造上存在较明显的差异。因此,采用横观各向同性理论分析铺面结构较各向同性理论更为合适。尽管横观各向同性层状体的轴对称、非轴对称问题已有解析解,但对其结构力学响应规律了解欠深入,造成了迄今对铺面材料5个横观弹性参数的研究几近空白。因此,需进一步加强横观各向同性层状体系结构响应和材料弹性参数的研究,使其尽早得到更好应用。

CBR试验、沥青混合料的马歇尔试验均属塑性力学范畴,对其力学本质尚缺少明细的解析,对铺面结构的塑性问题也有待深化。例如,单向圆形水平均布荷载下的弹性层状体表面荷载圆边缘外径向和切向应力趋于无穷,尽管高压力区很小,收敛很快,但其局部的塑性明显,应加以考虑,否则难以估计其偏差。

铺面结构的动态问题研究亟待深入,例如,车辆与路面结构的耦合振动、冲击荷载作用下的铺面结构响应等问题[50]。目前,铺面结构的模量反演大多根据落锤弯沉试验测定的弯沉盆数据,与静载条件下的弹性层状体弯沉盆解拟合得到。有研究指出,冲击荷载作用下的铺面结构弯沉盆与静态弯沉盆之间是有一定差异的,在某些情况下,其差异十分明显,若不加以仔细考虑,铺面结构层模量的反演结果难以确保精度。另外,在研究铺面结构动态问题时,材料和结构的黏性须计入。

在铺面结构分析中,对断裂力学、界面力学和流固耦合动力学均有需求,但尚处于探索阶段,是今后铺面力学研究面临的重要课题和挑战。

断裂力学是研究铺面结构层的裂缝萌生、扩展,不同结构层裂缝的反射等问题不可或缺的理论。早在二十世纪七八十年代,国内外就有学者应用断裂力学分析铺面结构,但至今少有进步,仍然限于几个简单模型,其原因有二:一是断裂力学的解析解尚停留在平面问题之上,与实际铺面结构情况差异偏大;二是铺面材料强度因子的影响因素众多且变异性大,规律难寻。

铺面结构的损坏大多是不同结构层的层间界面损坏引起的,例如,水泥混凝土路面的板底脱空、错台就是由于板与基层之间界面冲刷所致;沥青路面的波浪、推挤大多是与面层和基层,或不同面层间接续条件丧失有关。因此,应用界面力学研究不同材料或不同施工压实层之间界面问题是铺面力学的发展主要方向之一。

流固耦合动力学在铺面结构分析也有应用,例如,行车荷载作用下,沥青面层中孔隙水的动态效应、板底脱空区滞留水的冲刷作用[51]。但这些研究均属探索性,距实用尚有很长路要走。

2 弹性地基梁

2.1 文克勒地基梁的微分方程及解

文克勒(Winkler)地基假设地基犹如相互独立的线性弹簧组成,地基反力与竖向变形成正比,其比例系数称之为文克勒地基反应模量或基床反力系数。

$$q = kw \tag{2.1}$$

式中:q——地基反力集度,kN/m 或 MN/m(一维问题),kPa 或 MPa(平面问题);

k——文克勒地基反应模量或基床反力系数,kN/m^2 或 MN/m^2(一维问题),kPa/m 或 MPa/m(平面问题);

w——地基竖向变形,也称地基沉降,m。

放置在文克勒地基上可忽略竖向应力和剪应力引起变形的细长梁,其挠曲微分方程为:

$$D = \frac{d^4w(x)}{dx^4} = p(x) - kw(x) \tag{2.2}$$

式中:p——作用于梁上的分布荷载集度,单位同 q;

D——梁的弯曲刚度,$kPa \cdot m^4$ 或 $MPa \cdot m^4$。

微分方程式(2.2)的特征方程为:

$$D\lambda^4 + k = 0 \tag{2.3}$$

特征方程式(2.3)的 4 个根为 $\lambda_{1,2,3,4} = \pm\beta \pm \beta\mathbf{i}$,其中 $\beta = \sqrt[4]{\frac{k}{4D}}$,可称地基梁相对柔度。

文克勒地基梁挠曲微分方程(2.2)的齐次解则有:

$$w(x) = e^{-\beta x}(A_1\sin\beta x + A_2\cos\beta x) + e^{\beta x}(A_3\sin\beta x + A_4\cos\beta x) \tag{2.4}$$

或

$$w(x) = A_1\sinh\beta x\sin\beta x + A_2\sinh\beta x\cos\beta x + A_3\cosh\beta x\cos\beta x + A_4\cosh\beta x\cos\beta x \tag{2.5}$$

式中:A_1、A_2、A_3、A_4——待定常数,由梁两端的边界条件确定。

梁端的边界条件有 4 个:挠度 w、转角 $\theta = \frac{dw}{dx}$、弯矩 $M = -D\frac{d^2w}{dx^2}$和剪力 $Q = -D\frac{d^3w}{dx^3}$,其中,只有两个是独立的。梁两端共有 4 个相互独立的边界条件。

当梁无限或半无限长时,宜采用式(2.4)形式;若对于原点具有对称或反对称条件时,宜采用式(2.5)形式。若已知梁一端挠度、转角、弯矩、剪力时,宜将地基梁挠曲方程齐次解写成初值解形式:

$$
\left.\begin{aligned}
w(x) &= w_A y_1(\beta x) + \frac{\theta_A}{\beta} y_2(\beta x) - \frac{M_A}{D\beta^2} y_3(\beta x) - \frac{Q_A}{D\beta^3} y_4(\beta x) \\
y_1(x) &= \cosh x \cos x \\
y_2(x) &= \frac{1}{2}(\cosh x \sin x + \sinh x \cos x) \\
y_3(x) &= \frac{1}{2}\sinh x \sin x \\
y_4(x) &= \frac{1}{4}(\cosh x \sin x - \sinh x \cos x)
\end{aligned}\right\} \tag{2.6}
$$

式中：w_A、θ_A、M_A、Q_A——分别为 A 截面的挠度、转角、弯矩及剪力。

2.2 无限长、半无限长地基梁

2.2.1 无限长地基梁上作用集中力

文克勒地基上无限长梁作用一集中力 P，如图 2.1 所示。x 轴原点设于集中力作用点，考察 $x>0$ 段梁，已知 x 趋于无穷处，梁挠度、转角收敛，即：$x\to\infty$：$w\to 0,\theta\to 0$。由此推得 $A_3=A_4=0$。集中力作用点的边界条件为：$\theta|_{x=0}=0, w'''|_{x=0}=-\frac{P}{2D}$。

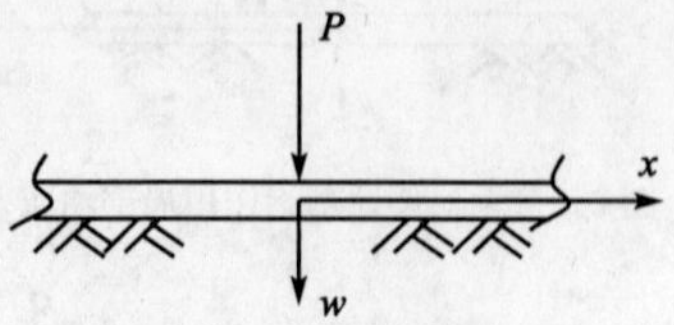

图 2.1 无限长地基梁作用集中力

将上述边界条件代入式(2.4)，得到：

$$A_1 = A_2 = \frac{P}{8\beta^3 D} = \frac{P\beta}{2k}$$

由此得到集中力作用下的文克勒地基上无限长梁挠度曲线方程：

$$w(x) = \frac{P\beta}{2k} e^{-\beta x}(\sin\beta x + \cos\beta x) \tag{2.7}$$

地基梁的最大挠度、弯矩均出现在集中力作用点($x=0$)：

$$w_{max} = w(0) = \frac{P\beta}{2k}$$

$$M_{max} = M(0) = \frac{P}{4\beta}$$

地基梁挠度、弯矩、剪力与其最大值之比的挠度系数 φ_w、弯矩系数 φ_M、剪力系数 φ_Q 沿梁长变化规律如图 2.2 所示。它们均是振幅渐减的波动曲线，其函数式为：

$$
\left.\begin{aligned}
\varphi_w(x) &= e^{-\beta x}(\sin\beta x + \cos\beta x) \\
\varphi_M(x) &= e^{-\beta x}(\cos\beta x - \sin\beta x) \\
\varphi_Q(x) &= e^{-\beta x}\cos\beta x
\end{aligned}\right\} \tag{2.8}
$$

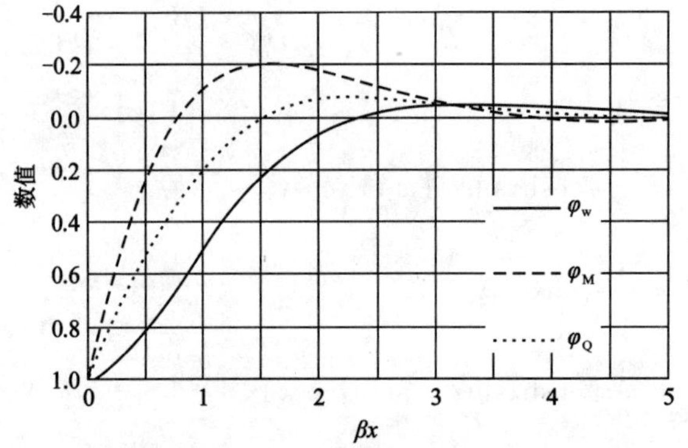

图 2.2　地基梁挠度、弯矩、剪力沿梁长变化规律

2.2.2　无限长地基梁上多个荷载的叠加

利用单一集中力的解及叠加原理，就能求解任意荷载作用下文克勒地基上无限长梁的挠度、弯矩和剪力。

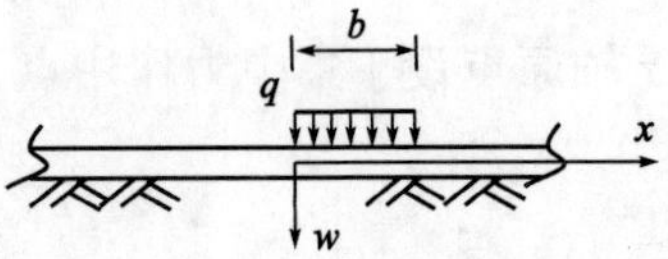

图 2.3　无限长地基梁作用局部均布荷载

［**例 2.1**］　如图 2.3 所示的无限长地基梁，均布荷载 q 作用在长度 b 范围内，求任意点 A 的挠度 w_A。

为不失一般性，梁长坐标原点 O 设于均布荷载左端起点。将荷载元 $q\mathrm{d}x$ 视为集中力 P，由式(2.7)可知，它在 A 点产生的挠度增量 $\mathrm{d}w_A$ 为：

$$\mathrm{d}w_A = \frac{q\beta}{2k}e^{-\beta|x-x_A|}(\sin\beta|x-x_A| + \cos\beta|x-x_A|)\mathrm{d}x$$

对于整个均布荷载，位于均布荷载区内的 A 点所产生的挠度 w_A 为：

$$\begin{aligned} w_A &= \frac{q\beta}{2k}\Big\{\int_0^{x_A} e^{-\beta(x_A-x)}[\sin\beta(x_A-x)+\cos\beta(x_A-x)]\mathrm{d}x + \\ &\quad \int_{x_A}^{b-x_A} e^{-\beta(x-x_A)}[\sin\beta(x-x_A)+\cos\beta(x-x_A)]\mathrm{d}x\Big\} \\ &= \frac{q}{2k}[2-e^{-\beta x_A}\cos\beta x_A - e^{-\beta(b-x_A)}\cos\beta(b-x_A)] \end{aligned} \tag{2.9}$$

如果 x_A 和 $b-x_A$ 足够大，$e^{-\beta x_A}$ 与 $e^{-\beta(b-x_A)}$ 趋近 0，w_A 近似等于 q/k；当 A 点位于均布荷载端部且 b 足够大，$w_A \approx q/2k$。

若 A 点位于均布荷载之外($x_A > b$)，A 点挠度 w_A 则为：

$$w_A = \frac{q}{2k}[e^{-\beta x_A}\cos\beta x_A - e^{-\beta(x_A-b)}\cos\beta(x_A-b)] \tag{2.10}$$

［**例 2.2**］　如图 2.4 所示的作用 n 个集中力 P_1、$P_2\cdots P_n$ 的无限长地基梁，求任意点 A 的弯矩 M_A。

应用弯矩系数 φ_M 和叠加原理，则有：

$$M_A = \frac{1}{4\beta}\sum_{i=1}^{n}P_i\varphi_M(|x_i-x_A|) \tag{2.11}$$

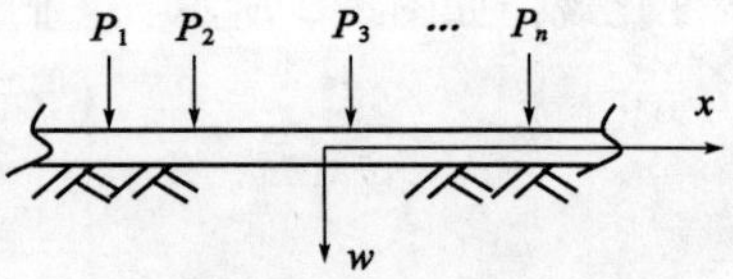

图 2.4　无限长地基梁作用多个集中力

式中：x_i——集中力 P_i 作用点坐标，$i=1,2\cdots n$；

x_A——考察点 A 的坐标。

2.2.3 半无限长梁端部作用集中力、集中弯矩

半无限长梁端部作用集中力 P_0、集中弯矩 M_0 情况下，如图 2.5 所示。地基梁的挠曲方程和梁端部边界条件为：

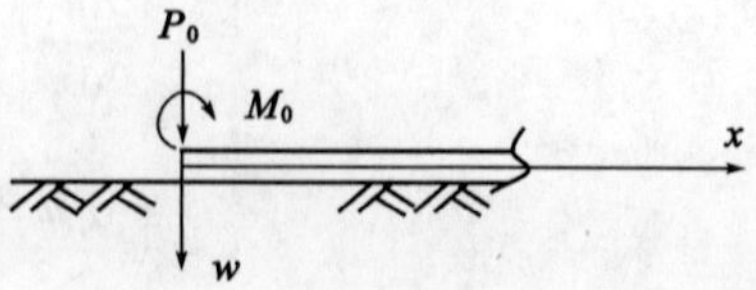

图 2.5 半无限长地基梁端部作用集中力、弯矩

$$\left.\begin{aligned} w &= e^{-\beta x}(A\cos\beta x - B\sin\beta x) \\ \frac{d^2 w}{dx^2} &= -\frac{M_0}{D} \\ \frac{d^3 w}{dx^3} &= -\frac{P_0}{D} \end{aligned}\right\} \tag{2.12}$$

解方程(2.12)得到：

$$w = \frac{2\beta}{k} e^{-\beta x}[P_0\cos\beta x - \beta M_0(\cos\beta x - \sin\beta x)] \tag{2.13}$$

端部挠度 w_0、转角 θ_0 为：

$$w_0 = \frac{2\beta}{k}(P_0 - \beta M_0)$$

$$\theta_0 = \frac{2\beta^2}{k}(P_0 - 2\beta M_0)$$

除弯矩作用的梁端之外，梁第二个弯矩极限 M_{m2} 及出现点坐标 x_M 为：

$$M_{m2} = -\frac{e^{-\beta x_M}}{\beta}[P_0\sin\beta x_M - \beta M_0(\cos\beta x_M + \sin\beta x_M)]$$

$$\beta x_M = \tan^{-1}\left(\frac{P_0}{P_0 - 2\beta M_0}\right)$$

当 $M_0=0$ 时，梁最大弯矩 M_{max} 和出现点坐标 x_M 为：

$$M_{max} = -\frac{P_0}{\sqrt{2}\beta} e^{-\frac{\pi}{4}}$$

$$x_M = \frac{\pi}{4\beta}$$

梁最大弯矩 M_{max} 是负值，说明梁顶受拉、梁底受压，其值约比集中力作用于无限长梁时梁最大弯矩大 29%。

2.3 有限长地基梁

有限长地基梁的求解稍复杂些，其通解有 4 个待定常数，需根据梁两端 4 个边界条件确定。每一梁端的边界条件有：挠度 w_i、转角 θ_i、弯矩 M_i、剪力 Q_i，其中只有 2 个条件是独立的。当梁上有集中力 P 或(和)集中弯矩 M 作用时，需分段求解梁的微分方程，并依据梁连续条件拼装后，再根据梁两端边界求解。梁挠曲微分方程在 x_c 分段处的连续条件为：

$$\left.\begin{aligned}&w_i\big|_{x=x_c}=w_{i+1}\big|_{x=x_c}\\&\frac{dw_i}{dx}\bigg|_{x=x_c}=\frac{dw_{i+1}}{dx}\bigg|_{x=x_c}\\&\frac{d^2w_i}{dx^2}\bigg|_{x=x_c}-\frac{dw_{i+1}^2}{dx^2}\bigg|_{x=x_c}=-\frac{M_i}{D}\\&\frac{d^3w_i}{dx^3}\bigg|_{x=x_c}-\frac{dw_{i+1}^3}{dx^3}\bigg|_{x=x_c}=-\frac{P_i}{D}\end{aligned}\right\}\tag{2.14}$$

常见的梁端部边界条件有简支端、固支端、滑支端和自由端。

简支端：

$$w_s = w''_s = 0 \tag{2.15-1}$$

固支端：

$$w_s = w'_s = 0 \tag{2.15-2}$$

滑支端：

$$w'_s = w'''_s = 0 \tag{2.15-3}$$

自由端：

$$w''_s = w'''_s = 0 \tag{2.15-4}$$

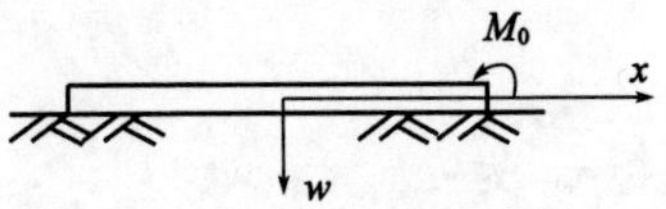

图 2.6　右端作用弯矩的地基梁

[例 2.3]　求解如图 2.6 所示的两端自由的弹性地基梁在右端作用弯矩时的梁挠曲方程和弯矩方程。

x 轴坐标原点 O 设于板中点，地基梁挠曲方程通解为：

$$w = e^{-\beta x}(A_1\sin\beta x + A_2\cos\beta x) + e^{\beta x}(A_3\sin\beta x + A_4\cos\beta x) \tag{2.16}$$

两端 4 个边界条件为：

$$w''\big|_{x=-L/2} = 0$$

$$w'''\big|_{x=-L/2} = 0$$

$$w''\big|_{x=L/2} = -\frac{M_0}{D}$$

$$w'''\big|_{x=L/2} = 0$$

欲确定式(2.16)中 4 个待定常数，需解算四元一次线性方程组，求解过程较烦琐。因此，常根据结构对称和反对称性，将问题予以简化。上述问题可分解为一对称问题和一反对称问题的叠加，如图 2.7 所示。对称问题的地基梁挠曲方程如式(2.17-1)所示；反对称问题的地基梁挠曲方程如式(2.17-2)所示。

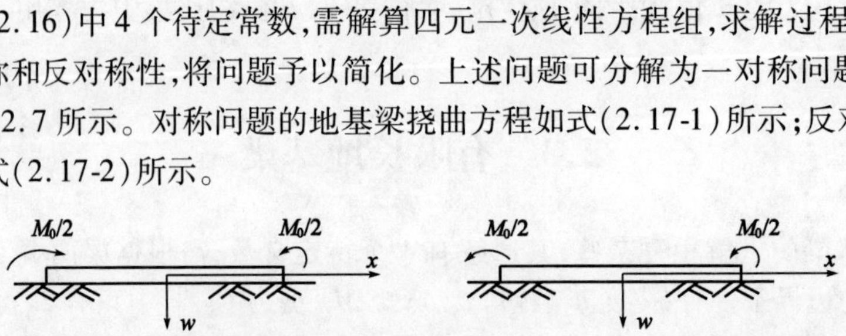

图 2.7　右端作用弯矩地基梁的分解

$$w(x) = A_1\sinh\beta x\sin\beta x + A_2\cosh\beta x\cos\beta x \tag{2.17-1}$$

$$w(x) = B_1\sinh\beta x\cos\beta x + B_2\cosh\beta x\sin\beta x \tag{2.17-2}$$

对称问题：

$$\left.\begin{aligned} &A_1\cosh\beta_L\cos\beta_L - A_2\sinh\beta_L\sin\beta_L = -\frac{M_0}{4D\beta^2} \\ &A_1\left(\frac{\sinh\beta_L\cos\beta_L - \cosh\beta_L\sin\beta_L}{\cosh\beta_L\sin\beta_L + \sinh\beta_L\cos\beta_L}\right) - A_2 = 0 \end{aligned}\right\}$$

上式中 $\beta_L = \beta L/2$，由此解得 2 个待定常数为：

$$A_1 = -\frac{M_0}{4D\beta^2}\frac{\sinh\beta_L\cos\beta_L + \cosh\beta_L\sin\beta_L}{\cosh\beta_L\sinh\beta_L + \cos\beta_L\sin\beta_L}$$

$$A_2 = -\frac{M_0}{4D\beta^2}\frac{\sinh\beta_L\cos\beta_L - \cosh\beta_L\sin\beta_L}{\cosh\beta_L\sinh\beta_L + \cos\beta_L\sin\beta_L}$$

反对称问题：

$$\left.\begin{aligned} &-B_1\cosh\beta_L\sin\beta_L + B_2\sinh\beta_L\cos\beta_L = -\frac{M_0}{4\beta^2 D} \\ &-B_1\left(\frac{\sinh\beta_L\sin\beta_L + \cosh\beta_L\cos\beta_L}{\cosh\beta_L\cos\beta_L - \sinh\beta_L\sin\beta_L}\right) + B_2 = 0 \end{aligned}\right\}$$

由此解得两个待定常数为：

$$B_1 = -\frac{M_0}{4D\beta^2}\frac{\cosh\beta_L\cos\beta_L - \sinh\beta_L\sin\beta_L}{\cosh\beta_L\sinh\beta_L - \cos\beta_L\sin\beta_L}$$

$$B_2 = -\frac{M_0}{4D\beta^2}\frac{\cosh\beta_L\cos\beta_L + \sinh\beta_L\sin\beta_L}{\cosh\beta_L\sinh\beta_L - \cos\beta_L\sin\beta_L}$$

合并对称和反对称的解，可以得到例 2.3 的解。

在例 2.3 中，应用地基梁初值挠曲方程形式式(2.6)也十分方便，将坐标原点 O 移至左端，则地基梁挠曲方程可表示：

$$w(x) = w_A y_1(\beta x) + \frac{\theta_A}{\beta}y_2(\beta x) \tag{2.18}$$

将 $x = L$ 代入式 2.18 右端，其边界条件为：

$$\beta w_A y_3(\beta L) + \theta_A y_4(\beta L) = \frac{M_0}{4\beta D}$$

$$\beta w_A y_2(\beta L) + \theta_A y_3(\beta L) = 0$$

由此求得左端挠度 w_A、转角 θ_A：

$$w_A = \frac{M_0}{4\beta^2 D}\frac{y_3(\beta L)}{y_3^2(\beta L) - y_2(\beta L)y_4(\beta L)}$$

$$\theta_A = -\frac{M_0}{4\beta D}\frac{y_2(\beta L)}{y_3^2(\beta L) - y_2(\beta L)y_4(\beta L)}$$

2.4 有水平摩阻力的地基梁[52]

地基与梁底的水平摩阻正比于两者之间位移差时，地基的竖向反力 q_v 和水平反力 q_u 可表示为：

$$\left.\begin{aligned} q_v &= -k_v w \\ q_u &= -k_u(u - h_c w') \end{aligned}\right\} \tag{2.19}$$

式中：k_v、k_u——地基竖向和水平向的反应模量；

w、u——梁的挠度和截面水平位移；

h_c——梁中性轴至梁底的距离。

取结构的 dx 一段，如图 2.8 所示，分析其静力平衡条件，可得到梁的内力——弯矩 M、剪力 Q 和轴向力 N 的表达式为：

$$\left.\begin{aligned} \frac{\mathrm{d}V}{\mathrm{d}x} &= q + q_v \\ \frac{\mathrm{d}N}{\mathrm{d}x} &= -q_u \\ \frac{\mathrm{d}M}{\mathrm{d}x} &= V - h_c q_u \end{aligned}\right\} \tag{2.20}$$

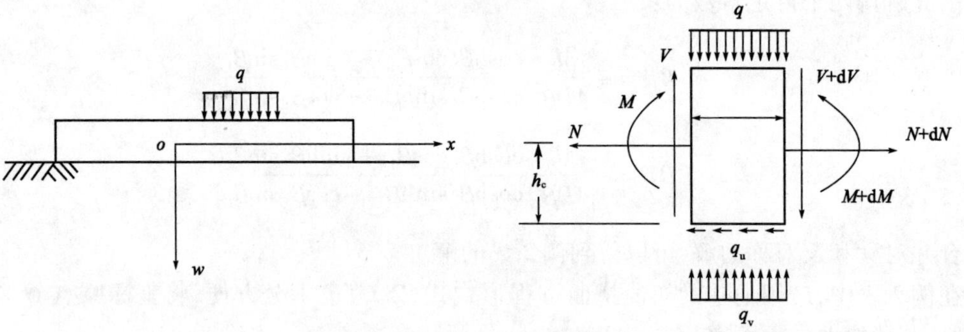

图 2.8 有水平摩阻力的地基梁示意图

由此得到有水平摩阻力地基梁的微分方程组为：

$$\left.\begin{aligned} &\frac{\mathrm{d}^4 w}{\mathrm{d}x^4} + \frac{k_v}{D}w + \frac{EAh_c}{D}\frac{\mathrm{d}^3 u}{\mathrm{d}x^3} = \frac{q}{D} \\ &\frac{\mathrm{d}^2 u}{\mathrm{d}x^2} - \frac{k_u}{EA}\left(u - h_c\frac{\mathrm{d}w}{\mathrm{d}x}\right) = 0 \end{aligned}\right\} \tag{2.21}$$

式中：A——梁截面面积。

微分方程组式(2.21)的特征方程为：

$$\lambda^6 - a\lambda^4 + b\lambda^2 - c = 0 \tag{2.22}$$

其中：$a = k_u\left(\frac{1}{EA} + \frac{h_c^2}{D}\right)$，$b = \frac{k_v}{D}$，$c = \frac{k_v}{D}\cdot\frac{k_u}{EA}$。

式(2.22)的6个根为$\pm\gamma$, $\pm\alpha\pm\beta\mathbf{i}$。地基梁挠度$w$和水平位移$u$的解则为:

$$\left.\begin{aligned} w &= A_1 e^{\gamma x} + A_2 e^{-\gamma x} + e^{\alpha x}(A_3\sin\beta x + A_4\cos\beta x) + e^{-\alpha x}(A_5\sin\beta x + A_6\cos\beta x) \\ u &= B_1 e^{\gamma x} + B_2 e^{-\gamma x} + e^{\alpha x}(B_3\sin\beta x + B_4\cos\beta x) + e^{-\alpha x}(B_5\sin\beta x + B_6\cos\beta x) \end{aligned}\right\} \tag{2.23}$$

式(2.23)中的待定常数$\boldsymbol{A} = [A_1, A_2, A_3, A_4, A_5, A_6]^{\mathrm{T}}$与$\boldsymbol{B} = [B_1, B_2, B_3, B_4, B_5, B_6]^{\mathrm{T}}$是线性相关的,它们的相关矩阵$\boldsymbol{AB}$可从式(2.21)中推出。独立的待定常数,可按梁两端的边界条件确定,每端有3个独立条件。

当梁截面为矩形时,系数α、β、γ如图2.9所示,其中,参数l可称为文克勒地基梁刚度半径,是地基梁相对柔度β的倒数;参数ξ是一个无量纲值,它反映梁与地基摩阻水平的大小。

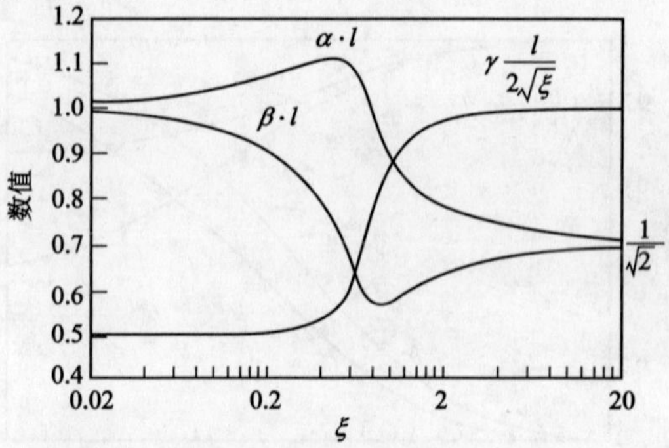

图2.9 矩形截面的α、β、γ

$$l = \sqrt[4]{\frac{Eh^3}{3k_{\mathrm{v}}}}$$

$$\xi = k_{\mathrm{u}}\sqrt{\frac{h}{3Ek_{\mathrm{v}}}}$$

[**例2.4**] 考察无限长梁上作用集中力P情况下,板与地基之间水平摩阻的影响。

x轴坐标原点O设于集中力P作用点,在距集中力P无限远处,w和u收敛于零,由此得到A_1、A_3、A_4(B_1、B_3、B_4)均为零;另外3个待定常数A_2、A_5、A_6(B_2、B_5、B_6)按$x=0$处边界条件确定:

$$\left.\frac{\mathrm{d}w}{\mathrm{d}x}\right|_{x=0} = 0$$

$$u\big|_{x=0} = 0$$

$$Q\big|_{x=0} = -\frac{P}{2}$$

梁最大挠度w_{m}、最大弯矩M_{m}、最大轴向力N_{m}和地基最大摩阻应力τ_{m}分别表示为:

$$w_{\mathrm{m}} = w_0 f_{\mathrm{w}}(\xi)$$

$$M_{\mathrm{m}} = M_0 f_{\mathrm{M}}(\xi)$$

$$N_{\mathrm{m}} = \frac{6M_0}{h} f_{\mathrm{N}}(\xi)$$

$$\tau_{\mathrm{m}} = \frac{1.5V_0}{h} f_{\tau}(\xi)$$

其中：$w_0 = \dfrac{P}{2k_v l}$，$M_0 = \dfrac{Pl}{4}$，$V_0 = \dfrac{P}{2}$，它们分别为$\xi=0$（文克勒地基）的梁最大挠度、最大弯矩和最大剪力。

函数f_w、f_M、f_N、f_τ如图2.10所示。从图2.10中可以推出，w_m、M_m随着ξ的增大而下降，而N_m、τ_m则相反，随着ξ的增大而上升。当$\xi\to\infty$时，w_m收敛于$\dfrac{w_0}{\sqrt{2}}$，$M_m\to\dfrac{M_0}{2\sqrt{2}}$，$N_m$趋近于$\dfrac{6M_m}{h}$，$\tau_m\to\dfrac{3P}{4h}$。$w_m$、$M_m$和$N_m$出现在集中力作用点；当$\xi$较小时，$\tau_m$出现在梁转角最大处（$x=\dfrac{\pi l}{4}$）附近，随着$\xi$的增大，$\tau_m$出现点向集中力作用点逼近。

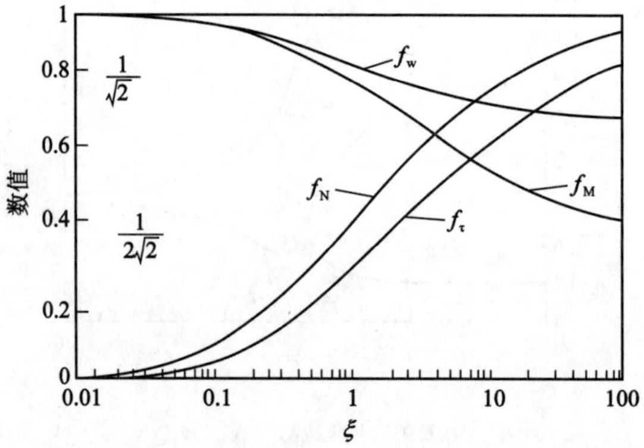

图2.10　函数f_w、f_M、f_N、f_τ

2.5　弹性地基双层梁

2.5.1　可简化为单层梁的情况[53]

当双层梁之间无夹层，且梁内竖向应力和剪应力引起竖向压缩和剪切变形可予忽略时，上下层梁中性面的挠曲线是相同的，也就是说，上下梁具有相等的弯曲曲率。

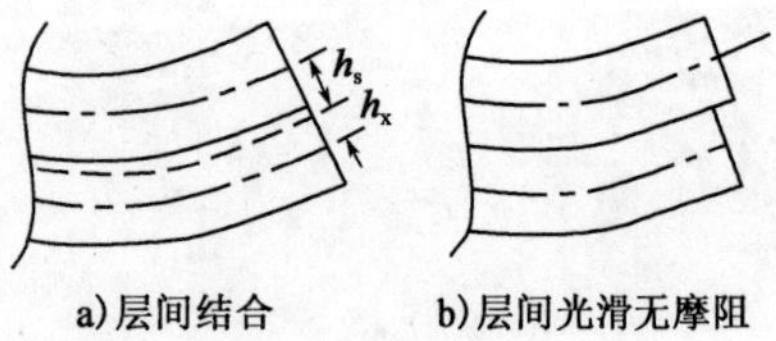

图2.11　双层梁弯曲示意图

在双层梁层间光滑无摩阻状态下，上下梁中性面分别位于各自的中面；当层间为结合（即水平方面无位移）状态，则上下梁具有同一中性面，它与上下梁中面的距离h_s、h_x分别为（图2.11）：

$$\left.\begin{aligned} h_s &= \frac{eh_0}{2E_1h_1} \\ h_x &= \frac{eh_0}{2E_2h_2} \\ e^{-1} &= \frac{1}{E_1h_1} + \frac{1}{E_2h_2} \end{aligned}\right\} \tag{2.24}$$

式中：h_1、h_2——上下梁的厚度；

E_1、E_2——上下梁的当量弹性模量；

h_0——双层梁的总厚度 $h_0 = h_1 + h_2$；

e——板截面相对抗压刚度。

在层间接触条件从光滑向结合状况过渡中，上下梁的中性轴从光滑状况的 x_1、x_2 轴向结合状况的 x_0 轴过渡，它们与 x_1、x_2 的距离分别为 $h_s k_u$ 和 $h_x k_u$，$k_u \in [0,1]$。当 $k_u = 0$，层间为光滑状态；$k_u = 1$，为结合状态；$0 < k_u < 1$ 为半结合状态，故 k_u 可称为层间结合系数。上下梁横截面 x 方向的轴向力 N_x 为：

$$N_x = \rho_x \frac{eh_0}{2} k_u \tag{2.25}$$

式中：ρ_x——梁的弯曲曲率，在平梁且小挠度时，可近似用 $-\frac{d^2 w}{dx^2}$ 代替。

双层梁截面承担的弯矩 M_x 可分解为上层梁对其中面的弯矩 M_{1x}，下层梁对其中面的弯矩 M_{2x} 和由上下梁截面轴向力 N_x 产生的弯矩 M_{3x} 三部分组成（图 2.12），其表达式为：

$$M_x = M_{1x} + M_{2x} + M_{3x} = \rho_x (D_1 + D_2 + D_3 k_u) \tag{2.26}$$

其中，$D_1 = \frac{E_1 h_1^3}{12}$，$D_2 = \frac{E_2 h_2^3}{12}$，$D_3 = \frac{eh_0^2}{4}$。

式(2.26)中的 $D_1 + D_2 + D_3 k_u$ 为双层梁截面的总刚度，可记作 D_g。在已知截面弯矩 M_x 条件下的上下梁的弯曲应力 σ_{1x} 和 σ_{2x} 的计算式为：

$$\left.\begin{aligned} \sigma_{1x} &= \frac{E_1 M_x}{D_g}(z_1 - h_s k_u) \\ \sigma_{2x} &= \frac{E_2 M_x}{D_g}(z_2 + h_x k_u) \end{aligned}\right\} \tag{2.27}$$

式中：z_1、z_2——分别为上下梁的计算应力点距各自中性面的距离。

2.5.2 有弹簧夹层的双层地基梁[54~56]

有弹簧夹层的双层地基梁的力学模型如图 2.13 所示。上下层梁之间有一弹性夹层，该层符合 Goodman 假设，可传递竖向反力和水平剪力，即夹层的竖向反力正比于上层梁底和下层梁顶的相对挠度差，水平剪力正比于它们的相对水平位移差。地基的竖向反力仍采用 Winkler 地基假设；地基水平摩阻力假设与梁底同地基之间的相对水平位移成正比。

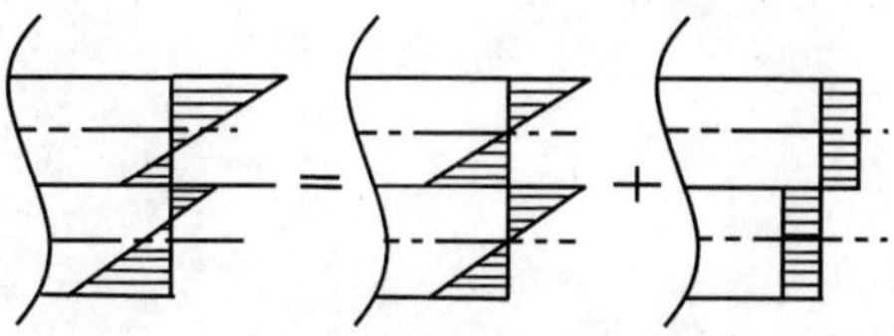

图 2.12 双层梁截面弯拉应力的分解

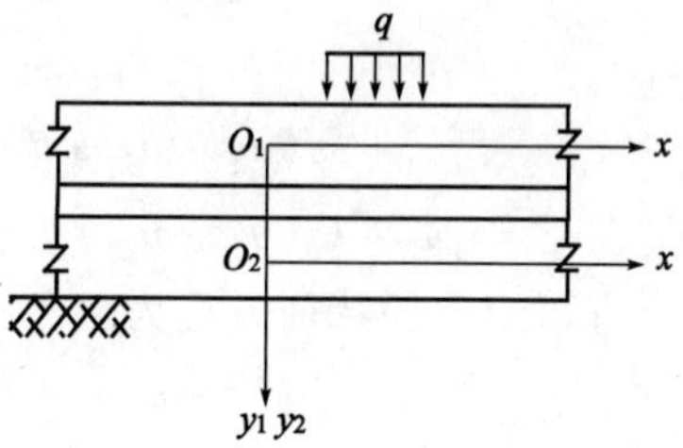

图 2.13 双层地基梁示意图

$$\left.\begin{aligned} q_v &= k_v(w_1 - w_2) \\ q_u &= k_u(u_2 - u_1 + h_{d1}w'_1 + h_{e2}w'_2) \\ q_{u0} &= k_{u0}(-u_2 + h_{d2}w'_2) \\ q_{v0} &= k_0 w_2 \end{aligned}\right\} \tag{2.28}$$

式中：w_1、w_2——上下层梁的挠度；

u_1、u_2——上下层梁截面的平均水平位移；

h_{d1}、h_{d2}——上下层梁中性轴至梁底距离；

h_{e2}——下层梁中性轴至梁顶的距离；

k_v、k_u——夹层竖向和水平的反应模量；

k_0、k_{u0}——地基竖向和水平的反应模量。

取结构的 dx 一段（图 2.14），由外力平衡条件得到上下层梁的内力——弯矩 M_1、M_2，剪力 V_1、V_2 和轴向力 N_1、N_2 的表达式。

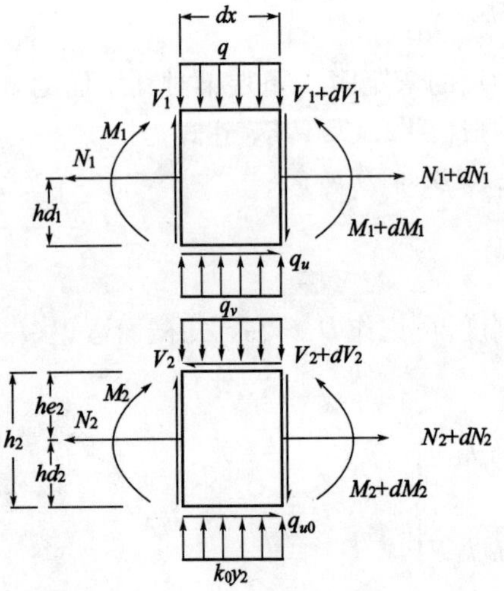

图 2.14　截面内力图

$$\left.\begin{aligned} \frac{dM_1}{dx} &= V_1 - h_{d1}q_u \\ \frac{dM_2}{dx} &= V_2 - h_{e2}q_u - h_{d2}q_{u0} \\ \frac{dV_1}{dx} &= -q + q_v \\ \frac{dV_2}{dx} &= -q_v + k_0 w_2 \\ \frac{dN_1}{dx} &= -q_u \\ \frac{dN_2}{dx} &= q_u - q_{u0} \end{aligned}\right\} \tag{2.29}$$

梁轴向力与梁截面水平位移的关系为：

$$\left.\begin{aligned} N_i &= S_i u'_i \\ S_i &= E_i A_i \end{aligned}\right\} \quad i = 1,2 \tag{2.30}$$

式中：S_i——上层梁（$i=1$）、下层梁（$i=2$）的抗压刚度；

A_i——上下层梁的截面面积。

在上述方程中消去内力，可得到弹性地基上双层叠合梁的微分方程组如下：

$$\left.\begin{aligned} & D_1 w_1^{(4)} + k_v w_1 - k_v w_2 + h_{d1}S_1 u'''_1 = q \\ & D_2 w_2^{(4)} + (k_0 + k_v)w_2 - k_v w_1 + h_2 S_1 u'''_1 + h_{d2}S_2 u'''_2 = 0 \\ & S_1 u''_1 + k_u(u_2 - u_1 + h_{d1}w'_1 + h_{e2}w'_2) = 0 \\ & S_2 u''_2 - k_u(u_2 - u_1 + h_{d1}w'_1 + h_{e2}w'_2) + k_{u0}(-u_2 + h_{d2}w'_2) = 0 \end{aligned}\right\} \tag{2.31}$$

微分方程组式的特征方程为：

$$\lambda^{12} - a\lambda^{10} + b\lambda^8 - c\lambda^6 + d\lambda^4 - e\lambda^2 + f = 0 \tag{2.32}$$

其中：$a = \dfrac{k_u h_{d1}^2}{D_1} + \dfrac{k_u h_{e2}^2 + k_{u0}h_{d2}^2}{D_2} + \dfrac{k_u}{S_1} + \dfrac{k_u + k_{u0}}{S_2}$；

$$b = \frac{k_v}{D_1} + \frac{k_v + k_0}{D_2} + k_u k_{u0}\left[\left(\frac{1}{S_1} + \frac{h_{d1}^2}{D_1}\right)\left(\frac{1}{S_2} + \frac{h_{d2}^2}{D_2}\right) + \frac{h_2^2}{S_2 D_2}\right];$$

$$c = \left(\frac{k_u}{S_1} + \frac{k_u + k_{u0}}{S_2}\right)\left(\frac{k_v}{D_1} + \frac{k_v + k_0}{D_2}\right) + \frac{1}{D_1 D_2}\left[k_u k_v (h_{d1} + h_{e2})^2 + k_u k_0 h_{d1}^2 + k_{u0} k_v h_{d2}^2\right];$$

$$d = \frac{k_v k_0}{D_1 D_2} + \frac{k_u k_{u0}}{S_1 S_2}\left(\frac{k_v}{D_1} + \frac{k_v + k_0}{D_2}\right) + \frac{k_u k_{u0}}{D_1 D_2}\left[\frac{k_v h_{d2}^2}{S_1} + \frac{k_v (h_{d1} + h_2)^2 + k_0 h_{d1}^2}{S_2}\right];$$

$$e = \frac{k_v k_0}{D_1 D_2}\left(\frac{k_u}{S_1} + \frac{k_u + k_{u0}}{S_2}\right);$$

$$f = \frac{k_v k_0}{D_1 D_2}\frac{k_u k_{u0}}{S_1 S_2}。$$

特征方程式的 12 个根为：$\pm\gamma_1$、$\pm\gamma_2$、$\pm\alpha_1 \pm \beta_1 \mathbf{i}$、$\pm\alpha_2 \pm \beta_2 \mathbf{i}$。由此得到弹性地基上双层叠合梁微分方程的通解为：

$$w_1 = \boldsymbol{A} \cdot \boldsymbol{f}_x + \left(\frac{1}{k_0} + \frac{1}{k_1}\right) q$$

$$w_2 = \boldsymbol{B} \cdot \boldsymbol{f}_x + \frac{q}{k_0}$$

$$u_1 = \boldsymbol{C} \cdot \boldsymbol{f}_x$$

$$u_2 = \boldsymbol{D} \cdot \boldsymbol{f}_x$$

$$\boldsymbol{f}_x = \begin{bmatrix} e^{\gamma_1 x}, e^{-\gamma_1 x}, e^{\gamma_2 x}, e^{-\gamma_2 x}, e^{\alpha_1 x}\sin\beta_1 x, e^{\alpha_1 x}\cos\beta_1 x, e^{-\alpha_1 x}\sin\beta_1 x, e^{-\alpha_1 x}\cos\beta_1 x \\ e^{\alpha_2 x}\sin\beta_2 x, e^{\alpha_2 x}\cos\beta_2 x, e^{-\alpha_2 x}\sin\beta_2 x, e^{-\alpha_2 x}\cos\beta_2 x \end{bmatrix} \tag{2.33}$$

$\boldsymbol{A}$、$\boldsymbol{B}$、$\boldsymbol{C}$、$\boldsymbol{D}$ 为 12 维常数矢量，且是线性相关的，它们的相关矩阵 $\boldsymbol{AB}$、$\boldsymbol{AC}$、$\boldsymbol{AD}$ 可以从微分方程组中推出。因此，方程式共有 12 个待定常数，可由边界条件确定。

每端有 6 个边界条件：上下层梁的挠度 w_i、转角 θ_i、弯矩 M_i、剪力 V_i（每层梁的 4 个条件中只有 2 个是独立的），以及水平位移 u_i 或轴向力 N_i。其中，剪力 V_i 的表达式为：

$$\left.\begin{aligned} V_1 &= -D_1 w_1''' - S_1 h_{d1} u_1'' \\ V_2 &= -D_2 w_2''' - S_1 h_2 u_1'' - S_2 h_{d2} u_2'' \end{aligned}\right\} \tag{2.34}$$

当上下层梁间夹层的竖向反应模量 k_v 趋于无穷大时，上下层梁的挠曲线相同，该问题退化为具有水平摩阻力的弹性地基上双层叠合梁，夹层水平反应模量 k_u 为无穷时为层间结合的双层叠合梁，k_u 为零时为层间滑动的双层叠合梁。这时，特征方程(2.32)的 12 个根减为 6 个根（$\gamma_1 = \alpha_1 = \beta_1 = 0$）。但事实上，当夹层的竖向反应模量 k_v 或水平反应模量 k_u 较大时，不计其对梁截面的竖向拉压变形和水平剪切变形可能会带来较大的误差。文献[57]提出了计入竖向拉压变形和水平剪切变形效应的广义水平和竖向反应模量 k_u、k_v 的计算式为：

$$\left.\begin{aligned} k_u^{-1} &= \tilde{k}_u^{-1} + C_{u1} + C_{u2} \\ k_v^{-1} &= \tilde{k}_v^{-1} + C_{v1} + C_{v2} \end{aligned}\right\} \tag{2.35}$$

式中：$\tilde{k}_u$、$\tilde{k}_v$——夹层本身的水平和竖向的反应模量。

C_{vi}、C_{ui}——分别为夹层反力引起上下层梁的竖向拉压和水平剪切效应，在等截面梁时：

$$\left.\begin{aligned} C_{ui} &= \frac{2h_i}{3G} \\ C_{vi} &= \frac{3h_i}{16G_i} \end{aligned}\right\} \tag{2.36}$$

式中：G_i——梁的剪切模量。

若地基的水平或竖向反应模量较大时，地基反力引起的梁截面竖向拉压或水平剪切效应宜予计入，即其计算式为：

$$\left.\begin{aligned} k_{u0}^{-1} &= \tilde{k}_{u0}^{-1} + C_{u2} \\ k_0^{-1} &= \tilde{k}_0^{-1} + C_{v2} \end{aligned}\right\} \tag{2.37}$$

式中：$\tilde{k}_{u0}$、$\tilde{k}_0$——地基本身的水平和竖向的反应模量。

不计上下层梁间和地基水平摩阻力，即 $k_{u0}=k_u=0$，式(2.31)可改写为：

$$\left.\begin{aligned} D_1 w_1^{(4)} + k_v w_1 - k_v w_2 &= q \\ D_2 w_2^{(4)} + (k_0 + k_v) w_2 - k_v w_1 &= 0 \end{aligned}\right\} \tag{2.38}$$

微分方程组式(2.38)的特征方程为：

$$\lambda^8 + a\lambda^4 + b = 0 \tag{2.39}$$

其中，$a = \frac{k_v}{D_1} + \frac{k_v + k_0}{D_2}, b = \frac{k_v k_0}{D_1 D_2}$。

特征方程式(2.39)的解：$\lambda_{1,2,3,4} = \pm\alpha \pm \alpha\mathbf{i}$，$\lambda_{5,6,7,8} = \pm\beta \pm \beta\mathbf{i}$，其中，$\alpha = \frac{\sqrt{2}}{2}\left(\frac{a}{2} - \sqrt{\frac{a^2}{4} - b}\right)^{\frac{1}{4}}, \beta = \frac{\sqrt{2}}{2}\left(\frac{a}{2} + \sqrt{\frac{a^2}{4} - b}\right)^{\frac{1}{4}}$。

由此得到微分方程式(2.38)的通解：

$$\left.\begin{aligned} w_1 = {} & e^{-\alpha x}(A_1 \sin\alpha x + A_2 \cos\alpha x) + e^{\alpha x}(A_3 \sin\alpha x + A_4 \cos\alpha x) + \\ & e^{-\beta x}(B_1 \sin\beta x + B_2 \cos\beta x) + e^{\beta x}(B_3 \sin\beta x + B_4 \cos\beta x) \\ w_2 = {} & r_1[e^{-\alpha x}(A_1 \sin\alpha x + A_2 \cos\alpha x) + e^{\alpha x}(A_3 \sin\alpha x + A_4 \cos\alpha x)] + \\ & r_2[e^{-\beta x}(B_1 \sin\beta x + B_2 \cos\beta x) + e^{\beta x}(B_3 \sin\beta x + B_4 \cos\beta x)] \end{aligned}\right\} \tag{2.40}$$

其中，$r_1 = 1 - 4\alpha^4 \frac{D_1}{k_v}, r_2 = 1 - 4\beta^4 \frac{D_1}{k_v}$。

[例 2.5] 无限长双层叠合梁作用一集中力 P，上下层梁同质等截面，梁高 $h_1 = h_2 = h = 0.15\text{m}$，弹性模量 E、泊松比 v 分别为 30 000MPa 和 0.15。地基竖向反应模量 k_0 为 100MPa/m。考察地基和夹层水平摩阻力对上下层梁挠度、弯矩，以及最大弯拉应力的影响[54]。上下梁层间接触条件有 3 种工况：

工况 A：层间连续，即 $\tilde{k}_v = \infty$、$\tilde{k}_u = \infty$，层间摩阻系数达到其最大值 k_{vM}、k_{uM}，按式(2.35)计算得到分别为 2.32×10^5MPa/m、2.61×10^5MPa/m。

工况 B：层间设有 3mm 厚，弹性模量 E_j、泊松比 v_j 分别为 30MPa 和 0.40 的弹性夹层，夹层反应模量可按式(2.41)估计，δ 为弹性夹层厚度，层间摩阻系数 k_v、k_u 分别为 11 324MPa/m 和 3 523MPa/m。

$$\left.\begin{aligned}\tilde{k}_{v} &= \frac{E_{j}}{(1-v_{j}^{2})\delta}\\ \tilde{k}_{u} &= \frac{G_{i}}{\delta}\end{aligned}\right\} \tag{2.41}$$

工况 C:在工况 B 的条件下,忽略夹层的水平摩阻,即 $\tilde{k}_v = 11\ 324\text{MPa/m}, \tilde{k}_u = 0$。

集中力作用点($x=0$)处的上下层梁的平均挠度 $w_0\left(\frac{y_1+y_2}{2}\right)$、截面总弯矩 $M_0[M_1+M_2+h(N_2-N_1)/2]$,以及梁底的最大弯拉应力 σ_0 可写成:

$$w_0 = \frac{P\gamma}{2k}\varphi_w\xi_w$$

$$M_0 = \frac{P}{4\gamma}\varphi_M\xi_M$$

$$\sigma_0 = \frac{3P}{8\gamma h^2}\varphi_\sigma\xi_\sigma$$

$$\gamma = \sqrt[4]{\frac{3k_0}{8Eh^3}}$$

式中:$\varphi_w, \varphi_M, \varphi_\sigma$——层间接触条件的修正系数;

ξ_w, ξ_M, ξ_σ——地基水平摩阻力的修正系数。

不计地基摩阻条件下,当单层地基梁时,层间接触条件修正系数 φ_w、φ_M、φ_σ 均为1,而工况 A 实质上是计入考虑部分截面剪切和竖向拉压效应的单层地基梁。梁截面剪切和竖向拉压效应对梁挠度和截面总弯矩影响较小,仅1%上下,对梁最大弯拉应力的影响稍大,约减小5%。随着层间黏结条件的减弱(工况 B、C),截面总弯矩减小,梁挠度和最大弯拉应力增大,见表2.1。

3种层间工况下的层间条件接触修正系数 φ_w、φ_M、φ_σ[54] 表2.1

工况	φ_w	φ_M	φ_σ
A	1.011	0.995	0.948
B	1.178	0.911	1.157
C	1.420	0.708	1.719

图2.15~图2.17分别给出了上述3种工况条件下,地基水平摩阻力的修正系数 ξ_w、ξ_M、ξ_σ 的变化规律。其中,横坐标为地基水平摩阻系数相对比 λ,即为地基水平摩阻系数 k_{u0} 与可能的最大地基水平摩阻系数 k_{u0max} ($k_{u0max} = C_{u2}^{-1} = 5.22\times10^5\text{MPa/m}$)的比值。从上述3幅图中可以看到,当地基水平摩阻系数相对比 λ 小于0.008时,地基水平摩阻力的影响可予忽略;随着 $\tilde{k}_{u0}$ 继续增大,系数 ξ_w、ξ_M、ξ_σ 随之下降;当 $\tilde{k}_{u0} = \infty$ 时,w 下降19%~27%,M 下降55%~91%,σ_0 下降25%~89%。

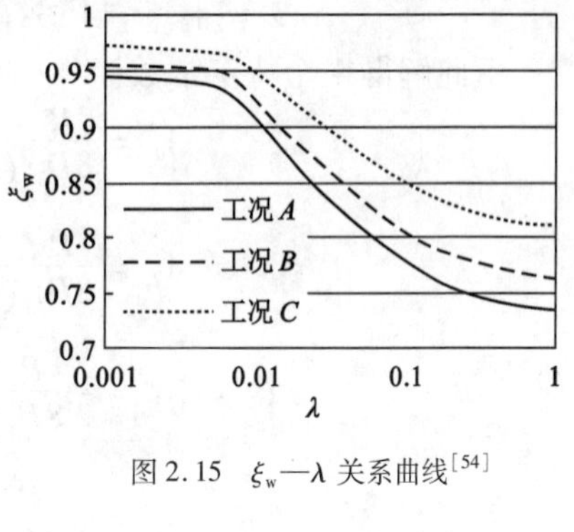

图2.15 ξ_w—λ 关系曲线[54]

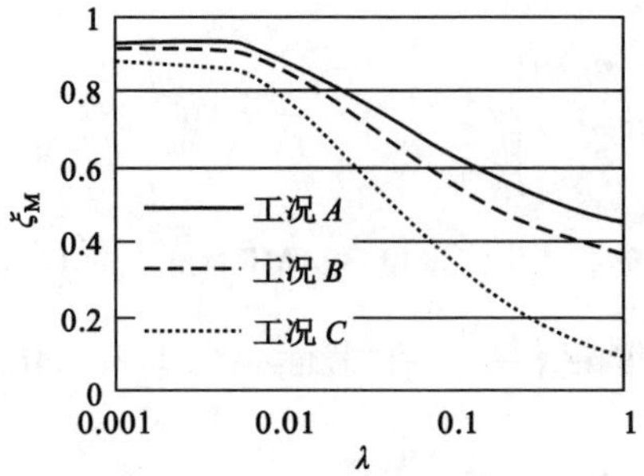

图2.16 ξ_M—λ 关系曲线[54]

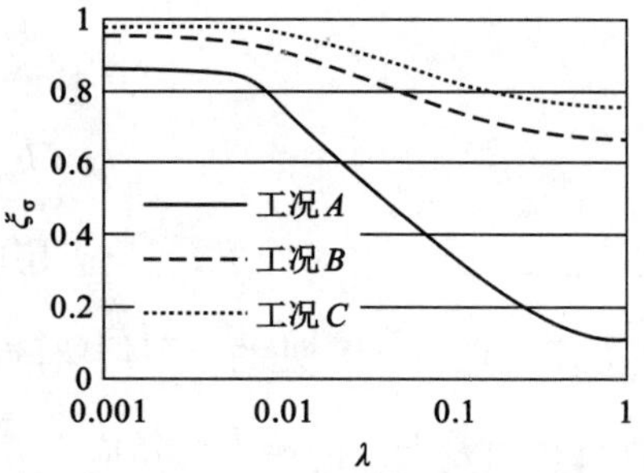

图2.17 ξ_σ—λ 关系曲线[54]

2.5.3 上层或下层梁带裂纹问题

上述弹性地基上双层梁模型的适用范围很广，可用于分析上层或下层梁带裂纹的问题[58,59]。

[**例 2.6**] 不计上下层梁间和地基水平摩阻力的无限长双层梁上作用集中力 P，集中力作用处的下层梁有裂缝(图2.18)，求集中力作用点的上下层挠度和上层梁弯矩。

由无限远处挠度收敛条件得到问题的通解：

$$\left.\begin{aligned} w_1 &= e^{-\alpha x}(A_1\sin\alpha x + A_2\cos\alpha x) + e^{-\beta x}(A_3\sin\beta x + A_4\cos\beta x) \\ w_2 &= r_1 e^{-\alpha x}(A_1\sin\alpha x + A_2\cos\alpha x) + r_2 e^{-\beta x}(A_3\sin\beta x + A_4\cos\beta x) \end{aligned}\right\} \tag{2.42}$$

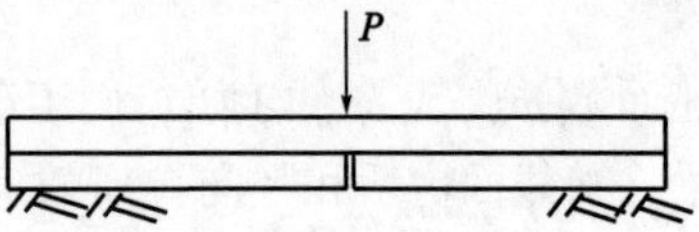

图2.18 带裂缝的双层梁

集中力作用点($x=0$)的边界条件：

$$\left.\begin{aligned} w_1' &= 0 \\ w_1''' &= \frac{P}{2D_1} \\ w_2'' &= w_2''' = 0 \end{aligned}\right\} \tag{a}$$

将式(a)的边界条件代入式(2.42)得：

$$\left.\begin{aligned} w_1'\big|_{x=0} &= 0 \Rightarrow a(A_1 - A_2) + \beta(A_3 - A_4) = 0 \\ w_2'''\big|_{x=0} &= 0 \Rightarrow r_1 a^3(A_1 + A_2) + r_2\beta^3(A_3 + A_4) = 0 \\ w_1'''\big|_{x=0} &= \frac{P}{2D_1} \Rightarrow a^3(A_1 + A_2) + \beta^3(A_3 + A_4) = \frac{P}{4D_1} \\ w_2''\big|_{x=0} &= 0 \Rightarrow r_1 a^2 A_1 + r_2\beta^2 A_3 = 0 \end{aligned}\right\} \tag{b}$$

由此解得4个待定常数：

$$\left.\begin{aligned} A_1 &= \frac{P}{8D_1}\frac{r_2}{(r_1 - r_2)\alpha^3}\left[\frac{r_1\alpha^2 - \beta^2 r_2}{\beta(r_2\beta - r_1\alpha)}\right] \\ A_2 &= \frac{P}{8D_1}\frac{r_2}{(r_2 - r_1)\alpha^3}\left[2 + \frac{r_1\alpha^2 - r_2\beta^2}{\beta(r_2\beta - r_1\alpha)}\right] \\ A_3 &= -\frac{P}{8D_1}\frac{r_1}{(r_1 - r_2)\beta^3}\left[\frac{r_1\alpha^2 - \beta^2 r_2}{\beta(r_2\beta - r_1\alpha)}\right] \\ A_4 &= -\frac{P}{8D_1}\frac{r_1}{(r_2 - r_1)\beta^3}\left[2 + \frac{r_1\alpha^2 - r_2\beta^2}{\alpha(r_2\beta - r_1\alpha)}\right] \end{aligned}\right\} \tag{c}$$

集中力作用点的上下层挠度 w_{10}、w_{20}，上层梁弯矩 M_{10} 则为：

$$w_{10} = w_1\big|_{x=0} = \frac{P}{8D_1(r_2 - r_1)}\left[2\left(\frac{r_2}{\alpha^3} - \frac{r_1}{\beta^3}\right) - C\left(\frac{r_2}{\alpha^2} - \frac{r_1}{\beta^2}\right)\right]$$

$$w_{20} = w_2\big|_{x=0} = \frac{P}{8D_1}\frac{r_1 r_2}{(r_2 - r_1)}\left[2\left(\frac{1}{\alpha^3} - \frac{1}{\beta^3}\right) - C\left(\frac{1}{\alpha^2} - \frac{1}{\beta^2}\right)\right]$$

$$M_{10} = M_1\big|_{x=0} = \frac{P}{4}C$$

$$C = \frac{\alpha^2 r_1 - \beta^2 r_2}{\alpha\beta(\alpha r_1 - \beta r_2)} = \frac{\dfrac{r_1}{\beta^2} - \dfrac{r_2}{\alpha^2}}{\dfrac{r_1}{\beta} - \dfrac{r_2}{\alpha}}$$

图 2.19 给出了下层梁有裂缝时的上层梁弯矩比 M_{10} 与下层梁无裂缝时的上层梁弯矩 $\widetilde{M}_{10}$（计算式(2.42)之比值 φ_M 与上下层弯曲刚度比 $\lambda_D(D_2/D_1)$、地基反应模量与上下层梁间反应模量比 $\lambda_k(k_0/k_v)$ 的关系曲线。从图 2.19 中可以看到，φ_M 值随 λ_D 的增大而加大，随 λ_k 的增大而减小，在下层梁弯曲刚度与层间反应模量均较大时，下层梁有裂缝时的上层梁弯矩比下层梁无裂缝时的弯矩大 2 ~3 倍。

$$\widetilde{M}_{10} = \frac{P}{4(r_2 - r_1)}\left(\frac{r_2}{\alpha} - \frac{r_1}{\beta}\right) \tag{2.43}$$

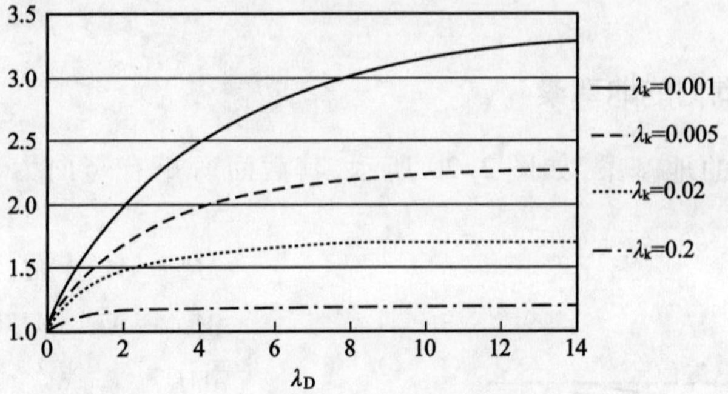

图 2.19 下层梁有、无裂缝的上层梁弯矩比 φ_M

[**例 2.7**] 不计上下层梁间和地基水平摩阻力的无限长双层梁，下层梁有裂缝，裂缝宽度为 2δ，下层梁温度梯度为 T_g，求下层梁裂缝处的上层梁弯矩 M_0 和上下层梁层间拉应力 q_0。

该问题通解如式(2.42)，其边界条件为：

$$\left.\begin{aligned} &x = 0 \\ &w_1' - \delta w_1'' = 0 \\ &w_1''' = 0 \\ &w_2'' = -\alpha_c T_g \\ &w_2''' = 0 \end{aligned}\right\} \tag{a}$$

式中：α_c——下层梁材料的热膨胀系数。

将边界条件代入式(2.42)得到：

$$
\left.\begin{aligned}
&w_1'''\big|_{x=0} = 0 \Rightarrow \alpha^3(A_1 + A_2) + \beta^3(A_3 + A_4) = 0 \\
&w_2'''\big|_{x=0} = 0 \Rightarrow r_1\alpha^3(A_1 + A_2) + r_2\beta^3(A_3 + A_4) = 0 \\
&w_1' - \delta w_1''\big|_{x=0} = 0 \Rightarrow (A_1 - A_2) + \beta(A_3 - A_4) + 2\delta(\alpha^2 A_1 + \beta^2 A_3) = 0 \\
&w_2''\big|_{x=0} = \alpha_c T_g \Rightarrow r_1\alpha^2 A_1 + r_2\beta^2 A_3 = \frac{\alpha_c T_g}{2}
\end{aligned}\right\} \tag{b}
$$

由此解得4个待定常数：

$$
\left.\begin{aligned}
A_1 &= -A_2 = \frac{\alpha_c T_g}{2\alpha}\frac{1+\delta\beta}{\alpha r_1 - \beta r_2 + \delta\alpha\beta(r_1 - r_2)} \\
A_3 &= -A_4 = -\frac{\alpha_c T_g}{2\beta}\frac{1+\delta\alpha}{\alpha r_1 - \beta r_2 + \delta\alpha\beta(r_1 - r_2)}
\end{aligned}\right\} \tag{c}
$$

下层梁裂缝处的上层梁弯矩 M_0 和上下层梁层间拉应力 q_0 为：

$$
M_{10} = 2D_1(\alpha^2 A_1 + \beta^2 A_3) = \alpha_c T_g D_1 \frac{\alpha - \beta}{\alpha r_1 - \beta r_2 + \delta\alpha\beta(r_1 - r_2)}
$$

$$
q_0 = 4D_1(\alpha^4 A_2 + \beta^4 A_4) = -2\alpha_c T_g D_1 \frac{\alpha^3 - \beta^3 - \delta\alpha\beta(\alpha^2 - \beta^2)}{\alpha r_1 - \beta r_2 + \delta\alpha\beta(r_1 - r_2)}
$$

2.6 其他问题

2.6.1 有横向力的地基梁

有轴向力作用的地基梁，如图2.20所示，其截面弯矩有竖向力 V 和横向力 N 两部分引起：

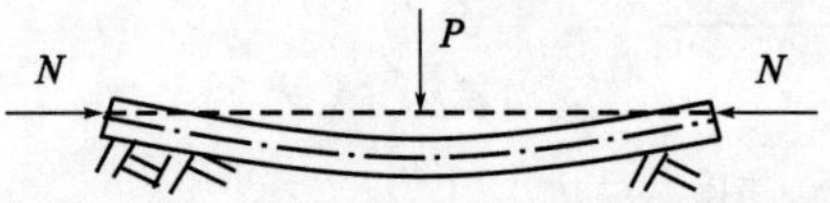

图2.20 有轴向力的地基梁

$$
\left.\begin{aligned}
M_0 &= M_V + M_N \\
M_N &= Nw \\
\frac{dM_V}{dx} &= V \\
\frac{d^2 M_V}{dx^2} &= q(x) - kw
\end{aligned}\right\} \tag{2.44}
$$

由式(2.44)的内力平衡方程，可推得有横向力的文克勒地基上梁的挠曲微分方程为：

$$
D\frac{d^4 w(x)}{dx^4} + N\frac{d^2 w(x)}{dx^2} = q(x) - kw(x) \tag{2.45}
$$

微分方程(2.45)的特征方程：

$$
D\lambda^4 + N\lambda^2 + k = 0 \tag{2.46}
$$

在 $\left|\theta = \frac{N}{2\sqrt{kD}}\right| < 1$ 条件下，特征方程(2.46)的4个根为 $\lambda_{1,2,3,4} = \pm r_1\beta \pm r_2\beta \mathbf{i}$，其中，$r_1 = \sqrt{1+\theta}$，$r_2 = \sqrt{1-\theta}$。

微分方程(2.45)的齐次解则为：

$$w(x) = e^{-r_1\alpha x}(A_1\sin r_2\alpha x + A_2\cos r_2\alpha x) + e^{r_1\alpha x}(A_3\sin r_2\alpha x + A_4\cos r_2\alpha x) \tag{2.47}$$

2.6.2 双参数地基梁

文克勒地基假设忽略了地基土体实际存在的横向联系，对于该地基上梁的内力而言，是偏保守的。双参数地基假设通过增加一个地基参数 k_2 来考虑地基的横向联系，地基反力与地基表面沉陷的方程为：

$$p(x) = k_1 w(x) - k_2 \frac{d^2 w(x)}{dx^2} \tag{2.48}$$

双参数地基从物理意义来看，是在文克勒地基上铺了一层膜，k_2 为薄膜的张力。集中力 P 作用下，该地基沉陷曲线解为(图 2.21)：

$$w(x) = Ae^{-\sqrt{\frac{k_1}{k_2}}x} + Be^{\sqrt{\frac{k_1}{k_2}}x} \tag{2.49}$$

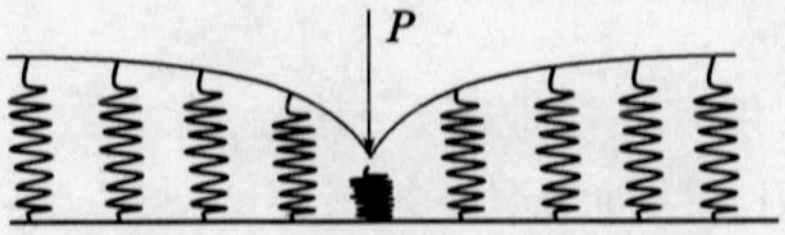

图 2.21 双参数地基上作用集中力

由无穷远收敛条件得：$B=0$；再由地基总反力等于外力条件：

$$\int_0^{\infty} k_1 A e^{-\sqrt{\frac{k_1}{k_2}}x} dx = \frac{P}{2} \tag{2.50}$$

从而解得待定常数 A：

$$A = \frac{P}{2\sqrt{k_2 k_1}} \tag{2.51}$$

双参数地基梁的微分方程为：

$$D\frac{d^4 w(x)}{dx^4} - k_2\frac{d^2 w(x)}{dx^2} + k_1 w(x) = q(x) \tag{2.52}$$

与有横向力地基梁的微分方程式(2.45)相比，两者是相似的，通解形式相同。双参数地基中地基参数 k_2 相当于有横向力地基梁中横向拉力 N；另外，在地基梁的端部，横向力地基梁有已知横向力，而双参数地基有正比于其下沉量的集中反力。由式(2.50)推出，集中反力 V：

$$V = \Delta\sqrt{k_2 k_1} + k_2\frac{dw}{dx} \tag{2.53}$$

式中：Δ——梁端地基下沉量。

[例 2.8] 无限长双参数地基梁上作用集中力 P，计算集中力作用点的挠度 w_0 和弯矩 M_0。

无限长双参数地基梁的挠曲方程解为：

$$w(x) = e^{-r_1\beta x}(A_1\sin r_2\beta x + A_2\cos r_2\beta x) \tag{2.54}$$

其中，$\beta^4 = \frac{k_1}{4D}$，$r_1 = \sqrt{1-\theta}$，$r_2 = \sqrt{1+\theta}$，$\theta = \frac{k_2}{2\sqrt{k_1 D}}$。

代入集中力作用点($x=0$)的边界条件为：$\left.\frac{\mathrm{d}w}{\mathrm{d}x}\right|_{x=0}=0$，$\left.\frac{\mathrm{d}^3w}{\mathrm{d}x^3}\right|_{x=0}=-\frac{P}{2D}$，解得两待定常数 A_1、A_2，集中力作用点的挠度 w_0 和弯矩 M_0 为：

$$A_1r_2 = A_2r_1 = \frac{\beta P}{2k}$$

$$M_0 = \frac{P}{4\beta\sqrt{1+\theta}},w_0 = \frac{\beta P}{2k\sqrt{1+\theta}}$$

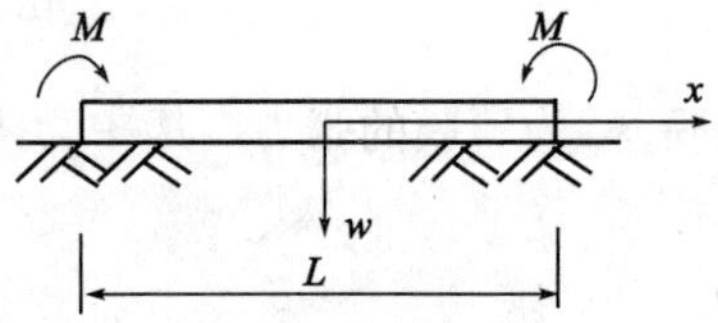

图 2.22 双参数地基梁两端作用集中弯矩

［例 2.9］ 长 L 两端自由的双参数地基梁，两端作用集中弯矩 M，计算梁中点挠度 w_0 和弯矩 M_0（图 2.22）。

此问题具有对称性，双参数地基梁的挠曲方程采用如下形式：

$$w(x) = A_1\sinh(r_1\beta x)\sin(r_2\beta x) + A_2\cosh(r_1\beta x)\cos(r_2\beta x) \tag{2.55}$$

考虑两种边界条件：其一，仅有一根地基梁；其二，有无数长度相同的地基梁相邻而排，所有地基梁两端均有弯矩 M 作用。两种情况下被考察梁梁端边界条件可统一表示为：

$$\left.\begin{aligned}&\left.\frac{\mathrm{d}^2w}{\mathrm{d}x^2}\right|_{x=L/2} = -\frac{M}{D}\\&\left.\frac{\mathrm{d}^3w}{\mathrm{d}x^3}\right|_{x=L/2} = \frac{k_2}{D}\left.\frac{\mathrm{d}w}{\mathrm{d}x}\right|_{x=L/2} + m\frac{\sqrt{k_2k_1}}{D}w\bigg|_{x=L/2}\end{aligned}\right\} \tag{a}$$

其中，m 为边界条件参数。第一种情形，$m=1$；第二种情形，$m=0$。

式(2.55)代入式(a)的边界条件，则得到两待定常数的线性方程为：

$$\begin{bmatrix}\chi SS + r_1r_2CC & -r_1r_2SS+\chi CC\\ \alpha_{21} & \alpha_{22}\end{bmatrix}\begin{bmatrix}A_1\\A_2\end{bmatrix} = -\begin{bmatrix}\frac{M}{2D\beta^2}\\0\end{bmatrix} \tag{b}$$

其中：$\alpha_{21} = \beta^3[2r_2(1+2\theta)SC - 2r_1(1-2\theta)CS] - m\frac{\sqrt{k_1k_2}}{D}SS - \frac{k_2}{D}\beta(r_2SC + r_1CS)$；

$$\alpha_{22} = \beta^3[-2r_1(1-2\theta)SC - 2r_2(1+2\theta)CS] - m\frac{\sqrt{k_1k_2}}{D}CC - \frac{k_2}{D}\beta(r_1SC + r_2CS);$$

$$\chi = \theta(CC-\lambda SS) - \sqrt{1-\theta^2}(SS+\lambda CC);$$

$$\lambda = \frac{r_1(1-2\theta)SC + r_2(1+2\theta)CS + 2mCC\sqrt{\theta} + 2\theta(r_1SC - r_2CS)}{r_1(1-2\theta)CS - r_2(1+2\theta)SC + 2mSS\sqrt{\theta} + 2\theta(r_1CS + r_2SC)};$$

$$CC = \cosh\left(\frac{r_1\beta L}{2}\right)\cos\left(\frac{r_2\beta L}{2}\right),SS = \sinh\left(\frac{r_1\beta L}{2}\right)\sin\left(\frac{r_2\beta L}{2}\right);$$

$$CS = \cosh\left(\frac{r_1\beta L}{2}\right)\sin\left(\frac{r_2\beta L}{2}\right),SC = \sinh\left(\frac{r_1\beta L}{2}\right)\cos\left(\frac{r_2\beta L}{2}\right)。$$

图 2.23a）给出了众梁（$m=0$）的梁中点弯矩 M_0 的弯矩系数 φ_{M}（$M_0=\varphi_{\mathrm{M}}M$）在不同梁长 βL 和反映地基横向联系参数 θ 的变化规律，从图中可以看到，随着相对梁长 βL 的加大，梁中点的弯矩系数 φ_{M} 快速收敛趋近于零，收敛速度随着双参数地基参数 θ 的增大而加快，这是双

参数地基在梁端存在着的集中反力随着参数 θ 的增大而上升。双参数地基上单梁时，梁端的地基集中反力增加了 $\Delta\sqrt{k_2k_1}/D$ 一项（Δ 为梁端挠度），因此梁中点的弯矩系数 φ_M 的收敛速度更快些，如图 2.23b）所示。

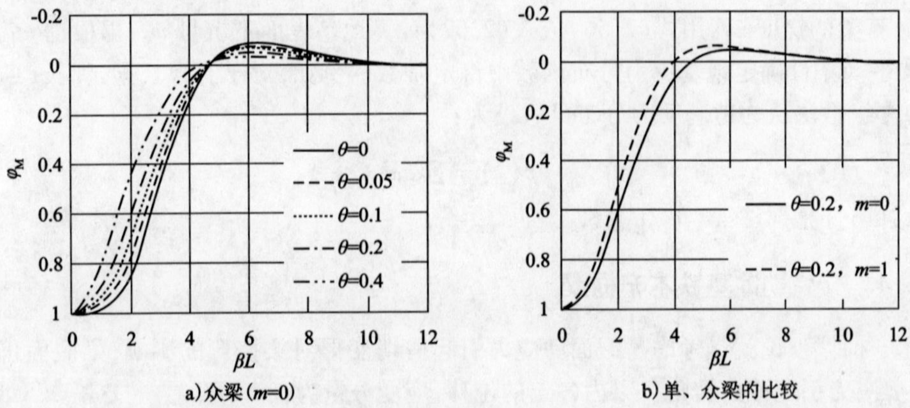

图 2.23　双参数地基梁两端作用弯矩时的梁中点弯矩

2.6.3　半无限弹性地基梁

半无限弹性空间体在条状分布力作用下［图 2.24a）］，对于任一点（x_0，y_0），由条状分布力引起的表面下沉量 w 为：

$$w(x) = \frac{(1-\mu_0^2)}{\pi E_0}\int_{-\infty}^{\infty}\frac{q(\xi)}{\sqrt{y_0^2+(x_0-\xi)^2}}\mathrm{d}\xi \tag{2.56}$$

式中：E_0、μ_0——分别为弹性空间体弹性模量、泊松比。

对于平面应力状况的半无限弹性平面体［图 2.24b）］，上式改写为：

$$w(x) = \frac{2}{\pi E_0}\int_{-\infty}^{\infty}q(\xi)\ln\left(\frac{s}{x-\xi}\right)\mathrm{d}\xi \tag{2.57}$$

其中，s 为下沉量基准点。

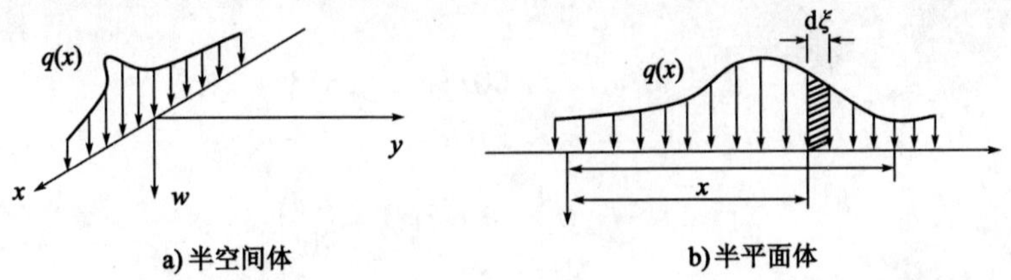

图 2.24　半无限弹性体受分布力作用

若平面应变状态，只需将式（2.57）中的 E_0 用 $\dfrac{E_0}{1-\mu_0^2}$ 代替即可。

半无限弹性地基上梁微分方程则为：

$$\frac{\mathrm{d}^4 w(x)}{\mathrm{d}x^4} = p(x) - q(x) \tag{2.58}$$

由于$q(x)$隐于积分方程之中,式(2.58)无一般解析解,需通过数值方法求解,通常将地基离散为众多的连杆,或假设一地基反力分布函数,其中,函数中含有多个待定常数,然后,用式(2.58)计算梁的挠度w_1,用式(2.56)或式(2.57)计算地基表面下沉量w_2,再根据$w_1 = w_2$,以及地基梁平衡条件确定地基反力分布函数中待定常数。例如,对于有限长梁,郭氏(Gorbunov-Posadov)幂级数法认为地基反力分布可假设为:

$$p(x) = \sum_{i=0}^{m} a_i x^i \tag{2.59}$$

式中:$a_i(i=0,1,2,\cdots)$——待定常数。

2.6.4 文克勒地基铁木辛柯梁

铁木辛柯梁理论就是考虑了截面剪应力引起剪切变形对梁挠弯的影响,梁截面仍采用平面假设,剪应力引起截面转角。梁内各点的位移、应变分量为:

$$\left.\begin{aligned} u_x &= z\psi(x) \\ u_z &= w(x) \\ \varepsilon_x &= \frac{\partial u_x}{\partial x} = z\frac{\partial \psi}{\partial x} \\ \varepsilon_{xz} &= \frac{1}{2}\left(\frac{\partial u_x}{\partial z} + \frac{\partial u_z}{\partial x}\right) = \frac{1}{2}\left(\psi + \frac{\mathrm{d}w}{\mathrm{d}x}\right) \end{aligned}\right\} \tag{2.60}$$

由广义虎克定理,截面正应力σ_z和剪应力τ_{zx}表达式为:

$$\left.\begin{aligned} \sigma_x &= Ez\frac{\mathrm{d}\psi}{\mathrm{d}x} \\ \tau_{zx} &= \theta^2 G\left(\psi + \frac{\mathrm{d}w}{\mathrm{d}x}\right) \end{aligned}\right\} \tag{2.61}$$

式中:θ——剪切系数,表示梁的横截面上的平均剪应变与横截面形心处的剪应变之比;

G——梁材料的剪切模量。

实质上,剪切系数θ为修正梁横截面剪应变分布不均匀性的影响,梁横截面为矩形时,剪切系数θ近似为:

$$\theta = 0.087v^2 + 0031v + 0.833 \tag{2.62}$$

横截面弯矩M、剪力Q与位移的关系为:

$$M = D\frac{\mathrm{d}\psi}{\mathrm{d}x}, Q = \theta^2 GA\left(\psi + \frac{\mathrm{d}w}{\mathrm{d}x}\right) \tag{2.63}$$

由平衡方程得到铁木辛柯梁的基本方程:

$$\left.\begin{aligned} \frac{\mathrm{d}}{\mathrm{d}x}\left[\theta^2 GA\left(\psi + \frac{\mathrm{d}w}{\mathrm{d}x}\right)\right] + p(x) &= 0 \\ \frac{\mathrm{d}}{\mathrm{d}x}\left(D\frac{\mathrm{d}\psi}{\mathrm{d}x}\right) - \theta^2 GA\left(\psi + \frac{\mathrm{d}w}{\mathrm{d}x}\right) &= 0 \end{aligned}\right\} \tag{2.64}$$

文克勒地基上铁木辛柯梁的微分方程则为:

$$
\left.\begin{aligned}
&\frac{\mathrm{d}}{\mathrm{d}x}\left[\theta^2 GA\left(\psi+\frac{\mathrm{d}w}{\mathrm{d}x}\right)\right]-kw=p(x)\\
&\frac{\mathrm{d}}{\mathrm{d}x}\left(D\frac{\mathrm{d}\psi}{\mathrm{d}x}\right)-\theta^2 GA\left(\psi+\frac{\mathrm{d}w}{\mathrm{d}x}\right)=0
\end{aligned}\right\}
\tag{2.65}
$$

微分方程组(2.65)为齐次时,解其联立方程组,位移函数 w、ψ 的特征方程相同:

$$
\lambda^4-\frac{k}{\theta^2 GA}\lambda^2+\frac{k}{D}=0 \tag{2.66}
$$

可以发现,此特征方程与双参数地基梁的微分方程式(2.45)、双参数地基梁的微分方程式(2.52)的特征方程形式相同,参数 $kD/(\theta^2 GA)$ 相当于双数地基中地基参数 k_2 和横向力地基梁中横向拉力 N。

位移函数 ψ、w,弯矩 M、剪力 Q 的通解为:

$$
\left.\begin{aligned}
&\psi(x)=\boldsymbol{A}\cdot\boldsymbol{f}_x\\
&w(x)=\boldsymbol{B}\cdot\boldsymbol{f}_x\\
&M(x)=\boldsymbol{C}\cdot\boldsymbol{f}_x\\
&Q=\boldsymbol{E}\cdot\boldsymbol{f}_x\\
&\boldsymbol{f}_x=\left[\mathrm{e}^{r_1\beta x}\sin r_2\beta x,\mathrm{e}^{r_1 x}\cos r_2\beta x,\mathrm{e}^{-r_1\beta x}\sin r_2\beta x,\mathrm{e}^{-r_1\beta x}\cos r_2\beta x\right]^T
\end{aligned}\right\}
\tag{2.67}
$$

其中,$\beta^4=\frac{k}{4D}$,$r_1=\sqrt{1+\chi}$,$r_2=\sqrt{1-\chi}$,$\chi=\frac{\sqrt{kD}}{2\theta^2 GA}$,$\chi<1$,$\chi$ 为剪切效应系数。

$\boldsymbol{A}$、$\boldsymbol{B}$、$\boldsymbol{C}$、$\boldsymbol{E}$ 为四维常数矢量,它们之间关系可由式(2.67)推出:

$$
\boldsymbol{B}=\frac{\boldsymbol{A}}{2\beta}\begin{bmatrix}
r_1(1-2\chi) & -r_2(1+2\chi) & 0 & 0\\
r_2(1+2\chi) & r_1(1-2\chi) & 0 & 0\\
0 & 0 & -r_1(1-2\chi) & -r_2(1+2\chi)\\
0 & 0 & r_2(1+2\chi) & -r_1(1-2\chi)
\end{bmatrix}
$$

$$
\boldsymbol{C}=\boldsymbol{A}\cdot D\beta\begin{bmatrix}
r_1 & r_2 & 0 & 0\\
-r_2 & r_1 & 0 & 0\\
0 & 0 & -r_1 & r_2\\
0 & 0 & -r_2 & -r_1
\end{bmatrix}
$$

$$
\frac{1}{\theta^2 GA}\boldsymbol{E}=\boldsymbol{A}+\beta\boldsymbol{B}\begin{bmatrix}
r_1 & r_2 & 0 & 0\\
-r_2 & r_1 & 0 & 0\\
0 & 0 & -r_1 & r_2\\
0 & 0 & -r_2 & -r_1
\end{bmatrix}
$$

[**例 2.10**] 求集中力作用下的文克勒地基上无限长铁木辛柯梁的解。

x 轴原点设于集中力作用点,代入边界条件,得到 $x\geqslant 0$ 的梁挠度、弯矩和剪力的解为:

$$\left.\begin{aligned} w &= \frac{P\beta}{2k}\varphi_{\mathrm{w}}, \varphi_{\mathrm{w}} = \mathrm{e}^{-r_1\beta x}\left[\left(\frac{1-2\chi}{r_2}\right)\sin r_2\beta x + \left(\frac{1+2\chi}{r_1}\right)\cos r_2\beta x\right] \\ Q &= \frac{P}{2}\varphi_{\mathrm{M}}, \varphi_{\mathrm{Q}} = \mathrm{e}^{-r_1\beta x}\left(-\frac{\chi}{r_1 r_2}\sin r_2\beta x + \cos r_2\beta x\right) \\ M &= \frac{P}{4\beta}\varphi_{\mathrm{Q}}, \varphi_{\mathrm{M}} = \mathrm{e}^{-r_1\beta x}\left(-\frac{1}{r_2}\sin r_2\beta x + \frac{1}{r_1}\cos r_2\beta x\right) \end{aligned}\right\} \tag{a}$$

[例 2.11] 分析剪切效应对局部均布荷载(宽度 b)作用下的文克勒地基上无限长铁木辛柯梁的荷载中点的挠度和弯矩的影响规律。

x 轴原点设于均布荷载区的中点,利用例 2.10 中的式(a)进行积分,得到 $x \geqslant 0$ 的梁挠度、弯矩解为:

$$\left.\begin{aligned} w &= \frac{q\beta}{2k}\xi_{\mathrm{w}} \\ M &= \frac{P}{4\beta}\xi_{\mathrm{M}} \end{aligned}\right\} \tag{a}$$

式中:ξ_{w}、ξ_{M}——分别为任一点的铁木辛柯梁挠度系数和弯矩系数。

$$\left.\begin{aligned} \xi_{\mathrm{w}}(x) &= \begin{cases} \int_{-b/2}^{x}\varphi_{\mathrm{w}}(x-\xi)\mathrm{d}\xi + \int_{x}^{b/2}\varphi_{\mathrm{w}}(\xi - x)\mathrm{d}\xi & x \leqslant \dfrac{b}{2} \\ \int_{-b/2}^{b/2}\varphi_{\mathrm{w}}(x-\xi)\mathrm{d}\xi & x > \dfrac{b}{2} \end{cases} \\ \xi_{\mathrm{M}}(x) &= \begin{cases} \int_{-b/2}^{x}\varphi_{\mathrm{M}}(x-\xi)\mathrm{d}\xi + \int_{x}^{b/2}\varphi_{\mathrm{M}}(\xi - x)\mathrm{d}\xi & x \leqslant \dfrac{b}{2} \\ \int_{-b/2}^{b/2}\varphi_{\mathrm{M}}(x-\xi)\mathrm{d}\xi & x > \dfrac{b}{2} \end{cases} \end{aligned}\right\} \tag{b}$$

图 2.25 给出了均布荷载中点的铁木辛柯梁挠度系数 $\xi_{\mathrm{w}}(0)$、弯矩系数 $\xi_{\mathrm{M}}(0)$ 在不同均布荷载区相对宽度 βL_0 及剪切效应系数 χ 条件下变化规律。从中可以看到,随着均布荷载区相对宽度 βL_0 的减少,梁的剪切效应增大,梁挠度增大,弯矩减小;当集中力作用下,剪切效应系数 χ 为 0.3 时,挠度增加超过 40%,弯矩减小 12% 左右。

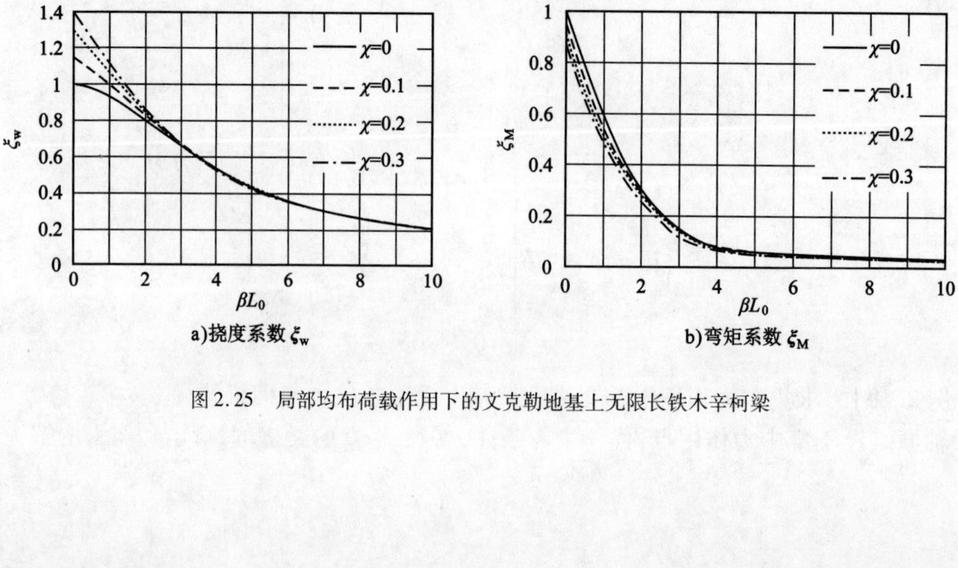

a)挠度系数 ξ_{w}　　b)弯矩系数 ξ_{M}

图 2.25　局部均布荷载作用下的文克勒地基上无限长铁木辛柯梁

3 弹性柱体、层状体和半空间体问题

3.1 圆柱坐标系的弹性体基本方程

3.1.1 静力平衡方程[60]

圆柱坐标系下的微小六面体，如图3.1所示。沿 r 方向的正应力，称为径向正应力，用 σ_r 表示；沿 θ 方向的正应力，称为切向正应力，用 σ_θ 表示；沿 z 向的正应力，称为轴向正应力，用 σ_z 表示；剪应力用 $\tau_{r\theta}=\tau_{\theta r}$、$\tau_{rz}=\tau_{zr}$、$\tau_{z\theta}=\tau_{\theta z}$（下标第一字母为剪应力作用面，第二字母为剪应力作用方向）表示。

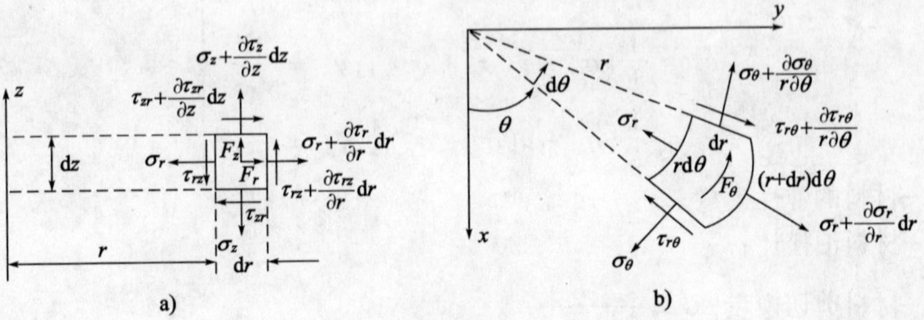

图3.1 圆柱坐标系的微分体应力状态

由静力平衡条件，得到微分体的平衡方程如下：

$$\left.\begin{aligned}&\frac{\partial\sigma_r}{\partial r}+\frac{\partial\tau_{r\theta}}{r\partial\theta}+\frac{\partial\tau_{rz}}{\partial z}+\frac{\sigma_r-\sigma_\theta}{r}+F_r=0\\&\frac{\partial\tau_{\theta r}}{\partial r}+\frac{\partial\sigma_\theta}{r\partial\theta}+\frac{\partial\tau_{\theta z}}{\partial z}+\frac{2\tau_{\theta r}}{r}+F_\theta=0\\&\frac{\partial\tau_{zr}}{\partial r}+\frac{\partial\tau_{z\theta}}{r\partial\theta}+\frac{\partial\sigma_z}{\partial z}+\frac{\tau_{zr}}{r}+F_z=0\end{aligned}\right\}\tag{3.1}$$

式中：F_r、F_θ、F_z——分别表示圆柱坐标系下体力3个分量。

3.1.2 几何方程

沿 r 方向线应变，称为径向应变，用 ε_r 代表；沿 θ 方向线应变，称为切向应变，用 ε_θ 代表；沿 z 方向线应变，称为轴向应变，用 ε_z 代表；剪切应变用 $\gamma_{r\theta}=\gamma_{\theta r}$、$\gamma_{rz}=\gamma_{zr}$、$\gamma_{z\theta}=\gamma_{\theta z}$（下标第一字母为剪应力作用面，第二字母为剪应力作用方向）表示。沿 r 方向的位移分量，称为径向位移，用 u_r 表示；沿 θ 方向的位移分量，称为切向位移，用 u_θ 表示；沿 z 方向的位移分量，称为轴向位移，用 w 表示。

微分体的应变分量与3个位移分量之间的几何方程为：

$$\left.\begin{aligned}\varepsilon_r &= \frac{\partial u_r}{\partial r}\\ \varepsilon_\theta &= \frac{\partial u_\theta}{r\partial\theta}+\frac{u_r}{r}\\ \varepsilon_z &= \frac{\partial w}{\partial z}\\ \gamma_{r\theta} &= \frac{\partial u_r}{r\partial\theta}+\frac{\partial u_\theta}{\partial r}-\frac{u_\theta}{r}\\ \gamma_{rz} &= \frac{\partial u_r}{\partial z}+\frac{\partial w}{\partial r}\\ \gamma_{\theta z} &= \frac{\partial w}{r\partial\theta}+\frac{\partial u_\theta}{\partial z}\end{aligned}\right\} \tag{3.2}$$

3.1.3 物理方程

由虎克定理,微分体的应变分量和应力分量之间的关系为：

$$\left.\begin{aligned}\varepsilon_r &= \frac{1}{E}[\sigma_r-\nu(\sigma_\theta+\sigma_z)],\gamma_{r\theta}=\frac{1}{G}\tau_{r\theta}\\ \varepsilon_\theta &= \frac{1}{E}[\sigma_\theta-\nu(\sigma_r+\sigma_z)],\gamma_{rz}=\frac{1}{G}\tau_{rz}\\ \varepsilon_z &= \frac{1}{E}[\sigma_z-\nu(\sigma_r+\sigma_\theta)],\gamma_{\theta z}=\frac{1}{G}\tau_{\theta z}\end{aligned}\right\} \tag{3.3}$$

式中：E——材料的弹性模量；

ν——材料泊松比；

G——材料剪切模量，$G=\dfrac{E}{2(1+\nu)}$。

3.1.4 轴对称问题[33]

轴对称时，$u_\theta=\tau_{r\theta}=\tau_{\theta r}=\tau_{z\theta}=\tau_{\theta z}=0$，上述3个方程则简化为[33]：

(1)静力平衡方程

$$\left.\begin{aligned}\frac{\partial\sigma_r}{\partial r}+\frac{\partial\tau_{rz}}{\partial z}+\frac{\sigma_r-\sigma_\theta}{r}+F_r &= 0\\ \frac{\partial\tau_{zr}}{\partial r}+\frac{\partial\sigma_z}{\partial z}+\frac{\tau_{zr}}{r}+F_z &= 0\end{aligned}\right\} \tag{3.4}$$

(2)几何方程

$$\left.\begin{aligned}\varepsilon_r &= \frac{\partial u_r}{\partial r}\\ \varepsilon_\theta &= \frac{u_r}{r}\\ \varepsilon_z &= \frac{\partial w}{\partial z}\\ \gamma_{rz} &= \frac{\partial u_r}{\partial z}+\frac{\partial w}{\partial r}\end{aligned}\right\} \tag{3.5}$$

(3)物理方程

$$\left.\begin{aligned}\varepsilon_r &= \frac{1}{E}[\sigma_r - \nu(\sigma_\theta + \sigma_z)]\\ \varepsilon_\theta &= \frac{1}{E}[\sigma_\theta - \nu(\sigma_r + \sigma_z)]\\ \varepsilon_z &= \frac{1}{E}[\sigma_z - \nu(\sigma_r + \sigma_\theta)]\\ \gamma_{rz} &= \frac{1}{G}\tau_{rz}\end{aligned}\right\} \tag{3.6}$$

3.2 微分方程的位移函数法解

3.2.1 轴对称问题的乐甫位移函数

对于轴对称问题,将几何方程代入物理方程,则有:

$$\left.\begin{aligned}\sigma_r &= \frac{E}{1+\nu}\left(\frac{\nu}{1-2\nu}\vartheta + \frac{\partial u_r}{\partial r}\right)\\ \sigma_\theta &= \frac{E}{1+\nu}\left(\frac{\nu}{1-2\nu}\vartheta + \frac{u_r}{r}\right)\\ \sigma_z &= \frac{E}{1+\nu}\left(\frac{\nu}{1-2\nu}\vartheta + \frac{\partial w}{\partial z}\right)\\ \tau_{rz} &= G\left(\frac{\partial u_r}{\partial z} + \frac{\partial w}{\partial r}\right)\end{aligned}\right\} \tag{3.7}$$

其中,$\vartheta = \frac{\partial u_r}{\partial r} + \frac{u_r}{r} + \frac{\partial w}{\partial z}$。

再将式(3.7)代入平衡方程,则按位移求解轴对称问题的基本方程为:

$$\left.\begin{aligned}\frac{1}{1-2\nu}\frac{\partial\vartheta}{\partial r} + \nabla^2 u_r - \frac{u_r}{r^2} + \frac{F_r}{G} &= 0\\ \frac{1}{1-2\nu}\frac{\partial\vartheta}{\partial z} + \nabla^2 w + \frac{F_z}{G} &= 0\end{aligned}\right\} \tag{3.8}$$

式中:∇^2——拉普拉斯算子,$\nabla^2 = \frac{\partial^2}{\partial r^2} + \frac{\partial}{r\partial r} + \frac{\partial^2}{\partial z^2}$。

在不计体力情况下,乐甫引用一个位移函数 $\xi(r,z)$,把位移分量表示为:

$$\left.\begin{aligned}u_r &= -\frac{1}{2G}\frac{\partial^2\zeta}{\partial r\partial z}\\ w &= \frac{1}{2G}\left[2(1-\nu)\nabla^2 - \frac{\partial^2}{\partial z^2}\right]\zeta\end{aligned}\right\} \tag{3.9}$$

将式(3.9)代入轴对称问题的基本方程式(3.7),则得到位移函数 $\xi(r,z)$ 应满足:

$$\nabla^4\zeta(r,z) = 0 \tag{3.10}$$

从式(3.10)可见,$\zeta(r,z)$ 是一重调和函数。将式(3.9)代入式(3.7)可得应力分量的表达式：

$$\left.\begin{aligned}
\sigma_r &= \frac{\partial}{\partial z}\left(\nu\nabla^2 - \frac{\partial^2}{\partial r^2}\right)\zeta \\
\sigma_\theta &= \frac{\partial}{\partial z}\left(\nu\nabla^2 - \frac{\partial^2}{r\partial r}\right)\zeta \\
\sigma_z &= \frac{\partial}{\partial z}\left((2-\nu)\nabla^2 - \frac{\partial^2}{\partial z^2}\right)\zeta \\
\tau_{rz} &= \frac{\partial}{\partial r}\left((1-\nu)\nabla^2 - \frac{\partial^2}{\partial z^2}\right)\zeta
\end{aligned}\right\} \tag{3.11}$$

3.2.2 圆柱坐标系的位移函数

对于圆柱坐标系的非轴对称问题，将几何方程代入物理方程，则有：

$$\left.\begin{aligned}
\sigma_r &= \frac{E}{1+\nu}\left(\frac{\nu}{1-2\nu}\vartheta + \frac{\partial u_r}{\partial r}\right) \\
\sigma_\theta &= \frac{E}{1+\nu}\left(\frac{\nu}{1-2\nu}\vartheta + \frac{\partial u_\theta}{r\partial\theta} + \frac{u_r}{r}\right) \\
\sigma_z &= \frac{E}{1+\nu}\left(\frac{\nu}{1-2\nu}\vartheta + \frac{\partial w}{\partial z}\right) \\
\tau_{r\theta} &= G\left(\frac{\partial u_\theta}{\partial r} - \frac{u_\theta}{r} + \frac{\partial u_r}{r\partial\theta}\right) \\
\tau_{rz} &= G\left(\frac{\partial u_r}{\partial z} + \frac{\partial w}{\partial r}\right) \\
\tau_{\theta z} &= G\left(\frac{\partial w}{r\partial\theta} + \frac{\partial u_\theta}{\partial z}\right)
\end{aligned}\right\} \tag{3.12}$$

其中，$\vartheta = \frac{\partial u_r}{\partial r} + \frac{\partial u_\theta}{r\partial\theta} + \frac{u_r}{r} + \frac{\partial w}{\partial z}$。

再将式(3.12)代入平衡方程，则按位移求解非轴对称问题的基本方程为：

$$\left.\begin{aligned}
&\frac{1}{1-2\nu}\frac{\partial\vartheta}{\partial r} + \nabla^2 u_r - \frac{u_r}{r^2} - \frac{2\partial u_\theta}{r^2\partial\theta} + \frac{F_r}{G} = 0 \\
&\frac{1}{1-2\nu}\frac{\partial\vartheta}{r\partial\theta} + \nabla^2 u_\theta - \frac{u_\theta}{r^2} + \frac{2\partial u_r}{r^2\partial\theta} + \frac{F_\theta}{G} = 0 \\
&\frac{1}{1-2\nu}\frac{\partial\vartheta}{\partial z} + \nabla^2 w + \frac{F_z}{G} = 0
\end{aligned}\right\} \tag{3.13}$$

式中：∇^2——拉普拉斯算子，$\nabla^2 = \frac{\partial^2}{\partial r^2} + \frac{\partial}{r\partial r} + \frac{\partial^2}{r^2\partial\theta^2} + \frac{\partial^2}{\partial z^2}$。

对于不计体力的非轴对称的圆柱坐标而言，可引用两个位移函数 $\varphi(r,z)$、$\psi(r,z)$，将位移分量表示为：

$$\left.\begin{aligned} u_r &= -\frac{1}{2G}\left(\frac{\partial^2\varphi}{\partial r\partial z} - 2\frac{\partial\psi}{r\partial\theta}\right) \\ u_\theta &= -\frac{1}{2G}\left(\frac{\partial^2\varphi}{r\partial\theta\partial z} + 2\frac{\partial\psi}{\partial r}\right) \\ w &= \frac{1}{2G}\left[2(1-\nu)\nabla^2\varphi - \frac{\partial^2\varphi}{\partial z^2}\right] \end{aligned}\right\} \tag{3.14}$$

将式(3.14)代入基本方程式(3.13),则得到位移函数 $\varphi(r,z)$、$\psi(r,z)$ 应满足:

$$\left.\begin{aligned} \nabla^4\varphi(r,\theta,z) &= 0 \\ \nabla^2\psi(r,\theta,z) &= 0 \end{aligned}\right\} \tag{3.15}$$

将式(3.15)代入式(3.12)即得应力分量的表达式:

$$\left.\begin{aligned} \sigma_r &= \frac{\partial}{\partial z}\left(\nu\nabla^2\varphi - \frac{\partial^2\varphi}{\partial r^2}\right) + 2\frac{\partial}{r\partial\theta}\left(\frac{\partial\psi}{\partial r} - \frac{\psi}{r}\right) \\ \sigma_\theta &= \frac{\partial}{\partial z}\left(\nu\nabla^2\varphi - \frac{\partial\varphi}{r\partial r} - \frac{\partial^2\varphi}{r^2\partial\theta^2}\right) - 2\frac{\partial}{r\partial\theta}\left(\frac{\partial\psi}{\partial r} - \frac{\psi}{r}\right) \\ \sigma_z &= \frac{\partial}{\partial z}\left((2-\nu)\nabla^2\varphi - \frac{\partial^2\varphi}{\partial z^2}\right) \\ \tau_{r\theta} &= \frac{\partial^2}{r\partial\theta\partial z}\left(\frac{\varphi}{r} - \frac{\partial\varphi}{\partial r}\right) - \frac{\partial^2\psi}{\partial r^2} + \frac{\partial\psi}{r\partial r} + \frac{\partial^2\psi}{r^2\partial\psi\theta^2} \\ \tau_{z\theta} &= \frac{\partial}{r\partial\theta}\left((1-\nu)\nabla^2\varphi - \frac{\partial^2\varphi}{\partial z^2}\right) - \frac{\partial^2\psi}{\partial r\partial z} \\ \tau_{zr} &= \frac{\partial}{\partial z}\left((1-\nu)\nabla^2\varphi - \frac{\partial^2\varphi}{\partial z^2}\right) + \frac{\partial^2\psi}{r\partial\theta\partial z} \end{aligned}\right\} \tag{3.16}$$

3.3 柱体和层状体轴对称问题

3.3.1 柱体轴对称问题的分离变量解

从式(3.10)可见,柱体轴对称问题的乐甫位移函数 $\zeta(r,z)$ 是一满足其重调和函数为零的函数。现先讨论如下调和函数为零的分离变量解。

将函数的两个自变量 r、z 进行分离:

$$\zeta(r,z) = R(r)Z(z) \tag{3.17}$$

上式代入(3.10),则得:

$$\nabla^2\varphi(r,z) = R''(r)Z(z) + \frac{1}{r}R'(r)Z(z) + R(r)Z''(z) = 0 \tag{3.18}$$

整理式(3.18)得到:

$$\frac{R''(r) + \frac{1}{r}R'(r)}{R(r)} = -\frac{Z''(z)}{Z(z)} = c \tag{3.19}$$

上式中 c 为与 r、z 无关的常数,当 $c<0$ 时,记 $c=-\xi^2$,则函数 $Z(z)$、$R(r)$ 的微分方程可表

示为：

$$Z''(z)-\xi^2 Z(z)=0 \tag{3.20-1}$$

$$r^2R''(r)+rR'(r)+\xi^2r^2R(r)=0 \tag{3.20-2}$$

微分方程式(3.20-1)的解为：

$$Z(z)=A\mathrm{e}^{\xi z}+B\mathrm{e}^{-\xi z} \tag{3.21}$$

微分方程式(3.20-2)是贝塞尔方程，其解为：

$$R(r)=C\mathrm{J}_0(\xi r)+D\mathrm{Y}_0(\xi r) \tag{3.22}$$

调和函数 $\varphi(r,z)$ 的解为：

$$\varphi(r,z)=(A\mathrm{e}^{\xi z}+B\mathrm{e}^{-\xi z})[\mathrm{J}_0(\xi r)+\lambda\mathrm{Y}_0(\xi r)] \tag{3.23}$$

由此推得，$\nabla^4\zeta=0$ 的解则为：

$$\zeta(r,z)=[(A_1+A_2z)\mathrm{e}^{\xi z}+(B_1+B_2z)\mathrm{e}^{-\xi z}][\mathrm{J}_0(\xi r)+\lambda\mathrm{Y}_0(\xi r)] \tag{3.24}$$

当 $c>0$ 时，记 $c=\xi^2$，则函数 $Z(z)$、$R(r)$ 的微分方程可表示为：

$$Z''(z)+\xi^2 Z(z)=0 \tag{3.25-1}$$

$$r^2R''(r)+rR'(r)-\xi^2r^2R(r)=0 \tag{3.25-2}$$

调和函数 $\varphi(r,z)$ 的解为：

$$\varphi(r,z)=[A\mathrm{I}_0(\xi r)+B\mathrm{K}_0(\xi r)][\cos(\xi z)+\lambda\sin(\xi z)] \tag{3.26}$$

由此推得，$\nabla^4\zeta=0$ 的解则为：

$$\zeta(r,z)=[A_1\mathrm{I}_0(\xi r)+A_2\xi r\mathrm{I}_1(\xi r)+B_1\mathrm{K}_0(\xi r)+B_2\xi r\mathrm{K}_1(\xi r)][\cos(\xi z)+\lambda\sin(\xi z)] \tag{3.27}$$

对于中心无孔的柱体，调和函数式(3.24)、式(3.27)中可简化为：

$$\zeta(r,z)=[(A_1+A_2\xi z)\mathrm{e}^{-\xi z}+(B_1+B_2\xi z)\mathrm{e}^{\xi z}]\mathrm{J}_0(\xi r) \tag{3.28-1}$$

$$\zeta(r,z)=[A_1\mathrm{I}_0(\xi r)+A_2\xi r\mathrm{I}_1(\xi r)][\cos(\xi z)+\lambda\sin(\xi z)] \tag{3.28-2}$$

代入式(3.9)、式(3.11)发现，式(3.28-1)只能满足柱体外边界 $u_r|_{r=R}=0,\tau_{zr}|_{r=R}=0$ 的滑支条件，即为 $\mathrm{J}_1(\xi R)=0$，也就是说 J_1 的零点 $\xi_nR(n=1,2,3,\cdots)$ 均为本问题的解，将柱体上下面的边界条件进行傅里叶—贝塞尔展开，联立即可解得调和函数 $\varphi(r,z)$ 中的待定常数 A_{1n}、A_{2n}、B_{1n}、B_{2n}。进而得到轴对称圆柱体问题的通解为：

$$\zeta(r,z)=A_0z^3+B_0zr^2+\sum_{n=1}^{\infty}[(A_{1n}+A_{2n}z)\mathrm{e}^{\xi_nz}+(B_{1n}+B_{2n}z)\mathrm{e}^{-\xi_nz}]\mathrm{J}_0(\xi_nr) \tag{3.29}$$

上式中的 A_0、B_0 中为 σ_r、σ_z 常应力项，即：

$$\left.\begin{aligned}A_0&=\frac{(4-2\nu)\sigma_r+(1-2\nu)\sigma_z}{6(\nu+1)}\\B_0&=\frac{\nu\sigma_z-(1-\nu)\sigma_r}{2(\nu+1)}\end{aligned}\right\} \tag{3.30}$$

调和函数式(3.28-2)，也只能满足柱体上下面 $w|_{z=0}=w|_{z=h}=0,\tau_{zr}|_{z=0}=\tau_{zr}|_{z=h}=0$ 的滑支条件。柱体外边界的应力、位移条件进行傅里叶展开，进而联立求得调和函数 $\varphi(r,z)$ 中的待定常数 A_{1n}、A_{2n}。

将柱体中心设为坐标轴原点，将式(3.28-1)和式(3.28-2)组合，并加上常应力项，可满足柱体外边界和上下面的任意边界条件，此时的乐甫位移函数可以表示如下[61]：

$$\zeta = -\frac{R^3}{2G}\left\{A_0\frac{\kappa^3\psi^3}{6} + B_0\frac{\kappa^2\psi^2}{2} + C_0\frac{\kappa\psi}{2}\rho^2 + \right.$$
$$\sum_{m=1}^{\infty}\frac{\sin(m\pi\psi)}{\eta_m^3}[A_{1m}\eta_m\rho I_1(\eta_m\rho) + B_{1m}I_0(\eta_m\rho)] +$$
$$\sum_{m=1}^{\infty}\frac{\cos(m\pi\psi)}{\eta_m^3}[A_{2m}\eta_m\rho I_1(\eta_m\rho) + B_{2m}I_0(\eta_m\rho)] +$$
$$\left.\sum_{n=1}^{\infty}\frac{J_0(\xi_n\rho)}{\xi_n^3}\begin{bmatrix}C_{1n}\sinh(\lambda_n\psi) + D_{1n}\lambda_n z\cosh(\lambda_n\psi) + \\ C_{2n}\cosh(\lambda_n\psi) + D_{2n}\lambda_n z\sinh(\lambda_n\psi)\end{bmatrix}\right\} \tag{3.31}$$

其中，ξ_n 为 J_1 函数的零点，$\rho = \dfrac{r}{R}$，$\psi = \dfrac{z}{R}$，$\kappa = \dfrac{h}{R}$，$\eta_m = \dfrac{m\pi}{\kappa}$，$\lambda_n = \xi_n\kappa$。

代入式(3.9)、式(3.11)得到各项应力和位移的表达式为：

$$\frac{u_r}{R} = -\frac{1}{2G}\left\{C_0\rho + \sum_{m=1}^{\infty}\frac{\cos(m\pi\psi)}{\eta_m}[A_{1m}\eta_m\rho I_0(\eta_m\rho) + B_{1m}I_1(\eta_m\rho)] - \right.$$
$$\sum_{m=1}^{\infty}\frac{\sin(m\pi\psi)}{\eta_m}[A_{2m}\eta_m\rho I_0(\eta_m\rho) + B_{2m}I_1(\eta_m\rho)] -$$
$$\left.\sum_{n=1}^{\infty}\frac{J_1(\xi_n\rho)}{\xi_n}\begin{Bmatrix}C_{1n}\cosh(\lambda_n\psi) + D_{1n}[\lambda_n\psi\sinh(\lambda_n\psi) + \cosh(\lambda_n\psi)] + \\ C_{2n}\sinh(\lambda_n\psi) + D_{2n}[\lambda_n\psi\cosh(\lambda_n\psi) + \sinh(\lambda_n\psi)]\end{Bmatrix}\right\} \tag{3.32-1}$$

$$\frac{w}{R} = \frac{1}{2G}\left\{(1-2\nu)\kappa A_0\psi + B_0(1-2\nu)\kappa^2 + 4\kappa(1-\nu)C_0\psi + \right.$$
$$\sum_{m=1}^{\infty}\frac{\sin(m\pi\psi)}{\eta_m}\{A_{1m}[\eta_m\rho I_1(\eta_m\rho) + 4(1-\nu)I_0(\eta_m\rho)] + B_{1m}I_0(\eta_m\rho)\} +$$
$$\sum_{m=1}^{\infty}\frac{\cos(m\pi\psi)}{\eta_m}\{A_{2m}[\eta_m\rho I_1(\eta_m\rho) + 4(1-\nu)I_0(\eta_m\rho)] + B_{2m}I_0(\eta_m\rho)\} -$$
$$\left.\sum_{n=1}^{\infty}\frac{J_0(\xi_s\rho)}{\xi_s}\begin{Bmatrix}C_{1s}\sinh(\lambda_n\psi) + D_{1n}[\lambda_n\psi\cosh(\lambda_n\psi) - 2(1-2\nu)\sinh(\lambda_n\psi)] + \\ C_{2s}\cosh(\lambda_n\psi) + D_{2n}[\lambda_n\psi\sinh(\lambda_n\psi) - 2(1-2\nu)\cosh(\lambda_n\psi)]\end{Bmatrix}\right\} \tag{3.32-2}$$

$$\sigma_r = \left\{\nu A_0 + (2\nu-1)C_0 + \sum_{m=1}^{\infty}\cos(m\pi\psi)\begin{Bmatrix}A_{1m}[(2\nu-1)I_0(\eta_m\rho) + \eta_m\rho I_1(\eta_m\rho)] - \\ B_{1m}\left[I_0(\eta_m\rho) - \dfrac{I_1(\eta_m\rho)}{\eta_m\rho}\right]\end{Bmatrix} - \right.$$

$$\sum_{m=1}^{\infty}\sin(m\pi\psi)\begin{Bmatrix}A_{2m}[(2\nu-1)I_0(\eta_m\rho) + \eta_m\rho I_1(\eta_m\rho)] - \\ B_{2m}\left[I_0(\eta_m\rho) - \dfrac{I_1(\eta_m\rho)}{\eta_m\rho}\right]\end{Bmatrix} +$$

$$\sum_{n=1}^{\infty}J_0(\xi_n\rho)\begin{bmatrix}(C_{1n} + (2\nu+1)D_{1n})\cosh(\lambda_n\psi) + D_{1n}\lambda_n\psi\sinh(\lambda_n\psi) + \\ (C_{2n} + (2\nu+1)D_{2n})\sinh(\lambda_n\psi) + D_{2n}\lambda_n\psi\cosh(\lambda_n\psi)\end{bmatrix} -$$

$$\left.\sum_{n=1}^{\infty}\frac{J_1(\xi_n\rho)}{\xi_n\rho}\begin{bmatrix}(C_{1n} + D_{1n})\cosh(\lambda_n\psi) + D_{1s}\lambda_n\psi\sinh(\lambda_n\psi) + \\ (C_{2n} + D_{2n})\sinh(\lambda_n\psi) + D_{2s}\lambda_n\psi\cosh(\lambda_n\psi)\end{bmatrix}\right\} \tag{3.32-3}$$

$$\sigma_\theta=\Bigg\{\nu A_0+(2\nu-1)C_0+\sum_{m=1}^{\infty}\cos(m\pi\psi)\left[A_{1m}(2\nu-1)\mathrm{I}_0(\eta_m\rho)-B_{1m}\frac{\mathrm{I}_1(\eta_m\rho)}{\eta_m\rho}\right]-$$

$$\sum_{m=1}^{\infty}\sin(m\pi\psi)\left[A_{2m}(2\nu-1)\mathrm{I}_0(\eta_m\rho)-B_{2m}\frac{\mathrm{I}_1(\eta_m\rho)}{\eta_m\rho}\right]+$$

$$\sum_{n=1}^{\infty}2\nu\mathrm{J}_0(\xi_n\rho)[D_{1n}\cosh(\lambda_n\psi)+D_{2n}\sinh(\lambda_n\psi)]+$$

$$\sum_{n=1}^{\infty}\frac{\mathrm{J}_1(\xi_n\rho)}{\xi_n\rho}\left[\begin{matrix}(C_{1n}+D_{1n})\cosh(\lambda_n\psi)+D_{1n}\lambda_n\psi\sinh(\lambda_n\psi)+\\(C_{2n}+D_{2n})\sinh(\lambda_n\psi)+D_{2n}\lambda_n\psi\cosh(\lambda_n\psi)\end{matrix}\right]\Bigg\}\tag{3.32-4}$$

$$\sigma_z=\Bigg\{(1-\nu)A_0+2(2-\nu)C_0+$$

$$\sum_{m=1}^{\infty}\cos(m\pi\psi)\{A_{1m}[2(2-\nu)\mathrm{I}_0(\eta_m\rho)+\eta_m\rho I_1(\eta_m\rho)]+B_{1m}\mathrm{I}_0(\eta_m\rho)\}-$$

$$\sum_{m=1}^{\infty}\sin(m\pi\psi)\{A_{2m}[2(2-\nu)\mathrm{I}_0(\eta_m\rho)+\eta_m\rho\mathrm{I}_1(\eta_m\rho)]+B_{2m}\mathrm{I}_0(\eta_m\rho)\}-$$

$$\sum_{n=1}^{\infty}\mathrm{J}_0(\xi_s\rho)\left\{\begin{matrix}[C_{1n}+(2\nu-1)D_{1n}]\cosh(\lambda_n\psi)+D_{1n}\lambda_n\psi\sinh(\lambda_n\psi)+\\ [C_{2n}+(2\nu-1)D_{2n}]\sinh(\lambda_n\psi)+D_{2n}\lambda_n\psi\cosh(\lambda_n\psi)\end{matrix}\right\}\Bigg\}\tag{3.32-5}$$

$$\tau_{rz}=\Bigg\{\sum_{m=1}^{\infty}\sin(m\pi\psi)\{[2(1-\nu)A_{1m}+B_{1m}]\mathrm{I}_1(\eta_m\rho)+\eta_m\rho\mathrm{I}_0(\eta_m\rho)A_{1m}\}+$$

$$\sum_{m=1}^{\infty}\cos(m\pi\psi)\{[2(1-\nu)A_{2m}+B_{2m})]\mathrm{I}_1(\eta_m\rho)+\eta_m\rho\mathrm{I}_0(\eta_m\rho)A_{2m}\}+$$

$$\sum_{n=1}^{\infty}\mathrm{J}_1(\xi_n\rho)\left[\begin{matrix}(C_{1n}+2\nu D_{1n})\sinh(\lambda_n\psi)+D_{1n}\lambda_n\psi\cosh(\lambda_n\psi)+\\(C_{2n}+2\nu D_{2n})\cosh(\lambda_n\psi)+D_{2n}\lambda_n\psi\sinh(\lambda_n\psi)\end{matrix}\right]\Bigg\}\tag{3.32-6}$$

[例 3.1] 求两端完全约束的无侧限抗压试件的解析解。

z 轴原点设于试件中心点，试件高计 $2h$，根据题意和结构对称性，边界条件可表示为：

$$\left.\begin{aligned}\tau_{zr}|_{z=0}&=w|_{z=0}=0\\u_r|_{z=h}&=0\\w|_{z=h}&=-w_0\\\tau_{zr}|_{r=R}&=\sigma_r|_{r=R}=0\end{aligned}\right\}\tag{a}$$

由边界条件(a)中 $z=0$ 的两个边界条件，式(3.31)的乐甫位移函数可简化为：

$$\zeta=-\frac{R^3}{2G}\Bigg\{A_0\frac{\kappa^3\psi^3}{6}+C_0\frac{\kappa\psi}{2}\rho^2+$$

$$\sum_{m=1}^{\infty}\frac{\sin(m\pi\psi)}{\eta_m^3}[A_m\eta_m\rho\mathrm{I}_1(\eta_m\rho)+B_m\mathrm{I}_0(\eta_m\rho)]+\tag{b}$$

$$\sum_{n=1}^{\infty}\frac{\mathrm{J}_0(\xi_n\rho)}{\xi_n^3}[C_n\sinh(\lambda_n\psi)+D_n\lambda_n z\cosh(\lambda_n\psi)]\Bigg\}$$

将 $z=h$ 处的边界条件展开为关于 $\mathrm{J}_0(\xi_n\rho)$ 的傅里叶—贝塞尔级数；$\rho=1$ 处的边界条件展

开为正弦($\sin(m\pi\psi)$)傅里叶级数。代入边界条件整理得到如下一系列等式:

$$\left.\begin{aligned}
&(1-2\nu)\kappa A_0+4\kappa(1-\nu)C_0=-\tilde{w}_0\\
&\nu A_0+(2\nu-1)C_0+\sum_{n=1}^{\infty}[(C_n+(2\nu+1)D_n)\Gamma_{n0}+D_n\Lambda_{n0}]=0\\
&C_n\sinh\lambda_n+D_n[\lambda_n\cosh\lambda_n-2(1-2\nu)\sinh\lambda_n]=0\qquad n=1,2,\cdots\\
&\{C_n\cosh\lambda_n+D_n[\cosh\lambda_n+\lambda_n\sinh\lambda_n]-\\
&\sum_{m=1}^{\infty}\frac{\cos(m\pi)\xi_n}{\eta_m}[A_mU_{nm}+B_mT_{nm}]-\xi_nC_0\tilde{\rho}\}=0\qquad n=1,2,\cdots\\
&[2(1-\nu)\mathrm{I}_1(\eta_m)+\eta_m\mathrm{I}_0(\eta_m)]A_m+\mathrm{I}_1(\eta_m)B_m=0\qquad m=1,2,\cdots\\
&\left\{A_m[(2\nu-1)\mathrm{I}_0(\eta_m)+\eta_m\mathrm{I}_1(\eta_m)]-B_m\left[\mathrm{I}_0(\eta_m)-\frac{\mathrm{I}_1(\eta_m)}{\eta_m}\right]+\right.\\
&\left.\sum_{n=1}^{\infty}\{[C_n+(2\nu+1)D_n]\Gamma_{nm}+D_n\Lambda_{nm}\}\right\}=0\qquad m=1,2,\cdots
\end{aligned}\right\}\tag{c}$$

其中:$\Gamma_{nm}=\dfrac{2\lambda_n(-1)^m\sinh\lambda_n}{\lambda_n^2+(m\pi)^2}$;

$$\Gamma_{n0}=\frac{\sinh\lambda_n}{\lambda_n};$$

$$\Lambda_{nm}=\frac{2\lambda_s(-1)^m}{\lambda_n^2+(m\pi)^2}\left[\lambda_n\cosh\lambda_n+\frac{(m\pi)^2-\lambda_n^2}{\lambda_n^2+(m\pi)^2}\sinh\lambda_n\right];$$

$$\Lambda_{n0}=\frac{\lambda_n\cosh\lambda_n-\sinh\lambda_n}{\lambda_n};$$

$$T_{nm}=\frac{-2\xi_n\mathrm{I}_1(\eta_m)}{(\eta_m^2+\xi_n^2)\mathrm{J}_0(\xi_n)};$$

$$U_{nm}=\frac{2\eta_m}{(\eta_m^2+\xi_n^2)\mathrm{J}_0(\xi_n)}\left[\frac{2\eta_m\xi_n\mathrm{I}_1(\eta_m)}{\eta_m^2+\xi_n^2}-\xi_n\mathrm{I}_0(\eta_m)\right];$$

$$\tilde{\rho}=-\frac{2}{\xi_n\mathrm{J}_0(\xi_n)};$$

$$\tilde{w}_0=\frac{2Gw_0}{R}。$$

傅里叶—贝塞尔级数取 m_0 项,傅里叶级数取 n_0 项,式(b)共有 $2(m_0+n_0+1)$ 个待定常数:A_0、A_1、A_2、…、A_{m_0},B_1、B_2、…、B_{m_0},C_0、C_1、C_2、…、C_{m_0},D_1、D_2、…、D_{n_0}。式(c)正好有 $2(m_0+n_0+1)$ 个线性方程,因此,利用式(c)的线性方程组可解得上述所有的待定常数。

若试件两端与压机底座和压头水平向光滑无摩阻,则试件处于单向受压状态,试件最大剪应力 $\tau_0=P/(2\pi R^2)$(P 为轴向压应力合力),轴向拉应变 $\varepsilon_0=\nu P/(\pi R^2E)$。当试件两端有摩阻或完全约束条件下,由于两端存在着水平剪应力,试件受力状态不再均匀。图 3.2 给出了 $\kappa=1$、$\nu=0.25$ 及两端完全约束条件下,试件最大剪应力系数 $\xi_\tau(\tau_m/\tau_0)$ 的等值图,从图 3.2 可

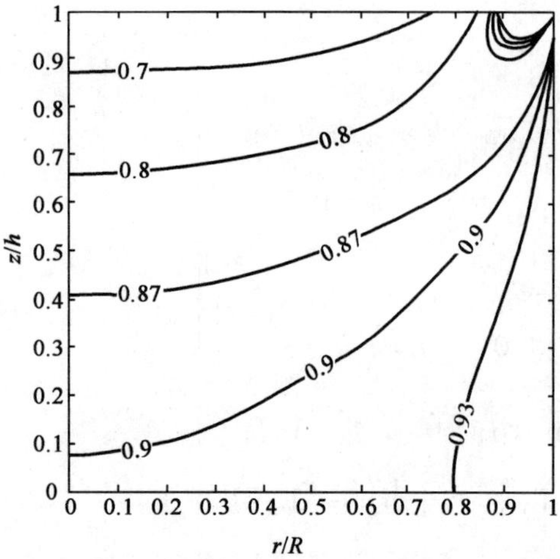

图 3.2　试件最大剪应力系数分布

以看到，最大剪应力 τ_m 不再均匀且值有所减小，端部附近减少值明显。图 3.3 给出了不同泊松比 ν 及 $\kappa=1$ 条件下，$r=0$ 的 z 轴的轴向拉应变系数 ξ_ε 的变化规律。从图 3.3 可以看到，由于端部轴向变形完全被约束，z 轴的轴向拉应变明显小于端部无摩阻时的轴向拉应变，其最大值出现在 $z=0$ 平面中点，其值约为端部无摩阻时的轴向拉应变的 50% ~70%。另外，由于端部轴向变形的约束，产生等量试件压缩量 w_0 的压力 P 增大，与端部无摩阻时的压力 P_0 的比值随着材料泊松比 ν 的增大而快速增大。当 $\nu=0.25$ 时，P/P_0 约为 1.09；当 $\nu=0.4$ 时，P/P_0 约为 1.31，如图 3.4 所示。

试件两端部无摩阻与完全压缩是两种极端状况，但从例 3.3 的结果可以看到，该试验的试件破坏和变形均与材料泊松比、试件两端与压机底座及压头之间的接触状况有关，因此，在应用无侧限抗压试验结果时应十分明了其条件值的缺陷。

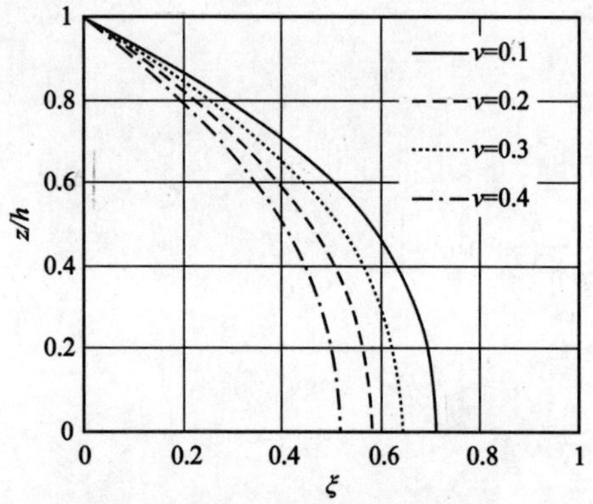

图 3.3　试件中点轴向拉应变系数 ξ

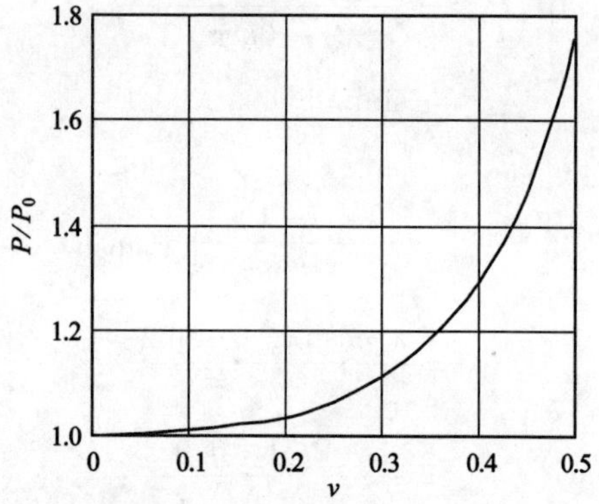

图 3.4　试件平均压力比 P/P_0

3.3.2　层状体轴对称问题解

对于水平向无限（$r\to\infty$）的层状体，本征值 ξ 为大于零的任何值。因此，在不计上下面满布均匀荷载条件下，式(3.29)改写为：

$$\zeta(r,z)=\int_0^\infty[(A_1+A_2z)e^{\xi z}+(B_1+B_2z)e^{-\xi z}]J_0(\xi r)d\xi \tag{3.33}$$

对于层状体，用汉克尔变换进行求解较上述分离变量法更为简便。

先对重拉普拉斯算子 $\nabla^4\zeta(r,z)$ 进行零阶汉克尔变换：

$$\begin{aligned}\int_0^\infty r\nabla^4\zeta(r,z)J_0(\xi r)dr &= \int_0^\infty r\nabla^2[\nabla^2\zeta(r,z)]J_0(\xi r)dr = \\ \left(\frac{d^2}{dz^2}-\xi^2\right)\int_0^\infty r\nabla^2\zeta(r,z)J_0(\xi r)dr &= \left(\frac{d^2}{dz^2}-\xi^2\right)^2\bar{\zeta}(r,z)\end{aligned} \tag{a}$$

式中：$\bar{\zeta}(r,z)$ ——函数 $\zeta(r,z)$ 的零阶汉克尔变换：

$$\bar{\zeta}(r,z) = \int_0^\infty r\zeta(r,z)\mathrm{J}_0(\xi r)\,\mathrm{d}r$$

由此得到，函数 $\zeta(r,z)$ 的重调和方程可表示为：

$$\nabla^4\zeta(r,z) = \left(\frac{\mathrm{d}^2}{\mathrm{d}z^2} - \xi^2\right)^2\bar{\zeta}(r,z) = 0 \tag{b}$$

解方程式(b)，得到：

$$\bar{\zeta}(\xi,z) = (A + Bz)\mathrm{e}^{\xi z} + (C + Dz)\mathrm{e}^{-\xi z} \tag{c}$$

根据汉克尔逆变换，则有：

$$\zeta(r,z) = \int_0^\infty \xi\bar{\zeta}(r,z)\mathrm{J}_0(\xi r)\,\mathrm{d}\xi = \int_0^\infty \xi[(A + Bz)\mathrm{e}^{\xi z} + (C + Dz)\mathrm{e}^{-\xi z}]\mathrm{J}_0(\xi r)\,\mathrm{d}\xi \tag{3.34}$$

将式(3.34)代入式(3.11)即得所有应力、位移分量的表达式：

$$\left.\begin{aligned}
\sigma_r &= \int_0^\infty \xi^3\{[\xi A + (1 + 2\nu + \xi z)B]\mathrm{e}^{\xi z} - [\xi C - (1 + 2\nu - \xi z)D]\mathrm{e}^{-\xi z}\}\mathrm{J}_0(\xi r)\,\mathrm{d}\,\xi + \frac{1}{r}U \\
\sigma_\theta &= 2\nu\int_0^\infty \xi^3\{B\mathrm{e}^{\xi z} + D\mathrm{e}^{-\xi z}\}\mathrm{J}_0(\xi r)\,\mathrm{d}\,\xi - \frac{1}{r}U \\
\sigma_z &= \int_0^\infty \xi^3\{-[\xi A - (1 - 2\nu - \xi z)B]\mathrm{e}^{\xi z} + [\xi C + (1 - 2\nu + \xi z)D]\mathrm{e}^{-\xi z}\}\mathrm{J}_0(\xi r)\,\mathrm{d}\,\xi \\
\tau_{rz} &= \int_0^\infty \xi^3\{[\xi A + (2\nu + \xi z)B]\mathrm{e}^{\xi z} + [\xi C - (2\nu - \xi z)D]\mathrm{e}^{-\xi z}\}\mathrm{J}_1(\xi r)\,\mathrm{d}\,\xi \\
u_r &= -\frac{1 + \nu}{E}U \\
w &= -\frac{1 + \nu}{E}\int_0^\infty \xi^2\{[\xi A - (2 - 4\nu - \xi z)B]\mathrm{e}^{\xi z} + [\xi C + (2 - 4\nu + \xi z)D]\mathrm{e}^{-\xi z}\}\mathrm{J}_0(\xi r)\,\mathrm{d}\,\xi
\end{aligned}\right\} \tag{3.35}$$

其中：$U = -\int_0^\infty \xi^2\{[\xi A + (1 + \xi z)B]\mathrm{e}^{\xi z} - [\xi C - (1 - \xi z)D]\mathrm{e}^{-\xi z}\}\mathrm{J}_1(\xi r)\,\mathrm{d}\xi$。

3.4 布辛涅斯克问题及推广

3.4.1 半空间体上作用法向集中力

弹性半空间体表面作用法向集中力 P 的解由布辛涅斯克(Boussinesq J. V.)于 1885 年得到，故称布辛涅斯克问题。这是一轴对称问题，将圆柱坐标 z 轴设在集中力作用线，坐标原点放在集中力作用点(图 3.5)，半空间体的各项应力和位移解为[8]：

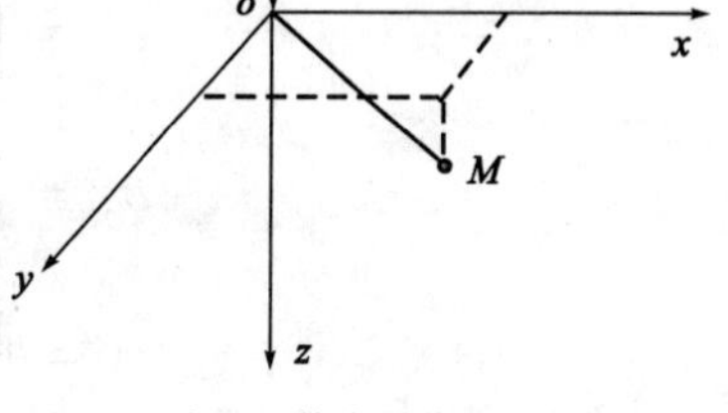

图 3.5 半空间体表面作用法向集中力

$$
\left.\begin{aligned}
\sigma_r &= \frac{P}{2\pi R^2}\left[\frac{(1-2\nu)R}{R+z}-\frac{3r^2z}{R^3}\right]\\
\sigma_\theta &= \frac{(1-2\nu)P}{2\pi R^2}\left[\frac{z}{R}-\frac{R}{R+z}\right]\\
\sigma_z &= -\frac{3Pz^3}{2\pi R^5}\\
\tau_{zr} &= \tau_{\theta z} = -\frac{3Prz^2}{2\pi R^5}\\
u_r &= \frac{(1+\nu)P}{2\pi ER}\left[\frac{rz}{R^2}-\frac{(1-2\nu)r}{R+z}\right]\\
w &= \frac{(1+\nu)P}{2\pi ER}\left[2(1-\nu)+\frac{z^2}{R^2}\right]
\end{aligned}\right\} \tag{3.36}
$$

改用直角坐标的 x、y 轴向应力表达式为：

$$
\left.\begin{aligned}
\sigma_x &= \frac{3P}{2\pi}\left[\frac{x^2z}{R^5}+\frac{1-2\nu}{3}\left(\frac{R^2-Rz-z^2}{R^3(R+z)}-\frac{x^2(2R+z)}{R^3(R+z)^2}\right)\right]\\
\sigma_y &= \frac{3P}{2\pi}\left[\frac{y^2z}{R^5}+\frac{1-2\nu}{3}\left(\frac{R^2-Rz-z^2}{R^3(R+z)}-\frac{y^2(2R+z)}{R^3(R+z)^2}\right)\right]
\end{aligned}\right\} \tag{3.37}
$$

由式(3.36)可见，半空间体表面竖向位移（常称沉陷）为：

$$
w\big|_{z=0} = \frac{(1-\nu^2)P}{\pi Er} \tag{3.38}
$$

布辛涅斯克问题的乐甫位移函数：

$$
\zeta = A[R - z\ln(R+z)]
$$

3.4.2 布辛涅斯克解的推广

根据布辛涅斯克问题的解，可采用叠加法求得任何形状荷载，如圆形、矩形，条形荷载作用下的半空间体应力、应变和位移。从式(3.36)可以看到，集中力作用下的半空间体任何一给定点$(x_0,\ y_0,\ z_0)$的力学响应f_i（下标 i 表示不同分量的应力和位移记号）可表示为：

$$
f_i(x_0,y_0,z_0) = P\xi_i(z_0,\sqrt{x_0^2+y_0^2}) \tag{3.39}
$$

对于无方向性的 w、σ_z 而言，给定点$(x_0,\ y_0,\ z_0)$的力学总响应为：

$$
w(\sigma_c) = \iint_D q(x,y)\xi_{w(\sigma_z)}(z_0,\sqrt{(x-x_0)^2+(y-y_0)^2})\,\mathrm{d}x\mathrm{d}y \tag{3.40}
$$

式中：D ——荷载集度为 $q(x,y)$ 的作用区。

对于具有方向性的 σ_x、σ_y 和 u 而言，需考虑方向性：

$$
\left.\begin{aligned}
\sigma_x &= \iint_D q(x,y)(\xi_r\cos^2\phi+\xi_\theta\sin^2\phi)\,\mathrm{d}x\mathrm{d}y\\
\sigma_y &= \iint_D q(x,y)(\xi_r\sin^2\phi+\xi_\theta\cos^2\phi)\,\mathrm{d}x\mathrm{d}y\\
u_r &= \iint_D q(x,y)\xi_u\cos\phi\,\mathrm{d}x\mathrm{d}y
\end{aligned}\right\} \tag{3.41}
$$

式中：ϕ——给定点与微分点连线与 x 轴的夹角。

［例 3.2］ 半空间体表面，沿 y 轴有均布的条形荷载 q 作用，求相对于 $x_0 = s$ 的 x 处的表面沉陷，如图 3.6 所示。

根据式（3.38）和式（3.40），有：

$$w(x) - w(s) = \frac{2q(1-\nu^2)}{\pi E}\int_0^{\infty}\left(\frac{1}{\sqrt{x^2+y^2}} - \frac{1}{\sqrt{s^2+y^2}}\right)\mathrm{d}y$$

$$= \frac{2q(1-\nu^2)}{\pi E}\ln\left(\frac{y+\sqrt{x^2+y^2}}{y+\sqrt{s^2+y^2}}\right)\Big|_0^{\infty} = \frac{2q(1-\nu^2)}{\pi E}\ln\left(\frac{x}{s}\right)$$

半空间体上作用条形荷载即为半平面体作用集中力（图 3.7），其应力解十分简明：

$$\left.\begin{aligned}\sigma_r &= -\frac{2q}{\pi}\frac{\cos\theta}{r}\\ \sigma_\theta &= 0\\ \tau_{r\theta} &= 0\end{aligned}\right\} \tag{3.42}$$

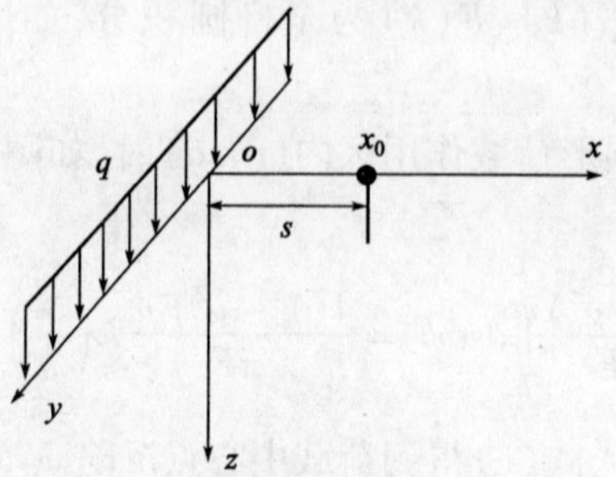

图 3.6 半空间体表面作用条形荷载

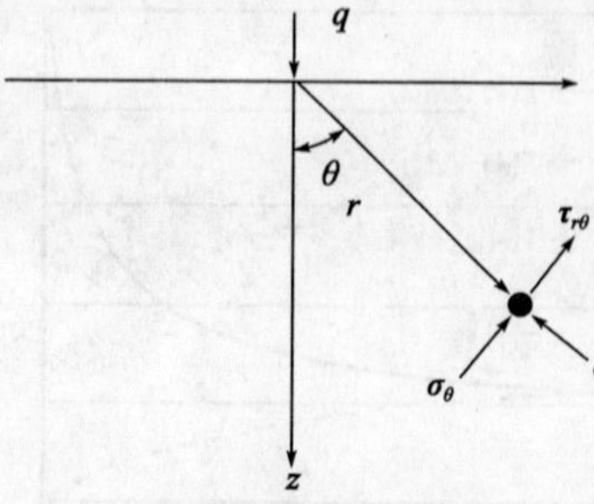

图 3.7 半平面体上作用集中力

［例 3.3］ 求圆形均布荷载下的表面沉陷。

先计算位于荷载作用区之外的任一点 M 沉陷，如图 3.8a）所示，M 点距圆心为 $r(r>a)$，在荷载范围内取微分面积 $\mathrm{d}A = s\mathrm{d}\theta\mathrm{d}s$，如图中阴影所示，由此产生 M 点的沉陷为：

$$\frac{(1-\nu^2)q}{\pi E s}\mathrm{d}A = \frac{(1-\nu^2)q}{\pi E}\mathrm{d}\theta\mathrm{d}s$$

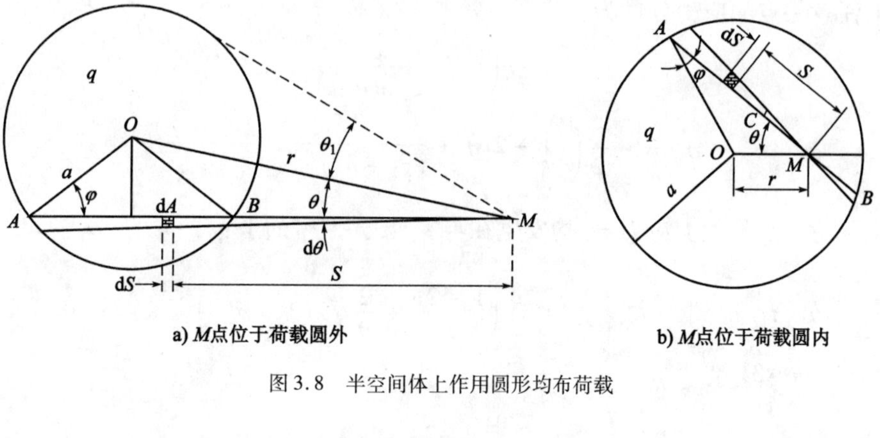

图 3.8 半空间体上作用圆形均布荷载

因而,M 点总沉陷为:

$$w = \frac{(1-\nu^2)q}{\pi E}\iint_D \mathrm{d}\theta \mathrm{d}s \tag{a}$$

弦 AB 的长度 $2\sqrt{a^2-r^2\sin^2\theta}$,用变量 φ 代替变量 θ,φ 与 θ 之间关系为 $a\sin\varphi = r\sin\theta$,$\theta$ 由 0 变化到 θ_1(圆的切线与 OM 之间夹角),φ 由 0 变化到 $\pi/2$,$\mathrm{d}\theta$ 则为:

$$\mathrm{d}\theta = \frac{a\cos\varphi}{r\cos\theta}\mathrm{d}\varphi = \frac{a\cos\varphi}{r\sqrt{1-(a/r)^2\sin\varphi}}\mathrm{d}\varphi$$

式(a)则可改写为:

$$w = \frac{4(1-\nu^2)q}{\pi E}\int_0^{\pi/2}\frac{a^2\cos^2\varphi}{r\sqrt{1-(a/r)^2\sin^2\varphi}}\mathrm{d}\varphi = \frac{4(1-\nu^2)qr}{\pi E}\left\{E\left(\frac{a}{r}\right)-\left[1-\left(\frac{a}{r}\right)^2\right]F\left(\frac{a}{r}\right)\right\} \tag{b}$$

其中,$E(k) = \int_0^{\pi/2}\sqrt{1-k^2\sin^2\varphi}\,\mathrm{d}\varphi$,$F(k) = \int_0^{\pi/2}\frac{\mathrm{d}\varphi}{\sqrt{1-k^2\sin^2\varphi}}$

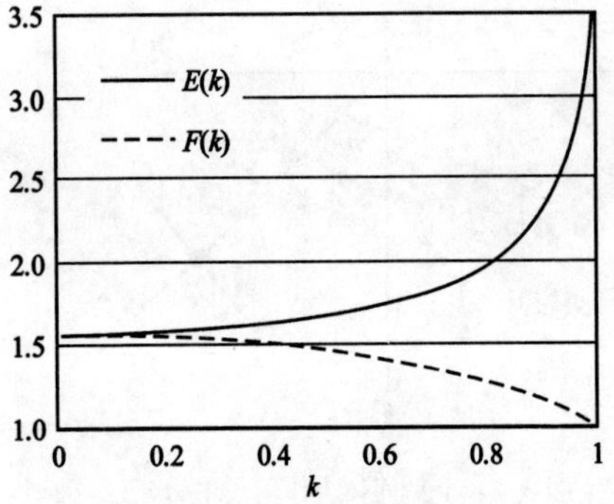

图 3.9　全椭圆积分函数 $E(k)$、$F(k)$

上式函数 $E(k)$、$F(k)$ 为全椭圆积分,如图 3.9 所示。

M 点位于圆形荷载作用区内($r<a$)时,如图3.8b)所示,则有:

$$w = \frac{(1-\nu^2)}{\pi E}\iint_D \mathrm{d}s\mathrm{d}\psi = \frac{4(1-\nu^2)qa}{\pi E}E\left(\frac{r}{a}\right) \tag{c}$$

将 $r=0$ 代入式(c)得到荷载中心点沉陷 w_0,将 $r=a$ 代入式(b)或式(c)得到荷载圆边缘沉陷 w_a,两者之比为 $\pi/2$,也就是说,荷载中心处沉陷 w_0 是荷载圆边缘的沉陷 w_a 的 $\pi/2$ 倍。

$$w_0 = \frac{2(1-\nu^2)qa}{E}$$

$$w_a = \frac{4(1-\nu^2)qa}{\pi E}$$

z 轴上任意一点的应力分量为:

$$\sigma_z = -q\left(1-\frac{z^3}{(z^2+a^2)^{3/2}}\right)$$

$$\sigma_r = \sigma_\theta = -\frac{q}{2}\left((1+2\nu)+\frac{z^3}{(z^2+a^2)^{3/2}}-\frac{2(1+\nu)z}{\sqrt{z^2+a^2}}\right)$$

z 轴上任意一点最大剪应力 τ_m 均发生在与 z 轴成45°平面上:$\tau_m = \frac{1}{2}(\sigma_r-\sigma_z)$,在 $z = a\sqrt{\frac{2(1+\nu)}{7-2\nu}}$ 处,τ_m 达到最大 $\tau_{max} = \frac{q}{2}\left(\frac{1-2\nu}{2}+\frac{2}{9}\sqrt{2(1+\nu)^3}\right)$。当 $\nu=0.3$ 时,在 $z=0.637a$ 处,$\tau_{max}\approx q/3$。

3.5 半空间体上作用竖向轴对称荷载

对于半空间体，$z\to\infty$，应力、位移均有界，可推得 $\zeta(r,z)$ 也有界，故 $A=B=0$。半空间体表面竖向轴对称荷载作用的边界条件如式(3.43)所示。

$$\left.\begin{aligned}\sigma_z\big|_{z=0}&=-q(r)\\ \tau_{rz}\big|_{z=0}&=0\end{aligned}\right\}\tag{3.43}$$

由式(3.35)中的 σ_z、τ_{rz} 表达式，式(3.43)可写成：

$$\left.\begin{aligned}\sigma_z\big|_{z=0}&=\int_0^\infty\xi^3[\xi C+(1-2\nu)D]e^{-\xi z}J_0(\xi r)d\xi=-q(r)\\ \tau_{rz}\big|_{z=0}&=\int_0^\infty\xi^3[\xi C-2\nu D]J_1(\xi r)d\xi=0\end{aligned}\right\}\tag{3.44}$$

对式(3.44)第一式施加零阶汉克尔变换，第二式施加一阶汉克尔变换则得：

$$\left.\begin{aligned}&\xi^2[\xi C+(1-2\nu)D]=-\bar{q}(\xi)\\ &\xi C-2\nu D=0\end{aligned}\right\}\tag{3.45}$$

其中，$\bar{q}(\xi)=\int_0^\infty r\bar{q}(r)J_0(\xi r)dr$。

由式(3.45)解得：$D=-\dfrac{1}{\xi^2}\bar{q}(\xi)$，$C=-\dfrac{2\nu}{\xi^3}\bar{q}(\xi)$。将 C、D 代入式(3.35)，则得到所有应力、位移分量的表达式如下：

$$\left.\begin{aligned}\sigma_r&=-\int_0^\infty\xi(1-\xi z)e^{-\xi z}\bar{q}(\xi)J_0(\xi r)d\xi+\frac{1}{r}U\\ \sigma_\theta&=-2\nu\int_0^\infty\xi e^{-\xi z}\bar{q}(\xi)J_0(\xi r)d\xi-\frac{1}{r}U\\ \sigma_z&=-\int_0^\infty\xi(1+\xi z)e^{-\xi z}\bar{q}(\xi)J_0(\xi r)d\xi\\ \tau_{rz}&=-\int_0^\infty\xi^2 ze^{-\xi z}\bar{q}(\xi)J_1(\xi r)d\xi\\ u_r&=-\frac{1+\nu}{E}U\\ w&=\frac{1+\nu}{E}\int_0^\infty(2-2\nu+\xi z)e^{-\xi z}\bar{q}(\xi)J_0(\xi r)d\xi\end{aligned}\right\}\tag{3.46}$$

其中，$U = \int_0^{\infty} (1 - 2\nu - \xi z) e^{-\xi z} \bar{q}(\xi) J_1(\xi r) d\xi$ 。

从式(3.46)可知，只要求得半空间体表面竖向荷载的零阶汉克尔变换结果，就可利用该式求出半空间体任一点的应力和位移。

半空间体表面的圆形竖向分布荷载可统一地表示为[62]：

$$q_m(r) = \begin{cases} mq_0\left[1 - \left(\dfrac{r}{a}\right)^2\right]^{m-1} & r \leqslant a \\ 0 & r > a \end{cases} \tag{3.47}$$

上式竖向分布荷载的合力为 $P = \pi q_0 a^2$，也就是说，q_0 是荷载圆的当量分布集度。m 为荷载分布形状参数，例如，$m=1$，为圆形均布荷载；$m=1.5$，为半球形荷载；$m=0.5$，为刚性承载板荷载，如图 3.10 所示。

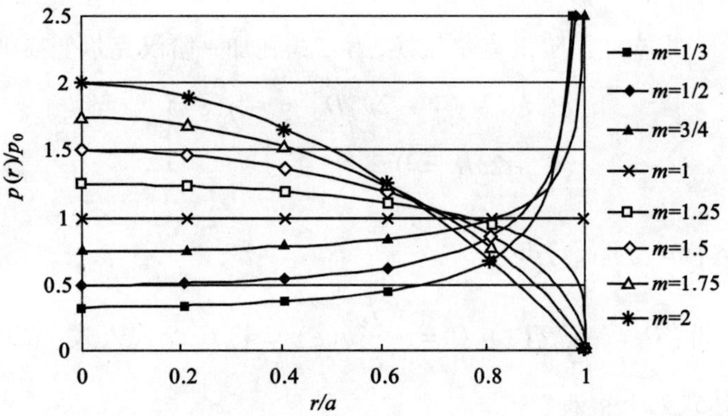

图 3.10　圆形荷载集度分布图

式(3.47)的零阶汉克尔变换结果为：

$$\bar{q}_m(r) = q_0 a\left(\frac{2}{a\xi}\right)^{m-1} \frac{\Gamma(m+1)}{\xi} J_m(a\xi) \tag{3.48}$$

(1)圆形均布荷载：

$$\bar{q}_1(r) = q_0 a \frac{J_1(a\xi)}{\xi} \tag{3.49-1}$$

(2)半球形荷载：

$$\bar{q}_{1.5}(r) = q_0 a \sqrt{\frac{2}{a\xi}} \frac{\Gamma(2.5)}{\xi} J_{1.5}(a\xi) = q_0 a \frac{3}{2\xi} \frac{\sin a\xi - a\xi \cos a\xi}{(a\xi)^2} \tag{3.49-2}$$

(3)刚性承载板荷载：

$$\bar{q}_{0.5}(r) = q_0 a\sqrt{\frac{a\xi}{2}}\frac{\Gamma(1.5)}{\xi}J_{0.5}(a\xi) = q_0 a\frac{\sin a\xi}{2\xi} \tag{3.49-3}$$

尽管得到了竖向分布荷载零阶汉克尔变换结果 $\bar{q}_m(r)$，但由于式(3.46)涉及含贝塞尔函数的无穷积分，因此，直接应用式(3.46)求解半空间体任一点的应力和位移仍十分烦琐，且多数情况只有数值解，只有荷载中心轴($r=0$)、半空间体表面($z=0$)等少数情况有显式解。

[例3.4]　求圆形均布荷载下的荷载中点竖向位移 $w(z)$。

由式(3.46)和式(3.49-1)，并作 $\xi=x/a$ 变换，得到：

$$w = \frac{q_0}{2G}\int_0^\infty\left[\frac{2a(1-\nu)}{x}+z\right]e^{-\xi z}J_1(x)dx \tag{a}$$

根据附录(B.36)，有：

$$\int_0^\infty e^{-kx}J_1(x)\frac{dx}{x} = \sqrt{1+k^2}-k$$

$$\int_0^\infty e^{-kx}J_1(x)dx = 1-\frac{k}{\sqrt{1+k^2}} \tag{b}$$

整理得到：

$$w = \frac{q_0 a}{G}\left\{(1-\nu)\left[\sqrt{1+(z/a)^2}-\frac{z}{a}\right]+\frac{z}{2a}\left[1-\frac{z/a}{\sqrt{1+(z/a)^2}}\right]\right\} \tag{c}$$

[例3.5]　求刚性承载板荷载下的荷载中点竖向压应力 $\sigma_z(z)$ 和位移 $w(z)$。

由式(3.46)和式(3.49-3)，作 $\xi=x/a$ 变换，得到：

$$\left.\begin{aligned}\sigma_z &= -\frac{q_0}{2}\int_0^\infty\left[1+\left(\frac{z}{a}\right)x\right]e^{-\left(\frac{z}{a}\right)x}\sin x dx\\ w &= -\frac{q_0 a}{2G}\int_0^\infty\left(\frac{1-\mu}{x}+\frac{z}{2a}\right)e^{-\xi z}\sin x dx\end{aligned}\right\} \tag{a}$$

式(a)解得：

$$\left.\begin{aligned}\sigma_z &= -\frac{q_0}{2}\times\frac{1+3(z/a)^2}{[1+(z/a)^2]^2}\\ w &= \frac{q_0 a}{4G}\left[2(1-\nu)\arctan\left(\frac{a}{z}\right)+\frac{z/a}{1+(z/a)^2}\right]\end{aligned}\right\} \tag{b}$$

图3.11给出了圆形均布荷载、半球形荷载和刚性承载板荷载引起的荷载中点($r=0$)竖向应力系数 $\lambda_\sigma[\sigma_z(z)/q_0]$、位移系数 $4\lambda_w[w(z)G/(q_0 a)]$，沿 z 轴的变化曲线。从图3.11中可以看出，当 $z<1$ 时，3种荷载的应力系数 λ_σ、位移系数 λ_w 差异明显，随后这种差异迅速缩小，当 $z/a>2$ 之后，3者的差异已经无法区别了。

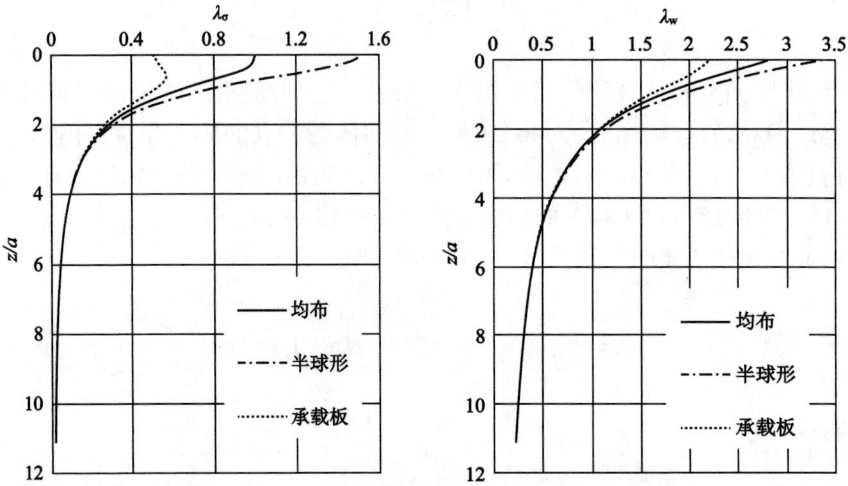

a) λ_σ　　b) $\lambda_w(\mu=0.3)$

图 3.11　3 种荷载类型的 λ_σ、λ_w 对比图

圆形竖向荷载一般分布 q_m 下的荷载中心轴上的应力和位移的结果为：

$$\left.\begin{aligned}
&\sigma_r(z)=\sigma_\theta(z)=-\frac{q_0}{2}\left\{\left[\frac{1/2+\nu}{1+(z/a)^2}\right]F_2\left(m,\frac{z}{a}\right)-\left[\frac{z/a}{\sqrt[3]{1+(z/a)^2}}\right]F_3\left(m,\frac{z}{a}\right)\right\}\\
&\sigma_z(z)=-q_0\left\{\left[\frac{1/2}{1+(z/a)^2}\right]F_2\left(m,\frac{z}{a}\right)+\left[\frac{z/a}{\sqrt[3]{1+(z/a)^2}}\right]F_3\left(m,\frac{z}{a}\right)\right\}\\
&\tau_{rz}(z)=u(z)=0\\
&w(z)=\frac{q_0a}{G}\left\{\left[\frac{1-\nu}{2\sqrt{1+(z/a)^2}}\right]F_1\left(m,\frac{z}{a}\right)+\left[\frac{z/a}{1+(z/a)^2}\right]F_3\left(m,\frac{z}{a}\right)\right\}
\end{aligned}\right\}\tag{3.50}$$

其中，$F_1(m,k)$、$F_2(m,k)$，$F_3(m,k)$ 可用合流超几何函数表达，即 $F_1(m,k)=F\left(\frac{1}{2},m,m+1,\frac{1}{1+k^2}\right)$，$F_2(m,k)=F\left(1,m-\frac{1}{2},m+1,\frac{1}{1+k^2}\right)$，$F_3(m,k)=F\left(\frac{3}{2},m-1,m+1,\frac{1}{1+k^2}\right)$。

半空间表面的应力和位移的结果为：

$$\left.\begin{aligned}
&u_r(r)=-\frac{(1-2\nu)q_0a}{4G}\frac{a}{r}\cdot\begin{cases}\left[1-\left[1-\left(\frac{r}{a}\right)^2\right]^m\right] & r\leqslant a\\ 1 & r>a\end{cases}\\
&w(r)=\frac{(1-\nu)q_0a}{4G}\frac{a}{r}\cdot\begin{cases}\frac{\sqrt{\pi}\,\Gamma(m+1)}{\Gamma\left(m+\frac{1}{2}\right)}\mathrm{F}\left(\frac{1}{2},\frac{1}{2}-m,1,\left(\frac{a}{r}\right)^2\right) & r\leqslant a\\ \mathrm{F}\left(\frac{1}{2},\frac{1}{2},m+1,\left(\frac{a}{r}\right)^2\right) & r>a\end{cases}
\end{aligned}\right\}\tag{3.51}$$

3.6　西露蒂问题及推广

半空间体上作用切向集中力 Q 的解由西露蒂(Cerruti)于1882年得出,故称西露蒂问题。将圆柱坐标原点设在集中力作用点,x 轴为集中力作用线(图3.12),半空间体的各项应力和位移为[33]:

$$\left.\begin{aligned}
\sigma_x &= -\frac{Qx}{2\pi R^2}\left[\frac{3x^2}{R^3}+\frac{1-2\nu}{(R+z)^2}\left(\frac{2y^2}{R+z}-\frac{R^2-y^2}{R}\right)\right]\\
\sigma_y &= -\frac{Qx}{2\pi R^2}\left[\frac{3y^2}{R^3}+\frac{1-2\nu}{(R+z)^2}\left(\frac{2x^2}{R+z}-\frac{3R^2-x^2}{R}\right)\right]\\
\sigma_z &= -\frac{3Qxz^2}{2\pi R^5},\tau_{yz}=-\frac{3Qxyz}{2\pi R^5},\tau_{xz}=-\frac{3Qx^2z}{2\pi R^5}\\
\tau_{xy} &= -\frac{Qy}{2\pi R^2}\left[\frac{3x^2}{R^3}+\frac{1-2\nu}{(R+z)^2}\left(-\frac{2x^2}{R+z}+\frac{R^2-x^2}{R}\right)\right]\\
u_r &= \frac{Q}{4\pi GR}\left\{1+\frac{x^2}{R^2}+(1-2\nu)\left(\frac{R}{R+z}-\frac{x^2}{(R+z)^2}\right)\right\}\\
u_\theta &= \frac{Qxy}{4\pi GR}\left\{\frac{1}{R^2}+\frac{1-2\nu}{(R+z)^2}\right\}\\
w &= \frac{Qx}{4\pi GR}\left\{\frac{z}{R^2}+\frac{1-2\nu}{R+z}\right\}
\end{aligned}\right\}\tag{3.52}$$

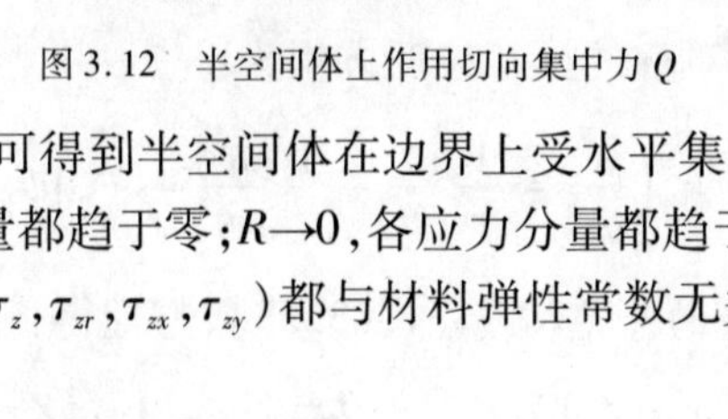

图3.12　半空间体上作用切向集中力 Q

结合布辛涅斯克问题解,可得到半空间体在边界上受水平集中力时具有如下特征:

(1)当 $R\to\infty$,各应力分量都趋于零;$R\to0$,各应力分量都趋于∞。

(2)水平截面上的应力($\sigma_z,\tau_{zr},\tau_{zx},\tau_{zy}$)都与材料弹性常数无关,其他截面应力一般与泊松比有关。

(3)水平截面上的全应力,都指向集中力的作用点;$\sigma_z/\tau_{zr}=z/r$,$\sigma_z:\tau_{zx}:\tau_{zy}=z:x:y$。

根据西露蒂问题的解,可采用叠加法求得任何形状荷载(如圆形、矩形、条形)作用下的半空间体应力和位移。但由于式(3.52)较复杂,应力和位移均为3个自变量 x、y、z 函数且均具有方向性,用叠加法求解仍十分不易,应用也不广。

[例3.6]　求圆形水平均布荷载作用下,荷载中心 x 轴($y=0$)的竖向沉陷 $w(x)$。

由式(3.52),且将 $z=0$ 代入,整理得到:

$$w = \frac{q_0(1-2\nu)}{4\pi G}\iint_D \cos\varphi \mathrm{d}s\mathrm{d}\varphi \tag{a}$$

当考察点 M 位于荷载圆之外时，弦 AB 的长度 $2a\cos\theta$，θ 与 φ 之间关系为 $a\sin\theta = r\sin\varphi$，$\varphi$ 由 0 变化到 φ_1（圆的切线与 OM 之间夹角），θ 由 0 变化到 $\pi/2$。因而，M 点总沉陷为：

$$w = \frac{q_0 a(1-2\nu)}{\pi G}\int_0^{\pi/2}\cos\theta\cos\varphi \mathrm{d}\varphi = \frac{q_0 a(1-2\nu)}{\pi G}\left(\frac{a}{x}\right)\int_0^{\pi/2}\cos^2\theta \mathrm{d}\theta = \frac{q_0 a(1-2\nu)}{4G}\left(\frac{a}{x}\right) \tag{b}$$

当考察点 M 位于荷载圆之内时，弦 r 的长度方程为：$r\cos\psi = a\cos\theta - x$，$\theta$ 与 φ 之间关系为 $a\sin\theta = r_M\sin\psi$，联立以上两式可得：

$$\left(\frac{r}{a}\right) = \sqrt{1-\left(\frac{x}{a}\right)^2\sin^2\psi} + \left(\frac{x}{a}\right)\cos\psi \tag{c}$$

ψ 由 0 变化到 π，因此，式(a)转换为：

$$w = \frac{q_0(1-2\nu)}{4\pi G}\iint \cos\psi \mathrm{d}s\mathrm{d}\psi = \frac{q_0(1-2\nu)}{2\pi G}\int_0^{\pi} r\cos\psi \mathrm{d}\psi$$

$$= \frac{q_0 a(1-2\nu)}{2\pi G}\int_0^{\pi}\left[\cos\psi\sqrt{1-\left(\frac{x}{a}\right)^2\sin^2\psi} + \left(\frac{x}{a}\right)\cos^2\psi\right]\mathrm{d}\psi \tag{d}$$

上式中的 $\cos\psi\sqrt{1-\left(\frac{x}{a}\right)^2\sin^2\psi}$ 是反对称 $\pi/2$ 轴的，因此，0 ~ π 积分为零，由此得到：

$$w = \frac{q_0 a(1-2\nu)}{2\pi G}\left(\frac{x}{a}\right)\int_0^{\pi}\cos^2\psi \mathrm{d}\psi = \frac{q_0 a(1-2\nu)}{4G}\left(\frac{x}{a}\right) \tag{e}$$

3.7 柱体、层状体、半空间体的非轴对称问题

3.7.1 柱体非轴对称问题

圆柱坐标系下，柱体非轴对称的拉普拉斯方程为：

$$\nabla^2\psi = \left(\frac{\partial^2}{\partial r^2} + \frac{1}{r}\frac{\partial}{\partial r} + \frac{1}{r^2}\frac{\partial^2}{\partial\theta^2} + \frac{\partial^2}{\partial z^2}\right)\psi = 0 \tag{3.53}$$

令 $\psi(r,\theta,z) = \zeta(r,\theta)Z(z)$，代入方程式(3.53)，整理得：

$$\frac{1}{\zeta}\left(\frac{\partial^2\zeta}{\partial r^2} + \frac{1}{r}\frac{\partial\zeta}{\partial r} + \frac{1}{r^2}\frac{\partial\zeta^2}{\partial\theta^2}\right) = -\frac{1}{z}\frac{\partial^2 Z}{\partial z^2} = c \tag{3.54}$$

式(3.54)的左侧与 z 无关，右侧与 r、θ 无关。因此，两边只可能同时等于一常数 c，当 $c<0$ 时，记 $c = -\xi^2$，则有：

$$\frac{\partial^2\zeta}{\partial r^2} + \frac{1}{r}\frac{\partial\zeta}{\partial r} + \frac{1}{r^2}\frac{\partial\zeta^2}{\partial\theta^2} + \xi^2\zeta = 0 \tag{3.55-1}$$

$$\frac{\partial^2 Z}{\partial z^2} - \xi^2 Z = 0 \tag{3.55-2}$$

对$\zeta(r,\theta)$进一步分离变量，令$\zeta(r,\theta) = R(r)\Phi(\theta)$，代入式(3.55-1)，则得：

$$\frac{r^2}{R}\left(\frac{\mathrm{d}^2 R}{\mathrm{d}r^2} + \frac{1}{r}\frac{\mathrm{d}R}{\mathrm{d}r} + \xi^2 r^2 R\right) = -\frac{1}{\Phi}\frac{\mathrm{d}^2\Phi}{\mathrm{d}\theta^2} = m^2 \tag{3.56}$$

式(3.56)的左侧与θ无关，右侧与r无关。因此，两边同时等于一常数m^2，于是有：

$$\frac{\mathrm{d}^2 R}{\mathrm{d}r^2} + \frac{1}{r}\frac{\mathrm{d}R}{\mathrm{d}r} + \left(\xi^2 - \frac{m^2}{r^2}\right)R = 0 \tag{3.57-1}$$

$$\frac{\mathrm{d}^2\Phi}{\mathrm{d}\theta^2} + m^2\Phi = 0 \tag{3.57-2}$$

对于$\psi(r,\theta,z) = \psi(r,2\pi+\theta,z)$的自然边界条件，$m$值及式(3.57-2)的解为：

$$\Phi_m(\theta) = F_{1m}\cos m\theta + F_{2m}\sin m\theta \qquad m = 0,1,2,\cdots \tag{3.58}$$

方程(3.57-1)为本问题的本征方程，其通解：

$$R(r) = \mathrm{J}_m(\xi r) + \lambda_m \mathrm{Y}_m(\xi r) \tag{3.59}$$

方程(3.55-2)的通解：

$$Z(z) = zE_m \mathrm{e}^{\xi z} + zF_m \mathrm{e}^{-\xi z} \tag{3.60}$$

综上，柱体非轴对称拉普拉斯方程$\nabla^2\zeta = 0$的解为：

$$\left.\begin{aligned} \psi(r,\theta,z) &= \sum_{m=1}^{\infty}[\Phi_m(\theta)\psi_m(r,z)] \\ \psi_m(r,z) &= (zE_m\mathrm{e}^{\xi z} + zF_m\mathrm{e}^{-\xi z})[\mathrm{J}_m(\xi r) + \lambda_m\mathrm{Y}_m(\xi r)] \end{aligned}\right\} \tag{3.61}$$

由此推得，柱体重拉普拉斯方程$\nabla^4\zeta = 0$的解则为：

$$\varphi(r,\theta,z) = \sum_{m=1}^{\infty}[\Phi_m(\theta)\varphi_m(r,z)]$$

$$\varphi_m(r,z) = [(A_m + B_m\xi z)\mathrm{e}^{\xi z} + (C_m + D_m\xi z)\mathrm{e}^{-\xi z}][\mathrm{J}_m(\xi r) + \kappa_m\mathrm{Y}_m(\xi r)] \tag{3.62}$$

当$c<0$时，柱体非轴对称拉普拉斯方程、重拉普拉斯方程解为：

$$\psi_m(r,z) = [zE_m I_m(\xi r) + zF_m K_m(\xi r)][\cos(\xi z) + \lambda_m\sin(\xi z)] \tag{3.63}$$

$$\varphi_m(r,z) = \left[A_m\mathrm{I}_m(\xi r) + B_m r\frac{\partial \mathrm{I}_m(\xi r)}{\partial r} + C_m K_m(\xi r) + D_m r\frac{\partial K_m(\xi r)}{\partial r}\right][\cos(\xi z) + \lambda_m\sin(\xi z)] \tag{3.64}$$

式(3.61)、式(3.62)构成一组关于柱体非轴对称问题的乐甫函数，它可满足柱体上下面的各种边界条件，但只能满足柱体侧边界滑支条件。式(3.63)、式(3.64)构成另一组关于柱体非轴对称问题的乐甫函数，它可满足柱体侧边界的各种边界条件，但也只能满足柱体上下面的滑支边界条件。欲满足柱体侧边缘和上下面各种边界条件的乐甫函数十分复杂，它是上述二组乐甫函数组合并外加常应力项构成。

3.7.2 层状体非轴对称问题

对于无孔的层状体而言，由φ、ψ有界条件，可推出式(3.60)、式(3.61)的$\lambda_m = \kappa_m = 0$；由$r\to\infty$条件可推出本征值ξ为大于零的任何值。因此，式(3.60)、式(3.61)改写为：

$$\left.\begin{aligned}\varphi_m(r,z) &= [(A_m + B_m\xi z)e^{\xi z} + (C_m + D_m\xi z)e^{-\xi z}][J_m(\xi r) + \kappa_m Y_m(\xi r)] \\ \psi_m(r,z) &= (zE_m e^{\xi z} + zF_m e^{-\xi z})[J_m(\xi r) + \lambda_m Y_m(\xi r)]\end{aligned}\right\} \tag{3.65}$$

层状体采用汉克尔变换法求解更为简洁。将层状体非轴对称问题的乐甫函数 $\varphi(r,\theta,z)$、$\psi(r,\theta,z)$展开为：

$$\left.\begin{aligned}\varphi(r,\theta,z) &= \sum_k^{\infty}\varphi_k(r,z)\cos k\theta \\ \psi(r,\theta,z) &= \sum_k^{\infty}\psi_k(r,z)\sin k\theta\end{aligned}\right\} \tag{3.66}$$

若只取其第一项：$k=0$，$\varphi(r,\theta,z)=\varphi_0(r,z)$、$\psi(r,\theta,z)=0$，即退化为轴对称问题。将式(3.66)代入式(3.15)得到：

$$\left.\begin{aligned}\nabla^4\varphi(r,z,\theta) &= \sum_{k=0}^{\infty}\left(\frac{\partial^2}{\partial r^2}+\frac{1}{r}\frac{\partial}{\partial r}-\frac{k^2}{r^2}+\frac{\partial^2}{\partial z^2}\right)^2\varphi_k\cos k\theta = 0 \\ \nabla^2\psi(r,z,\theta) &= \sum_{k=0}^{\infty}\left(\frac{\partial^2}{\partial r^2}+\frac{1}{r}\frac{\partial}{\partial r}-\frac{k^2}{r^2}+\frac{\partial^2}{\partial z^2}\right)\psi_k\sin k\theta = 0\end{aligned}\right\} \tag{3.67}$$

对式(3.67)中自变量 r 进行汉克尔变换，则有：

$$\left.\begin{aligned}\sum_{k=0}^{\infty}\left(\frac{d^2}{dz^2}-\xi^2\right)^2\bar{\varphi}_k(\xi,z)\cos k\theta = 0 \\ \sum_{k=0}^{\infty}\left(\frac{d^2}{dz^2}-\xi^2\right)\bar{\psi}_k(\xi,z)\sin k\theta = 0\end{aligned}\right\} \tag{3.68}$$

其中，$\bar{\varphi}_k(\xi,z) = \int_0^{\infty}\varphi_k(\xi,z)rJ_k(\xi r)\,dr$，$\bar{\psi}_k(\xi,z) = \int_0^{\infty}\psi_k(\xi,z)rJ_k(\xi r)\,dr$。

欲保证式(3.68)成立，对任一 k 值均应保证其成立。因此，有：

$$\left.\begin{aligned}\bar{\varphi}_k(\xi,z) &= (A_k + B_k z)e^{-\xi z} + (C_k + D_k z)e^{\xi z} \\ \bar{\psi}_k(\xi,z) &= zE_k e^{-\xi z} + zF_k e^{\xi z}\end{aligned}\right\} \tag{3.69}$$

根据汉克尔变换反演式，则有：

$$\left.\begin{aligned}\varphi(r,\theta,z) &= \sum_{k=0}^{\infty}\left[\int_0^{\infty}\xi\bar{\varphi}_k(\xi,z)\,d\xi\right]\cos k\theta \\ \psi(r,\theta,z) &= \sum_{k=0}^{\infty}\left[\int_0^{\infty}\xi\bar{\psi}_k(\xi,z)\,d\xi\right]\sin k\theta\end{aligned}\right\} \tag{3.70}$$

各应力分量和位移也可相应展开为余弦或正弦函数：

$$\left.\begin{aligned}\sigma_r = \sum_{k=0}^{\infty}\sigma_{rk}\cos k\theta,\ \sigma_\theta = \sum_{k=0}^{\infty}\sigma_{\theta k}\cos k\theta,\ \sigma_z = \sum_{k=0}^{\infty}\sigma_{zk}\cos k\theta \\ \tau_{r\theta} = \sum_{k=0}^{\infty}\tau_{r\theta k}\sin k\theta,\ \tau_{\theta z} = \sum_{k=0}^{\infty}\tau_{\theta zk}\sin k\theta,\ \tau_{zr} = \sum_{k=0}^{\infty}\tau_{zrk}\cos k\theta \\ u_r = \sum_{k=0}^{\infty}u_k\cos k\theta,\ u_\theta = \sum_{k=0}^{\infty}u_{\theta k}\sin k\theta,\ w = \sum_{k=0}^{\infty}w_k\cos k\theta\end{aligned}\right\} \tag{3.71}$$

将式(3.70)、式(3.71)代入式(3.16)，得到各应力分量和位移的表达式为：

$$
\left.\begin{aligned}
\sigma_{rk} &= -\int_0^\infty \xi\{[A_k-(1+2\nu-\xi z)B_k]\mathrm{e}^{-\xi z}-[C_k+(1+2\nu+\xi z)D_k]\mathrm{e}^{\xi z}\}\mathrm{J}_k(\xi r)\mathrm{d}\xi + \\
&\quad \left(\frac{k+1}{2r}U_{k+1}+\frac{k-1}{2r}U_{k-1}\right) \\
\sigma_{\theta k} &= 2\nu\int_0^\infty \xi\ (B_k\mathrm{e}^{-\xi z}+D_k\mathrm{e}^{\xi z})\mathrm{J}_k(\xi r)\mathrm{d}\xi-\left(\frac{k+1}{2r}U_{k+1}+\frac{k-1}{2r}U_{k-1}\right) \\
\sigma_{zk} &= \int_0^\infty \xi\{[A_k+(1-2\nu+\xi z)B_k]\mathrm{e}^{-\xi z}-[C_k-(1-2\nu-\xi z)D_k]\mathrm{e}^{\xi z}\}\mathrm{J}_k(\xi r)\mathrm{d}\xi \\
\tau_{r\theta k} &= \int_0^\infty \xi(E_k\mathrm{e}^{-\xi z}+F_k\mathrm{e}^{\xi z})\mathrm{J}_k(\xi r)\mathrm{d}\xi+\left(\frac{k+1}{2r}U_{k+1}-\frac{k-1}{2r}U_{k-1}\right) \\
\tau_{\theta zk} &= \frac{1}{2}(H_{k+1}+H_{k-1}) \\
\tau_{rzk} &= \frac{1}{2}(H_{k+1}-H_{k-1}) \\
u_{rk} &= -\frac{1+\nu}{2E}(U_{k+1}-U_{k-1}) \\
u_{\theta k} &= -\frac{1+\nu}{2E}(U_{k+1}+U_{k-1}) \\
w_k &= -\frac{1+\nu}{E}\int_0^\infty\{[A_k+(2-4\nu+\xi z)B_k]\mathrm{e}^{-\xi z}+[C_k-(2-4\nu-\xi z)D_k]\mathrm{e}^{\xi z}\}\mathrm{J}_k(\xi r)\mathrm{d}\xi
\end{aligned}\right\}\quad(3.72)
$$

其中：$A_k=\xi^3A_{\xi k}, B_k=\xi^2B_{\xi k}, C_k=\xi^3C_{\xi k}, D_k=\xi^2D_{\xi k}, zE_k=\xi^3zE_{\xi k}, zF_k=\xi^2zF_{\xi k}$；

$$
U_{k+n}=\int_0^\infty\{[A_k-(1-\xi z)B_k-2n\times zE_k]\mathrm{e}^{-\xi z}-[C_k+(1+\xi z)D_k+2n\times zF_k]\mathrm{e}^{\xi z}\}\mathrm{J}_{k+n}(\xi r)\mathrm{d}\xi;
$$

$$
H_{k+n}=\int_0^\infty\xi\{[A_k-(2\nu-\xi z)B_k-n\times zE_k]\mathrm{e}^{-\xi z}+[C_k+(2\nu+\xi z)D_k+n\times zF_k]\mathrm{e}^{\xi z}\}\mathrm{J}_{k+n}(\xi r)\mathrm{d}\xi\ 。
$$

3.7.3 半空间体一般解

对于半空间体，$z\to\infty$ 时，其应力、位移有界，故 $C_k=D_k=F_k=0$，而待定常数 A_k、B_k、E_k 由其表面的边界条件确定。半空间体问题通常为应力边界，3 个方向外荷载可表示为：

$$
\left.\begin{aligned}
q_z(r,\theta)&=\sum_{k=0}^{\infty}q_z^k(r)\cos k\theta \\
q_r(r,\theta)&=\sum_{k=0}^{\infty}q_r^k(r)\cos k\theta \\
q_\theta(r,\theta)&=\sum_{k=0}^{\infty}q_\theta^k(r)\sin k\theta
\end{aligned}\right\}\quad k=0,1,2,\cdots \qquad (3.73\text{-}1)
$$

半空间体问题的表面应力条件：$\sigma_z|_{z=0}=-q_z(r,\theta)$，$\tau_{rz}|_{z=0}=-q_r(r,\theta)$，$\tau_{\theta z}|_{z=0}=-q_\theta(r,\theta)$。由式(3.72)，半空间体表面应力表达式为：

$$\left.\begin{aligned}
\sigma_{zk}\Big|_{z=0} &= -q_z^k = \int_0^\infty \xi[A_k+(1-2\nu)B_k]\mathrm{J}_k(\xi r)\mathrm{d}\xi \\
\tau_{\theta zk}\Big|_{z=0} &= -q_\theta^k = \frac{1}{2}(H_{k+1}+H_{k-1}) \\
\tau_{rzk}\Big|_{z=0} &= -q_r^k = \frac{1}{2}(H_{k+1}-H_{k-1}) \\
H_{k+n} &= \int_0^\infty \xi[A_k-2\nu B_k-nzE_k]\mathrm{J}_{k+1}(\xi r)\mathrm{d}\xi
\end{aligned}\right\} \tag{3.73-2}$$

为了方便，将式(3.73-2)改写为：

$$\left.\begin{aligned}
\sigma_{zk}\Big|_{z=0} &= -q_z^k = \int_0^\infty \xi[A_k+(1-2\nu)B_k]\mathrm{J}_k(\xi r)\mathrm{d}\xi \\
(\tau_{\theta zk}+\tau_{rzk})\Big|_{z=0} &= -(q_\theta^k+q_r^k) = H_{k+1} = \int_0^\infty \xi[A_k-2\nu B_k-zE_k]\mathrm{J}_{k+1}(\xi r)\mathrm{d}\xi \\
(\tau_{\theta zk}-\tau_{rzk})\Big|_{z=0} &= -(q_\theta^k-q_r^k) = H_{k-1} = \int_0^\infty \xi[A_k-2\nu B_k+zE_k]\mathrm{J}_{k-1}(\xi r)\mathrm{d}\xi
\end{aligned}\right\} \tag{3.74}$$

对式(3.74)中第一式作 k 阶汉克尔变换，对第二式作 $k+1$ 阶汉克尔变换，对第三式作 $k-1$阶汉克尔变换，则可得到：

$$\left.\begin{aligned}
A_k+(1-2\nu)B_k &= -\bar{q}_z^{k(k)} \\
A_k-2\nu B_k-zE_k &= -\overline{(q_\theta^k+q_r^k)}^{(k+1)} \\
A_k-2\nu B_k+zE_k &= \overline{(q_\theta^k-q_r^k)}^{(k-1)}
\end{aligned}\right\} \tag{3.75}$$

其中：$\bar{q}_z^{k(k)} = \int_0^\infty q_z^k r \mathrm{J}_k(\xi r)\mathrm{d}r$；

$$\overline{(q_\theta^k+q_r^k)}^{(k+1)} = \int_0^\infty r(q_\theta^k+q_\theta^k)\mathrm{J}_{k+1}(\xi r)\mathrm{d}r;$$

$$\overline{(q_\theta^k-q_r^k)}^{(k-1)} = \int_0^\infty r(q_\theta^k-q_\theta^k)\mathrm{J}_{k-1}(\xi r)\mathrm{d}r。$$

如图 3.13 所示的圆形单向均布水平荷载可表示为：

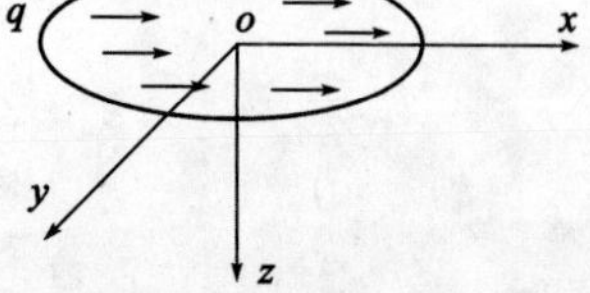

图 3.13　圆形单向均布水平荷载作用图

$$\left.\begin{aligned}
\sigma_z\big|_{z=0} &= 0 \\
\tau_{\theta z}\big|_{z=0} &= \begin{cases} s\sin\theta & r\leqslant a \\ 0 & r>a \end{cases} \\
\tau_{rz}\big|_{z=0} &= \begin{cases} -s\cos\theta & r\leqslant a \\ 0 & r>a \end{cases}
\end{aligned}\right\} \tag{3.76}$$

从式(3.76)看出，仅有 $k=1$ 项，式(3.75)中的 3 个荷载项为：

$$\left.\begin{aligned}
&q_z^1 = (q_\theta^1 + q_r^1) = 0\\
&(q_\theta^1 - q_r^1) = \begin{cases}2s & r \leqslant a\\ 0 & r > a\end{cases}\\
&\bar{q}_z^{1(1)} = \overline{(q_\theta^1 + q_r^1)}^{(2)} = 0\\
&\overline{(q_\theta^1 - q_r^1)}^{(0)} = -2\int_0^a rsJ_0(\xi r)\,\mathrm{d}r = -2as\frac{J_1(a\xi)}{\xi} = -2\bar{s}_0
\end{aligned}\right\} \tag{3.77}$$

由此求得待定常数：

$$A_1 = (1-2\nu)\bar{s}_0$$

$$B_1 = -\bar{s}_0$$

$$E_1 = \bar{s}_0$$

z 轴($r=0$)上应力与位移分量为：

$$\sigma_r\big|_{r=0} = \sigma_\theta\big|_{r=0} = \sigma_z\big|_{r=0} = \tau_{r\theta}\big|_{r=0} = w\big|_{r=0} = 0$$

$$\frac{\tau_{\theta z}\big|_{r=0}}{\sin\theta} = -\frac{\tau_{zr}\big|_{r=0}}{\cos\theta} = s\lambda_\tau\left(\frac{z}{a}\right)$$

$$\frac{u\big|_{r=0}}{\cos\theta} = -\frac{\nu\big|_{r=0}}{\sin\theta} = \frac{sa}{2G}\lambda_u\left(\frac{z}{a}\right)$$

$$\lambda_\tau(x) = 1 - \frac{x}{\sqrt{1+x^2}} - \frac{x}{2\sqrt{(1+x^2)^3}}$$

$$\lambda_u(x) = (2-\nu)(\sqrt{1+x^2}-x) - \frac{x}{2}\left(1-\frac{x}{\sqrt{1+x^2}}\right)$$

上式中的应力系数 λ_τ、位移系数 λ_w 随深度增大而迅速衰减，如图 3.14 所示。与图 3.11 所示的竖向荷载引起的竖向压应力 σ_z、竖向位移系数 w 随深度增加而衰减规律相比，水平荷载引起应力、位移衰减速度更快，其中，应力衰减速度快 3.5 倍左右，位移衰减速度快 2.5 倍左右。

图 3.15 给出了 3 种单向圆形水平荷载类型（半球、均布、刚性承载板）下，荷载圆中点水平剪应力系数 $\lambda_{\tau0}$，及圆边缘水平剪应力系数 $\lambda_{\tau a}$、最大径向应力系数 $\lambda_{\sigma ra}$、最大切向应力系数 $\lambda_{\sigma\theta a}$ 沿深度的分布曲线。从图 3.15 中可以看到，在荷载中点，水平剪应力速度，承载板的最慢，均布荷载次之，半球荷载最快，在 $z/a=0.6$ 之后，3 种荷载类型的差异难以辨别；在圆边缘，水平剪应力速度，承载板的最快，均布荷载次之，半球荷载最慢，在 $z/a \geqslant 0.1$ 之后，3 种荷载类型的差异不太大；均布和刚性承载板的圆边缘的径向应力和切向应力，在表面不收敛，但随深度的收敛速度很快，$z/a=0.2$ 时，$\lambda_{\sigma ra}$ 已接近于 1.0，$\lambda_{\sigma\theta a}$ 已小于 0.3，不同荷载类型的差异已不明显。

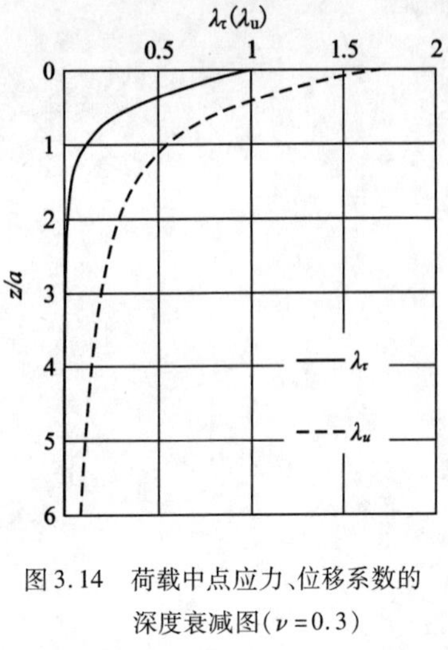

图 3.14　荷载中点应力、位移系数的深度衰减图($\nu=0.3$)

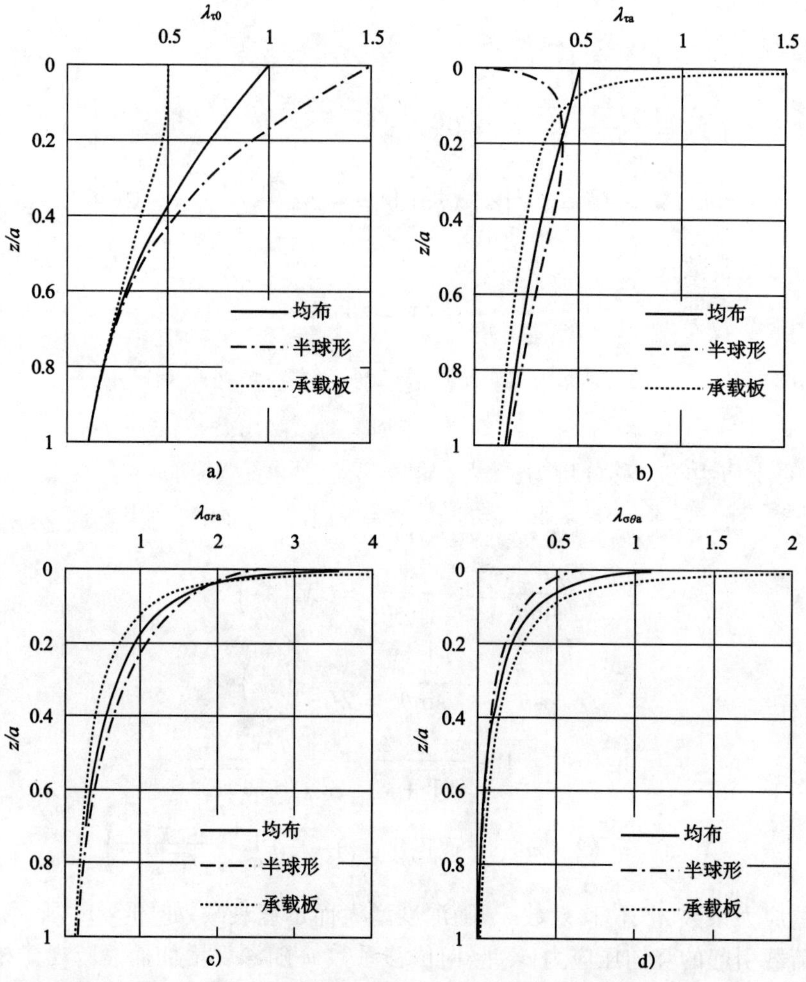

图 3.15　不同荷载类型的应力深度衰减图($\nu=0.3$)

4 弹性地基上圆板

4.1 地基假设与板理论

4.1.1 地基假设

刚性铺面结构在车辆、装卸机械、飞机的轮—轴载作用下的力学响应，国内外科研人员和学者绝大多数采用弹性地基上板力学模型分析。常见弹性地基模型与弹性地基梁的相同，有文克勒、双参数地基、弹性半空间体三类。二维条件下的弹性地基模型表达式为：

(1)文克勒地基

$$w(x,y) = \frac{1}{k}q(x,y) \tag{4.1}$$

(2)双参数地基

$$k_1 w(x,y) - k_2 \nabla^2 w(x,y) = q(x,y) \tag{4.2}$$

(3)弹性半空间体地基

$$w(x,y) = \frac{1-\nu_0^2}{\pi E_0}\iint_D \frac{q(u,\nu)\,\mathrm{d}u\mathrm{d}\nu}{\sqrt{(u-x)^2+(\nu-y)^2}} \tag{4.3}$$

式(4.3)中坐标系 $uo\nu$ 与坐标系 xoy 重合。

近年来，横观各向同性层状地基假设也有应用。横观各向同性层状地基由一层或数层厚度均匀、水平向无限的横观各向同性弹性层构成，其地基竖向位移与外荷载之间关系较前几种地基假设更为复杂，详细解法见第七章讨论。

4.1.2 小挠度薄板理论

板是指有两平行面和垂直于这两个平行面的柱面所围成的物体。这两个平行面称为板面，而其柱面称为侧面或板边。当板厚 h 远小于中面最小板尺寸 b($h/b<5$ 或 8)时称为薄板。

当板的挠度(竖向位移)远小于其板厚时，称为小挠度薄板(简称薄板)。在分析小挠度薄板结构弯曲问题时，采用如下 3 个基本假设[63,64]：

(1)垂直板中面方向的正应变 ε_z 可忽略。

由此可推出，薄板全厚度各点具有相同的挠度，因此，板挠曲方程简化为 $w(x,y)$。

(2)截面剪应力引起的变形可忽略。

上述两个假设也可表述为板横截面始终保持平面。

(3)中性面无拉伸与压缩变形。

板只有弯曲变形，无轴向力，因此，中性面在弯曲时不伸缩。

由上述3个基本假设,可推出板位移有如下关系:

$$\left.\begin{aligned} u_x &= -\frac{\partial w}{\partial x}(z - z_0) \\ u_y &= -\frac{\partial w}{\partial y}(z - z_0) \\ \frac{\partial u_x}{\partial z} &= -\frac{\partial w}{\partial x} \\ \frac{\partial u_y}{\partial z} &= -\frac{\partial w}{\partial y} \end{aligned}\right\} \tag{4.4}$$

板的物理方程:

$$\left.\begin{aligned} \varepsilon_x &= \frac{1}{E}(\sigma_x - \nu\sigma_y) \\ \varepsilon_y &= \frac{1}{E}(\sigma_y - \nu\sigma_x) \\ \gamma_{xy} &= \frac{1}{G}\tau_{xy} \end{aligned}\right\} \tag{4.5}$$

式中:E、ν、G——分别为板材料的弹性模量、泊松比、剪切模量。

板的几何方程:

$$\left.\begin{aligned} \varepsilon_x &= -\frac{\partial^2 w}{\partial x^2}(z - z_0) \\ \varepsilon_y &= -\frac{\partial^2 w}{\partial y^2}(z - z_0) \\ \gamma_{yx} &= -2\frac{\partial^2 w}{\partial y \partial x}(z - z_0) \end{aligned}\right\} \tag{4.6}$$

合并方程式(4.5)与式(4.6),则得到用挠曲位移 w 表述的板应力分量表达式:

$$\left.\begin{aligned} \sigma_x &= -\frac{E(z - z_0)}{1 - \nu^2}\left(\frac{\partial^2 w}{\partial x^2} + \nu\frac{\partial^2 w}{\partial y^2}\right) \\ \sigma_y &= -\frac{E(z - z_0)}{1 - \nu^2}\left(\frac{\partial^2 w}{\partial y^2} + \nu\frac{\partial^2 w}{\partial x^2}\right) \\ \tau_{xy} &= -\frac{E(z - z_0)}{1 - \nu^2}\frac{\partial^2 w}{\partial y \partial x} \end{aligned}\right\} \tag{4.7}$$

由式(4.7)可以得到板的内力方程为:

$$\left.\begin{aligned} M_x &= -D\left(\frac{\partial^2}{\partial x^2} + \nu\frac{\partial^2}{\partial y^2}\right)w \\ M_y &= -D\left(\frac{\partial^2}{\partial y^2} + \nu\frac{\partial^2}{\partial x^2}\right)w \\ M_{xy} &= -D(1 - \nu)\frac{\partial^2 w}{\partial y \partial x} \\ Q_x &= \frac{\partial M_x}{\partial x} + \frac{\partial M_{xy}}{\partial y} = -D\frac{\partial}{\partial x}\nabla^2 w \\ Q_y &= \frac{\partial M_y}{\partial y} + \frac{\partial M_{xy}}{\partial x} = -D\frac{\partial}{\partial y}\nabla^2 w \end{aligned}\right\} \tag{4.8}$$

式中：D——板的弯曲刚度，$D = \dfrac{Eh^3}{12(1-\nu^2)}$。

薄板矩形微元体的内力状态如图4.1所示，根据静力平衡条件整理得到：

$$\left.\begin{aligned}&\frac{\partial Q_x}{\partial x} + \frac{\partial Q_y}{\partial y} + q = 0\\&\frac{\partial^2 M_x}{\partial x^2} + 2\frac{\partial^2 M_{xy}}{\partial y \partial x} + \frac{\partial^2 M_y}{\partial y^2} = -q\end{aligned}\right\} \tag{4.9}$$

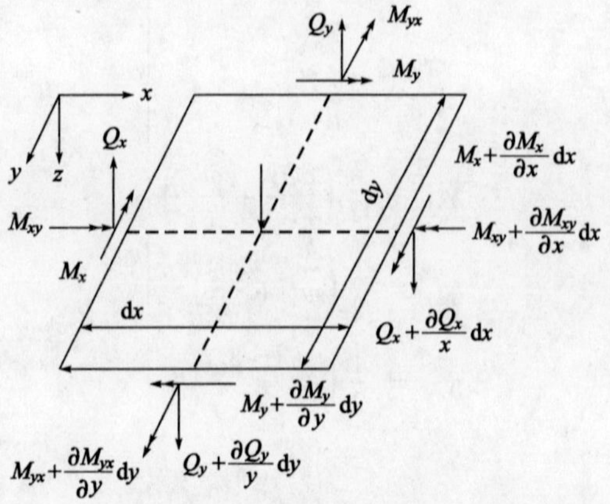

图4.1　薄板微元体内力图

将式(4.8)代入上式，则得到薄板的挠曲面微分方程：

$$D\nabla^4 w = q \tag{4.10}$$

式中：∇^2——拉普拉斯算子，$\nabla^2 = \dfrac{\partial^2}{\partial x^2} + \dfrac{\partial^2}{\partial y^2}$。

采用极坐标，拉普拉斯算子 $\nabla^2 = \dfrac{\partial^2}{\partial r^2} + \dfrac{\partial}{r\partial r} + \dfrac{\partial^2}{r^2\partial\theta^2}$，板内力方程式(4.8)改写为：

$$\left.\begin{aligned}M_r &= -D\left[\frac{\partial^2}{\partial r^2} + \nu\left(\frac{1}{r}\frac{\partial}{\partial r} + \frac{1}{r^2}\frac{\partial^2}{\partial\theta^2}\right)\right]w\\M_\theta &= -D\left[\left(\frac{1}{r}\frac{\partial}{\partial r} + \frac{1}{r^2}\frac{\partial^2}{\partial\theta^2}\right) + \nu\frac{\partial^2}{\partial r^2}\right]w\\M_{\theta r} &= -D(1-\nu)\left(\frac{1}{r}\frac{\partial^2}{\partial r\partial\theta} - \frac{1}{r^2}\frac{\partial}{\partial\theta}\right)w\\Q_r &= -D\frac{\partial}{\partial r}(\nabla^2 w)\\Q_\theta &= -D\frac{\partial}{r\partial\theta}(\nabla^2 w)\end{aligned}\right\} \tag{4.11}$$

4.1.3　赖斯纳中厚板理论

赖斯纳(Reissener)中厚板理论是在薄板理论的基础上，部分考虑截面剪应力引起的“剪应变”。它实质上是把铁木辛柯梁理论由一维扩展至二维,即由梁拓展至板。

赖斯纳中厚板理论的位移函数为:

$$\left.\begin{aligned} u_z &= w(x,y) \\ u_x &= z\psi_x(x,y) \\ u_y &= z\psi_y(x,y) \end{aligned}\right\} \tag{4.12}$$

各应变分量的表达式为:

$$\left.\begin{aligned} \varepsilon_x &= z\frac{\partial\psi_x}{\partial x} \\ \varepsilon_y &= z\frac{\partial\psi_y}{\partial y} \\ \gamma_{xy} &= \frac{z}{2}\left(\frac{\partial\psi_x}{\partial y}+\frac{\partial\psi_y}{\partial x}\right) \\ \gamma_{xz} &= \frac{1}{2}\left(\psi_x+\frac{\partial w}{\partial x}\right) \\ \gamma_{yz} &= \frac{1}{2}\left(\psi_y+\frac{\partial w}{\partial y}\right) \end{aligned}\right\} \tag{4.13}$$

板内力的表达式为:

$$\left.\begin{aligned} M_x &= -D\left(\frac{\partial^2 w}{\partial x^2}+\nu\frac{\partial^2 w}{\partial y^2}\right)+\frac{D}{\phi^2 Gh}\left(\frac{\partial Q_x}{\partial x}+\nu\frac{\partial Q_y}{\partial y}\right) \\ M_y &= -D\left(\frac{\partial^2 w}{\partial y^2}+\nu\frac{\partial^2 w}{\partial x^2}\right)+\frac{D}{\phi^2 Gh}\left(\frac{\partial Q_y}{\partial y}+\nu\frac{\partial Q_x}{\partial x}\right) \\ M_{xy} &= -D(1-\nu)\left(\frac{\partial^2 w}{\partial y^2}+\frac{\partial^2 w}{\partial x^2}\right)+\frac{D(1+\nu)}{\phi^2 Gh}\left(\frac{\partial Q_y}{\partial y}+\frac{\partial Q_x}{\partial x}\right) \\ Q_x &= \phi^2 Gh\left(\psi_x+\frac{\partial w}{\partial x}\right), Q_y = \phi^2 Gh\left(\psi_y+\frac{\partial w}{\partial y}\right) \end{aligned}\right\} \tag{4.14}$$

上式中的剪切系数 ϕ 的物理意义与铁木辛柯梁理论中的剪切系数 θ 相同,其值稍大一些,它与泊松比 ν 有关$\left(\phi^2=\frac{5}{3(2-\nu)}\right)$。再应用静力平衡方程,可得到赖斯纳中厚板理论的位移函数为:

$$\left.\begin{aligned} \nabla^4 w &= \frac{q}{D}-\frac{\nabla^2 q}{\phi^2 Gh} \\ \left(\frac{h}{12\phi^2}\nabla^2-1\right)&\left(\psi_x-\frac{\partial q}{\partial x}\right)=0 \\ \left(\frac{h}{12\phi^2}\nabla^2-1\right)&\left(\psi_y-\frac{\partial q}{\partial y}\right)=0 \end{aligned}\right\} \tag{4.15}$$

赖斯纳(Reissener)中厚板理论的物理意义是在维持了薄板平截面假定基础上,将截面的转角视为由板弯矩引起的弯曲和“剪应变”两部分组成,即:

$$\left.\begin{aligned}
&\frac{\partial w(x,y)}{\partial i} = \theta_i = \theta_{Mi} + \theta_{Qi}\\
&\frac{\partial \theta_{Qi}}{\partial i} = \frac{6}{\phi^2 Gh} Q_i, i = x, y\\
&D\left(\frac{\partial \theta_{Mx}}{\partial x} + \nu \frac{\partial \theta_{My}}{\partial y}\right) = M_x\\
&D\left(\frac{\partial \theta_{My}}{\partial y} + \nu \frac{\partial \theta_{Mx}}{\partial x}\right) = M_y
\end{aligned}\right\} \tag{4.16}$$

4.1.4 汉盖中厚板理论

汉盖(Henky)中厚板理论与赖斯纳中厚板理论相似,其位移函数为:

$$\left.\begin{aligned}
&w = w(x,y)\\
&u_x = -\frac{z}{h}\psi_x(x,y)\\
&u_y = -\frac{z}{h}\psi_y(x,y)
\end{aligned}\right\} \tag{4.17}$$

板内力的表达式为:

$$\left.\begin{aligned}
&M_x = -D\left(\frac{\partial \psi_x}{\partial x} + \nu \frac{\partial \psi_y}{\partial y}\right)\\
&M_y = -D\left(\frac{\partial \psi_y}{\partial y} + \nu \frac{\partial \psi_x}{\partial x}\right)\\
&M_{xy} = -\frac{D}{2}(1-\nu)\left(\frac{\partial \psi_x}{\partial y} + \frac{\partial \psi_y}{\partial x}\right)\\
&Q_x = Gh\left(\frac{\partial w}{\partial x} - \psi_x\right), Q_y = Gh\left(\frac{\partial w}{\partial y} - \psi_y\right)
\end{aligned}\right\} \tag{4.18}$$

应用拉格朗日变分,得到位移方程如下:

$$\left.\begin{aligned}
&\frac{\partial \psi_x}{\partial y} - \frac{\partial \psi_y}{\partial x} = \frac{h^2}{12}\nabla^2\left(\frac{\partial \psi_x}{\partial y} - \frac{\partial \psi_y}{\partial x}\right)\\
&\frac{h^2}{12}\nabla^2\left(\frac{\partial \psi_x}{\partial x} + \frac{\partial \psi_y}{\partial y}\right) = \frac{(1-\nu^2)}{E} q\\
&D\nabla^4 w = q - \frac{h^2}{6(1-\nu)}\nabla^2 q
\end{aligned}\right\} \tag{4.19}$$

以上部分与赖斯纳理论仅相差一“剪切系数 ϕ”。汉盖引入一个新函数 Ω,令:

$$\left.\begin{aligned}
&\psi_x(x,y) = h\frac{\partial \Omega}{\partial x}\\
&\psi_y(x,y) = h\frac{\partial \Omega}{\partial y}
\end{aligned}\right\} \tag{4.20}$$

将式(4.20)代入式(4.19),整理得到:

$$\left.\begin{aligned} D\,\nabla^4\Omega &= q \\ D\,\nabla^4 w &= q - \frac{h^2}{6(1-\nu)}\nabla^2 q \end{aligned}\right\} \tag{4.21}$$

另外,还有克罗姆(Kromm)中厚板理论、闵德林(Mindlin)中厚板理论等,这些中厚板理论的差别细微,仅在考虑剪切效应的程度上有所不同而言。

4.2 文克勒地基薄板

4.2.1 微分方程级数解

文克勒地基上薄板的微分方程为:

$$D\,\nabla^4 w(r,\theta) + kw(r,\theta) = q(r,\theta) \tag{4.22}$$

将外荷载展开为傅里叶级数形式:

$$\left.\begin{aligned} &q(r,\theta) = q_0 + \sum_{n=1}^{\infty}[q_{cm}(r)\cos m\theta + q_{sm}(r)\sin m\theta] \\ &q_0 = \frac{1}{2\pi}\int_0^{2\pi} q(r,\theta)\,\mathrm{d}\theta, q_{cm}(r) = \frac{1}{2\pi}\int_0^{2\pi} q(r,\theta)\cos m\theta\mathrm{d}\theta, q_{sm}(r) = \frac{1}{2\pi}\int_0^{2\pi} q(r,\theta)\sin m\theta\mathrm{d}\theta \end{aligned}\right\} \tag{4.23}$$

根据线性叠加原理,只需讨论外荷载 $q_{cm}(r)\cos m\theta$ 作用下的板挠度 w_{cm} 的解,然后叠加得到最终解 $w = w_0 + \sum\limits_{m=1}^{\infty}(w_{cm} + w_{sm})$。

分离 w_{cm} 的自变量,令 $w_{cm}(r,\theta) = W_{cm}(r)\cos m\theta$,代入式(4.22)得到:

$$D\left(\frac{\mathrm{d}^2}{\mathrm{d}r^2} + \frac{1}{r}\frac{\mathrm{d}}{\mathrm{d}r} - \frac{m^2}{r^2}\right)^2 W_{cm}(r) + kW_{cm}(r) = q_{cm}(r) \tag{4.24}$$

作变量转换 $\rho = r/l$, $l = \sqrt[4]{D/k}$ 称之为文克勒地基薄板的弯曲刚度半径。微分方程式(4.24)的齐次方程则可表示为:

$$\left[\left(\frac{\mathrm{d}^2}{\mathrm{d}\rho^2} + \frac{1}{\rho}\frac{\mathrm{d}}{\mathrm{d}\rho} - \frac{m^2}{\rho^2}\right) - \mathbf{i}\right]\left[\left(\frac{\mathrm{d}^2}{\mathrm{d}\rho^2} + \frac{1}{\rho}\frac{\mathrm{d}}{\mathrm{d}\rho} - \frac{m^2}{\rho^2}\right) + \mathbf{i}\right] W_{cm}(\rho) = 0 \tag{4.25}$$

式(4.25)为两个虚宗量 $\sqrt{\pm\mathbf{i}}$ 的 m 阶贝塞尔方程,即:

$$\rho^2\frac{\mathrm{d}^2 W_{cm}}{\mathrm{d}\rho^2} + \rho\frac{\mathrm{d}W_{cm}}{\mathrm{d}\rho} + [(\rho\sqrt{\mathbf{i}})^2 - m^2]W_{cm} = 0$$

$$\rho^2\frac{\mathrm{d}^2 W_{cm}}{\mathrm{d}\rho^2} + \rho\frac{\mathrm{d}W_{cm}}{\mathrm{d}\rho} + [(\rho\sqrt{-\mathbf{i}})^2 - m^2]W_{cm} = 0$$

对于外荷载的正弦项,板挠度 $w_{sm}(r,\theta) = W_{sm}(r)\sin m\theta$,其微分方程和齐次解均与余弦项的相同,只需将上述各式中的将下标 c 改为 s 即可。

由此解得文克勒地基上薄板挠度 $W_{km}(k = s,c)$ 的齐次解为:

$$W_{km}(\rho) = A_{k1\,m}\mathrm{ker}_m(\rho) + A_{k2\,m}\mathrm{kei}_m(\rho) + A_{k3\,m}\mathrm{ber}_m(\rho) + A_{k4m}\mathrm{bei}_m(\rho) \tag{4.26}$$

上式中4个函数 $\mathrm{ker}_m(\rho)$、$\mathrm{kei}_m(\rho)$、$\mathrm{ber}_m(\rho)$、$\mathrm{bei}_m(\rho)$是虚宗量 $\sqrt{\pm \mathbf{i}}$ 的 m 阶贝塞尔函数，也称为开尔文函数，见附录 B。式(4.26)是圆环板的齐次解，圆板则为内环半径为零特例。因此，待定常数 A_{k1m}、A_{k2m}、A_{k3m}、A_{k4m} 由齐次解与特解一起满足边界条件确定。每一板边的独立边界条件有两个，常见的边界状况有4种，固支：$W_{km} = \mathrm{d}W_{km}/\mathrm{d}\rho = 0$；简支：$W_{km} = M_{km} = 0$；滑支：$\mathrm{d}W_{km}/\mathrm{d}\rho = Q_{km} = 0$ 和自由：$M_{km} = Q_{km} = 0$。

[**例 4.1**] 求文克勒地基圆板中点作用集中力 P 的解，并分析圆板尺寸对圆板中点挠度的影响规律。

坐标原点设于集中力 P 作用点，此问题属轴对称问题，只有 $m=0$ 一项，微分方程(4.22)的特解为零，因此，该问题的通解为：

$$w(\rho) = A_1 \mathrm{ker}(\rho) + A_2 \mathrm{kei}(\rho) + A_3 \mathrm{ker}(\rho) + A_4 \mathrm{bei}\,(\rho)$$

因 $\mathrm{ker}(\rho)\big|_{\rho\to 0} = \infty$，而板原点位移为有限值，故 $A_1 = 0$。另外3个待定系数 A_2、A_3、A_4 由圆板边界条件确定，其中，半径趋近零的板柱体剪力合力等于集中力 P 条件可表示为：$\lim\limits_{r\to 0} 2\pi r\, Q_r = -P$，另两个为圆板外边界条件可表示为：

固支边条件：$w\big|_{\rho=\rho_0} = \dfrac{\mathrm{d}w}{\mathrm{d}\rho}\Big|_{\rho=\rho_0} = 0$，由此得到确定 A_2、A_3、A_4 的线性方程为：

$$\begin{bmatrix} \mathrm{kei}(\rho_0) & \mathrm{ker}(\rho_0) & \mathrm{bei}\,(\rho_0) \\ \mathrm{kei}'(\rho_0) & \mathrm{ber}'(\rho_0) & \mathrm{bei}'(\rho_0) \\ 1 & 0 & 0 \end{bmatrix} \begin{bmatrix} A_2 \\ A_3 \\ A_4 \end{bmatrix} = -\frac{Pl^2}{2\pi D} \begin{bmatrix} 0 \\ 0 \\ 1 \end{bmatrix}$$

简支边条件：$w\big|_{\rho=\rho_0} = M_r\big|_{\rho=\rho_0} = 0$，由此得到确定 A_2、A_3、A_4 的线性方程为：

$$\begin{bmatrix} \mathrm{kei}(\rho_0) & \mathrm{ber}(\rho_0) & \mathrm{bei}\,(\rho_0) \\ \left(\begin{matrix}\mathrm{ker}(\rho_0) - \\ \dfrac{1-\nu}{\rho_0}\mathrm{kei}'(\rho_0)\end{matrix}\right) & \left(\begin{matrix}-\mathrm{bei}\,(\rho_0) - \\ \dfrac{1-\nu}{\rho_0}\mathrm{ber}'(\rho_0)\end{matrix}\right) & \left(\begin{matrix}\mathrm{ber}(\rho_0) - \\ \dfrac{1-\nu}{\rho_0}\mathrm{bei}'(\rho_0)\end{matrix}\right) \\ 1 & 0 & 0 \end{bmatrix} \begin{bmatrix} A_2 \\ A_3 \\ A_4 \end{bmatrix} = -\frac{Pl^2}{2\pi D} \begin{bmatrix} 0 \\ 0 \\ 1 \end{bmatrix}$$

滑支边条件：$\dfrac{\mathrm{d}w}{\mathrm{d}\rho}\Big|_{\rho=\rho_0} = Q_r\big|_{\rho=\rho_0} = 0$，由此得到确定 A_2、A_3、A_4 的线性方程为：

$$\begin{bmatrix} \mathrm{kei}'(\rho_0) & \mathrm{ber}'(\rho_0) & \mathrm{bei}'(\rho_0) \\ \mathrm{ker}'(\rho_0) & -\mathrm{bei}'(\rho_0) & \mathrm{ber}'(\rho_0) \\ 1 & 0 & 0 \end{bmatrix} \begin{bmatrix} A_2 \\ A_3 \\ A_4 \end{bmatrix} = -\frac{Pl^2}{2\pi D} \begin{bmatrix} 0 \\ 0 \\ 1 \end{bmatrix}$$

自由边条件：$M_r\big|_{\rho=\rho_0} = Q_r\big|_{\rho=\rho_0} = 0$，由此得到确定 A_2、A_3、A_4 的线性方程为：

$$\begin{bmatrix} \mathrm{ker}'(\rho_0) & -\mathrm{bei}'(\rho_0) & \mathrm{ber}'(\rho_0) \\ \left(\begin{matrix}\mathrm{ker}(\rho_0) - \\ \dfrac{1-\nu}{\rho_0}\mathrm{kei}'(\rho_0)\end{matrix}\right) & \left(\begin{matrix}-\mathrm{bei}\,(\rho_0) - \\ \dfrac{1-\nu}{\rho_0}\mathrm{ber}'(\rho_0)\end{matrix}\right) & \left(\begin{matrix}\mathrm{ber}(\rho_0) - \\ \dfrac{1-\nu}{\rho_0}\mathrm{bei}'(\rho_0)\end{matrix}\right) \\ 1 & 0 & 0 \end{bmatrix} \begin{bmatrix} A_2 \\ A_3 \\ A_4 \end{bmatrix} = -\frac{Pl^2}{2\pi D} \begin{bmatrix} 0 \\ 0 \\ 1 \end{bmatrix}$$

图4.2给出了圆板中心作用集中力 P 条件下，圆板外边4种边界时的板中点挠度系数

$\varphi_w[w(\rho) = (P/kl^2)\varphi_w]$ 随圆板相对半径 ρ_0 的变化规律。从图中可以看到，滑支边和自由边的板中点挠度系数 $\varphi_w(0)$ 随着 ρ_0 增大而减小，而固支边的板中点挠度系数 $\varphi_w(0)$ 随着 ρ_0 增大而增大，简支边的板中点挠度系数 $\varphi_w(0)$ 在 $\rho_0 = 2.5$ 左右达到最大，它们均收敛很快，在 $\rho_0 \geqslant 5$ 时 4 种边界条件间的差异已无法分辨，已十分接近无限大板的挠度系数（$\varphi_{w\infty} = 1/8$）。也就是说，对于板最大挠度而言，当板相对半径 $\rho_0 \geqslant 5$ 时，可无视其边界条件而近似为无限大板；对于板弯矩来说，板相对半径 $\rho_0 \geqslant 8$ 时，也可近似无限大板。

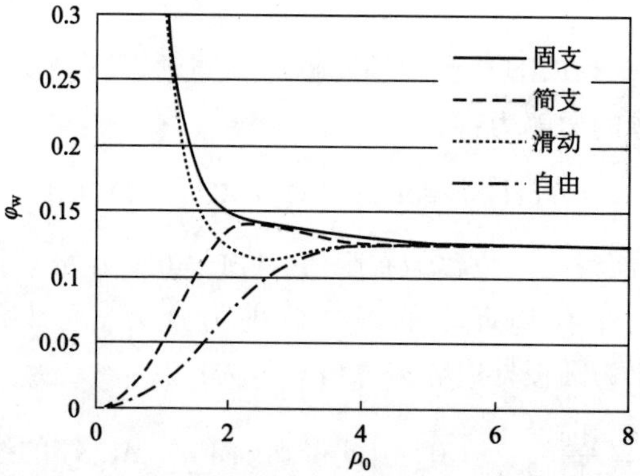

图 4.2　不同边界条件的板中点挠度系数 φ_w

为了方便表示挠度和弯矩变化规律，引入了 3 个系数：挠度系数 φ_w、径向弯矩系数 φ_{M_r} 和切向弯矩系数 φ_{M_θ}，它们定义为：

$$\left.\begin{aligned} w(\rho) &= PC_w\varphi_w \\ M_r(\rho) &= P\varphi_{M_r} \\ M_\theta(\rho) &= P\varphi_{M_\theta} \end{aligned}\right\} \tag{4.27}$$

式中：C_w——文克勒地基板挠度柔度，$C_w = \dfrac{1}{kl^2}$。

当圆板趋向无限大时，$\lim\limits_{\rho\to\infty} A_3(A_4) = 0$，因此，无限大板的挠度通解为：

$$w(\rho) = -\frac{PC_w}{2\pi}\mathrm{kei}(\rho) \tag{4.28}$$

板弯矩的表达式为：

$$\left.\begin{aligned} M_r &= -\frac{P}{2\pi}\left[\mathrm{ker}(\rho) - (1-\nu)\frac{\mathrm{kei}'(\rho)}{\rho}\right] \\ M_\theta &= -\frac{P}{2\pi}\left[\nu\mathrm{ker}(\rho) + (1-\nu)\frac{\mathrm{kei}'(\rho)}{\rho}\right] \end{aligned}\right\} \tag{4.29}$$

从上式可以看到，板径向、切向弯矩均与材料泊松比 ν 有关，因此，还有一种物理意义更明了的如式(4.30)所示的表示方式。两弯矩参数 A_M、B_M 具有明显的物理意义，对于径向弯矩而言，A_M 为外部作用引起的，而 B_M 则为板侧向约束所致；对切向弯矩则恰好相反。

$$\left.\begin{aligned} M_r(\rho) &= P(A_M + \nu B_M) \\ M_\theta(\rho) &= P(\nu A_M + B_M) \end{aligned}\right\} \tag{4.30}$$

集中力作用下文克勒地基无限大板的两弯矩参数 A_M、B_M 的表达式为：

$$A_M + B_M = \frac{\ker(\rho)}{2\pi}$$

$$B_M = \frac{\mathrm{kei}'(\rho)}{2\pi\rho}$$

对于文克勒地基上无限大薄板而言，可应用叠加法和上述集中力作用下的文克勒地基上无限大薄板解，求解任意分布荷载条件下的任意点板挠度、弯矩等力学响应。例如：

$$w(x,y) = \frac{C_w}{2\pi}\iint_D q(u,\nu)\,\mathrm{kei}\left(\frac{\sqrt{(u-x)^2+(\nu-y)^2}}{l}\right)\mathrm{d}u\mathrm{d}\nu$$

[**例 4.2**]　求无限大板上作用圆形均布荷载的解。

利用叠加法求解此问题过程复杂，不如直接从其一般解出发简单。将无限大板划分为两个区域：一是均布荷载的圆板，二是带圆孔的无限大板。对于均布荷载的圆板，其通解为：

$$w(\rho) = A_1\ker(\rho) + A_2\mathrm{kei}(\rho) + A_3\mathrm{ber}(\rho) + A_4\mathrm{bei}(\rho) + \frac{q}{k}$$

因圆板中心处挠度、内力为有限值，故 $A_1 = A_2 = 0$。带圆孔的无限大板的通解为：

$$w(\rho) = B_1\ker(\rho) + B_2\mathrm{kei}(\rho) + B_3\mathrm{ber}(\rho) + B_4\mathrm{bei}(\rho)$$

由无限远处板挠度、内力收敛条件，得到 $B_3 = B_4 = 0$。合并两式得到：

$$w(\rho) = \begin{cases} A_3\mathrm{ber}(\rho) + A_4\mathrm{bei}(\rho) + \dfrac{q}{k} & \rho \leqslant \alpha \\ B_1\ker(\rho) + B_2\mathrm{kei}(\rho) & \rho \geqslant \alpha \end{cases} \tag{4.31}$$

式中：q——荷载集度；

α——荷载圆相对半径（荷载圆半径 a 与板弯曲刚度半径 l 之比）。

由圆板与圆孔无限大板之间的挠度、转角、弯矩和剪力连续条件，得到线性方程组：

$$\begin{bmatrix} \mathrm{ber}(\alpha) & \mathrm{bei}(\alpha) & -\ker(\alpha) & -\mathrm{kei}(\alpha) \\ \mathrm{ber}'(\alpha) & \mathrm{bei}'(\alpha) & -\ker'(\alpha) & -\ker'(\alpha) \\ -\mathrm{bei}(\alpha) & \mathrm{ber}'(\alpha) & \mathrm{kei}(\alpha) & -\ker(\alpha) \\ -\mathrm{bei}'(\alpha) & \mathrm{ber}'(\alpha) & \mathrm{kei}'(\alpha) & -\ker'(\alpha) \end{bmatrix} \begin{bmatrix} A_3 \\ A_4 \\ B_1 \\ B_2 \end{bmatrix} = \begin{bmatrix} -\dfrac{q}{k} \\ 0 \\ 0 \\ 0 \end{bmatrix}$$

由此得到式(4.31)中的 4 个待定常数：

$$A_3 = \frac{q\alpha}{k}\ker'(\alpha)$$

$$A_4 = -\frac{q\alpha}{k}\mathrm{kei}'(\alpha)$$

$$B_1 = \frac{q\alpha}{k}\mathrm{ber}'(\alpha)$$

$$B_2 = -\frac{q\alpha}{k}\mathrm{bei}'(\alpha)$$

无限大板上作用圆形均布荷载的通解为：

$$w(\alpha,\rho) = \frac{q}{k}\begin{cases} 1 - \alpha[\mathrm{kei}'(\alpha)\mathrm{bei}(\rho) - \ker'(\alpha)\mathrm{ber}(\rho) & \rho \leqslant \alpha \\ \alpha[\mathrm{ber}'(\alpha)\ker(\rho) - \mathrm{bei}'(\alpha)\mathrm{kei}(\rho)] & \rho \geqslant \alpha \end{cases} \tag{4.32}$$

板两个弯矩参数 A_M、B_M 的表达式为：

$$A_M + B_M = \frac{1}{\pi\alpha}\begin{cases}\mathrm{ker}'(\alpha)\mathrm{bei}(\rho) + \mathrm{kei}'(\alpha)\mathrm{ber}(\rho) & \rho \leqslant \alpha \\ \mathrm{bei}'(\alpha)\mathrm{ker}(\rho) + \mathrm{ber}'(\alpha)\mathrm{kei}(\rho) & \rho \geqslant \alpha\end{cases}$$

$$B_M = \frac{1}{\pi\alpha\xi}\begin{cases}-\mathrm{ker}'(\alpha)\mathrm{ber}'(\rho) - \mathrm{kei}'(\alpha)\mathrm{bei}'(\rho) & \rho \leqslant \alpha \\ \mathrm{bei}'(\alpha)\mathrm{kei}'(\rho) - \mathrm{ber}'(\alpha)\mathrm{ker}'(\rho) & \rho \geqslant \alpha\end{cases}$$

在圆形均布荷载中心，板位移、弯矩均达到最大：

$$w_{\max} = \frac{q}{k}[1 + \alpha\mathrm{ker}'(\alpha)]$$

$$M_{r\max} = M_{\theta\max} = \frac{q\alpha l^2}{2}(1+\nu)\mathrm{kei}'(\alpha)$$

4.2.2 汉克尔变换解

对于无限大板而言，若应用叠加法过于烦琐，或微分方程(4.22)的特解不易得到，可采用汉克尔变换进行求解。对式(4.24)进行 m 阶汉克尔变换得到：

$$D\xi^4\overline{W}_{km}(\xi) + k\overline{W}_{km}(\xi) = \bar{q}_{km}(\xi) \qquad k = s,c \tag{4.33}$$

由式(4.33)解得：

$$\overline{W}_{km}(\xi) = \frac{\bar{q}_{km}(\xi)}{k + D\xi^4} \tag{4.34}$$

对式(4.34)做反演，并引入板相对弯曲刚度半径 l，得到板挠度表达式：

$$W_{km}(r) = C_w\int_0^\infty \frac{\bar{q}_{km}(t)t}{1+t^4}\mathrm{J}_m(\rho t)\mathrm{d}t \tag{4.35}$$

其中，$t = l\xi$。

板的径向弯矩 M_{rk}、切向弯矩 $M_{\theta k}$ 分别为：

$$\left.\begin{aligned}M_{rkm} &= \int_0^\infty \frac{\bar{q}_{km}(t)}{1+t^4}t^2\left[t\mathrm{J}_m(\rho t) + (1-\nu)\left(\frac{\mathrm{dJ}_m(\rho t)}{\rho\mathrm{d}(\rho t)} - \frac{m^2}{\rho^2}\right)\right]\mathrm{d}t \\ M_{\theta km} &= \int_0^\infty \frac{\bar{q}_{km}(t)}{1+t^4}t^2\left[\nu t\mathrm{J}_m(\rho t) - (1-\nu)\left(\frac{\mathrm{dJ}_m(\rho t)}{\rho\mathrm{d}(\rho t)} - \frac{m^2}{\rho^2}\right)\right]\mathrm{d}t\end{aligned}\right\} \tag{4.36}$$

一般情况下，外荷载具有轴对称性，仅有 $m=0$ 项，与幅角 θ 无关，即：$q(r,\theta) = q_0(r)$。此时，上式改写为：

$$\left.\begin{aligned}M_r &= \int_0^\infty \frac{\bar{q}_0(t)t^2}{1+t^4}\left[t\mathrm{J}_0(\rho t) - (1-\nu)\frac{\mathrm{J}_1(\rho t)}{\rho}\right]\mathrm{d}t \\ M_\theta &= \int_0^\infty \frac{\bar{q}_0(t)t^2}{1+t^4}\left[\nu t\mathrm{J}_0(\rho t) + (1-\nu)\frac{\mathrm{J}_1(\rho t)}{\rho}\right]\mathrm{d}t\end{aligned}\right\} \tag{4.37}$$

将集中力的 $\bar{q}_0(\xi) = \dfrac{P}{2\pi}$、圆形均布荷载的 $\bar{q}_0(\xi,\delta) = P\dfrac{\mathrm{J}_1(\xi\delta)}{\pi\xi\delta}$ 代入各式，即可求解式(4.37)两个问题的解。

(1)集中力

挠度系数 φ_w,弯矩参数 A_M、B_M 为:

$$\varphi_w = \frac{1}{2\pi}\int_0^\infty \frac{t}{1+t^4} J_0(\rho t)\,dt$$

$$A_M + B_M = \frac{1}{2\pi}\int_0^\infty \frac{t^3}{1+t^4} J_0(\rho t)\,dt$$

$$B_M = \frac{1}{2\pi\rho}\int_0^\infty \frac{t^2}{1+t^4} J_1(\rho t)\,dt$$

(2)圆形均布荷载

挠度系数 φ_w,弯矩参数 A_M、B_M 为:

$$\varphi_w = \frac{1}{\pi\alpha}\int_0^\infty \frac{J_1(\alpha t)}{1+t^4} J_0(\rho t)\,dt$$

$$A_M + B_M = \frac{1}{\pi\alpha}\int_0^\infty \frac{t^2 J_1(\alpha t)}{1+t^4} J_0(\rho t)\,dt$$

$$B_M = \frac{1}{\pi\alpha\rho}\int_0^\infty \frac{t J_1(\alpha t)}{1+t^4} J_1(\rho t)\,dt$$

由 $\lim\limits_{t\to 0}\frac{J_1(t)}{t} = \frac{1}{2}$,因此,在 $r=0$ 处的弯矩两个参数 A_M、B_M 则为:

$$A_{M0} = B_{M0} = \frac{1}{2\pi\alpha}\int_0^\infty \frac{t^2 J_1(\alpha t)}{1+t^4} dt$$

4.3 弹性半空间体无限大薄板

由于弹性半空间体的表面弯沉与其承受的外荷载之间关系为一积分方程式(4.3),因此,难以写如文克勒地基上薄板的一般解形式。弹性半空间体上有限尺寸圆板的解十分烦琐,本节不予讨论,仅讨论无限大板特例。将板与地基分开考察,对于外荷载 $q_{cm}(r)\cos m\theta$ 而言,薄板的微分方程如式(4.38-1)所示;半空间体弯沉的 m 阶汉克尔变换解如(4.38-2)所示。

$$D\left(\frac{\partial^2}{\partial r^2} + \frac{1}{r}\frac{\partial}{\partial r} - \frac{m^2}{r^2}\right)^2 W_{cm}(r) = q_{cm}(r) - p_{cm}(r) \tag{4.38-1}$$

$$W_{cm}(r) = \frac{2(1-\nu_0^2)}{E_0}\int_0^\infty \bar{p}_{cm}(\xi)\, J_m(\xi r)\,d\xi \tag{4.38-2}$$

式中:$\bar{p}_{cm}(\xi)$ ——半空间体表面荷载的 m 阶汉克尔变换式:

$$\bar{p}_{cm}(\xi) = \int_0^\infty p_{cm}(r)\, r J_m(\xi r)\,dr$$

为了合并上述两式,对式(4.38-1)也进行 m 阶汉克尔变换,得:

$$\bar{p}_{cm}(\xi) = \bar{q}_{cm}(\xi) - D\xi^4 \overline{W}_{cm}(\xi) \tag{4.39}$$

将式(4.39)代入式(4.38-2)得到:

$$W_{cm}(r)=\frac{2(1-\nu_0^2)}{E_0}\int_0^{\infty}[\bar{q}_{cm}(\xi)-D\xi^4\overline{W}_{cm}(\xi)]J_m(\xi r)d\xi \tag{4.40}$$

由汉克尔反演公式,板挠度可表示为:

$$W_{cm}(r)=\int_0^{\infty}\overline{W}_{cm}(\xi)\xi J_m(\xi r)d\xi \tag{4.41}$$

比较式(4.40)与式(4.41),得到:

$$\overline{W}_{cm}(\xi)=\frac{2(1-\nu_0^2)}{E_0}\frac{\bar{q}_{cm}(\xi)}{\xi(1+l^3\xi^3)} \tag{4.42}$$

式中:l——弹性半空间体地基板相对刚度半径,$l=\sqrt[3]{\frac{2D(1-\nu_0^2)}{E_0}}=h\sqrt[3]{\frac{E(1-\nu_0^2)}{6E_0(1-\nu^2)}}$。

由此得到,弹性半空间体上薄板的挠曲面方程为:

$$W_{cm}(r)=C_w\int_0^{\infty}\frac{\bar{q}_{cm}(t)}{1+t^3}J_m(\rho t)dt \tag{4.43}$$

式中:C_w——半空间体地基板挠度柔度,即 $C_w=\frac{2(1-\nu_0^2)}{E_0 l}$。

地基反力 p 可表示为:

$$\left.\begin{aligned}p_{cm}(r)&=\frac{1}{l^2}\varphi_p\\ \varphi_p&=\int_0^{\infty}\frac{\bar{q}_{cm}(t)t}{1+t^3}J_m(\rho t)dt\end{aligned}\right\} \tag{4.44}$$

式中:φ_p——地基反力系数。

(1)集中力

荷载作用点($r=0$)处,板挠度和地基反力达到最大:

$$w_{max}=\frac{2\sqrt{3}}{9}C_wP$$

$$p_{max}=\frac{\sqrt{3}}{9l^2}P$$

挠度系数 φ_w,地基反力系数 φ_p,弯矩参数 A_M、B_M 为:

$$\varphi_w=\frac{1}{2\pi}\int_0^{\infty}\frac{1}{1+t^3}J_0(\rho t)dt$$

$$\varphi_p=\frac{1}{2\pi}\int_0^{\infty}\frac{t}{1+t^3}J_0(\rho t)dt$$

$$A_M+B_M=\frac{1}{2\pi}\int_0^{\infty}\frac{t^2}{1+t^3}J_0(\rho t)dt$$

$$B_M=\frac{1}{2\pi\rho}\int_0^{\infty}\frac{t}{1+t^3}J_1(\rho t)dt$$

(2)圆形均布荷载

挠度系数 φ_w,地基反力系数 φ_p,弯矩参数 A_M、B_M 为:

$$\varphi_w = \frac{1}{\pi\alpha}\int_0^\infty \frac{J_1(\alpha t)}{(1+t^3)t}J_0(\rho t)\,dt$$

$$\varphi_p = \frac{1}{\pi\alpha}\int_0^\infty \frac{J_1(\alpha t)}{1+t^3}J_0(\rho t)\,dt$$

$$A_M + B_M = \frac{1}{\pi\alpha}\int_0^\infty \frac{tJ_1(\alpha t)}{1+t^3}J_0(\rho t)\,dt$$

$$B_M = \frac{1}{\pi\alpha\rho}\int_0^\infty \frac{J_1(\alpha t)}{1+t^3}J_1(\rho t)\,dt$$

在 $r=0$ 处的弯矩两个参数 A_M、B_M 则为:

$$A_M = B_M = \frac{1}{2\pi\alpha}\int_0^\infty \frac{tJ_1(\alpha t)}{1+t^3}\,dt$$

4.4 双参数地基薄板

轴对称荷载作用的双参数地基上薄板的微分方程如下式:

$$D\nabla^4 w(r) - k_2\nabla^2 w(r) + k_1 w(r) = q(r) \tag{4.45}$$

微分方程式(4.45)的齐次方程的特征方程为:

$$(\nabla^2 + \psi_1^2)(\nabla^2 + \psi_2^2)w(r) = 0 \tag{4.46}$$

其中,$\psi_n^2 = -\dfrac{\vartheta \pm \mathbf{i}\sqrt{1-\vartheta^2}}{l^2}$ $(n = 1,2)$,$l^4 = \dfrac{D}{k_1}$,$\vartheta = \dfrac{k_2}{2\sqrt{k_1 D}}(|\vartheta| < 1)$。

分别作 $\rho_1 = r\psi_1$,$\rho_2 = r\psi_2$,则式(4.46)改写为两个复宗量的贝塞尔方程:

$$\left.\begin{aligned}(\nabla^2 + \psi_1^2)w &= \frac{d^2 w}{d\rho_1^2} + \frac{dw}{\rho_1 d\rho_1} + w = 0\\ (\nabla^2 + \psi_2^2)w &= \frac{d^2 w}{d\rho_2^2} + \frac{dw}{\rho_2 d\rho_2} + w = 0\end{aligned}\right\} \tag{4.47}$$

由此解得轴对称荷载下的双参数地基上薄板的齐次解为:

$$w(r) = A_1 J_0(\rho_1) + A_2 Y_0(\rho_1) + A_3 J_0(\rho_2) + A_4 Y_0(\rho_2) \tag{4.48}$$

ρ_1、ρ_2 是复数,进一步展开为:

$$\left.\begin{aligned}\rho_1 &= \frac{r}{l}\left(-\frac{\sqrt{1-\vartheta}}{2} + \frac{\sqrt{1+\vartheta}}{2}\mathbf{i}\right)\\ \rho_2 &= \frac{r}{l}\left(\frac{\sqrt{1-\vartheta}}{2} + \frac{\sqrt{1+\vartheta}}{2}\mathbf{i}\right)\end{aligned}\right\} \tag{4.49}$$

双参数地基板的边界剪力必须注意到地基转角不连续引起的集中分布力。也就是说,即便是自由边,板边仍存在剪力。

复变量的贝塞尔函数 J_0、Y_0 计算有些难度。对于无限大板而言,采用汉克尔变换进行求

解更简便。对式(4.45)进行汉克尔变换得到:

$$D\xi^4\bar{w}(\xi)+k_2\xi^2\bar{w}(\xi)+k_1\bar{w}(\xi)=\bar{q}(\xi) \tag{4.50}$$

由式(4.50)解得:

$$\bar{w}(\xi)=\frac{\bar{q}(\xi)}{k_1+k_2\xi^2+D\xi^4} \tag{4.51}$$

对式(4.51)做反演,并引入板相对弯曲刚度半径 l,得到板挠度表达式:

$$w(r)=\int_0^\infty \frac{\bar{q}(\xi)\xi}{k_1+k_2\xi^2+D\xi^4}\mathrm{J}_0(r\xi)\,\mathrm{d}\xi=C_{\mathrm{w}}\int_0^\infty \frac{\bar{q}(t)t}{1+2\vartheta t^2+t^4}\mathrm{J}_0(\rho t)\,\mathrm{d}t \tag{4.52}$$

其中,$C_{\mathrm{w}}=\frac{1}{k_1l^2}$,$t=l\xi$。

地基反力可表示为:

$$p(r)=\frac{1}{l^2}\int_0^\infty \frac{\bar{q}(t)(1+2\vartheta t^2)t}{1+2\vartheta t^2+t^4}\mathrm{J}_0(\rho t)\,\mathrm{d}t \tag{4.53}$$

对于非轴对称荷载 $q_{cm}(r)\cos m\theta$,对应的板挠度解为 $W_{cm}(r)\cos m\theta$,只需将上述公式中的零阶汉克尔变换改为 m 阶汉克尔变换,零阶贝塞尔函数改为 m 阶贝塞尔函数即可。

(1)集中力

荷载作用点($r=0$)处,地基反力和弯矩不收敛趋于无穷,板挠度达到最大:

$$w_{\max}=\frac{PC_{\mathrm{w}}}{2\pi}\int_0^\infty \frac{t}{1+2\vartheta t^2+t^4}\mathrm{d}t=\frac{PC_{\mathrm{w}}}{8\sqrt{1-\vartheta^2}}$$

挠度系数 φ_{w},地基反力系数 φ_{p},弯矩参数 A_{M}、B_{M} 为:

$$\varphi_{\mathrm{w}}=\frac{1}{2\pi}\int_0^\infty \frac{t}{1+2\vartheta t^2+t^4}\mathrm{J}_0(\rho t)\,\mathrm{d}t$$

$$\varphi_{\mathrm{p}}=\frac{1}{2\pi}\int_0^\infty \frac{(1+2\vartheta t^2)t}{1-2\vartheta t^2+t^4}\mathrm{J}_0(\rho t)\,\mathrm{d}t$$

$$A_{\mathrm{M}}+B_{\mathrm{M}}=\frac{1}{2\pi}\int_0^\infty \frac{t^3}{1+2\vartheta t^2+t^4}\mathrm{J}_0(\rho t)\,\mathrm{d}t$$

$$B_{\mathrm{M}}=\frac{1}{2\pi\rho}\int_0^\infty \frac{t^2}{1+2\vartheta t^2+t^4}\mathrm{J}_1(\rho t)\,\mathrm{d}t$$

(2)圆形均布荷载

挠度系数 φ_{w},地基反力系数 φ_{p},弯矩参数 A_{M}、B_{M} 为:

$$\varphi_{\mathrm{w}}=\frac{1}{\pi\alpha}\int_0^\infty \frac{\mathrm{J}_1(\alpha t)}{1+2\vartheta t^2+t^4}\mathrm{J}_0(\rho t)\,\mathrm{d}t$$

$$\varphi_{\mathrm{p}}=\frac{1}{\pi\alpha}\int_0^\infty \frac{(1+2\vartheta t^2)\mathrm{J}_1(\alpha t)}{1+2\vartheta t^2+t^4}\mathrm{J}_0(\rho t)\,\mathrm{d}t$$

$$A_{\mathrm{M}}+B_{\mathrm{M}}=\frac{1}{\pi\alpha}\int_0^\infty \frac{t^2\mathrm{J}_1(\alpha t)}{1+2\vartheta t^2+t^4}\mathrm{J}_0(\rho t)\,\mathrm{d}t$$

$$B_{\mathrm{M}} = \frac{1}{\pi\alpha\rho}\int_0^\infty \frac{t^2 \mathrm{J}_1(\alpha t)}{1 + 2\vartheta t^2 + t^4}\mathrm{J}_1(\rho t)\,\mathrm{d}t$$

在 $r=0$ 处的两个弯矩参数 A_{M}、B_{M} 则为：

$$A_{\mathrm{M}_0} = B_{\mathrm{M}_0} = \frac{1}{2\pi\alpha}\int_0^\infty \frac{t^2 \mathrm{J}_1(\alpha t)}{1 + 2\vartheta t^2 + t^4}\mathrm{d}t$$

4.5 弹性地基中厚板

4.5.1 文克勒地基赖斯纳中厚板

轴对称条件下，文克勒地基上赖斯纳中厚板的挠度微分方程可表示：

$$\nabla^4 w - \frac{k}{\phi^2 Gh}\nabla^2 w + \frac{k}{D}w = \frac{q}{D} - \frac{\nabla^2 q}{\phi^2 Gh} \tag{4.54}$$

对于集中力、圆形均布荷载而言，$\nabla^2 q = 0$，因此，此方程齐次解形式与双参数地基上薄板微分方程齐次解形式相同，即：

$$w(r) = A_1 \mathrm{J}_0(\rho_1) + A_2 Y_0(\rho_1) + A_3 \mathrm{J}_0(\rho_2) + A_4 Y_0(\rho_2)$$

其中，$\rho_1 = \frac{r}{l}\left(-\frac{\sqrt{1-\omega}}{2} + \frac{\sqrt{1+\omega}}{2}\mathbf{i}\right)$，$\rho_2 = \frac{r}{l}\left(\frac{\sqrt{1-\omega}}{2} + \frac{\sqrt{1+\omega}}{2}\mathbf{i}\right)$，$\omega = \frac{\sqrt{kD}}{2\phi^2 Gh}$。

板的弯矩、剪切应力的表达式为：

$$\left.\begin{aligned}
M_r &= -D\left(\frac{\mathrm{d}^2 w}{\mathrm{d}r^2} + \frac{\nu}{r}\frac{\mathrm{d}w}{\mathrm{d}r}\right) + \frac{h^2}{6\phi^2(1-\nu)}\left(\frac{\mathrm{d}Q_r}{\mathrm{d}r} + \frac{\nu}{r}Q_r\right)\\
M_\theta &= -D\left(\nu\frac{\mathrm{d}^2 w}{\mathrm{d}r^2} + \frac{\mathrm{d}w}{r\mathrm{d}r}\right) + \frac{h^2}{6\phi^2(1-\nu)}\left(\nu\frac{\mathrm{d}Q_r}{\mathrm{d}r} + \frac{Q_r}{r}\right)\\
Q_r &= -\frac{1}{r}\int_0^r [q(t) - kw(t)]t\,\mathrm{d}t
\end{aligned}\right\} \tag{4.55}$$

采用汉克尔变换进行求解更简便。对式(4.54)进行汉克尔变换得到：

$$\xi^4 \bar{w}(\xi) + \left(\frac{k}{\phi^2 Gh}\right)\xi^2 \bar{w}(\xi) + \frac{k}{D}\bar{w}(\xi) = \frac{1}{D}\left(1 + \frac{D\xi^2}{\phi^2 Gh}\right)\bar{q}(\xi) \tag{4.56}$$

由式(4.56)解得：

$$\bar{w}(\xi) = \frac{1}{k}\left(\frac{1 + 2\omega t^2}{1 + 2\omega t^2 + t^4}\right)\bar{q}(\xi) \tag{4.57}$$

对式(4.57)做反演，并作 $t=\xi l$ 变换，得到板挠度表达式：

$$w(r) = C_{\mathrm{w}}\int_0^\infty \frac{\bar{q}(t)(1 + 2\omega t^2)t}{1 + 2\omega t^2 + t^4}\mathrm{J}_0(\rho t)\,\mathrm{d}t \tag{4.58}$$

集中力和圆形均布荷载的径向剪力 Q_r 及导数 $\frac{\mathrm{d}Q_r}{\mathrm{d}r}$ 分别为：

(1)集中力

$$Q_r = -\frac{P}{2\pi r} + \frac{k}{r}\int_0^r w(t)t\mathrm{d}t$$

$$\frac{\mathrm{d}Q_r}{\mathrm{d}r} = \frac{P}{2\pi r^2} - \frac{k}{r^2}\int_0^r w(t)t\mathrm{d}t + kw(r)$$

(2)圆形均布荷载

$$Q_r = \frac{k}{r}\int_0^r w(t)\ t\mathrm{d}t - \frac{P}{2\pi}\begin{cases}\dfrac{r}{\delta^2} & r \leqslant \delta \\ \dfrac{1}{r} & r > \delta\end{cases}$$

$$\frac{\mathrm{d}Q_r}{\mathrm{d}r} = -\frac{k}{r^2}\int_0^r w(t)t\mathrm{d}t + kw(r) - \frac{P}{2\pi\delta^2}\begin{cases}1 & r \leqslant \delta \\ 0 & r = \delta \\ -\dfrac{\delta^2}{r^2} & r > \delta\end{cases}$$

将 w、Q_r、$\frac{\mathrm{d}Q_r}{\mathrm{d}r}$ 的表达式代入式(4.55),可得到板弯矩的计算式。并应用以下两式进行简化。

$$\int_0^\infty \mathrm{J}_1(\alpha t)\mathrm{J}_0(\rho t)\mathrm{d}t = \begin{cases}\dfrac{1}{\alpha} & (\rho < \alpha) \\ \dfrac{1}{2\alpha} & (\rho = \alpha) \\ 0 & (\rho > \alpha)\end{cases}$$

$$\int_0^\infty \mathrm{J}_1(\alpha t)J_1(\rho t)\ \frac{\mathrm{d}t}{t} = \begin{cases}\dfrac{\rho}{2\alpha} & (\alpha \geqslant \rho) \\ \dfrac{\alpha}{2\rho} & (\alpha < \rho)\end{cases}$$

集中力和圆形均布荷载作用下的中厚板挠度系数 φ_{w},弯矩参数 A_{M}、B_{M},剪力转角系数 A_{Q}、B_{Q} 为:

(1)集中力

$$\varphi_{\mathrm{w}} = \frac{1}{2\pi}\int_0^\infty \frac{(1+2\omega t^2)t}{1+2\omega t^2+t^4}\mathrm{J}_0(\rho t)\mathrm{d}t$$

$$A_{\mathrm{M}} + B_{\mathrm{M}} = \frac{1}{2\pi}\int_0^\infty \frac{\mathrm{J}_0(\rho t)t^3}{1+2\omega t^2+t^4}\mathrm{d}t$$

$$B_{\mathrm{M}} = \frac{1}{2\pi\rho}\int_0^\infty \frac{\mathrm{J}_1(\rho t)t^2}{1+2\omega t^2+t^4}\mathrm{d}t$$

(2)圆形均布荷载

$$\varphi_{\mathrm{w}} = \frac{1}{\pi\alpha}\int_0^\infty \frac{(1+2\omega t^2)\mathrm{J}_1(\alpha t)}{1+2\omega t^2+t^4}\mathrm{J}_0(\rho t)\mathrm{d}t$$

$$A_M + B_M = \frac{1}{\pi\alpha}\int_0^{\infty}\frac{J_1(\alpha t)J_0(\rho t)t^2}{1 + 2\omega t^2 + t^4}dt$$

$$B_M = \frac{1}{\pi\alpha\rho}\int_0^{\infty}\frac{J_1(\alpha t)J_1(\rho t)t}{1 + 2\omega t^2 + t^4}dt$$

4.5.2 文克勒地基汉盖中厚板

轴对称条件下，文克勒地基上汉盖中厚板的微分方程可表示：

$$\left.\begin{aligned} &D\nabla^4\Omega = q - kw \\ &D\nabla^4 w - k\frac{h^2}{6(1-\nu)}\nabla^2 w + kw = q - \frac{h^2}{6(1-\nu)}\nabla^2 q \end{aligned}\right\} \tag{4.59}$$

对式(4.59)进行汉克尔变换，整理得到板挠度 w 及位移函数 Ω 的汉克尔交换 $\overline{w}$、$\overline{\Omega}$ 为：

$$\left.\begin{aligned} \overline{w} &= \frac{\overline{q}}{k}\left(\frac{1 + 2\omega t^2}{t^4 + 2\omega t^2 + 1}\right) \\ \overline{\Omega} &= \frac{\overline{q}}{k}\left(\frac{1}{t^4 + 2\omega t^2 + 1}\right) \end{aligned}\right\} \tag{4.60}$$

其中，$\omega = \dfrac{h^2}{12(1-\nu)l^2}$。

对上式作汉克尔逆变换，得到：

$$\left.\begin{aligned} w &= C_w\int_0^{\infty}\frac{\overline{q}(1 + 2\omega t^2)t}{t^4 + 2\omega t^2 + 1}J_0(\rho t)dt \\ \Omega &= C_w\int_0^{\infty}\frac{\overline{q}t}{t^4 + 2\omega t^2 + 1}J_0(\rho t)dt \end{aligned}\right\} \tag{4.61}$$

板的弯矩的计算式为：

$$\left.\begin{aligned} M_x &= -D\left(\frac{d^2\Omega_x}{dr^2} + \frac{\nu}{r}\frac{d\Omega}{dr}\right) = \int_0^{\infty}\frac{\overline{q}t^2}{t^4 + 2\omega t^2 + 1}\left(tJ_0(\rho t) - \frac{\nu}{\rho}J_1(\rho t)\right)dt \\ M_y &= -D\left(\nu\frac{d^2\Omega_x}{dr^2} + \frac{d\Omega}{rdr}\right) = \int_0^{\infty}\frac{\overline{q}t^2}{t^4 + 2\omega t^2 + 1}\left(\nu tJ_0(\rho t) - \frac{1}{\rho}J_1(\rho t)\right)dt \end{aligned}\right\} \tag{4.62}$$

集中力和圆形均布荷载作用下的汉盖中厚板挠度系数 φ_w，弯矩参数 A_M、B_M 为：

(1)集中力

$$\varphi_w = \frac{1}{2\pi}\int_0^{\infty}\frac{(1 + 2\omega t^2)t}{t^4 + 2\omega t^2 + 1}J_0(\rho t)dt$$

$$A_M + B_M = \frac{1}{2\pi}\int_0^{\infty}\frac{J_0(\rho t)t^3}{t^4 + 2\omega t^2 + 1}dt$$

$$B_M = \frac{1}{2\pi\rho}\int_0^{\infty}\frac{J_1(\rho t)t^2}{t^4 + 2\omega t^2 + 1}dt$$

(2)圆形均布荷载

$$\varphi_{w} = \frac{1}{\pi\alpha}\int_{0}^{\infty} \frac{(1+2\omega t^2)J_1(\alpha t)}{t^4+2\vartheta\omega t^2+1} J_0(\rho t)\mathrm{d}t$$

$$A_M + B_M = \frac{1}{\pi\alpha}\int_{0}^{\infty} \frac{J_1(\alpha t)J_0(\rho t)t^2}{t^4+2\omega t^2+1}\mathrm{d}t$$

$$B_M = \frac{1}{\pi\alpha\rho}\int_{0}^{\infty} \frac{J_1(\alpha t)J_1(\rho t)t}{t^4+2\omega t^2+1}\mathrm{d}t$$

上述文克勒地基上汉盖中厚板的挠度系数 φ_w、两弯矩参数 A_M、B_M 计算式,与赖斯纳中厚板的 φ_w、A_M、B_M 计算式在形式上完全相同,唯一差别是赖斯纳中厚板的参数 ϑ 中包含了一个剪切系数 ϕ,而汉盖中厚板无此剪切系数,即视为汉盖中厚板剪切系数 $\phi=1$。也就是说,汉盖中厚板是剪切系数 $\phi=1$ 的赖斯纳中厚板的特例,从物理意义上来看,赖斯纳中厚板假设更直观明了,但在数学处理时,汉盖中厚板假设更方便。因此,下节不再区别这两种中厚板假设,在保留剪切系数 ϕ 的基础上采用汉盖中厚板假设解法。

4.5.3 半空间体、双参数地基中厚板

轴对称条件下,弹性半空间体地基上中厚板的微分方程可表示:

$$\left.\begin{aligned} D\nabla^4\Omega &= q-p \\ D\nabla^4 w &= q-p-B\nabla^2(q-p) \end{aligned}\right\} \tag{4.63}$$

其中,$B=\dfrac{h^2}{\phi^2 6(1-\nu)}$。

对式(4.63)进行汉克尔变换,并将半空间体表面挠度与反力关系代入,得到:

$$\left.\begin{aligned} D\xi^4\overline{\Omega} + \frac{E_0}{2(1-\nu_0^2)}\overline{w}(\xi)\xi &= \overline{q} \\ D\xi^4\overline{w} + (1+B\xi^2)\frac{E_0}{2(1-\nu_0^2)}\overline{w}(\xi)\xi &= (1+B\xi^2)\overline{q} \end{aligned}\right\} \tag{4.64}$$

解式(4.64),可得到板挠度和位移函数的汉克尔变换 $\overline{w}$、$\overline{\Omega}$ 为:

$$\left.\begin{aligned} \overline{w}(\xi) &= C_w\frac{1+2\omega t^2}{(t^3+2\omega t^2+1)t}\overline{q} \\ \overline{\Omega} &= C_w\frac{\overline{q}}{(t^3+2\omega t^2+1)t} \end{aligned}\right\} \tag{4.65}$$

其中,$\omega=\dfrac{B}{2l^2}$。

集中力和圆形均布荷载条件下的挠度系数 φ_w,地基反力系数 φ_p,弯矩参数 A_M、B_M,剪力转角系数 A_Q、B_Q 的表达式为:

(1)集中力

$$\varphi_w = \frac{1}{2\pi}\int_{0}^{\infty}\frac{1+2\omega t^2}{t^3+2\omega t^2+1}J_0(\rho t)\mathrm{d}t$$

$$\varphi_{\mathrm{p}} = \frac{1}{l^2}\int_0^{\infty} \frac{(1+2\omega t^2)t}{t^3+2\omega t^2+1} \mathrm{J}_0(\rho t)\,\mathrm{d}t$$

$$A_{\mathrm{M}} + B_{\mathrm{M}} = \frac{1}{2\pi}\int_0^{\infty} \frac{t^2}{t^3+2\omega t^2+1} \mathrm{J}_0(\rho t)\,\mathrm{d}t$$

$$B_{\mathrm{M}} = \frac{1}{2\pi\rho}\int_0^{\infty} \frac{t\mathrm{J}_1(\rho t)}{t^3+2\omega t^2+1}\,\mathrm{d}t$$

(2)圆形均布荷载

$$\varphi_{\mathrm{w}} = \frac{1}{\pi\alpha}\int_0^{\infty} \frac{(1+2\omega t^2)\mathrm{J}_1(\alpha t)}{t^3+2\omega t^2+1} \mathrm{J}_0(\rho t)\,\mathrm{d}t$$

$$\varphi_{\mathrm{p}} = \frac{1}{l^2}\int_0^{\infty} \frac{(1+2\omega t^2)\mathrm{J}_1(\alpha t)t}{t^3+2\omega t^2+1} \mathrm{J}_0(\rho t)\,\mathrm{d}t$$

$$A_{\mathrm{M}} + B_{\mathrm{M}} = \frac{1}{\pi\alpha}\int_0^{\infty} \frac{\mathrm{J}_1(\alpha t)t^2}{t^3+2\omega t^2+1} \mathrm{J}_0(\rho t)\,\mathrm{d}t$$

$$B_{\mathrm{M}} = \frac{1}{\pi\alpha\rho}\int_0^{\infty} \frac{\mathrm{J}_1(\alpha t)t}{t^3+2\omega t^2+1} \mathrm{J}_1(\rho t)\,\mathrm{d}t$$

双参数地基上中厚板的微分方程可表示为：

$$\left.\begin{aligned} D\,\nabla^4\Omega &= q - k_1 w + k_2\,\nabla^2 w \\ D\,\nabla^4 w &= q - B\,\nabla^2 q + (-k_1 + k_1 B\,\nabla^2 + k_2\,\nabla^2 - k_2 B\,\nabla^4)w \end{aligned}\right\} \tag{4.66}$$

对式(4.66)进行汉克尔变换，整理得到：

$$\left.\begin{aligned} \overline{w} &= \frac{\overline{q}}{k_1}\frac{(1+2\omega t^2)}{(1+4\omega\vartheta)t^4+2(\omega+\vartheta)t^2+1} \\ \overline{\Omega} &= \frac{\overline{q}}{k_1}\frac{1}{(1+4\omega\vartheta)t^4+2(\omega+\vartheta)t^2+1} \end{aligned}\right\} \tag{4.67}$$

其中，$\omega = \dfrac{k_2}{k_1 l^2}$。

集中力和圆形均布荷载条件下的挠度系数 φ_{w}，地基反力系数 φ_{p}，弯矩参数 A_{M}、B_{M}，剪力转角系数 A_{Q}、B_{Q} 的表达式为：

(1)集中力

$$\varphi_{\mathrm{w}} = \frac{1}{2\pi}\int_0^{\infty} \frac{(1+2\omega t^2)t}{(1+4\omega\vartheta)t^4+2(\omega+\vartheta)t^2+1} \mathrm{J}_0(\rho t)\,\mathrm{d}t$$

$$\varphi_{\mathrm{p}} = \frac{1}{l^2}\int_0^{\infty} \frac{(1+2\vartheta t^2)(1+2\omega t^2)t}{(1+4\omega\vartheta)t^4+2(\omega+\vartheta)t^2+1} \mathrm{J}_0(\rho t)\,\mathrm{d}t$$

$$A_{\mathrm{M}} + B_{\mathrm{M}} = \frac{1}{2\pi}\int_0^{\infty} \frac{t^3}{(1+4\omega\vartheta)t^4+2(\omega+\vartheta)t^2+1} \mathrm{J}_0(\rho t)\,\mathrm{d}t$$

$$B_{\mathrm{M}} = \frac{1}{2\pi\rho}\int_0^{\infty} \frac{t^2}{(1+4\omega\vartheta)t^4+2(\omega+\vartheta)t^2+1} \mathrm{J}_1(\rho t)\,\mathrm{d}t$$

(2)圆形均布荷载

$$\varphi_w = \frac{1}{\pi\alpha}\int_0^\infty \frac{(1+2\omega t^2)J_1(\alpha t)}{(1+4\vartheta\theta)t^4+2(\omega+\vartheta)t^2+1}J_0(\rho t)\,dt$$

$$\varphi_p = \frac{1}{l^2}\int_0^\infty \frac{(1+2\vartheta t^2)(1+2\omega t^2)J_1(\alpha t)}{(1+4\omega\vartheta)t^4+2(\omega+\vartheta)t^2+1}J_0(\rho t)\,dt$$

$$A_M + B_M = \frac{1}{\pi\alpha}\int_0^\infty \frac{J_1(\alpha t)t^2}{(1+4\omega\vartheta)t^4+2(\omega+\vartheta)t^2+1}J_0(\rho t)\,dt$$

$$B_M = \frac{1}{\pi\alpha\rho}\int_0^\infty \frac{J_1(\alpha t)t}{(1+4\omega\vartheta)t^4+2(\omega+\vartheta)t^2+1}J_1(\rho t)\,dt$$

4.6 弹性地基双层板

与弹性地基上双层梁的情形相仿,弹性地基上双层薄板也可分为两类:一类是可通过某些等效原则,简化为单层板问题求解,其特征是上下层板具有同一中性轴,或上下层板挠曲面平行,且它们的中性轴保持不变;另一类是双层板之间有弹性夹层存在,因此,上下层板的挠曲面方程通常不尽相同,它们的中性轴通常可变。

4.6.1 可简化为单层板的情况[55]

双层薄板之间无可弹性夹层且无脱开时,则上下层板拥有相同的中性面或两板中性面的挠曲面方程相同,由此可推出上下层板的弯曲曲率 $\rho_x(\partial^2 w/\partial x^2)$ 、$\rho_y(\partial^2 w/\partial y^2)$ 和扭曲曲率 $\rho_{xy}(\partial^2 w/\partial x\partial y)$ 是相等的。

在双层板层间水平向光滑无摩阻状态下,上下层板中性面分别位于各自的中面;当层间为结合(即水平方面无位移)状态,则上下层板具有同一中性面,它与上下层中面的距离 h_s、h_x 分别为(图 2.11)。

$$\left.\begin{aligned} h_s &= \frac{h_1+h_2}{2\tilde{E}_1 h_1}\left(\frac{1}{\tilde{E}_1 h_1}+\frac{\alpha}{\tilde{E}_2 h_2}\right)^{-1} \\ h_x &= \frac{h_1+h_2}{2\tilde{E}_2 h_2}\left(\frac{1}{\alpha\tilde{E}_1 h_1}+\frac{1}{\tilde{E}_2 h_2}\right)^{-1} \\ \alpha &= \frac{\rho_x+\nu_1\rho_y}{\rho_x+\nu_2\rho_y}\left(\frac{\rho_y+\nu_1\rho_x}{\rho_y+\nu_2\rho_x}\right) \end{aligned}\right\} \tag{4.68}$$

式中:h_1、h_2——分别为上下层板的厚度;

$\tilde{E}_1$、$\tilde{E}_2$——分别为上下层板的广义弹性模量($\frac{E}{1-\nu^2}$)。

上下层板材料的泊松比 ν_1 与 ν_2 一般比较接近,在通常情况下,可忽略 ν_1、ν_2 的差异,记作 ν,$\alpha\approx1$。则式(4.67)可改写为:

$$\left.\begin{aligned} h_s &= \frac{eh_0}{2\widetilde{E}_1 h_1} \\ h_x &= \frac{eh_0}{2\widetilde{E}_2 h_2} \end{aligned}\right\} \tag{4.69}$$

式中：h_0——双层板的总厚度，$h_0 = h_1 + h_2$；

e——物理意义为双层板截面相对抗压刚度，$e^{-1} = \dfrac{1}{\widetilde{E}_1 h_1} + \dfrac{1}{\widetilde{E}_2 h_2}$。

在层间接触条件从光滑向结合状况过渡中，上下板的中性轴从光滑状况的 L_1、L_2 轴向结合状况的 L_0 轴过渡，它们与 L_1、L_2 的距离分别为 $h_s\theta$ 和 $h_x\theta$，$\theta \in [0,1]$。当 $\theta = 0$，层间为光滑状态；$\theta = 1$，为结合状态；$0 < \theta < 1$，为半结合状态，故 θ 可称为层间结合系数。上下板横截面 x 轴或 y 轴方向的轴力 $N_{x(y)}$ 为：

$$N_{x(y)} = \rho_{x(y)} \frac{eh_0}{2}\theta \tag{4.70}$$

双层板截面承担的弯、扭矩分解为上层板对其中面的弯矩 M_1，下层板对其中面的弯矩 M_2 和由上下板截面轴力 N 产生的弯矩 M_3 三部分组成（图 2.12），其表达式为：

$$M_i = M_{1i} + M_{2i} + M_{3i} = \rho_i (D_1 + D_2 + D_3\theta) \qquad i = x, y, xy \tag{4.71}$$

其中，$D_1 = \dfrac{\widetilde{E}_1 h_1^3}{12}$，$D_2 = \dfrac{\widetilde{E}_2 h_2^3}{12}$，$D_3 = \dfrac{eh_0^2}{4}$。

上式中的 D_3 是层间完全连续时由上下板轴力引起的抗弯刚度，截面的总刚度为 $D_1 + D_2 + D_3\theta$，可记作 D_g。在已知截面弯、扭矩 M_i 条件下的上下梁的弯曲应力 σ_{1i} 和 σ_{2i} 的计算式为：

$$\left.\begin{aligned} \sigma_{1i} &= \frac{\widetilde{E}_1 M_i}{D_g}(z_1 - h_s\theta) \\ \sigma_{2i} &= \frac{\widetilde{E}_2 M_i}{D_g}(z_2 + h_x\theta) \end{aligned}\right\} \quad i = x, y, xy \tag{4.72}$$

式中：z_1、z_2——分别为上、下板的计算应力点距各自中性面的距离。

4.6.2 文克勒地基双层板

有两向弹簧夹层的文克勒地基上双层板力学模型，假设上下层板之间有一符合 Goodman 假设可传递竖向反力和水平剪力的弹性夹层。在轴对称条件下，夹层的竖向反力 p_ν、水平剪力 p_u 计算式：

$$\left.\begin{aligned} p_\nu &= k_\nu (w_1 - w_2) \\ p_u &= k_u\left(u_2 - u_1 + \frac{h_1}{2}\frac{\mathrm{d}w_1}{\mathrm{d}r} + \frac{h_2}{2}\frac{\mathrm{d}w_2}{dr}\right) \end{aligned}\right\} \tag{4.73}$$

式中：u_1、u_2——上下层板截面的平均水平位移；

h_1、h_2——上下层板板厚；

k_ν、k_u——夹层竖向和水平的反应模量。

取轴对称结构的一微分段（图 4.3），由外力平衡条件得到上下层板的内力——弯矩 M_r、M_θ，剪力 V_r 和轴向力 N_r、N_θ 的表达式：

$$\left.\begin{aligned}
&\frac{\mathrm{d}M_{r1}}{\mathrm{d}r}+\frac{M_{r1}-M_{\theta1}}{r}=V_{r1}-\frac{h_1}{2}p_u,\ \frac{\mathrm{d}M_{r2}}{\mathrm{d}r}+\frac{M_{r2}-M_{\theta2}}{r}=V_{r2}-\frac{h_2}{2}p_u\\
&\frac{\mathrm{d}V_{r1}}{\mathrm{d}r}+\frac{V_{r1}}{r}=-q+k_\nu(w_1-w_2),\ \frac{\mathrm{d}V_{r2}}{\mathrm{d}r}+\frac{V_{r2}}{r}=-k_\nu(w_1-w_2)+k_0w_2\\
&\frac{\mathrm{d}N_{r1}}{\mathrm{d}r}+\frac{N_{r1}-N_{\theta1}}{r}=-p_u,\qquad \frac{\mathrm{d}N_{r2}}{\mathrm{d}r}+\frac{N_{r2}-N_{\theta2}}{r}=p_u
\end{aligned}\right\}\tag{4.74}$$

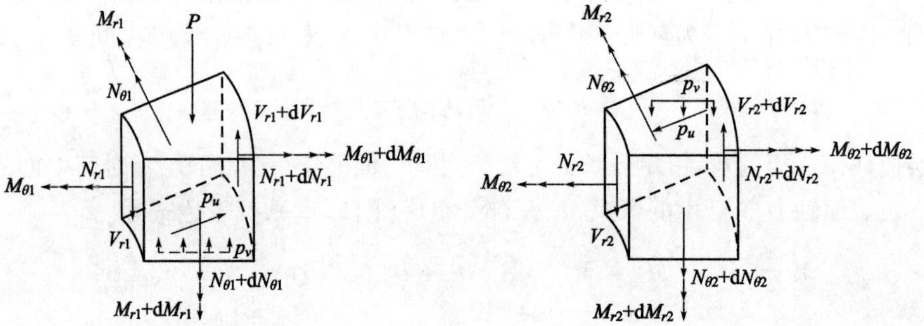

图 4.3 双层板截面内力图

双层板弯矩与板挠曲率，以及轴向力与板轴向水平位移的关系为：

$$\left.\begin{aligned}
&M_{ri}=-D_i\left(\frac{\mathrm{d}^2w_i}{\mathrm{d}r^2}+\nu_i\frac{\mathrm{d}w_i}{r\mathrm{d}r}\right),M_{\theta i}=-D_i\left(\nu_i\frac{\mathrm{d}^2w_i}{\mathrm{d}r^2}+\frac{\mathrm{d}w_i}{r\mathrm{d}r}\right)\\
&N_{ri}=S_i\left(\frac{\mathrm{d}u_i}{\mathrm{d}r}+\nu_i\frac{u_i}{r}\right),N_{\theta i}=S_i\left(\nu_i\frac{\mathrm{d}u_i}{\mathrm{d}r}+\frac{u_i}{r}\right)
\end{aligned}\right\}\quad i=1,2\tag{4.75}$$

式中：S_i——上层梁（$i=1$）和下层梁（$i=2$）的抗压刚度，$S_i=\dfrac{hE_i}{1-\nu_i^2}$。

将式(4.75)代入式(4.74)，可推得有两向弹簧夹层的双层板微分方程为：

$$\left.\begin{aligned}
&D_1\nabla^4w_1+k_\nu(w_1-w_2)+k_u\frac{h_1}{2}\left[\frac{S_1}{e}\left(\frac{\mathrm{d}}{\mathrm{d}r}+\frac{1}{r}\right)u_1-\frac{1}{2}\nabla^2(h_1w_1+h_2w_2)\right]=q\\
&D_2\nabla^4w_2+(k_0+k_\nu)w_2-k_\nu w_1+k_u\frac{h_2}{2}\left[\frac{S_1}{e}\left(\frac{\mathrm{d}}{\mathrm{d}r}+\frac{1}{r}\right)u_1-\frac{1}{2}\nabla^2(h_1w_1+h_2w_2)\right]=0\\
&S_1\frac{\mathrm{d}}{\mathrm{d}r}\left(\frac{\mathrm{d}}{\mathrm{d}r}+\frac{1}{r}\right)u_1-k_u\left[\frac{S_1}{e}u_1-\frac{1}{2}\frac{\mathrm{d}}{\mathrm{d}r}(h_1w_1+h_2w_2)\right]=0\\
&S_1u_1+S_2u_2=0
\end{aligned}\right\}\tag{4.76}$$

对式(4.76)消元后得到关于双层板挠度 w_1、w_2 的微分方程组如下：

$$\left.\begin{aligned}&\left[D_1\nabla^4 w_1+k_\nu\left(1+\frac{h_1}{h_2}\right)w_1\right]-\frac{h_1}{h_2}\left\{D_2\nabla^4 w_2+\left[k_0+\left(1+\frac{h_2}{h_1}\right)k_\nu\right]w_2=q\right.\\&-D_2\nabla^6 w_2+\left(\frac{k_u}{e}D_2+k_u\frac{h_2^2}{4}\right)\nabla^4 w_2-(k_0+k_\nu)\left(\nabla^2 w_2-\frac{k_u}{e}w_2\right)+\\&\left(k_u\frac{h_2h_1}{4}\nabla^4 w_1+k_\nu\nabla^2 w_1-\frac{k_uk_\nu}{e}w_1\right)=0\end{aligned}\right\}\tag{4.77}$$

对式(4.77)进行汉克尔变换,整理得到双层板挠度的汉克尔变换 $\overline{w}_1$ 、$\overline{w}_2$ 线性方程为:

$$\begin{bmatrix}(t_1^4+1+\lambda_{\mathrm{H}}) & -[\lambda_{\mathrm{H}}(t_2^4+\lambda_\nu+1)+\lambda_\nu]\\ \left(\lambda_u\dfrac{eh_2h_1}{4D_1}t_1^4-(t_2^2+\lambda_u)\right) & \begin{bmatrix}(t_2^2+\lambda_u)(t_2^4+1+\lambda_\nu)\\+\lambda_u\dfrac{eh_2^2}{4D_2}t_2^4\end{bmatrix}\end{bmatrix}\begin{bmatrix}k_\nu\overline{w}_1\\k_0\overline{w}_2\end{bmatrix}=\begin{bmatrix}\overline{q}\\0\end{bmatrix}\tag{4.78}$$

其中,$t_1=l_1\xi,t_2=l_2\xi,l_1=\left(\dfrac{D_1}{k_\nu}\right)^{1/4},l_2=\left(\dfrac{D_2}{k_0}\right)^{1/4},\lambda_{\mathrm{H}}=\dfrac{h_1}{h_2},\lambda_\nu=\dfrac{k_\nu}{k_0},\lambda_u=\dfrac{k_ul_2^2}{e}$。

解方程组(4.78)得到:

$$\left.\begin{aligned}&\overline{w}_1(t_1,t_2)=\frac{\overline{q}}{k_0}F_1\\&F_1=\frac{(t_2^2+\lambda_u)\left(\dfrac{t_2^4+1}{\lambda_\nu}+1\right)+\lambda_u\dfrac{eh_2^2}{4D_1}t_1^4}{(t_2^2+\lambda_u)\Omega_1+\lambda_ut_1^4\Omega_2}\\&\overline{w}_2(t_1,t_2)=\frac{\overline{q}}{k_0}F_2\\&F_2=\frac{(t_2^2+\lambda_u)-\lambda_u\dfrac{eh_2h_1}{4D_1}t_1^4}{(t_2^2+\lambda_u)\Omega_1+\lambda_ut_1^4\Omega_2}\end{aligned}\right\}\tag{4.79}$$

其中,$\Omega_1=(t_1^4+1)(t_2^4+1)+\lambda_{\mathrm{D}}t_2^4,\Omega_2=3t_2^4+\dfrac{D_3}{D_1}\lambda_\nu+\dfrac{3e}{S_1},D_3=\dfrac{eh_0^2}{4},h_0=h_1+h_2$。

上层板轴向水平位移 u_1 表达式可从(4.76)推出:

$$D_1\nabla^4 w_1+D_2\nabla^4 w_2+k_0w_2+\frac{h_0}{2}\left[S_1\nabla^2\left(\frac{\mathrm{d}}{\mathrm{d}r}+\frac{1}{r}\right)u_1\right]=q\tag{4.80}$$

对式(4.80)进行汉克尔变换,整理得到 $y=\left(\dfrac{\mathrm{d}}{\mathrm{d}r}+\dfrac{1}{r}\right)u_1$。

$$S_1\overline{y}=-\frac{2}{h_0\xi^2}[\overline{q}-t_1^4k_\nu\overline{w}_1-(t_2^4+1)k_0\overline{w}_2]=-\frac{2\overline{q}l_2^2}{h_0}F_3\tag{4.81}$$

其中,$F_3=\dfrac{1}{t_2^2}-\dfrac{D_1}{D_2}F_1t_2^2-\dfrac{F_2}{t_2^2}(t_2^4+1)$。

双层板层间竖向反力 p_ν 可按式(4.73)直接求得。层间水平剪应力 p_u、地基反力 p_0,以及上层板截面的平均径向水平位移 u_1 的计算式为:

$$\left.\begin{aligned}p_u &= S_1\frac{\mathrm{d}y}{\mathrm{d}r} = \frac{2}{l_2h_0}\int_0^\infty \bar{q}F_3\mathrm{J}_1(\rho_2t_2)t_2^2\mathrm{d}t_2\\ p_0 &= \frac{1}{l_2^2}\int_0^\infty \bar{q}\chi F_2\mathrm{J}_0(\rho_2t_2)t_2\mathrm{d}t_2\\ u_1 &= \frac{2l_2}{S_1h_0}\int_0^\infty \bar{q}F_3\mathrm{J}_1(\rho_2t_2)\mathrm{d}t_2\end{aligned}\right\}\tag{4.82}$$

双层板截面的弯矩 M_{ri}、$M_{\theta i}$，轴力 N_{ri}、$N_{\theta i}$ 的计算式为：

$$\left.\begin{aligned}M_{ri} &= A_{\mathrm{M}i} + \nu_iB_{\mathrm{M}i}\\ M_{\theta i} &= \nu_iA_{\mathrm{M}i} + B_{\mathrm{M}i}\\ A_{\mathrm{M}i} + B_{\mathrm{M}i} &= \frac{D_i}{D_2}\int_0^\infty \bar{q}F_i\mathrm{J}_0(\rho_2t_2)t_2^3\mathrm{d}t_2\\ B_{\mathrm{M}i} &= \frac{D_i}{D_2\rho_2}\int_0^\infty \bar{q}F_i\mathrm{J}_1(\rho_2t_2)\ t_2^2\mathrm{d}t_2\\ N_{ri} &= A_{\mathrm{N}i} + \nu_iB_{\mathrm{N}i}\\ N_{\theta i} &= \nu_iA_{\mathrm{N}i} + B_{\mathrm{N}i}\\ A_{\mathrm{N1}} + B_{\mathrm{N1}} &= S_1y = -\frac{2}{h_0}\int_0^\infty \bar{q}F_3\mathrm{J}_0(\rho_2t_2)\ t_2\mathrm{d}t_2\\ B_{\mathrm{N1}} &= -\frac{2}{h_0\rho_2}\int_0^\infty \bar{q}F_3\mathrm{J}_1(\rho_2t_2)\mathrm{d}t_2\\ A_{\mathrm{N2}} &= -A_{\mathrm{N1}}\\ B_{\mathrm{N2}} &= -B_{\mathrm{N1}}\end{aligned}\right\}\tag{4.83}$$

当夹层无水平弹簧，即 $k_u=0$ 时，双层板的轴力 $N_{1r}=N_{1\theta}=N_{2r}=N_{2\theta}=0$，式(4.79)退化为：

$$F_1 = \frac{t_2^4 + \lambda_\nu + 1}{\lambda_\nu\Omega_1},F_2 = -\frac{1}{\Omega_1}$$

当 $k_\nu\to\infty$，即为双层板竖向连续、水平摩阻的情形，$w_1=w_2$，F_1、F_2、F_3 可简化为：

$$(F_1 = F_2)\big|_{k_\nu\to\infty} = \frac{\lambda_u + t_2^2}{t_2^2\Omega_3 + \lambda_u\Omega_4}$$

$$F_3\big|_{k_\nu\to\infty} = \frac{D_3}{D_2}\frac{\lambda_ut_2^2}{t_2^2\Omega_3 + \lambda_u\Omega_4}$$

其中，$\Omega_3 = \left(\frac{D_2 + D_1}{D_2}\right)t_2^4 + 1$，$\Omega_4 = \left(\frac{D_1 + D_2 + D_3}{D_2}\right)t_2^4 + 1$。

层间光滑、连续两种特殊情况时，上式可进一步简化为：

$$(F_1 = F_2)\big|_{\substack{k_u\to0\\k_\nu\to\infty}} = \frac{1}{\Omega_3}$$

$$F_3\big|_{\substack{k_u\to 0\\k_\nu\to\infty}}=0$$

$$(F_1=F_2)\big|_{\substack{k_u\to\infty\\k_\nu\to\infty}}=\frac{1}{\Omega_4}$$

$$F_3\big|_{\substack{k_u\to\infty\\k_\nu\to\infty}}=\frac{D_3t^2}{D_2\Omega_4}$$

4.6.3 半空间体地基双层板

半空间体地基上有两向弹簧的双层板的挠度 w_1、w_2 的微分方程组如下：

$$\left.\begin{aligned}&\left[D_1\nabla^4w_1+k_\nu\left(1+\frac{h_1}{h_2}\right)w_1\right]-\frac{h_1}{h_2}\left[D_2\nabla^4w_2+\left(1+\frac{h_2}{h_1}\right)k_\nu w_2+p\right]=q\\&\left\{\begin{aligned}&-D_2\nabla^6w_2+\left(\frac{k_u}{e}D_2+k_u\frac{h_2^2}{4}\right)\nabla^4w_2-k_\nu\left(\nabla^2w_2-\frac{k_u}{e}w_2\right)\\&-\left(\nabla^2p-\frac{k_u}{e}p\right)+\left(k_u\frac{h_2h_1}{4}\nabla^4w_1+k_\nu\nabla^2w_1-\frac{k_uk_\nu}{e}w_1\right)\end{aligned}\right\}=0\end{aligned}\right\}\tag{4.84}$$

对式(4.84)进行汉克尔变换，并将 E 地基反力 q 和位移 w 的关系 $\bar{p}=\dfrac{2E_0}{1-\nu_0^2}\bar{w}_2\xi$ 代入，整理得到：

$$\begin{bmatrix}(t_1^4+1+\lambda_{\mathrm{H}}) & -\left[\lambda_{\mathrm{H}}(t_2^4+t_2+\lambda_{\mathrm{ke}})+\lambda_{\mathrm{ke}}\right]\\ \left(\lambda_u\dfrac{eh_2h_1}{4D_1}t_1^4-(t_2^2+\lambda_u)\right) & \begin{bmatrix}(t_2^2+\lambda_u)(t_2^4+\lambda_{\mathrm{ke}}+t_2)\\+\lambda_u\dfrac{eh_2^2}{4D_2}t_2^4\end{bmatrix}\end{bmatrix}\begin{bmatrix}k_\nu\bar{w}_1\\ \dfrac{\bar{w}_2}{C_{\mathrm{w}}}\end{bmatrix}=\begin{bmatrix}\bar{q}\\0\end{bmatrix}\tag{4.85}$$

其中，$C_{\mathrm{w}}=\dfrac{(1-\nu_0^2)l_2}{E_0}$，$\lambda_{\mathrm{ke}}=C_{\mathrm{w}}k_\nu$。

解方程组(4.85)得到：

$$\left.\begin{aligned}&\bar{w}_1=\frac{2(1-\nu_0^2)\bar{q}}{E_0l_2}F_1\\&F_1=\frac{(t_2^2+\lambda_u)\left(\dfrac{t_2}{\lambda_{\mathrm{ke}}}(t_2^3+1)+1\right)+\lambda_u\dfrac{eh_2^2}{4D_1}t_1^4}{(t_2^2+\lambda_u)\Omega_1+\lambda_ut_2^4\Omega_2}\\&\bar{w}_2(\xi)=\frac{2(1-\nu_0^2)\bar{q}}{E_0l_2}F_2\\&F_2=\frac{(t_2^2+\lambda_u)-\lambda_u\dfrac{eh_1h_2}{4D_1}t_1^4}{(t_2^2+\lambda_u)\Omega_1+\lambda_ut_2^4\Omega_2}\end{aligned}\right\}\tag{4.86}$$

其中，$\Omega_1=(t_1^4+1)(t_2^3+1)t_2+\lambda_{\mathrm{D}}t_2^4$，$\Omega_2=3t_2\left(t_2^3+\dfrac{e}{S_1}\right)+\dfrac{D_3}{D_1}\lambda_{\mathrm{ke}}$。

上层板轴向水平位移的函数 $y = \left(\frac{\mathrm{d}}{\mathrm{d}r} + \frac{1}{r}\right)u_1$ 、地基反力 p_0 的计算式为:

$$\left.\begin{aligned} S_1\bar{y} &= -\frac{2\bar{q}l_2^2}{h_0}F_3 \\ F_3 &= \frac{1 - \lambda_{\mathrm{ke}}t_1^4F_1 - t_2^4(F_2 + t_2)}{t_2^2} \\ p_0 &= \frac{1}{l_2^2}\int_0^{\infty}\bar{q}F_2\mathrm{J}_0(\rho_2 t_2)t_2^2\mathrm{d}t_2 \end{aligned}\right\} \tag{4.87}$$

层间水平剪应力 p_u、上层板截面的平均径向水平位移 u_1 的计算式与式(4.82)相同。

若 $k_u = 0$,则式(4.86)退化为:

$$F_1 = \frac{(t_2^3 + 1)t_2 + \lambda_{\mathrm{ke}}}{\lambda_{\mathrm{ke}}\Omega_1}$$

$$F_2 = \frac{1}{\Omega_1}$$

当 $k_\nu \to \infty$,F_1、F_2、F_3 计算式同4.6.2节,其中,函数 Ω_3、Ω_4 为:

$$\Omega_3 = \left(\frac{D_2 + D_1}{D_2}t_2^3 + 1\right)t_2$$

$$\Omega_4 = \left(\frac{D_1 + D_2 + D_3}{D_2}t_2^3 + 1\right)t_2$$

4.6.4 双参数地基双层板

双参数地基上有两向弹簧的双层板的挠度 w_1、w_2 的微分方程组如下:

$$\left.\begin{aligned} &\left[D_1\nabla^4 w_1 + k_\nu\left(1 + \frac{h_1}{h_2}\right)w_1\right] - \frac{h_1}{h_2}\left[D_2\nabla^4 w_2 + \left(1 + \frac{h_2}{h_1}\right)k_\nu w_2 - k_2\nabla^2 w_2 + k_1 w_2\right] = q \\ &-D_2\nabla^6 w_2 + \left(\frac{k_u}{e}D_2 + k_u\frac{h_2^2}{4} + k_2\right)\nabla^4 w_2 - \left(k_\nu + k_1 + \frac{k_u}{e}k_2\right)\nabla^2 w_2 + \frac{k_\nu k_u}{e}w_2 + \\ &\frac{k_u}{e}k_1 w_2 + \left(k_u\frac{h_2 h_1}{4}\nabla^4 w_1 + k_\nu\nabla^2 w_1 - \frac{k_u k_\nu}{e}w_1\right) = 0 \end{aligned}\right\} \tag{4.88}$$

对式(4.87)进行汉克尔变换,整理得到:

$$\begin{bmatrix} (t^4 + 1 + \lambda_{\mathrm{H}}) & -\left[\lambda_{\mathrm{H}}(t_2^4 + \lambda_\nu + 2\vartheta t_2^2 + 1) + \lambda_\nu\right] \\ \left[\lambda_u\dfrac{eh_2h_1}{4D_1}t_1^4 - (t_2^2 + \lambda_u)\right] & \begin{bmatrix}(t_2^2 + \lambda_u)(t_2^4 + \lambda_\nu + 1 + 2\vartheta t_2^2) + \\ \lambda_u\dfrac{eh_2^2}{4D_2}t_2^4\end{bmatrix} \end{bmatrix} \begin{bmatrix} k_\nu\bar{w}_1 \\ k_1\bar{w}_2 \end{bmatrix} = \begin{bmatrix} \bar{q} \\ 0 \end{bmatrix} \tag{4.89}$$

其中,$\vartheta = \dfrac{k_2}{2k_1 l_2^2}$。

解方程组(4.89)得到:

$$\left.\begin{aligned}
\overline{w}_1(t_1) &= \frac{\bar{q}}{k_1}F_1 \\
F_1 &= \frac{(t_2^2+\lambda_u)\left(\dfrac{t_2^4+2\vartheta t_2^2+1}{\lambda_\nu}+1\right)+\lambda_u\dfrac{eh_2^2}{4D_1}t_1^4}{(t_2^2+\lambda_u)\Omega_1+\lambda_u t_1^4\Omega_2} \\
\overline{w}_2(t_2) &= \frac{\bar{q}}{k_1}F_2 \\
F_2 &= \frac{(t_2^2+\lambda_u)-\lambda_u\dfrac{eh_1h_2}{4D_1}t_1^4}{(t_2^2+\lambda_u)\Omega_1+\lambda_u t_1^4\Omega_2}
\end{aligned}\right\} \tag{4.90}$$

其中，$\Omega_1 = (t_1^4+1)(t_2^4+2\vartheta t_2^2+1)+\lambda_D t_2^4, \Omega_2 = 3t_2^4+\dfrac{D_3}{D_1}\lambda_\nu+\dfrac{3e}{S_1}(1+2\vartheta t_2^2)$。

上层板轴向水平位移的函数 $y = \left(\dfrac{\mathrm{d}}{\mathrm{d}r}+\dfrac{1}{r}\right)u_1$、地基反力 p_0 的计算式为：

$$\left.\begin{aligned}
S_1\bar{y} &= \frac{2\bar{q}\,l_2^2}{h_0}F_3 \\
F_3 &= \frac{1-\lambda_\nu t_1^4F_1-F_2(t_2^4+2\vartheta t_2^2+1)}{t_2^2} \\
p_0 &= \frac{1}{l_2^2}\int_0^\infty \bar{q}(2\vartheta t_2^2+1)F_2\mathrm{J}_0(\rho_2t_2)t_2\mathrm{d}t_2
\end{aligned}\right\} \tag{4.91}$$

层间水平剪应力 p_u、上层板截面的平均径向水平位移 u_1 的计算式与式(4.82)相同。

若 $k_u=0, N_{1r}=N_{1\theta}=N_{2r}=N_{2\theta}$，式(4.90)退化为：

$$F_1(t_1) = \frac{t_2^4+2\vartheta t_2^2+1+\lambda_\nu}{\lambda_\nu\Omega_1}$$

$$F_2(t_2) = \frac{1}{\Omega_1}$$

当 $k_\nu\to\infty$，F_1、F_2、F_3 计算式同 4.6.2 节，其中，函数 Ω_3、Ω_4 为：

$$\Omega_3 = \left(\frac{D_2+D_1}{D_2}t_2^2+2\vartheta\right)t_2^2+1$$

$$\Omega_4 = \left(\frac{D_1+D_2+D_3}{D_2}t_2^2+2\vartheta\right)t_2^2+1$$

4.7 无限大板汉克尔变换解汇总

集中力和圆形均布荷载作用下的弹性地基上无限长大板，其板挠度 w，地基反力 P，截面法向弯矩 M_r、切向弯矩 M_θ 可分别用挠度系数 φ_w，地基反力系数 φ_p 和两个弯矩参数 A_M、B_M 表征，即：

$$\left.\begin{aligned} w(\rho) &= \frac{Pl^2}{D}\varphi_w \\ p(\rho) &= \frac{P}{l^2}\varphi_p \\ M_r(\rho) &= P(A_M + \nu B_M) \\ M_\theta(\rho) &= P(\nu A_M + B_M) \end{aligned}\right\} \tag{4.92}$$

式中：P——集中力或圆形均布荷载总量，$P = q_0 \pi a^2$。

不同地基、板模型和荷载类型条件下的无限大板的挠度系数 φ_w，弯矩参数 A_M、B_M 的汉克尔变换解可统一表示为：

$$\left.\begin{aligned} \varphi_w &= \frac{1}{2\pi}\int_0^\infty \psi F(t) J_0(\rho t)\,dt \\ \varphi_p &= \frac{1}{2\pi}\int_0^\infty \psi \chi F(t) J_0(\rho t)\,dt \\ A_M + B_M &= \frac{1}{2\pi}\int_0^\infty F(t) t^2 J_0(\rho t)\,dt \\ B_M &= \frac{1}{2\pi\rho}\int_0^\infty F(t) t J_1(\rho t)\,dt \end{aligned}\right\} \tag{4.93}$$

式中：ψ——与板理论有关的函数：

$$\psi = 1 + 2\omega t^2 \tag{4.94}$$

ω——板理论参数，$\omega = 0$（薄板），$\omega = \dfrac{\sqrt{kD}}{2\phi^2 Gh}$（赖斯纳板），$\omega = \dfrac{\sqrt{kD}}{2Gh}$（汉盖板）；

χ——地基模型有关的函数：

$$\chi = a_p + b_p t + c_p t^2 \tag{4.95}$$

其中，a_p、b_p、c_p 为地基参数，如表4.1表示。

不同地基模型的参数[65]　　表4.1

地基模型	a_p	b_p	c_p	l_2	备注
文克勒地基	1	0	0	$l^4 = \dfrac{D_2}{k_0}$	
半空间体地基	0	1	0	$l^3 = \dfrac{2D_2(1-\nu_0^2)}{E_0}$	
双参数地基	1	0	2ϑ	$l^4 = \dfrac{D_2}{k_1}$	$\vartheta = \dfrac{k_2}{2\sqrt{k_1 D_2}}$

集中力作用下，式(4.93)中函数 $F(t)$ 为：

$$F(t) = \frac{t}{\psi\chi + t^4} \tag{4.96}$$

圆形均布荷载作用时，只需在集中力函数 $F(t)$ 上乘以 $\dfrac{2J_1(\alpha t)}{\alpha t}$ 即可。

有两向弹簧夹层的双层板的挠度 w_i，层间水平剪应力 p_u，地基反力 p_0，截面径向弯矩 M_{ri}、切向弯矩 $M_{\theta i}$ 和截面径向轴力 N_{ri}、切向轴力 $N_{\theta i}$ 的计算式可表示为：

$$\left.\begin{aligned}
w_i &= \frac{l_2^2 P}{D_2}\varphi_{wi} \\
p_u &= \frac{-2P}{l_2 h_0}\varphi_{p_u} \\
p_0 &= \frac{P}{l_2^2}\varphi_{p_0} \\
M_{ri} &= P(A_{Mi} + \nu_i B_{Mi}) \\
M_{\theta i} &= P(\nu_i A_{Mi} + B_{Mi}) \\
N_{ri} &= P(A_{Ni} + \nu_i B_{Ni}) \\
N_{\theta i} &= P(\nu_i A_{Ni} + B_{Ni})
\end{aligned}\right\} \tag{4.97}$$

挠度系数 φ_w，层间剪应力系数 φ_{p_u}，地基反力系数 φ_{p_0}，弯矩参数 A_M、B_M 及轴力系数 A_N、B_N 的汉克尔变换解可表示为：

$$\left.\begin{aligned}
&\varphi_{w_i} = \frac{1}{2\pi}\int_0^\infty F_i J_0(\rho_2 t_2) t_2 dt_2 \\
&\varphi_{p_u} = \frac{1}{2\pi}\int_0^\infty F_3 J_1(\rho_2 t_2) t_2^2 dt_2, \varphi_{p_0} = \frac{1}{2\pi}\int_0^\infty \chi_2 F_2 J_0(\rho_2 t_2) t_2 dt_2 \\
&A_{Mi} + B_{Mi} = \frac{D_i}{2\pi D_2}\int_0^\infty F_i J_0(\rho_2 t_2) t_2^3 dt, B_{Mi} = \frac{D_i}{2\pi D_2 \rho_2}\int_0^\infty F_i J_1(\rho_2 t_2) t_2^2 dt_2 \\
&A_{N1} + B_{N1} = \frac{1}{\pi h_0}\int_0^\infty F_3 J_0(\rho_2 t_2) t_2 dt, B_{N1} = \frac{D_i}{\pi h_0 \rho_2}\int_0^\infty F_3 J_1(\rho_2 t_2) dt_2 \\
&A_{N2} = -A_{N1}, B_{N2} = -B_{N1}
\end{aligned}\right\} \tag{4.98}$$

其中，$t_1 = l_1\xi, t_2 = l_2\xi, l_1^4 = \dfrac{D_1}{k_\nu}, l_2^4 = \dfrac{D_2}{k_0}$。

上式中 χ_2 为式(4.95)中 t 改为 t_2 的函数。集中力作用下，式(4.98)中的函数 F_1、F_2、F_3 的表达式为：

$$\left.\begin{aligned}
F_1 &= \frac{(t_2^2 + \lambda_u)\left(\dfrac{t_2^4 + \chi_2}{\lambda_k} + 1\right) + \lambda_u \dfrac{eh_2^2}{4D_1} t_1^4}{(t_2^2 + \lambda_u)\Omega_1 + \lambda_u t_1^4 \Omega_2} \\
F_2 &= \frac{(t_2^2 + \lambda_u) - \lambda_u \dfrac{eh_2 h_1}{4D_1} t_1^4}{(t_2^2 + \lambda_u)\Omega_1 + \lambda_u t_1^4 \Omega_2} \\
F_3 &= \frac{1}{t_2^2} - \left[\frac{D_1}{D_2}F_1 + (F_2 + \chi_2)\right] t_2^2
\end{aligned}\right\} \tag{4.99}$$

其中，$\Omega_1 = (t_1^4+1)(t_2^4+\chi_2)+t_1^4\lambda_\nu$，$\Omega_2 = 3t_2^4+\frac{D_3}{D_1}\lambda_\nu+\frac{3e}{S_1}\chi_2$，$D_3=\frac{eh_0^2}{4}$，$\lambda_u=\frac{k_u l_2^2}{e}$，$\lambda_\nu=\frac{l_2^4 k_\nu}{D_2}$。

圆形均布荷载作用时，只需在集中力的 F_1、F_2、F_3 乘上$\frac{2J_1(\alpha t)}{\alpha t}$即可。

当夹层无水平弹簧，即 $k_u=0$ 时，双层板的轴力 $N_{1r}=N_{1\theta}=N_{2r}=N_{2\theta}=p_u=0$，式(4.99)退化为：

$$F_1\big|_{k_u\to0}=\frac{t_2^4+\lambda_\nu+\chi}{\lambda_\nu\Omega_1}$$

$$F_2\big|_{k_u\to0}=\frac{1}{\Omega_1}$$

当 $k_\nu\to\infty$，即为双层板竖向连续，水平摩阻的情形，$w_1=w_2$，式(4.99)可简化为：

$$(F_1=F_2)\big|_{k_\nu\to\infty}=\frac{\lambda_u+t_2^2}{t_2^2\Omega_3+\lambda_u\Omega_4}$$

$$F_3\big|_{k_\nu\to\infty}=\frac{D_3}{D_2}\frac{\lambda_u t_2^2}{t_2^2\Omega_3+\lambda_u\Omega_4}$$

其中，$\Omega_3=\left(\frac{D_2+D_1}{D_2}\right)t_2^4+\chi_2$，$\Omega_4=\left(\frac{D_1+D_2+D_3}{D_2}\right)t_2^4+\chi_2$。

层间光滑、连续两种特殊情况时，可进一步简化为：

$$(F_1=F_2)\big|_{\substack{k_u\to0\\k_\nu\to\infty}}=\frac{1}{\Omega_3},F_3\big|_{\substack{k_u\to0\\k_\nu\to\infty}}=0$$

$$(F_1=F_2)\big|_{\substack{k_u\to\infty\\k_\nu\to\infty}}=\frac{1}{\Omega_4},F_3\big|_{\substack{k_u\to\infty\\k_\nu\to\infty}}=\frac{D_3t^2}{D_2\Omega_4}$$

4.8 不同地基假设、板模型解的比较

下面从板挠度系数 φ_w、地基反力系数 φ_P、弯矩系数 φ_{Mr}、$\varphi_{M\theta}$（或两个弯矩参数）几个例子，比较分析不同地基假设、板模型和荷载类型的差异。

4.8.1 文克勒、半空间体地基板的比较

在均布圆形荷载（$\alpha=0.2$）作用下，两种地基（文克勒、半空间体地基）薄板的挠度系数 φ_w、地基反力系数 φ_w、弯矩参数 A_M、B_M 与距中心的相对距离 ρ 的关系曲线如图 4.4 所示。从图 4.4a）中可以看到，两种地基的挠度系数 φ_w 与距中心的相对距离 ρ 的关系曲线形状相似，但 k 地基的 φ_w 值明显小于 E 地基的 φ_w 值，且收敛也较快，在 $\rho=4$ 附近越过零位；其次，荷载圆相对半径 α 对挠度系数 φ_w 的影响仅局限于 $\rho<1.5$。从图 4.4b）中可以看到，荷载圆中心区域（$\rho<1$）E 地基反力系数 φ_P 更集中，明显大于 k 地基的 φ_P 值；在 $\rho>1$ 区域，荷载圆相对半径 α 对其的影响甚微。从图 4.4c）、d）中可以发现，在荷载圆相对半径 α 较小时，两种地基的弯矩参数 A_M、B_M 很相近，随着荷载圆相对半径 α 的增大，两者的差异稍有增加。另外，在 $\rho\in$

[0.5,2.5]范围内 A_M 的差异较明显。

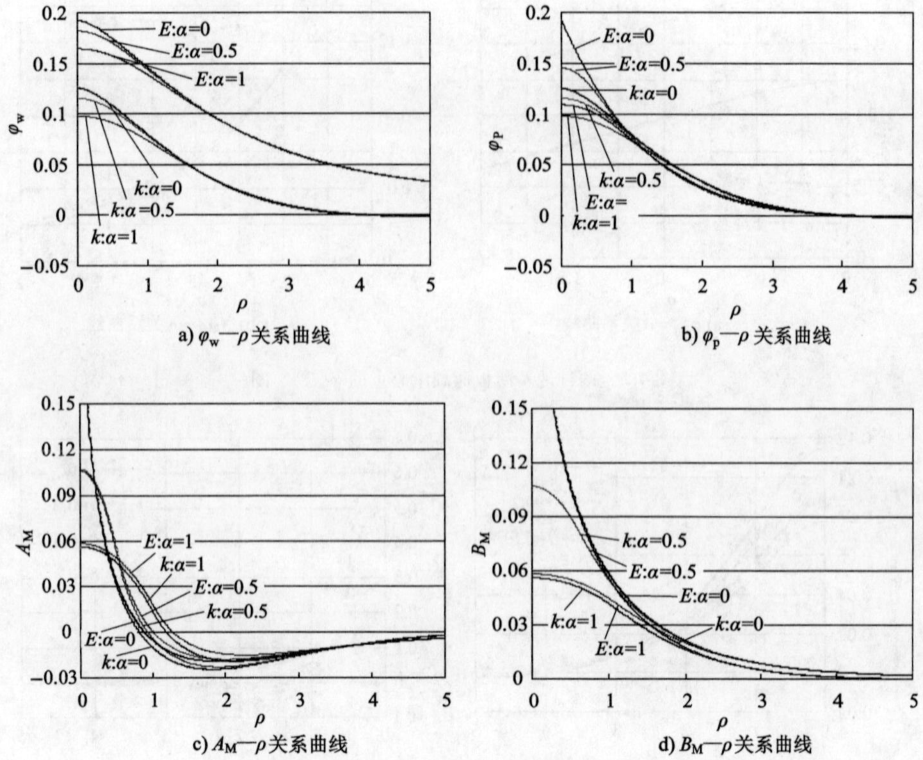

图4.4 两种地基薄板的 φ_w、φ_P、A_M、B_M 图

荷载圆中心点两种地基的挠度系数 φ_{w0}、弯矩参数 A_{M0} 与荷载圆相对半径 α 的变化规律如图4.5 所示。从图4.5 中可以看到,两种地基的荷载圆中心点的挠度系数 φ_{w0}—α 曲线基本平行,E 地基的 φ_{w0} 值较 k 地基的 φ_{w0} 值大 0.0675;在 α 较小时,两种地基的荷载圆中心点弯矩参数 A_{M0} 十分相近,但 E 地基的 A_{M0} 随 α 增大而衰减的速度稍小;当 $\alpha<0.5$ 时,两者相差小于 0.7%;当 $\alpha=1$ 时,E 地基的 A_{M0} 值较 E 地基的 A_{M0} 值大 3.8%;当 $\alpha=2$ 时 E 地基的 A_{M0} 值较 E 地基的 A_{M0} 值大 20%。

4.8.2 双参数地基的横向联系影响

均布圆形荷载($\alpha=0.5$)作用下的双参数地基上薄板,地基横向联系参数 ϑ 对荷载圆中心点的挠度系数 φ_w,地基反力系数 φ_P 的影响规律如图 4.6 所示。从图 4.6 中可以看到,随着地基横向联系参数 ϑ 的上升,荷载及附近区域板挠度增大,在 $\rho \geqslant 2.8$ 区域板挠度稍有减小;荷载中心区域的地基反力系数 φ_P 随着 θ 增大而快速上升,但随着距荷载中点距离增加而迅速减小;在 $\rho=0.7$ 附近,不同 ϑ 条件下的 φ_P 值相交汇,之后,φ_P 值随着 ϑ 增大而减小。随着地基横向联系参数 ϑ 的增大,双参数地基板的最大挠度系数 φ_{w0}、最大弯矩参数 A_{M0}(均位于荷载圆中心点)均减小,减少的幅度随着荷载圆相对半径 α 的增大而略有减小,如图 4.7 所示。

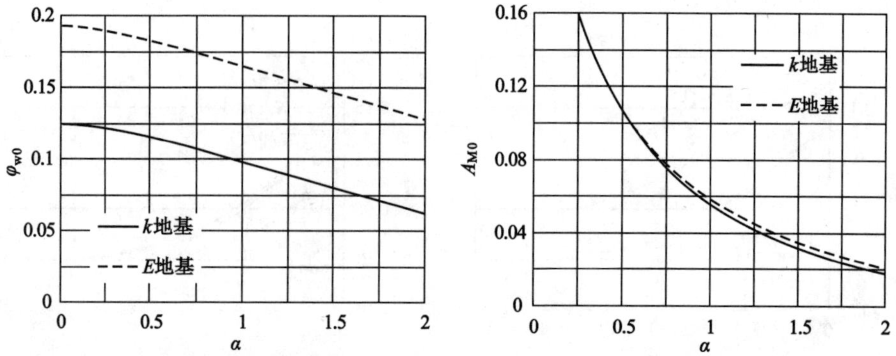

a) φ_{w0}—α关系曲线　　b) A_{M0}—α关系曲线

图 4.5　两种地基薄板荷载中心点的 φ_{w0}、A_{M0} 图

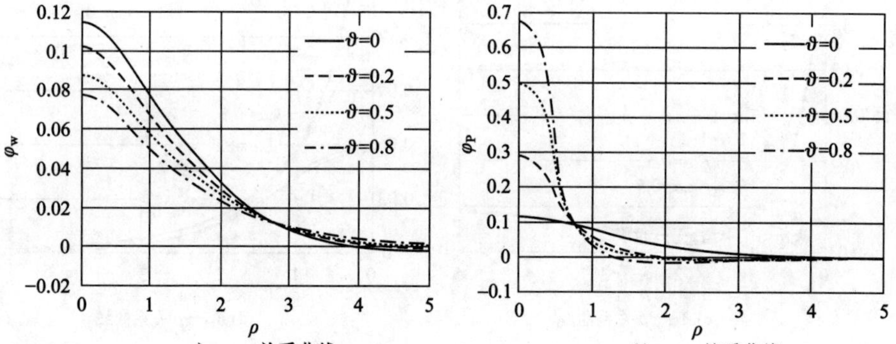

a) φ_w—ρ关系曲线　　b) φ_p—ρ关系曲线

图 4.6　双参数地基薄板的 φ_w、φ_p 图

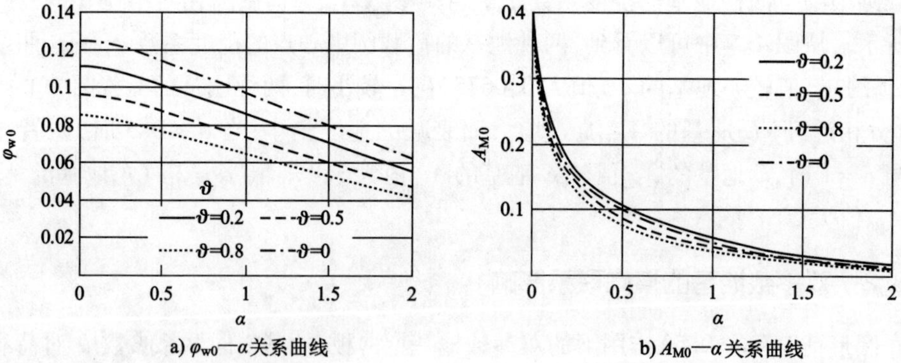

a) φ_{w0}—α关系曲线　　b) A_{M0}—α关系曲线

图 4.7　双参数地基薄板荷载中心点的 φ_{w0}、A_{M0} 图

4.8.3　不同板模型的比较

由于赖斯纳、汉盖和克罗姆 3 种中厚板的剪切系数 ϕ 差异不大，3 种中厚板理论对地基板挠度和弯矩影响的差异可忽略，因此，下面仅用 $\phi = 1$ 的汉盖中厚板理论为代表，并简称为中厚板。

图4.8给出了板厚 $h=0.3\text{m}$，板材料弹性模量 $E=30000\text{MPa}$、泊松比 $\nu=0.15$，地基反应模量 $k=100\text{MPa/m}$ 的地基板，在圆形均布荷载（$\alpha=0.1$）作用下的文克勒地基薄板、中厚板、厚板的挠度系数 φ_w、径向弯矩系数（$R_M+\nu\theta_M$）沿荷载圆中点的相对距离 ρ 的关系曲线，其中，厚板的挠度系数和径向弯矩系数分别用弹性层状体的平均挠度、层底弯拉应力对应换算得出。从图4.8可知，3种板的弯矩系数在 $\rho>0.3$，径向弯矩系数在 $\rho>0.8$ 后已无差异；中厚板的挠度系数与厚板挠度系数曲线基本重合，而径向弯矩系数与薄板的径向弯矩系数一致。

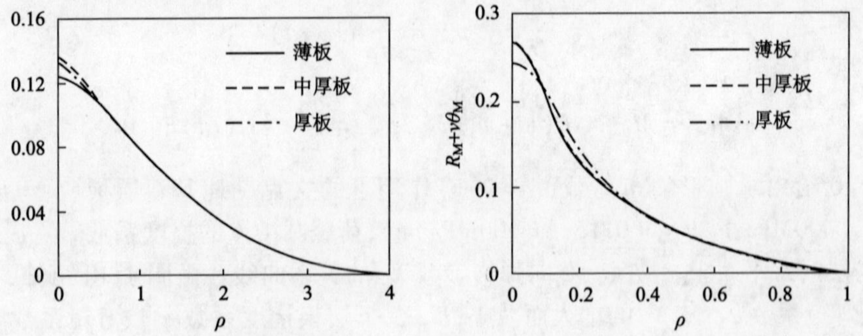

a) φ_w—ρ关系曲线　　b) $(R_M+\nu\theta_M)$—ρ关系曲线

图4.8　不同板模型的板挠度、弯矩

在上述地基板参数条件下，3种板模型的均布荷载圆中点挠度系数 φ_{w0} 和弯矩参数 R_{M0}（荷载圆中点弯矩 $M_{r0}=P(1+\nu)R_{M0}$）与荷载圆相对半径 α 的变化规律见图4.9。从图4.9中发现，在 $\alpha>0.02$ 时，中厚板 φ_{w0} 曲线与厚板 φ_{w0} 曲线重合；在 $\alpha<0.02$ 时，中厚板 φ_{w0} 出现反常的上翘之势，薄板 φ_{w0} 偏小，最大偏小约为8.0%（$\alpha\to0$）；在 $\alpha>1.5$ 时，薄板、中厚板、厚板的挠度渐渐趋近，中厚板 R_{M0} 与薄板 R_{M0} 几乎无差异；当 α 很小时，薄板和中厚板的 R_{M0} 严重偏大，在 $\alpha>0.15$ 时，三种板模型的 R_{M0} 差异基本消失。

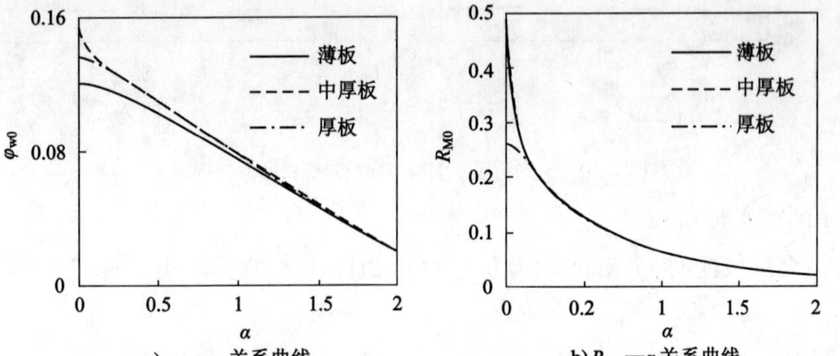

a) φ_{w0}—α关系曲线　　b) R_{M0}—α关系曲线

图4.9　荷载中点的板挠度和弯矩

综上，与薄板理论相比，中厚板理论对地基板挠度能更好地拟合和解析，但对板弯矩等内力的计算精度无改善。此结论在任何结构条件下均成立，因此，在计算文克勒地基板挠度时宜采用中厚板理论。

4.8.4 双层板的结构特征

(1)层间状况的影响

以圆形均布荷载作用下同厚同质双层板为例分析层间状况的影响。双层板的挠度、弯矩、轴力最大值均出现在荷载圆中点;层间水平剪应力的最大值出现在荷载边缘 a/l 周围。荷载圆中点的挠度、弯矩的计算式可简化为:

$$w_i = \frac{Pl^2}{D}\varphi_{wi},\varphi_{wi} = \frac{1}{\pi\alpha}\int_0^{\infty} J_1(\alpha t)F_i \, dt$$

$$M_{ri} = M_{\theta i} = P(1+\nu_i)\varphi_{Mi},\varphi_{Mi} = \frac{1}{2\pi\alpha}\int_0^{\infty} J_1(\alpha t)F_i t^2 dt$$

图4.10给出了圆形均布荷载($\alpha = 0.1$)作用下的文克勒地基双层板($h_1 = h_2 = 0.15\text{m}$, $E_1 = E_2 = 30000\text{MPa}, \nu_1 = \nu_2 = 0.15, k = 100\text{MPa/m}$),荷载圆中点的挠度系数 φ_{w1}、φ_{w2},弯矩参数 φ_{M1}、φ_{M2}与层间水平摩阻参数 λ_u、竖向弹簧参数 λ_ν 的关系曲线。由图4.10可知,上层板挠度系数 φ_{w1}、弯矩系数 φ_{M1} 随 λ_ν 的增大而减小;反之,下层板挠度系数 φ_{w2}、弯矩系数 φ_{M2} 随 λ_ν 的增大而增大,最终,上下层板的挠度系数和弯矩系数渐渐趋近;当双层板层间连续,即 λ_ν 无穷大时,水平摩阻参数 λ_u 越大,挠度系数 φ_{wi},弯矩参数 φ_{Mi} 越小;上层板的 φ_{w1}、φ_{M1} 变化率随 λ_u 的增大而增大,而下层板 φ_{w2}、φ_{M2} 变化率几乎不受 λ_u 的影响。

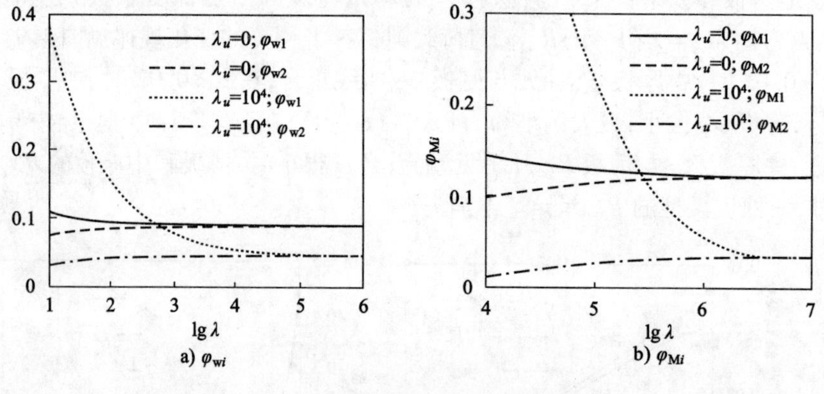

图4.10 文克勒地基上同厚同质双层板的力学特征

(2)夹层的广义反应模量

当双层板夹层较薄时,夹层的受力状态可视为纯压和纯剪的组合,夹层本身的反应模量 $\tilde{k}_\nu,\tilde{k}_u$ 可用下式计算。

$$\tilde{k}_\nu = \frac{E_j}{(1-\nu_j^2)h_j}$$

$$\tilde{k}_u = \frac{G_j}{h_j} = \frac{E_j}{2(1+\nu_j)h_j}$$

式中:E_j——夹层材料的模量;

ν_j——夹层泊松比;

h_j——夹层厚度。

当夹层的竖向反应模量 $\tilde{k}_\nu$ 或水平反应模量 $\widehat{E}_u$ 较大时，其层间的压应力和剪应力很大，宜计入层间压应力和剪应力对板截面的竖向拉压变形和水平剪切变形的影响。为此，文献[66]在研究弹性地基上双层梁夹层计入竖向拉压变形和水平剪切变形效应的广义水平和竖向反应模量 k_u、k_ν 的计算式为：

$$\left.\begin{aligned} k_u^{-1} &= \tilde{k}_u^{-1} + C_{u1} + C_{u2} \\ k_\nu^{-1} &= \tilde{k}_u^{-1} + C_{\nu 1} + C_{\nu 2} \end{aligned}\right\} \tag{4.100}$$

其中，$C_{\nu i}$，C_{ui} 分别为夹层反力引起上、下层梁的竖向拉压和水平剪切效应，其计算式可表示为：

$$\left.\begin{aligned} C_{ui} &= \zeta_u \frac{h_i}{G_i} \\ C_{\nu i} &= \zeta_\nu \frac{(1-\nu_i^2)h_i}{E_i} \end{aligned}\right\} \tag{4.101}$$

式中：G_i——板材料的剪切模量；

ζ_u、ζ_ν——分别为上下层板的剪切和压缩效应系数。

对于圆形均布荷载作用下文克勒地基上同质同厚双层板，当双层板剪切和压缩效应系数 ζ_u 取2/3、ζ_ν 取3/5时，均布荷载圆中点的上下层板的平均挠度$(w_1+w_2)/2$、下层板板底拉应力 σ_2、双层板总弯矩 $M_1+M_2+N_1h_0/2$ 与文克勒地基上弹性层状体的中点挠度 w_0、层底拉应力 σ_0 和截面总弯矩 M_0 十分接近。也就是说，通过调节双层板层间剪切和压缩效应系数，双层板模型可很好地考虑板内的剪切和压缩效应。

(3)与等效单层板的比较

简化为等效单层板的双层板总弯曲刚度为 $D_g = D_1 + D_2 + D_3\theta$，其挠度、应力等仍可用式(4.98)计算，其中的函数 F_1、F_2 为：

$$F_1 = F_2 = \frac{D_2}{(D_1 + D_2 + D_3\theta)t_2^4 + D_2\chi}$$

层间结合系数 θ 的几何意义虽明确，但力学意义欠严谨，与竖向连续的双层板 F_1、F_2 比较可以看到，层间结合系数 θ 与层间摩阻参数 λ_u 之间没有简单的对应关系。图4.11给出了文克勒地基上同质同厚的双层板在函数 F_1、F_2 相等条件下的层间结合系数 θ 与层间摩阻参数 λ_u 关系曲线。从图4.11中可以看到，在给定层间摩阻参数 λ_u 情况下，层间结合系数 θ 随着 t_2 的增大而减小，也就是说，层间水平接触状况采用摩阻弹簧模型时，上、下层板的中性轴可变；而简化单层板处理时，上、下层板的中性轴始终不变。

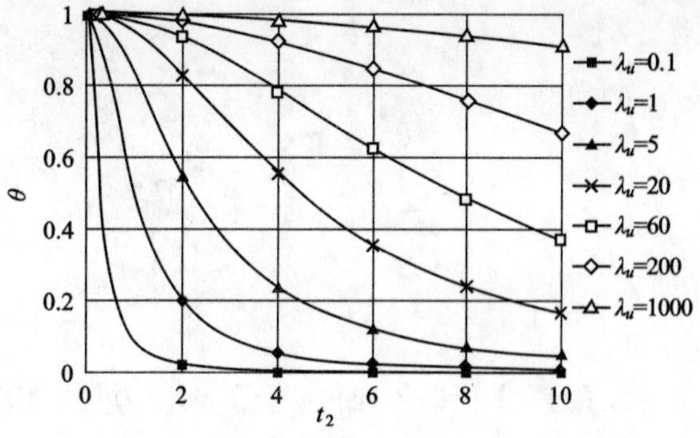

图4.11 θ—λ_u 关系曲线

5 弹性层状体系轴对称问题

5.1 层间接触条件

层状结构的力学响应很大程度上取决于层状结构层间接触状况，最常用的两种层间接触条件为“层间连续”和“层间光滑”。层间连续是指上下层的接触点之间无竖向或水平向的位移差；层间光滑是指层间竖向连续，无脱空或嵌入现象、水平方向光滑且无摩阻引起的剪应力。介于“层间连续”和“层间光滑”二极端状况之间有“层间半结合”状态，它将层间水平方向的剪应力假设为与上、下点的水平位移差成正比。

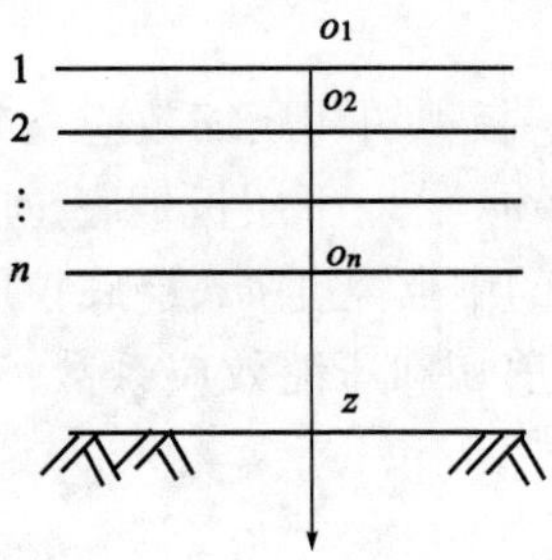

图5.1 层状结构示意图

为了方便，层状结构的坐标原点均位于计算层顶面，z 轴向下为正，如图5.1所示。在轴对称问题中，第 i 层与 $i+1$ 层之间的层间接触条件可表达为：

(1)层间连续

$$\left.\begin{aligned} \sigma_z^i\big|_{z_i=h_i} &= \sigma_z^{i+1}\big|_{z_{i+1}=0} \\ \tau_{rz}^i\big|_{z_i=h_i} &= \tau_{rz}^{i+1}\big|_{z_{i+1}=0} \\ u_r^i\big|_{z_i=h_i} &= u_r^{i+1}\big|_{z_{i+1}=0} \\ w^i\big|_{z_i=h_i} &= w^{i+1}\big|_{z_{i+1}=0} \end{aligned}\right\} \tag{5.1}$$

注意上、下层的径、切应力是不相等，即：

$$\sigma_r^i\big|_{z_i=h_i} \neq \sigma_r^{i+1}\big|_{z_{i+1}=0}$$

$$\sigma_\theta^i\big|_{z_i=h_i} \neq \sigma_\theta^{i+1}\big|_{z_{i+1}=0}$$

(2)层间光滑

$$\left.\begin{aligned} \sigma_z^i\big|_{z_i=h_i} &= \sigma_z^{i+1}\big|_{z_{i+1}=0} \\ \tau_{rz}^i\big|_{z_i=h_i} &= \tau_{rz}^{i+1}\big|_{z_{i+1}=0} = 0 \\ w^i\big|_{z_i=h_i} &= w^{i+1}\big|_{z_{i+1}=0} \end{aligned}\right\} \tag{5.2}$$

注意上、下层的径向位移，径、切应力是不相等，即：

$$u_r^i\big|_{z_i=h_i} \neq u_r^{i+1}\big|_{z_{i+1}=0}$$

$$\sigma_r^i\big|_{z_i=h_i} \neq \sigma_r^{i+1}\big|_{z_{i+1}=0}$$

$$\sigma_\theta^i\big|_{z_i=h_i} \neq \sigma_\theta^{i+1}\big|_{z_{i+1}=0}$$

(3)层间半结合

$$\left.\begin{aligned}&\tau_{rz}^{i}\big|_{z_i=h_i}=\tau_{rz}^{i+1}\big|_{z_{i+1}=0}=k^{i,i+1}\left(u_r^{i}\big|_{z_i=h_i}-u_r^{i+1}\big|_{z_{i+1}=0}\right)\\&\sigma_z^{i}\big|_{z_i=h_i}=\sigma_z^{i+1}\big|_{z_{i+1}=0}\\&w^{i}\big|_{z_i=h_i}=w^{i+1}\big|_{z_{i+1}=0}\end{aligned}\right\}\tag{5.3}$$

注意上、下层的径向位移,径、切应力是不相等,即:

$$u_r^{i}\big|_{z_i=h_i}\neq u_r^{i+1}\big|_{z_{i+1}=0}$$
$$\sigma_r^{i}\big|_{z_i=h_i}\neq \sigma_r^{i+1}\big|_{z_{i+1}=0}$$
$$\sigma_\theta^{i}\big|_{z_i=h_i}\neq \sigma_\theta^{i+1}\big|_{z_{i+1}=0}$$

(4)层间有双向弹性夹层

$$\left.\begin{aligned}&\tau_{rz}^{i}\big|_{z_i=h_i}=\tau_{rz}^{i+1}\big|_{z_{i+1}=0}=k_\tau^{i,i+1}\left(u_r^{i}\big|_{z_i=h_i}-u_r^{i+1}\big|_{z_{i+1}=0}\right)\\&\sigma_z^{i}\big|_{z_i=h_i}=\sigma_z^{i+1}\big|_{z_{i+1}=0}=k_\mathrm{w}^{i,i+1}\left(w^{i}\big|_{z_i=h_i}-w^{i+1}\big|_{z_{i+1}=0}\right)\end{aligned}\right\}\tag{5.4}$$

注意上、下层的竖、径向位移,径、切应力是不相等,即:

$$w^{i}\big|_{z_i=h_i}\neq w^{i+1}\big|_{z_{i+1}=0}$$
$$u_r^{i}\big|_{z_i=h_i}\neq u_r^{i+1}\big|_{z_{i+1}=0}$$
$$\sigma_r^{i}\big|_{z_i=h_i}\neq \sigma_r^{i+1}\big|_{z_{i+1}=0}$$
$$\sigma_\theta^{i}\big|_{z_i=h_i}\neq \sigma_\theta^{i+1}\big|_{z_{i+1}=0}$$

层间有双向弹性夹层的接触条件实际涵盖了层间光滑、层间结合和层间半结合3种状况,当 $k_\mathrm{w}\to\infty$, $k_u\neq0$,式(5.4)退化为层间半结合状态的式(5.3); $k_\mathrm{w}\to\infty$ 、 $k_u=0$,式(5.4)即退化为层间光滑状态的式(5.2); $k_\mathrm{w}\to\infty$ 、 $k_u\to\infty$,式(5.4)趋同于层间结合状态的式(5.1)。但 $k_\mathrm{w}\to\infty$, $k_u\to\infty$ 在计算处理时不太方便,为了表述方便,通过引入两个参数 k_σ 、 k_τ ,以统一层间有夹层、层间连续、光滑和半结合4种接触条件:

$$\left.\begin{aligned}&\sigma_z^{i}\big|_{z_i=h_i}=\sigma_z^{i+1}\big|_{z_{i+1}=0}\\&\tau_{rz}^{i}\big|_{z_i=h_i}=\tau_{rz}^{i+1}\big|_{z_{i+1}=0}\\&k_u^{i,i+1}u_r^{i}\big|_{z_i=h_i}-k_\tau^{i,i+1}\tau_{rz}^{i}\big|_{z_i=h_i}=k_u^{i,i+1}u_r^{i+1}\big|_{z_{i+1}=0}\\&k_\mathrm{w}^{i,i+1}w^{i}\big|_{z_i=h_i}-k_\sigma^{i,i+1}\sigma_z^{i}\big|_{z_i=h_i}=k_\mathrm{w}^{i,i+1}w^{i+1}\big|_{z_{i+1}=0}\end{aligned}\right\}\tag{5.5}$$

上式中, k_σ 、 k_τ 取0或1。层间连续时, k_σ 、 k_τ 取0; $k_\sigma=0$ 、 $k_\tau=1$,为层间半结合状况, k_u 为层间结合系数; $k_\sigma=0$ 、 $k_\tau=1$ 、 $k_u=0$,则为层间光滑。

另外,还有一些可分析特定问题的层间接触条件,例如, c 、 φ 摩阻条件,咬合滑动条件等,此类问题求解相当复杂,一般只能用数值方法求解。

(1)层间 c 、 φ 摩阻状态

$$\left.\begin{aligned}&\tau_{rz}^{i}\big|_{z_i=h_i}=\tau_{rz}^{i+1}\big|_{z_{i+1}=0}\leqslant c^{i,i+1}\\&u^{i}\big|_{z_i=h_i}=u^{i+1}\big|_{z_i+1=0}\\&\tau_{rz}^{i}\big|_{z_i=h_i}=\tau_{rz}^{i+1}\big|_{z_{i+1}=0}\leqslant c^{i,i+1}+\sigma_z^{i}\big|_{z_i=h_i}\tan\varphi^{i,i+1}\\&u^{i}\big|_{z_i=h_i}\neq u^{i+1}\big|_{z_i+1=0}\\&\sigma_z^{i}\big|_{z_i=h_i}=\sigma_z^{i+1}\big|_{z_{i+1}=0}\\&w^{i}\big|_{z_i=h_i}=w^{i+1}\big|_{z_{i+1}=0}\end{aligned}\right\}\tag{5.6}$$

(2)咬合—滑动状态

$$\left.\begin{aligned}
&\tau_{rz}^{i}\big|_{z_i=h_i} = \tau_{rz}^{i+1}\big|_{z_{i+1}=0} \leqslant \tau_m \\
&u^{i}\big|_{z_i=h_i} = u^{i+1}\big|_{z_{i+1}=0} \\
&\tau_{rz}^{i}\big|_{z_i=h_i} = \tau_{rz}^{i+1}\big|_{z_{i+1}=0} = \tau_m \\
&u_r^{i}\big|_{z_i=h_i} \neq u_r^{i+1}\big|_{z_{i+1}=0} \\
&\sigma_z^{i}\big|_{z_i=h_i} = \sigma_z^{i+1}\big|_{z_{i+1}=0} \\
&w^{i}\big|_{z_i=h_i} = w^{i+1}\big|_{z_{i+1}=0}
\end{aligned}\right\} \tag{5.7}$$

5.2 双层结构轴对称问题解

3.4 节给出了层状弹性体的通解式(3.35),稍作简化,令 $A=\xi^3A'$、$B=\xi^2B'$、$C=\xi^3C'$、$D=\xi^2D'$,则有

$$\left.\begin{aligned}
\sigma_r &= \int_0^\infty \xi\left\{[A+(1+2\nu+\xi z)B]\mathrm{e}^{\xi z}-[C-(1+2\nu-\xi z)D]\mathrm{e}^{-\xi z}\right\}\mathrm{J}_0(\xi r)\mathrm{d}\xi+\frac{1}{r}U \\
\sigma_\theta &= 2\nu\int_0^\infty \xi\left\{B\mathrm{e}^{\xi z}+D\mathrm{e}^{-\xi z}\right\}\mathrm{J}_0(\xi r)\mathrm{d}\xi-\frac{1}{r}U \\
\sigma_z &= \int_0^\infty \xi\left\{-[A-(1-2\nu-\xi z)B]\mathrm{e}^{\xi z}+[C+(1-2\nu+\xi z)D]\mathrm{e}^{-\xi z}\right\}\mathrm{J}_0(\xi r)\mathrm{d}\xi \\
\tau_{rz} &= \int_0^\infty \xi\left\{[A+(2\nu+\xi z)B]\mathrm{e}^{\xi z}+[C-(2\nu-\xi z)D]\mathrm{e}^{-\xi z}\right\}\mathrm{J}_1(\xi r)\mathrm{d}\xi \\
u_r &= -\frac{1+\nu}{E}U \\
w &= -\frac{1+\nu}{E}\int_0^\infty\left\{[A-(2-4\nu-\xi z)B]\mathrm{e}^{\xi z}+[C+(2-4\nu+\xi z)D]\mathrm{e}^{-\xi z}\right\}\mathrm{J}_0(\xi r)\mathrm{d}\xi
\end{aligned}\right\} \tag{5.8}$$

其中,$U=-\int_0^\infty\left\{[A+(1+\xi z)B]\mathrm{e}^{\xi z}-[C-(1-\xi z)D]\mathrm{e}^{-\xi z}\right\}J_1(\xi r)\mathrm{d}\xi$。

双层结构共有 8 个待定常数 A_1、B_1、C_1、D_1、A_2、B_2、C_2、D_2。由下层无限深处($h_2\to\infty$)应力、位移有界条件,可推得 $A_2=B_2=0$;上层表面的边界条件两个,如式(5.9)所示。另外 4 个条件由上、下层层间接触条件确定。

$$\sigma_z^1\big|_{z=0} = -q(r),\ \tau_{rz}^1\big|_{z=0} = 0 \tag{5.9}$$

将层间接触条件式(5.5)代入式(5.8),得到:

$$
\begin{bmatrix}
-1 & (1-2\nu_1-\xi h) & 1 & (1-2\nu_1+\xi h) & 1 & 2\nu_2-1 \\
1 & (2\nu_1+\xi h) & 1 & -(2\nu_1-\xi h) & -1 & 2\nu_2 \\
\begin{pmatrix} -\dfrac{k_u}{2\xi G_1} \\ -k_\tau \end{pmatrix} & \begin{pmatrix} -\dfrac{k_u}{2\xi G_1}(1+\xi h)- \\ k_\tau(2\nu_1+\xi h) \end{pmatrix} & \begin{pmatrix} \dfrac{k_u}{2\xi G_1} \\ -k_\tau \end{pmatrix} & \begin{pmatrix} -\dfrac{k_u}{2\xi G_1}(1-\xi h) \\ +k_\tau(2\nu_1-\xi h) \end{pmatrix} & -\dfrac{k_u\xi}{2\xi G_2} & \dfrac{k_u\xi}{2\xi G_2} \\
\begin{pmatrix} -\dfrac{k_w}{2\xi G_i} \\ +k_\sigma \end{pmatrix} & \begin{pmatrix} k_w\dfrac{2-4\nu_1-\xi h}{2\xi G_i} \\ -k_\sigma(1-2\nu_1-\xi h) \end{pmatrix} & \begin{pmatrix} -\dfrac{k_w}{2\xi G_1} \\ -k_\sigma \end{pmatrix} & \begin{pmatrix} -k_w\dfrac{2-4\nu_1+\xi h}{2\xi G_i} \\ -k_\sigma(1-2\nu_1+\xi h) \end{pmatrix} & \dfrac{k_w\xi}{2\xi G_2} & \dfrac{k_w}{\xi G_2}(1-2\nu_2)
\end{bmatrix}
\cdot
\begin{bmatrix} A_1 e^{\xi h} \\ B_1 e^{\xi h} \\ C_1 e^{-\xi h_i} \\ D_1 e^{-\xi h_i} \\ C_2 \\ D_2 \end{bmatrix}
=
\begin{bmatrix} 0 \\ 0 \\ 0 \\ 0 \end{bmatrix}
\tag{5.10}
$$

当层间连续，$k_\sigma = k_\tau = 0$ 时，将面层表面荷载条件纳入，并消去下层两参数 C_2、D_2 整理得到：

$$
\begin{bmatrix}
1 & 2\nu_1-1 & -1 & 2\nu_1-1 \\
1 & 2\nu_1 & 1 & -2\nu_1 \\
0 & 1 & 2M & (1-4\nu_1+2\xi h)M \\
-2 & 1-4\nu_1-2\xi h & 0 & L
\end{bmatrix}
\begin{bmatrix} A_1 \\ B_1 \\ C_1 \\ D_1 \end{bmatrix}
=
\begin{bmatrix} \bar{p} \\ 0 \\ 0 \\ 0 \end{bmatrix}
\tag{5.11}
$$

其中，$M = \dfrac{(1-m)e^{-2\xi h}}{1+m(3-4\nu_1)}$，$m = \dfrac{E_2(1+\nu_1)}{E_1(1+\nu_2)}$，$L = \dfrac{(3-4\nu_2)-m(3-4\nu_1)}{(3-4\nu_2+m)}$。

解线性方程组式(5.11)，得到待定常数 A_1、B_1、C_1、D_1 为：

$$
\left.
\begin{aligned}
A_1 &= -\frac{\bar{p}}{2\Delta}\left[(1-4\nu_1-2\xi h)(1+2\xi h)M - L + 4\nu_1 LM\right] \\
B_1 &= -\frac{\bar{p}M}{\Delta}(1+2\xi h-L) \\
C_1 &= \frac{\bar{p}}{2\Delta}\left[(1-4\nu_1+2\xi h)(1-2\xi h) - L + 4\nu_1\right] \\
D_1 &= -\frac{\bar{p}}{\Delta}\left[(1-2\xi h)M - 1\right]
\end{aligned}
\right\}
\tag{5.12}
$$

其中，$\Delta = 4\xi^2h^2M - (1-L)(1-M)$，$L = \dfrac{3-4\nu_2-(3-4\nu_1)m}{3-4\nu_2+m}e^{-2\xi h}$，$M = \dfrac{(1-m)e^{-2\xi h}}{1+(3-4\nu_1)m}$。

当层间光滑，$k_\sigma=0,k_u=0,k_\tau=1$ 时，式(5.10)则为：

$$\begin{bmatrix} 1 & 2\nu_1-1 & -1 & 2\nu_1-1 \\ 1 & 2\nu_1 & 1 & -2\nu_1 \\ 1 & 2\nu_1+\xi h & e^{-2\xi h} & (-2\nu_1+\xi h)e^{-2\xi h} \\ 1 & -K_F+2\nu_1+\xi h & 0 & (K_F-1)e^{-2\xi h} \end{bmatrix}\begin{bmatrix} A_1 \\ B_1 \\ C_1 \\ D_1 \end{bmatrix}=\begin{bmatrix} \bar{p} \\ 0 \\ 0 \\ 0 \end{bmatrix} \tag{5.13}$$

其中，$K_F=\dfrac{(1-\nu_1^2)E_2}{2(1-\nu_2^2)E_1}+\dfrac{1}{2}$。

解线性方程组式(5.13)，得到待定常数 A_1、B_1、C_1、D_1 为：

$$\left.\begin{aligned} A_1 &= \frac{\bar{p}e^{-2\xi h}}{\Delta}\left[(2\nu_1+\xi h)(K_F-1-\xi h)+\xi hK_F+2\nu_1(1-K_F)e^{-2\xi h}\right] \\ B_1 &= -\frac{\bar{p}e^{-2\xi h}}{\Delta}\left[K_F-1-\xi h+(1-K_F)e^{-2\xi h}\right] \\ C_1 &= -\frac{\bar{p}}{\Delta}\left\{2\nu_1K_F+\left[2K_F(\xi h-\nu_1)+\xi h(2\nu_1-1-\xi h)\right]e^{-2\xi h}\right\} \\ D_1 &= -\frac{\bar{p}}{\Delta}\left[K_F+(\xi h-K_F)e^{-2\xi h}1\right] \end{aligned}\right\} \tag{5.14}$$

其中：$\Delta=K_F+\left[2\xi h(2K_F-1)-(1+2\xi^2h^2)\right]e^{-2\xi h}+(1-K_F)e^{-4\xi h}$；

$K_F=\dfrac{(1-\nu_1^2)E_2}{2(1-\nu_2^2)E_1}+\dfrac{1}{2}$。

5.3 文克勒与双参数地基上层状弹性体

弹性层状结构置于双参数地基时，其层底($z=h$)的挠度 $w_{|z=h}$、压应力 $\sigma_{|z=h}$、水平剪应力 $\tau_{rz|z=h}$ 条件为：

$$\sigma_{|z=h}=k_1w+k_2\nabla^2w_{|z=h},\tau_{rz|z=h}=0 \tag{5.15}$$

将此条件与表面外荷载条件联立，则得到：

$$\begin{bmatrix} 1 & -1+2\nu & -1 & -1+2\nu \\ 1 & 2\nu & 1 & -2\nu \\ 1 & 2\nu+\xi h & e^{-2\xi h} & -(2\nu-\xi h)e^{-2\xi h} \\ m-1 & \begin{pmatrix} -m(2-4\nu-\xi h) \\ +(1-2\nu-\xi h) \end{pmatrix} & (m+1)e^{-2\xi h} & \begin{pmatrix} m(2-4\nu+\xi h) \\ +(1-2\nu+\xi h) \end{pmatrix}e^{-2\xi h} \end{bmatrix}\begin{bmatrix} A \\ B \\ C \\ D \end{bmatrix}=\begin{bmatrix} \bar{p} \\ 0 \\ 0 \\ 0 \end{bmatrix} \tag{5.16}$$

其中，$m=-\dfrac{k_1+k_2\xi^2}{\xi}\dfrac{1+\nu}{E}$。

解式(5.16)的线性方程组得到：

$$\left.\begin{aligned}
A &= \frac{\bar{p}}{\Delta}\Big[(2\nu F + \xi h + 4\nu^2 K - 2\nu\xi hK)\mathrm{e}^{-2\xi h} - (2\nu K - F)\xi h - 4\nu^2 K - 2\nu F\Big] \\
B &= \frac{\bar{p}}{\Delta}\Big[(\xi hK - \mathrm{e}^{-2\xi h}F - 2\nu\mathrm{e}^{-2\xi h}K)\mathrm{e}^{-2\xi h} + F + 2\nu K\Big] \\
C &= \frac{\bar{p}}{\Delta}\Big[(2\nu - \xi h)\mathrm{e}^{-2\xi h} + \xi hF - 2\nu\Big] \\
D &= -\frac{\bar{p}}{\Delta}(1 + \xi hK - \mathrm{e}^{-2\xi h})
\end{aligned}\right\} \tag{5.17}$$

其中，$\Delta = (2\xi h - \xi hK + 2\nu K - 1 + F)\mathrm{e}^{-2\xi h} + (K - 4\nu K - 2F)\xi h - 2\nu K - F + 1$；

$$F = \frac{2m(1-\nu) + (1 - 4\nu + 2\xi h)}{1 - 2m(1-\nu)}\mathrm{e}^{-2\xi h};$$

$$K = \frac{2}{1 - 2m(1-\nu)}\mathrm{e}^{-2\xi h}。$$

文克勒地基可视为双参数地基 $k_2 = 0$ 的特例，在上述各式中，取 $k_2 = 0$，并用 k 代替 k_1，则上述各式变为文克勒地基上弹性层状体的解。

5.4 圆形均布荷载作用下的双层结构响应

5.4.1 土基的结构响应

(1)土基顶面弯沉

由于面层(上结构层)的荷载扩散作用，传至土基(半空间体)顶面的竖向荷载减小且分散，因此，土基顶面的弯沉较无面层时有明显减小。为了表征这种弯沉减小作用，引入一个面层荷载扩散作用引起的土基顶面弯沉减小系数 ξ_w，即土基顶面弯沉 w_0 表示为：

$$w_0 = \widetilde{w}_0 \xi_w \tag{5.18}$$

式中：$\widetilde{w}_0$——土基顶面直接作用荷载时的弯沉，见第三章中例 3.2。

图 5.2 给出了面层与土基层间连续与光滑两种情形下，单圆均布荷载作用下的土基顶面最大弯沉(荷载中心点)的弯沉减小系数 ξ_w，在不同面层相对厚度 h_1/a 与面层与土基的广义模量比 $\lambda_E = E_1(1-\nu_0^2)/E_0(1-\nu_1^2)$ 时的变化规律。在 $h_1/a = 0.5 \sim 5$，$\lambda_E = 5 \sim 100$ 范围内，ξ_w 近似回归式为：

$$\xi_w = \alpha_w\left(\frac{l}{a} + \beta_w\right)^{-\gamma_w} \tag{5.19}$$

上式的参数 l 是借用薄板理论中表征面层扩散荷载能力的面层相对弯曲刚度半径，它定义为：

$$l = \sqrt[3]{\frac{E_1(1-\nu_0^2)h_1^3}{6E_0(1-\nu_1^2)}} = 0.55 h_1 \lambda_E^{1/3}$$

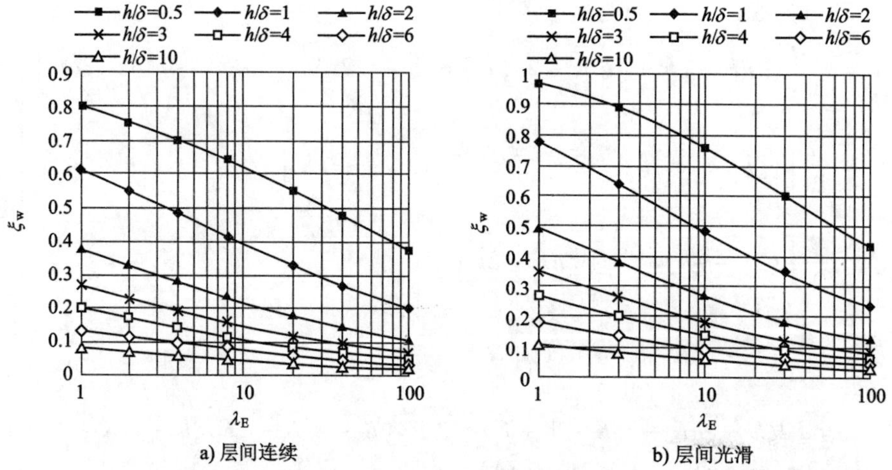

图 5.2 土基顶面弯沉减小系数 ξ_w

式(5.19)中回归系数 α_w、β_w、γ_w 列于表 5.1,表中,面层与土基层间连续状态时给出了两组数值,其中一组纳入了土基的泊松比 ν_0 的影响。

式(5.19)中回归系数 α_w、β_w、γ_w 表 5.1

回归系数	α_w	β_w	γ_w
层间光滑	0.775	0.43	1.060
层间连续	0.638	0.38	1.037
	$0.526+0.391\nu_0$		$1.029+0.026\nu_0$

(2)土基顶面压应力、应变[67]

土基顶面的压应力随着面层厚度和模量的增大而快速下降,土基顶面最大压应力位于荷载圆中心点,其值与均布荷载集度之比可称之为压应力折减系数 $\xi_z=(0,1)$,即:

$$\xi_z=\frac{\sigma_{z0}}{q} \tag{5.20}$$

压应力折减系数 ξ 值的大小反映了面层的荷载扩散能力,它与面层弯曲刚度半径 l 和荷载半径 a 有关。在 $h_1/a=0.5\sim5$,$\lambda_E=5\sim100$ 范围时,压应力折减系数 ξ_z 的回归式在形式上与弯沉减小系数 ξ_w 回归式相同,即:

$$\xi=\alpha_z\left(\frac{l}{a}+\beta_z\right)^{-\gamma_z} \tag{5.21}$$

式中:α_z、β_z——回归系数,见表 5.2。

式(5.21)中回归系数 α_z、β_z、γ_z 表 5.2

回归系数		α_z	β_z	γ_z
层间接触况状	光滑	0.986	0.60	2.106
	连续	1.140	$0.82-0.5\nu_0$	2.110
		1.080	0.68	

上下层层间光滑时,荷载圆中心点的 σ_{r0}、$\sigma_{\theta0}$ 与最大压应力 σ_{z0}、材料泊松比 ν_0 之间有如下关系:

$$\sigma_{r0} = \sigma_{\theta 0} = (\nu_0 + 0.5)\sigma_{z0} \tag{5.22}$$

将式(5.22)代入本构方程，得到土基顶面最大压应变 ε_{z0} 为：

$$\varepsilon_{z0} = \frac{1 - \nu_0 - 2\nu_0^2}{E_0}\sigma_{z0} \tag{5.23}$$

上、下层层间连续时，回归得到土基顶面最大压应变 ε_{z0} 的近似式：

$$\varepsilon_{z0} = \frac{1 + 0.88\nu_0 - 2.68\nu_0^2}{E_0}\sigma_{z0} \tag{5.24}$$

(3)顶面压应力的水平向分布[67]

土基顶面压应力 σ_z 随着距离荷载中点 O 点的水平距离 r 的增加而衰减，其衰减规律可用一个衰减系数 φ_σ 来表示：

$$\varphi_\sigma = \frac{\sigma_z(r)}{\sigma_{zo}} \tag{5.25}$$

式中：$\sigma_z(r)$——距圆心距离 r 处的土基顶面压应力；

σ_{zo}——单圆荷载中点 O 处的土基顶面压应力。

土基顶面压应力衰减系数 φ_σ 随着距离 r 的增加呈单调下降，φ_σ 的下降速率随着荷载圆半径 a、模量比 λ_E 和面层厚度 h_1 的增加而放慢，如图 5.3 所示。

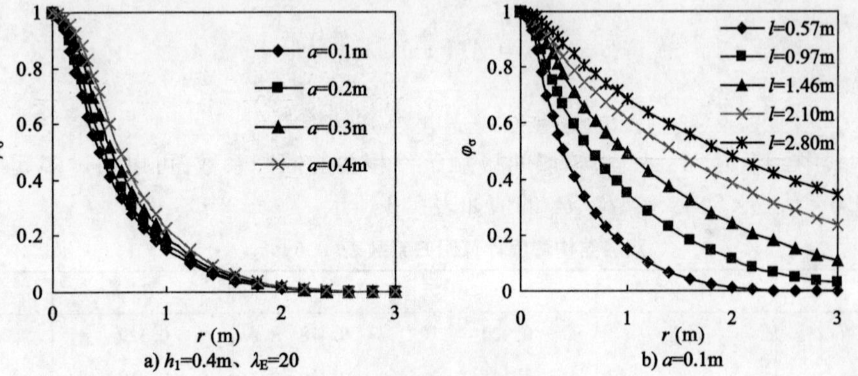

图 5.3　φ_z—r 关系曲线图

为了归并不同荷载半径 a、面层相对刚度半径 l 对土基顶面压应力衰减系数 φ_σ 的影响，将水平距离 r、刚度半径 l 和荷载半径 a 合并为一个参数 η_σ：

$$\eta_\sigma = \frac{r}{l + 2a\mathrm{e}^{-r/l}} \tag{5.26}$$

图 5.4 为图 5.3 中横坐标 r 改为 η_σ 后结果。从图 5.4 中可以看出，不同荷载半径和刚度半径 l 的 φ_σ 曲线几乎重合。φ_σ 与 η_σ 之间的近似关系为：

$$\varphi_\sigma = \mathrm{e}^{-(0.0653\eta_\sigma^2 + 1.014\eta_\sigma)} \tag{5.27}$$

5.4.2　面层的结构响应[68~70]

(1)面层表面最大弯沉

面层表面的最大弯沉位于荷载圆中心，其计算式可表示为：

$$w_m = \frac{2(1-\nu_0^2)qa}{E_0}\frac{1}{\eta} \tag{5.28}$$

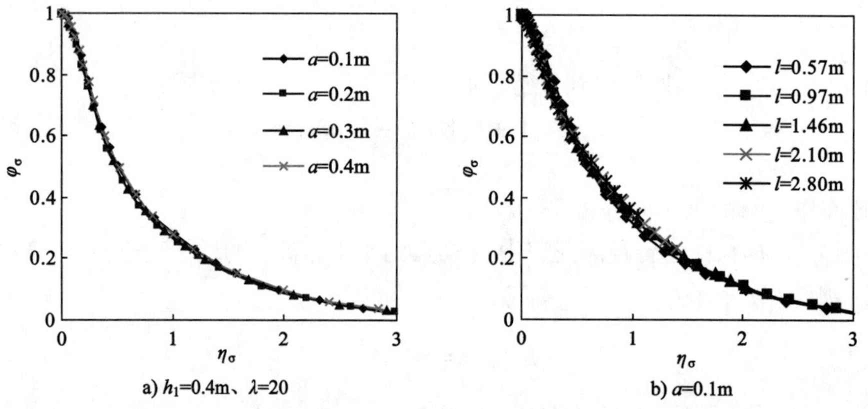

图 5.4　φ_z-η_z 关系曲线图

上式中的参数 η 是反映面层影响的修正系数，它与面层厚度与荷载圆半径之比 h/a，上下结构层广义模量比 λ_E 有关，η 值随着 h/a 和 λ_E 的上升而增大；在 $\lambda_E>10$ 时，η 与 h/a、λ_E 之间关系可按式(5.29-1)近似；$\lambda_E \leqslant 10$ 时，可按式(5.29-2)近似。

$$\eta = A_\eta\left(\frac{h_1}{a}\right)^{a_\eta}\lambda_E^{B_\eta\left(\frac{h_1}{\delta}\right)^{b_\eta}} \tag{5.29-1}$$

$$\eta = \left(1 - A_\eta e^{a_\eta \frac{h_1}{a}}\right)\lambda_E^{\left(B_\eta + b_\eta \ln\frac{h_1}{a}\right)} \tag{5.29-2}$$

上两式中，A_η、a_η、B_η、b_η 为与层间接触条件相关的回归系数，可以通过多元回归分析得到。当 $0.6<h_1/\delta<5$，A_η、a_η、B_η、b_η 的值如表 5.3 所示。

双层结构弯沉计算回归系数表($0.6<h_1/\delta<5$)　　表 5.3

λ_E	层间接触条件	A_η	a_η	B_η	b_η
>10	光滑	0.922	0.478	0.329	0.246
	连续	1.145	0.419	0.310	0.286
≤10	光滑	0.458	−1.169	0.362	0.239
	连续	0	—	0.390	0.260

(2)面层竖向压应力分布

荷载圆中心点($r=0$)的面层压应力 $\sigma_z(z)$ 沿厚度方向的分布规律如图 5.5 所示。其中，横坐标为深度方向压应力与荷载集度之比 $\sigma_z(z)/q$，纵坐标为相对厚度比 z/h。

由图 5.5 可知，在面层厚度与荷载圆半径之比 h/δ 相同条件下，不同模量比 λ_E 时的面层内压应力分布曲线的形状相似，压应力随深度增加而下降的速率在层中部较快，靠近层顶和层底处较慢，层底压应力随模量比的增大而减小。

为了消去层底压应力大小对压应力分布的影响，对面层压应力分布函数 $\sigma(z)$ 进行如下处理：

$$\sigma(z) = q\left[\hat{\sigma}(z)(1-\xi_z)+\xi_z\right] \tag{5.30}$$

上式中，$\hat{\sigma}(z) \in [0,1]$为消去层底压应力影响的压应力分布函数，也可称之为面层压应力分布形状函数，ξ_z 为上节中的压应力折减系数，定义式见式(5.20)，近似式见式(5.21)。经式(5.30)处理后，不同模量比 λ_E 的压应力分布形状函数 $\hat{\sigma}(z)$ 基本重叠在一起，其微小差距可予以忽略，如图5.6所示。$\hat{\sigma}(z)$沿层厚的分布规律可统一用一个三次多项式来近似：

$$\hat{\sigma}(z) = \left[\frac{A(z/h)^2 + (z/h) + B}{A + B + 1}\right]\frac{z}{h} \tag{5.31}$$

式中：A、B——回归系数。

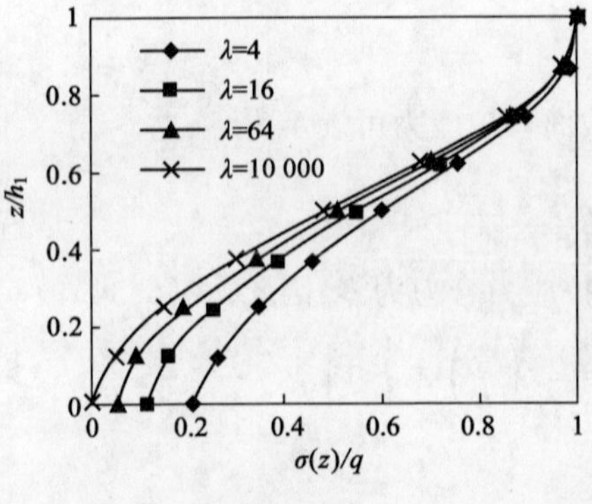

图5.5　面层压应力的分布规律（$h/\delta=2$，层间连续）

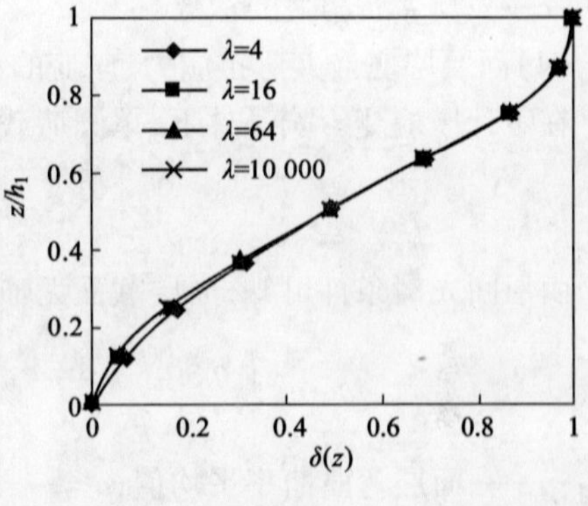

图5.6　$\hat{\sigma}(z)$的分布规律（$h/\delta=2$，层间连续）

式(5.31)中的回归系数 A、B 与面层厚度与荷载圆半径之比 h/a 有关。当 $h/a=0.5\sim4$，A、B 可近似为：

$$\left.\begin{aligned} A &= \frac{0.132h}{a} - 0.931 \\ B &= -\frac{0.061h}{a} + 0.064 \end{aligned}\right\} \tag{5.32}$$

(3) 面层弯拉应力、应变的层厚分布

上、下层间光滑时，面层弯拉应力、应变沿层厚方向的分布情况如图5.7所示。图中横坐标为面层弯拉应力与层底弯拉应力的比 σ_{1z}/σ_{1b} 和面层弯拉应变与层底弯拉应变的比 $\varepsilon_{1z}/\varepsilon_{1b}$。

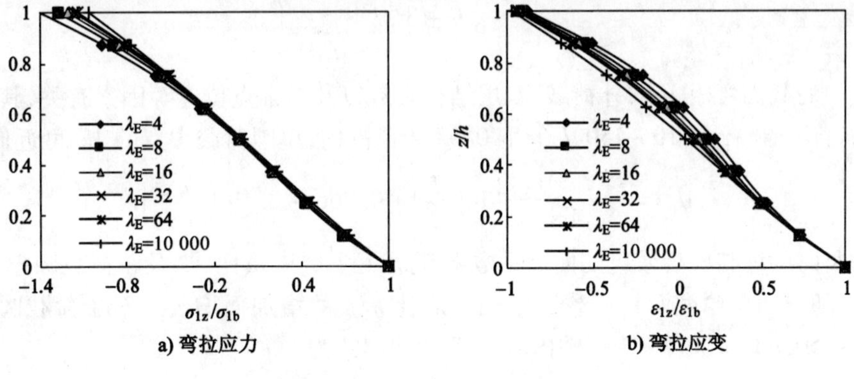

图5.7　面层弯拉应力、应变分布图

从图5.7中可以看到，当上、下层广义弹性模量比 λ_E 很大时，面层截面变形为一平面，与弹性地基上薄板相似，即，面层结构以弯曲变形为主导，竖向压缩与剪切变形很小可忽略；随着 λ_E 变小，竖向压缩与剪切效应逐渐呈现，截面弯拉应力－应变分布由平面变为曲面，但弯曲变形仍为主导。

面层截面的弯拉应变沿层厚分布可用幂函数近似表示：

$$\varepsilon_{1z} = k\left(\frac{z}{h}\right)^{b+1} - c \tag{5.33}$$

式中：b——考虑竖向压缩与剪切效应的曲面系数；

c——与 k、b 相关的常数。

(4)面层层底最大弯拉应力、应变的计算式

在不计压应变影响条件下，单圆荷载中心处的截面弯拉应力可表示为：

$$\sigma_{1z} = \frac{E_1}{1-\nu_1}\varepsilon_{1z} \tag{5.34}$$

由层间光滑条件可知，面层截面无轴向力，即弯拉应力合力为零，因此，式(5.34)改写为：

$$\int_0^h \sigma_{1z}\mathrm{d}z = 0 \Rightarrow \varepsilon_{1z} = \frac{\rho h}{2}\left[(b+2)\left(\frac{z}{h}\right)^{b+1} - 1\right] \tag{5.35}$$

式中：ρ——面层弯曲曲率平均值，$\rho = -\frac{2k}{b+2}\frac{1-\nu_1^2}{E_1 h}$。

面层截面弯矩 M 计算式为：

$$\left.\begin{aligned} M &= \int_0^h \sigma_{1z} z\mathrm{d}z = \rho\widetilde{D}(1+\nu_1) \\ \widetilde{D} &= 3\frac{b+1}{b+3}D = \frac{b+1}{4(b+3)}\frac{E_1 h^3}{1-\nu_1^2} \end{aligned}\right\} \tag{5.36}$$

式中：D——弯拉应变面为平面的截面抗弯刚度；

$\widetilde{D}$——弯拉应变面为幂函数微曲面的截面抗弯刚度。

面层层底的弯拉应变 ε_{1b} 和层底弯拉应力 σ_{1b} 的计算式则为：

$$\left.\begin{aligned} \sigma_{1b} &= 2\frac{b+3}{b+1}\frac{M}{h^2} \\ \varepsilon_{1b} &= 2\frac{b+3}{b+1}\frac{M}{h^2}\frac{1-\nu_1}{E_1} \end{aligned}\right\} \tag{5.37}$$

上式中的截面弯矩 M 与外荷载、双层结构参数以及考察点位置等因素有关，其规律在第4章中曾有讨论，在 λ_E 取10～150，h/a 取0.5～4范围内，单圆荷载中点的 M_0 可近似为：

$$M_0 = \frac{P(1+\nu_1)}{4\pi}\left[\ln\left(\frac{l}{a}\right) + 0.766 - 0.19\left(\frac{a}{l}\right)^2\right] \tag{5.38}$$

考虑竖向压缩与剪切效应的曲面系数 b，随着上下层模量比 λ_E 及距荷载圆中心距离 r 增大而减小，随着面层厚度 h 与荷载圆半径 a 之比 h/a 的增加而增大。对于荷载圆中心点，当 λ_E 取10～150，h/a 取0.5～4范围内时，b 值的回归式为：

$$b = 0.18\lambda_E^{-0.46}\left(\frac{h}{a}\right)^{1.82} \tag{5.39}$$

当面层与地基层间连续时，可引入一面层弯曲中性轴下移量参数 ψ 来考虑层间连续与层间光滑之间的差异，$\psi\in[0,1]$，此时层底弯拉应力 σ_{1bf} 可表示为：

$$\sigma_{1bf}=\psi\sigma_{1b} \tag{5.40}$$

在 λ_E 取 10 ~ 1000 范围内，中性轴下移量参数 ψ 近似回归式为：

$$\psi=1-0.66\lambda_E^{-0.55} \tag{5.41}$$

(5)面层层底弯拉应力的水平向分布

面层层底径向应力 σ_r、切向应力 σ_θ 随着距离荷载圆中点 O 点的水平距离 r 的增加而衰减，其衰减规律可用两个衰减系数 φ_r、φ_θ 来表示：

$$\varphi_r=\frac{\sigma_r(r)}{\sigma_{r0}},\varphi_\theta=\frac{\sigma_\theta(r)}{\sigma_{\theta0}} \tag{5.42}$$

切向应力衰减系数 φ_θ 随着水平距离 r 的增加逐渐趋近于零，其衰减速度随着荷载圆半径 a、面层相对刚度半径 l 的变小而加快，如图 5.8 所示。

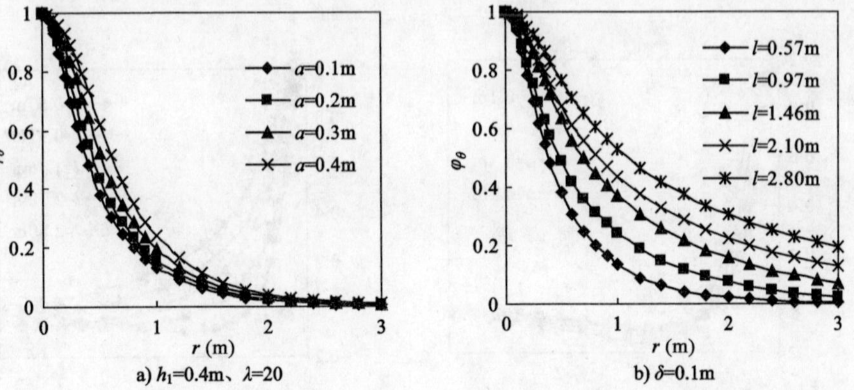

图 5.8 φ_θ—r 关系曲线

将水平距离 r，面层的弯曲刚度半径 l、厚度 h，上下层模量比 λ_E 和荷载圆半径 a 合并为如式(5.43)所示的一个无量纲参数 η_θ。

$$\eta_\theta=\frac{r}{l+(0.49\ln\lambda_E+0.61)a\mathrm{e}^{(-0.5r/l)}} \tag{5.43}$$

合并后的无量纲参数 η_θ 与层底切向应力衰减系数 φ_θ 如图 5.9 所示。从图 5.9 可以看出，不同荷载半径 a、不同相对刚度半径 l 的差异基本被消除，φ_θ 与 η_θ 之间关系可近似表示为：

$$\left.\begin{aligned}\varphi_\theta&=\mathrm{e}^{-(a_\theta\eta_\theta^2+b_\theta\eta_\theta)}\\a_\theta&=-0.008\lambda_E^{0.704}\\b_\theta&=0.856\lambda_E^{0.158}\end{aligned}\right\} \tag{5.44}$$

图 5.10 给出了 $h=0.4\text{m}$、$\lambda_E=20$，荷载圆半径 a 取不同值时，以及 $a=0.1\text{m}$，面层弯曲刚度半径 l 取不同值时，层底径向应力衰减系数 φ_r 随水平距离 r 的变化情况。从图 5.10 中可以看到，层底径向应力衰减系数 φ_r 随水平距离 r 的变化规律较 φ_θ—r 的更复杂一些，φ_r—r 之间关系呈非单调性，在 r 较小时，φ_r 衰减速度很快，对于 $h=0.4\text{m}$、$\lambda_E=20$ 的结构，在 $r=0.8\text{m}$ 附

近越过 0，在负值区触底之后慢慢上升并趋向于 0，触底数值在 -0.16 ~ -0.08 范围内；随着面层相对刚度半径的增大，φ_r 衰减速度减慢，触底数值也减小。

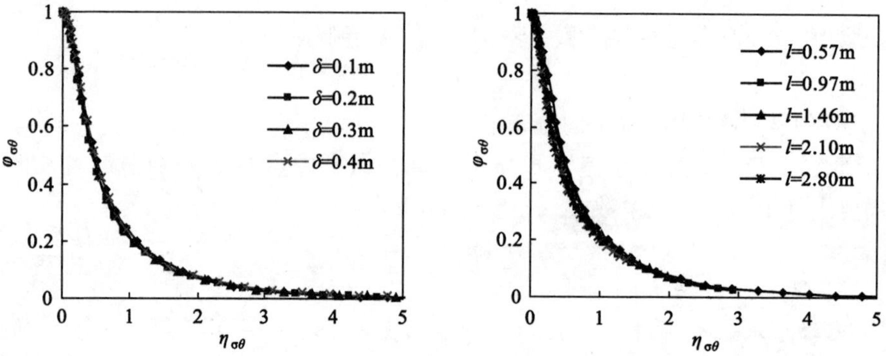

a) h_1=0.4m、λ=20　　b) δ=0.1m

图 5.9　φ_θ—η_θ 关系曲线

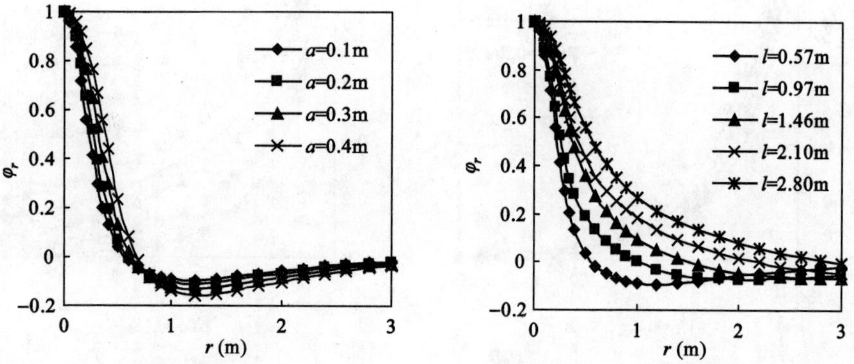

a) h=0.4m、λ=20　　b) a=0.1m

图 5.10　φ_r—r 关系曲线

通过层底径向应力衰减系数 φ_r 变化规律的研究发现，将水平距离 r、面层弯曲刚度半径 l 和荷载半径 a 合并为如式(5.45)所示的无量纲参数 η_r，则可归并荷载半径 a、面层弯曲刚度半径 l 的影响，图 5.10 则变换为图 5.11。

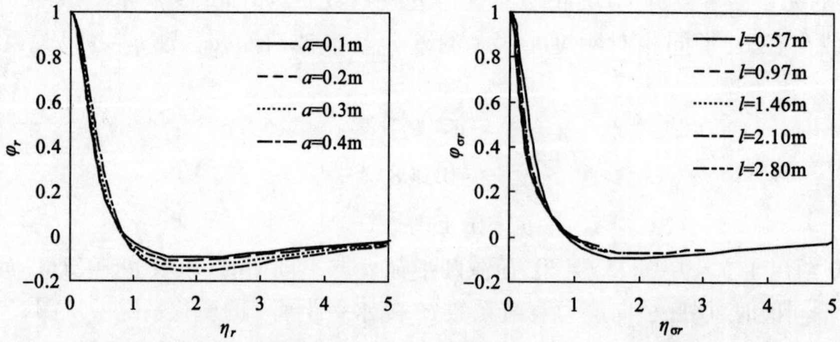

a) h=0.4m、λ_E=20　　b) a=0.1m

图 5.11　φ_r—η_r 关系曲线

$$\eta_r = \frac{r}{l + 2a\mathrm{e}^{-r/l}} \tag{5.45}$$

φ_r-η_r 之间关系可以用下式近似：

$$\left.\begin{aligned}\varphi_r &= \lambda_r \frac{\sin x_r}{\sinh x_r} + (1 - \lambda_r)\frac{\cos x_r}{\cosh x_r}\\ x_r &= \ln(1 + a_r \eta_r^{b_r})\\ \lambda_r &= 0.3 - 0.55\frac{a}{l}\\ a_r &= 6.5 - 1.4\frac{a}{l}\\ b_r &= 1.716\lambda_{\mathrm{E}}^{-0.127}\end{aligned}\right\} \tag{5.46}$$

5.5 多层结构的轴对称问题解

从式(5.8)可知，对于承受轴对称荷载的任一结构层，只要知道四个待定常数 A、B、C、D，就可通过汉克尔变换解得其任意点应力和位移。n 层结构的待定常数共有 $4n$ 个，需 $4n$ 个条件方程确定。n 层结构的表面边界条件 2 个，无限深边界条件 2 个，其他 $4(n-1)$ 个条件方程由层间接触条件确定。每个层间有 4 个接触条件，层间接触的物理量有竖向压应力 σ_z，水平径向剪应力 τ_{rz}，竖向位移 w 和水平位移 u，它们的汉克尔变换与待定常数的关系如下式：

$$\begin{bmatrix}\overline{\sigma}_{zi}\\ \overline{\tau}_{1rzi}\\ \overline{u}_{r1i}2\xi G_i\\ \overline{w}_i 2\xi G_i\end{bmatrix} = \begin{bmatrix}-1 & (1-2\nu_i-\xi z) & 1 & (1-2\nu_i+\xi z)\\ 1 & (2\nu_i+\xi z) & 1 & -(2\nu_i-\xi z)\\ -1 & -(1+\xi z) & 1 & -(1-\xi z)\\ -1 & (2-4\nu_i-\xi z) & -1 & -(2-4\nu_i+\xi z)\end{bmatrix}\begin{bmatrix}A_i\mathrm{e}^{\xi z}\\ B_i\mathrm{e}^{\xi z}\\ C_i\mathrm{e}^{-\xi z}\\ D_i\mathrm{e}^{-\xi z}\end{bmatrix} \tag{5.47}$$

式中：G_i——第 i 层材料的剪切模量。

式(5.47)中 $\overline{\tau}_{1rzi}$、$\overline{u}_{r1i}$ 中的下标 1 表示为 1 阶贝塞尔函数的汉克尔变换，其他两个为 0 阶贝塞尔函数的汉克尔变换。对于任一结构层上界面的四个物理量 $\overline{\sigma}_{zi}^{+}$、$\overline{\tau}_{1rzi}^{+}$、$\overline{u}_{r1zi}^{+}$、$\overline{w}_i^{+}$，下界面的四个物理量分别可表示为：

$$\begin{bmatrix}\overline{\sigma}_{zi}^{+}\\ \overline{\tau}_{1rzi}^{+}\\ \overline{u}_{r1zi}^{+}2\xi G_i\\ \overline{w}_i^{+}2\xi G_i\end{bmatrix} = \begin{bmatrix}-1 & 1-2\nu_i & 1 & 1-2\nu_i\\ 1 & 2\nu_i & 1 & -2\nu_i\\ -1 & -1 & 1 & -1\\ -1 & 2(1-2\nu_i) & -1 & -2(1-2\nu_i)\end{bmatrix}\begin{bmatrix}A_i\\ B_i\\ C_i\\ D_i\end{bmatrix} \tag{5.48}$$

$$\begin{bmatrix}\overline{\sigma}_{zi}^{-}\\ \overline{\tau}_{1rzi}^{-}\\ \overline{u}_{r1zi}^{-}2\xi G_i\\ \overline{w}_i^{-}2\xi G_i\end{bmatrix} = \begin{bmatrix}-1 & (1-2\nu_i-\xi h_i) & 1 & (1-2\nu_i+\xi h_i)\\ 1 & (2\nu_i+\xi h_i) & 1 & -(2\nu_i-\xi h_i)\\ -1 & -(1+\xi h_i) & 1 & -(1-\xi h_i)\\ -1 & (2-4\nu_i-\xi h_i) & -1 & -(2-4\nu_i+\xi h_i)\end{bmatrix}\begin{bmatrix}A_i\mathrm{e}^{\xi h_i}\\ B_i\mathrm{e}^{\xi h_i}\\ C_i\mathrm{e}^{-\xi h_i}\\ D_i\mathrm{e}^{-\xi h_i}\end{bmatrix} \tag{5.49}$$

合并所有边界条件，可得到求解待定常数的线性方程如下：

$$\begin{bmatrix} \boldsymbol{E}_{1/2}^+ & \boldsymbol{0} & \boldsymbol{0} & \cdots & \boldsymbol{0} & \boldsymbol{0} & \boldsymbol{0} \\ \boldsymbol{E}_1^- & \boldsymbol{E}_2^+ & \boldsymbol{0} & \cdots & \boldsymbol{0} & \boldsymbol{0} & \boldsymbol{0} \\ \boldsymbol{0} & \boldsymbol{E}_2^- & \boldsymbol{E}_3^+ & \cdots & \boldsymbol{0} & \boldsymbol{0} & \boldsymbol{0} \\ \vdots & \vdots & \vdots & & \vdots & \vdots & \vdots \\ \boldsymbol{0} & \boldsymbol{0} & \boldsymbol{0} & \cdots & \boldsymbol{E}_{n-2}^+ & \boldsymbol{0} & \boldsymbol{0} \\ \boldsymbol{0} & \boldsymbol{0} & \boldsymbol{0} & \cdots & \boldsymbol{E}_{n-2}^- & \boldsymbol{E}_{n-1}^+ & \boldsymbol{0} \\ \boldsymbol{0} & \boldsymbol{0} & \boldsymbol{0} & \cdots & \boldsymbol{0} & \boldsymbol{E}_{n-1}^- & \boldsymbol{E}_n^+ \end{bmatrix} \begin{bmatrix} \boldsymbol{F}_1 \\ \boldsymbol{F}_2 \\ \boldsymbol{F}_3 \\ \vdots \\ \boldsymbol{F}_{n-2} \\ \boldsymbol{F}_{n-1} \\ \boldsymbol{F}_{n/2} \end{bmatrix} = \begin{bmatrix} \boldsymbol{P}_1 \\ \boldsymbol{0} \\ \boldsymbol{0} \\ \vdots \\ \boldsymbol{0} \\ \boldsymbol{0} \\ \boldsymbol{0} \end{bmatrix} \tag{5.50}$$

其中：$\boldsymbol{P}_1 = [-\bar{p} \quad 0]^{\mathrm{T}}$；

$\begin{bmatrix} \bar{\sigma}_{z1}^{+} \\ \bar{\tau}_{1rz1}^{+} \end{bmatrix} = \boldsymbol{E}_{1/2}^+ \boldsymbol{F}_1$；

$\boldsymbol{E}_{1/2}^+ = \begin{bmatrix} -1 & 1-2\nu_1 & 1 & 1-2\nu_1 \\ 1 & 2\nu_1 & 1 & -2\nu_1 \end{bmatrix}$；

$\boldsymbol{\Lambda}_i^+ = [\bar{\sigma}_{zi}^- \quad \bar{\tau}_{1rzi}^- \quad k_u^{i,i+1}\xi \bar{u}_{r1zi}^- \quad k_{\mathrm{w}}^{i,i+1}\xi \bar{w}_i^-]^{\mathrm{T}} = \boldsymbol{E}_i^+ \boldsymbol{F}_i$；

$$\boldsymbol{E}_i^+ = -\begin{bmatrix} -1 & 1-2\nu_i & 1 & (1-2\nu_i) \\ 1 & 2\nu_i & 1 & -2\nu_i \\ -\dfrac{k_u^{i-1,i}}{2\xi G_i} & -\dfrac{k_u^{i-1,i}}{2\xi G_i} & \dfrac{k_u^{i-1,i}}{2\xi G_i} & -\dfrac{k_u^{i-1,i}}{2\xi G_i} \\ -\dfrac{k_{\mathrm{w}}^{i-1,i}}{2\xi G_i} & \dfrac{k_{\mathrm{w}}^{i-1,i}}{2\xi G_i}(2-4\nu_i) & -\dfrac{k_{\mathrm{w}}^{i-1,i}}{2\xi G_i} & -\dfrac{k_{\mathrm{w}}^{i-1,i}}{2\xi G_i}(2-4\nu_i) \end{bmatrix};$$

$$\boldsymbol{E}_n^+ = -\begin{bmatrix} 1 & 1 & \dfrac{k_u^{n-1,n}}{2\xi G_n} & -\dfrac{k_w^{n-1,n}}{2\xi G_n} \\ 1-2\nu_n & -2\nu_n & -\dfrac{k_u^{n-1,n}}{2\xi G_n} & -\dfrac{k_w^{n-1,n}}{2\xi G_n}(2-4\nu_n) \end{bmatrix}^{\mathrm{T}};$$

$\boldsymbol{F}_i = [A_i \quad B_i \quad C_i \quad D_i]^{\mathrm{T}}$；

$\boldsymbol{F}_{n/2} = [C_i \quad D_i]^{\mathrm{T}}$；

$\boldsymbol{\Lambda}_i^- = [\sigma_z^i{}_{|z=h} \quad \tau_{rz}^i{}_{|z=h} \quad k_u^{i,i+1}u_r^i{}_{|z=h} - k_\tau^{i,i+1}\tau_{rz}^i{}_{|z=h} \quad k_{\mathrm{w}}^{i,i+1}w^1{}_{|z=h} - k_\sigma^{i,i+1}\sigma_z^i{}_{|z=h}]^{\mathrm{T}} = \boldsymbol{E}_i^- \boldsymbol{F}_i$；

$$\boldsymbol{E}_i^- = \begin{bmatrix} -\mathrm{e}^{\xi h_i} & (1-2\nu_i-\xi h_i)\mathrm{e}^{\xi h_i} & \mathrm{e}^{-\xi h_i} & (1-2\nu_i+\xi h_i)\mathrm{e}^{-\xi h_i} \\ \mathrm{e}^{\xi h_i} & (2\nu_i+\xi h_i)\mathrm{e}^{\xi h_i} & \mathrm{e}^{-\xi h_i} & -(2\nu_i-\xi h_i)\mathrm{e}^{-\xi h_i} \\ \left(-\dfrac{k_u^{i,i+1}}{2\xi G_i} - k_\tau^{i,i+1}\right)\mathrm{e}^{\xi h_i} & \left(-\dfrac{k_u^{i,i+1}}{2\xi G_i}(1+\xi h_i) - k_\tau^{i,i+1}(2\nu_i+\xi h_i)\right)\mathrm{e}^{\xi h_i} & \left(\dfrac{k_u^{i,i+1}}{2\xi G_i} - k_\tau^{i,i+1}\right)\mathrm{e}^{-\xi h_i} & \left(-\dfrac{k_u^{i,i+1}}{2\xi G_i}(1-\xi h_i) + k_\tau^{i,i+1}(2\nu_i-\xi h_i)\right)\mathrm{e}^{-\xi h_i} \\ \left(-\dfrac{k_{\mathrm{w}}^{i,i+1}}{2\xi G_i} + k_\sigma^{i,i+1}\right)\mathrm{e}^{\xi h_i} & \left(k_{\mathrm{w}}^{i,i+1}\dfrac{2-4\nu_i-\xi h_i}{2\xi G_i} - k_\sigma^{i,i+1}(1-2\nu_i-\xi h_i)\right)\mathrm{e}^{\xi h_i} & \left(-\dfrac{k_{\mathrm{w}}^{i,i+1}}{2\xi G_i} - k_\sigma^{i,i+1}\right)\mathrm{e}^{-\xi h_i} & \left(-k_{\mathrm{w}}^{i,i+1}\dfrac{2-4\nu_i+\xi h_i}{2\xi G_i} - k_\sigma^{i,i+1}(1-2\nu_i+\xi h_i)\right)\mathrm{e}^{-\xi h_i} \end{bmatrix}。$$

从式(5.50)可以看到,矩阵 $\boldsymbol{E}$ 是带宽为 8 的带状矩阵,可采用主元消去法求解。在二十世纪七八十年代,诸多研究致力于减少求解线性方程组(5.50)的计算量,有反力递推法和系数递推法等;其中,系数递推法最为直观,其原理为利用层间接触条件,如式(5.51),建立相邻层的待定常数之间的递推关系,如式(5.52);进而,递推建立第 1 层和第 n 层的关系式,如式(5.52)中 $i=n, m=n-1$ 的情形;最后,利用结构表面二边界条件和最底层无限深条件得到的 $A_n=B_n=0$ 条件,求得 A_1、B_1、C_1、D_1;最后,再应用式(5.53)求出各层的待定常数。

$$[\boldsymbol{E}_{i-1}^{-}\ \boldsymbol{E}_i^{+}]\begin{bmatrix}\boldsymbol{F}_{i-1}\\ \boldsymbol{F}_i\end{bmatrix}=\boldsymbol{0} \qquad i=2,3,\cdots,n \tag{5.51}$$

$$\left.\begin{aligned}\boldsymbol{F}_i&=\boldsymbol{H}_{i,i-1}\boldsymbol{F}_{i-1}\\ \boldsymbol{H}_{i,i-1}&=-\boldsymbol{E}_{i-1}^{-}[\boldsymbol{E}_i^{+}]^{-1}\end{aligned}\right\} \qquad i=2,3\cdots,n \tag{5.52}$$

$$\begin{aligned}\boldsymbol{F}_i&=\boldsymbol{H}_{i,i-m}\boldsymbol{F}_{i-m}\\ \boldsymbol{H}_{i,i-m}&=\prod_{k=i-m}^{i-1}\boldsymbol{H}_{k+1,k}\end{aligned} \tag{5.53}$$

从式(5.51)~式(5.53)中可以看出,系数递推法实质上属矩阵计算中分块算法,可减少矩阵求逆的计算工作量,但随着计算机计算速度和存储能力的提升,其优势已不突出。

5.6 多层结构几个特征量的近似计算

承受车辆、飞机和装卸机械等滚动轮、轴荷载反复作用的铺面结构大多为多层结构。在竖向荷载作用下,铺面结构的几项结构响应颇为关键和具有表征性。

1)多层结构顶面的弯沉

多层结构顶面的弯沉是表征多层结构整体刚度的技术指标,同时是检验工程施工质量最直观、简洁且有效的检测指标。

2)面层压应力分布

当面层(上层或上几结构层)材料是沥青混合料时,面层内的压应力大小是造成沥青面层压密性车辙的主因。

3)沥青面层层底的弯拉应变

沥青材料的弯曲疲劳寿命与其出现在结构层层底的最大弯拉应变有关。

4)刚性或半刚性结构层层底的弯拉应力

当结构层材料的弹性模量较大而呈现刚性或半刚性特性时,结构层的力学响应以弯曲为主,此类结构的损坏以弯曲应力超过材料抗力而导致的结构断裂为主。

5)土基顶面的压应力和压应变

土基的累计塑性变形与其压应力或压应变有关,为避免土基产生过量的塑性变形,需控制出现在土基顶面的土基最大压应力或压应变。

5.6.1 多层顶面的当量模量

多层结构的顶面综合当量模量,定义为相同荷载作用下,结构层顶面的最大弯沉与半空间体的最大弯沉相等所对应的半空间体弹性模量。即:

$$w_{\max}=\frac{2(1-\nu_0^2)qa}{E_0}\frac{1}{\eta}=\frac{2(1-\nu_t^2)qa}{E_t} \tag{5.54}$$

由式(5.54)得到多层结构的当量广义模量 $\hat{E}_t$ 的表达式为：

$$\hat{E}_t=\hat{E}_0\eta \tag{5.55}$$

上式的系数 η 反映了土基(半空间体)上多层状结构对荷载作用下结构最大弯沉的减小作用，可称为多层结构的弯沉修正系数。系数 η 与层状结构的模量和泊松比 E_i、μ_i，层厚 h_i 与荷载圆半径 a 之比 h_i/a，以及层状结构的接触条件有关式。5.4.2 小节的“表面最大弯沉”中给出了二层结构时系数 η 的近似回归式(5.29)，其中回归系数由表 5-3 给出。

若层状结构超过两层时，可由上而下按弯曲刚度等效原则逐层合并为两层结构，然后再应用式(5.29)，及由表 5-3 给出的回归系数计算多层结构的弯沉修正系数 η。面层或当量面层与待合并结构层的总弯曲刚度 D_g 按(5.56)计算，然后应用式(5.57)计算两层的当量面层的广义模量 $\hat{E}_x$、厚度 h_x：

$$\left.\begin{aligned}D_g&\approx\frac{\hat{E}_1h_1^3}{12}+\frac{\hat{E}_2h_2^3}{12}+\frac{e(h_1+h_2)^2}{4}k_u\\ e^{-1}&=\frac{1}{\hat{E}_1h_1}+\frac{1}{\hat{E}_2h_2}\end{aligned}\right\} \tag{5.56}$$

式中：$\hat{E}_1$——面层或当量面层的广义模量；

$\hat{E}_2$——待合并层的广义模量；

k_u——层间接触系数，$k_u=0$(层间光滑时)，$k_u=1$(层间连续时)。

$$\left.\begin{aligned}\hat{E}_x&=\frac{h_1^2\hat{E}_1+h_2^2\hat{E}_2}{h_1^2+h_2^2}\\ h_x&=\sqrt[3]{\frac{12D_g}{E_x}}\end{aligned}\right\} \tag{5.57}$$

5.6.2 面层的竖向压应力

5.4.2 小节的“竖向压应力分布”中讨论了两层结构时的面层压应力分布规律，给出了近似回归式。多层结构时，面层下各层对面层压力分布形状函数 $\hat{\sigma}(z)$ 的影响较小，因此，面层压力分布形状函数 $\hat{\sigma}(z)$ 仍可用双层结构的回归式(5.31)、式(5.32)近似；但面层下各层对面层层底压应力折减系数 ξ_z 的影响明显，需加考虑。

三层结构时，随着第二层结构刚度的增大，面层压应力随层厚而衰减速率减慢，层底的压应力增大。也就是说，三层结构的面层层底压应力折减系数 ξ_T 较两层结构(面层与土基)的面层层底压应力的折减系数 ξ_z 要大一些，为此定义一个小于 1 的参数 ζ：

$$\zeta=\frac{1-\zeta_z}{1-\xi_T} \tag{5.58}$$

参数 ζ 与面层和第二层的厚度、模量等因素有关，在 $\hat{E}_1/\hat{E}_2$ 取 0.2 ~ 12.5，h_1 取 0.1 ~ 0.4m，h_2 取 0.2 ~ 0.6m 范围内，有近似回归式：

$$\left.\begin{aligned}\zeta &= A_\zeta\left[\frac{\hat{E}_1^{1/2}}{\hat{E}_2}\left(\frac{h_1}{h_2}\right)^{1/2}\right]^{-B_\zeta}\\ A_\zeta &= 1-0.47\left(\frac{h_1}{a}\right)^{-2.08}\\ B_\zeta &= 0.3\left(\frac{h_1}{a}\right)^{-1.94}\end{aligned}\right\}\tag{5.59}$$

若层状结构层超过三层时,面层以下至土基各层按上节方法换算成一当量层,然后按上述的三层情形计算。

5.6.3 结构层的弯拉应力、应变

低温时的沥青混合料层、无机结合料(水泥、石灰等)处治碎石、混凝土等刚性或半刚性材料结构层,在竖向外荷载作用下呈现以弯曲为主板体性,此类结构的弯拉应力、应变宜采用面层、基层和土基的三层结构体系模型计算,基层和土基层间可保守地视为光滑接触。

面层和基层的总弯矩可用5.4.2小节"层底最大弯拉应力、应变的计算式"中的弯矩计算式(5.38)计算,但截面的弯曲刚度 $\widetilde{D}$ 需改成面层和基层的合成弯曲刚度 $\widetilde{D}_g$,然后求得面层和基层的总弯曲刚度半径 l_g,再代入式(5.38)得到面层和基层的总弯矩。

面层与基层层间光滑时,面层和基层均无轴向力,但由竖向压应力和剪切应力引起的截面曲面变形将导致面层与基层弯曲曲率的不同,需引入面层与基层弯矩分配系数 φ 来考虑其影响;面层和基层的总弯曲刚度 D_g 也需予以修正:

$$\left.\begin{aligned}M_1 &= \frac{\varphi D_1}{\varphi D_1+D_2}M\\ M_2 &= \frac{D_2}{\varphi D_1+D_2}M\end{aligned}\right\}\tag{5.60-1}$$

$$D_g = \frac{\varphi\hat{E}_1h_1+\hat{E}_2h_2}{\hat{E}_1h_1+\hat{E}_2h_2}(D_1+D_2)\tag{5.60-2}$$

式中:M_1、M_2——分别为面层与基层所承担的弯矩。

面层与基层弯矩分配系数 φ 与面、基层广义模量比 $\hat{E}_1/\hat{E}_2$、厚度比 h_1/h_2 以及荷载圆半径 a 有关,在 $\hat{E}_1/\hat{E}_2=5\sim150$、$h_1/a=0.5\sim4$、$h_1/h_2=0.2\sim2$ 范围内,φ 的回归式为:

$$\varphi = 13.4\left\{\ln\left[\frac{\hat{E}_1}{\hat{E}_2}\left(\frac{h_1}{h_2}\right)^3\left(\frac{a}{h_2}\right)^3\right]+10\right\}^{-1.12}\tag{5.61}$$

面层、基层层底弯拉应力、应变可按式(5.37)计算,其中面层、基层考虑竖向压缩与剪切效应的曲面系数 b_i 按式(5.39)计算,只需将 M_i、h_i、$\hat{E}_i(i=1,2)$ 代替式(5.39)中的 M、h_1、$\hat{E}_1$ 即可。

面层和基层层间连续时,面层和基层拥有同一弯曲中性轴,弯曲中性轴至基层层底的距离 h_z 可按平面变形条件得到:

$$h_z = \frac{h_2}{2}+\frac{e(h_1+h_2)}{2\hat{E}_2h_2}\tag{5.62}$$

此时,面层层底的弯拉应变很小,其疲劳效应可不予考虑。计算基层层底弯拉应力时,面层和基层合并成一层进行等效计算,等效层厚度 h_g 可取 2 倍中性轴至基层层底的距离 h_z,等效广义模量 $\hat{E}_g$ 按刚度等效原则得到:

$$\left.\begin{aligned} h_g &= 2h_z \\ \hat{E}_g &= \frac{12D_g}{h_g^3} \end{aligned}\right\} \tag{5.63}$$

求出等效层厚度 h_g、等效广义模量 $\hat{E}_g$ 之后,可应用式(5.37)得到等效层层底弯拉应力 σ_{gb},则基层层底弯拉应力 σ_{2b} 为:

$$\sigma_{2b} = \frac{\hat{E}_2}{\hat{E}_g}\sigma_{gb} \tag{5.64}$$

当层状结构层数多于三层时,可按如下两种方法将多层结构近似等效为面层、基层和土基三层结构:

(1)自上而下将层间连续且弹性模量相近的多层结构按弯曲刚度等效的原则合并为当量面层、当量基层。

(2)刚性或半刚性材料结构层以下各层和土基合并为当量半空间体的土基层。在 5.6.1 小节"多层顶面的当量模量"中讨论了以表面最大弯沉相等为原则的当量综合模量 E_t 计算方法和近似回归式,但对于计算基、面层的弯拉应力来说并不十分恰当。研究发现,可通过对荷载圆半径 a 修正达到弯拉应力等效的目的。

$$\tilde{a} = k_a a \tag{5.65}$$

式(5.65)中的荷载圆半径修正系数 k_a 与面层和基层的弯曲刚度、待换算层的弯曲刚度以及土基状况有关,它们的近似回归式为:

$$\left.\begin{aligned} k_a &= \left(\frac{l_g}{a}\right)\left[1.11 - 0.044\left(\frac{h_g}{a}\right)\right]\varphi_a \\ \varphi_a &= \begin{cases} 1.20 + 0.11\ln\left(\dfrac{D_x}{D_g}\right) & \dfrac{D_x}{D_g} \leqslant 0.033 \\ 0.45 - 0.11\ln\left(\dfrac{D_x}{D_g}\right) & \dfrac{D_x}{D_g} > 0.033 \end{cases} \end{aligned}\right\} \tag{5.66}$$

式中:h_g、D_g——面、基层合成当量层的当量厚度,m,弯曲刚度,MN · m;

D_x——待换算层的弯曲刚度,MN · m;

l_g——面、基层合成当量层相对于土基的弯曲刚度半径,m。

较式(5.66)更精确但较复杂的近似回归式为[71]:

$$k_a = \left(\frac{l_g}{a}\right)\lambda_g^{\alpha}\lambda_x^{\beta}\left(\frac{h_g}{a}\right)^{\gamma}\left[A\ln^2\left(\frac{D_x}{D_g}\right) + B\ln\left(\frac{D_x}{D_G}\right) + C\right]$$

式中: λ_i——面、基层合成当量层($i = g$),待换算层($i = x$)与土基的广义模量比;

α、β、γ、A、B、C——荷载形式的回归系数,如表 5.4 所示。

回归系数 α、β、γ 和 A、B、C　　表5.4

荷载形式	α	β	γ	A	B	C
单圆	0.03	-0.12	-0.10	-0.017	-0.136	0.492
双圆	0	-0.09	-0.16	-0.019	-0.155	0.654

5.6.4　土基顶面压应力、压应变

三层结构时，若面层与基层层间连续，则可按弯曲刚度等效原则将面层和基层合并成一层结构，进而应用4.5.1小节的"顶面压应力、应变"中给出的两层结构回归式计算土基顶面竖向压应力、压应变。当面层与基层层间光滑，由于面层与基层弯曲曲率不同，其面、基层的当量总弯曲刚度需引入一弯曲曲率修正系数 φ（在5.5节中称为面层与基层弯矩分配系数）加以修正。当量总弯曲刚度的修正计算式同式(5.60-2)，面层与基层弯曲曲率修正系数 φ 的回归方程为：

$$\varphi = 13.7\left\{\ln\left[\frac{\hat{E}_1}{\hat{E}_2}\left(\frac{h_1}{h_2}\right)^3\left(\frac{a}{h_2}\right)^3\right]\right\}^{-0.98} \tag{5.67}$$

多层结构时，可按5.5节的方法将多层结构近似当量为面层、基层和土基的三层结构，然后再按上述方法计算。当路面结构参数：$h_1 = 0.1 \sim 0.3\text{m}$、$E_1 = 1\,000 \sim 30\,000\text{MPa}$、$h_2 = 0.3 \sim 0.5\text{m}$、$E_2 = 400 \sim 5\,000\text{MPa}$、$E_0 = 30 \sim 100\text{MPa}$ 范围变化时，均布荷载圆（$a = 0.1\text{m}$）作用下的土基顶面压应力折减系数 ξ_z 回归值与理论值的回归差（回归值与理论解之差）的标准差小于1‰。

5.7　多个荷载作用效应叠加

在已知多个荷载的集度 q_i、荷载圆半径 a_i、荷载圆中心点位置（x_i、y_i）（$i = 1,2,\cdots,m$）情况下，任一点（x、y）的弯沉 w、竖向压应力 σ_z，x 轴方向正应力 σ_x、y 轴方向正应力 σ_y 和 xy 平面剪应力 τ_{xy} 的计算式为：

$$\left.\begin{aligned}
w(x,y,z) &= \sum_{i=1}^{m} q_i \varphi_{\text{w}}(a_i, r_i, z) \\
\sigma_z(x,y,z) &= \sum_{i=1}^{m} q_i \varphi_{\sigma_z}(a_i, r_i, z) \\
\sigma_x(x,y,z) &= \sum_{i=1}^{m} q_i \left[\frac{\varphi_r(a_i,r_i,z) + \varphi_\theta(a_i,r_i,z)}{2} + \frac{\varphi_r - \varphi_\theta}{2}\cos 2\theta_i\right] \\
\sigma_y(x,y,z) &= \sum_{i=1}^{m} q_i \left[\frac{\varphi_r(a_i,r_i,z) + \varphi_\theta(a_i,r_i,z)}{2} + \frac{\varphi_r - \varphi_\theta}{2}\cos 2\theta_i\right] \\
\tau_{xy} &= \sum_{i=1}^{m} q_i \frac{\varphi_r(a_i,r_i,z) - \varphi_\theta(a_i,r_i,z)}{2}\sin 2\theta_i \\
r_i &= \sqrt{(x - x_i)^2 + (y - y_i)^2} \\
\cos\theta_i &= \frac{x - x_i}{r_i}
\end{aligned}\right\} \tag{5.68}$$

式中：　r_i——第 i 个荷载中心点到考察点的距离；

θ_i——第 i 个荷载中心点与考察点连线与 x 轴的夹角；

$\varphi_j(a,r,z)$——荷载圆半径 a 的单位均布圆形荷载在 (r,z) 处产生的 j 种结构响应。

考察点的主应力 σ_1、σ_2，主应力平面与 x 轴的夹角 α 为：

$$\sigma_{1,2}(x,y,z)=\frac{1}{2}(\sigma_x+\sigma_y)\pm\sqrt{(\sigma_x-\sigma_y)^2+4\tau_{xy}^2}$$

$$\alpha=\arctan\frac{-2\tau_{xy}}{\sigma_x-\sigma_y} \tag{5.69}$$

［**例 5.1**］ 某机场沥青道面结构如图 5.12 所示，用上述近似方法和层状体系计算波音 777-200 最大起飞重量引起底基层弯拉应力。

B777-200 的主起落架如图 5.13 所示，最大起飞重量时的一侧主起落架重为 $G=1\ 428\text{kN}$，轮胎压强为 1.28MPa，由此得到单轮平均荷载为 248 kN，单轮荷载半径 $a=0.243\text{m}$。

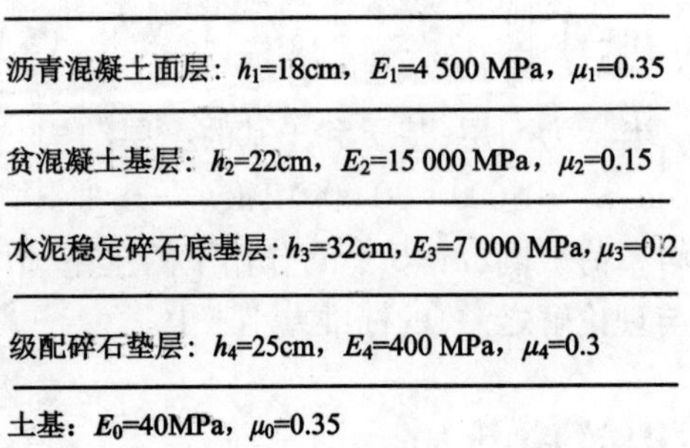

图 5.12 机场沥青道面结构示意图

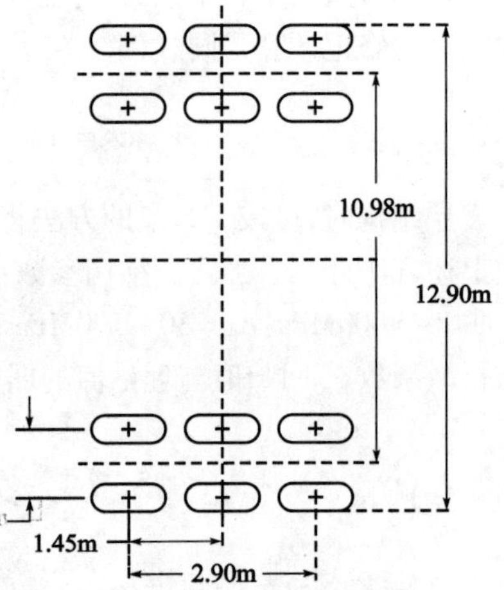

图 5.13 B777-200 主起落架

结构层间接触条件：除半刚性底基层与级配碎石垫层层间光滑之外，各层层间连续。

(1)道面结构层的刚度计算

面层刚度弯曲刚度 $D_1=2.5\text{MN}\cdot\text{m}$，基层弯曲刚度 $D_2=13.6\text{MN}\cdot\text{m}$，底基层弯曲刚度 $D_3=19.9\text{MN}\cdot\text{m}$。

基层和底基层总弯曲刚度 $D_j=134.1\text{MN}\cdot\text{m}$，当量厚度 $h_j=0.639\text{m}$，当量模量 $E_j=5\ 913\text{MPa}$。

道面结构(面层、基层和底基层)的总弯曲刚度 $D_g=262.1\text{MN}\cdot\text{m}$，当量厚度 $h_g=0.808\text{m}$，当量模量 $E_g=5\ 721\text{MPa}$，总弯曲刚度半径 $l_g=2.19\text{m}$。

垫层与土基的广义模量比 $\lambda_E=9.64$，由式(5.29)求得地基顶面当量回弹模量 $E_t=44\text{MPa}$。

(2)单轮荷载的应力计算

对底基层弯拉应力而言，由式(5.66)求得荷载圆半径修正系数 $k_a=5.46$，则荷载圆当量半径 $\tilde{a}=1.33\text{m}$。

代入式(5.38)得到单轮荷载作用下的道面结构总弯矩 $M_0=0.066\text{kN}$。

由式(5.37)得到道面结构等效层层底弯拉应力 $\sigma_g=0.541\text{MPa}$，再应用式(5.64)求得单圆荷载下底基层层底弯拉应力 $\sigma_{3b}=0.652\text{MPa}$。

(3)多轮荷载的应力叠加

两主起落架相距较远,只需考虑一侧起落架六个轮子的应力叠加效应,主轮取中间一轮,根据式(5.44)和式(5.46)计算得到另五个轮子的径向应力衰减系数(0.41、0.40、0.40、0.28、0.28)、切向应力衰减系数(0.11、0.09、0.09、0.01、0.01)。

按式(5.68)和式(5.69)计算得到主轮中点的主应力为:$\sigma_1=1.44\text{MPa}$,$\sigma_2=1.23\text{MPa}$。

(4)与层状体系理论解比较

用层状体系计算得到的底基层层底的主应力为:$\sigma_1=1.41\text{MPa}$,$\sigma_2=1.24\text{MPa}$。两种计算方法的误差不超过2%,可以满足工程应用的需要。

6 弹性地基上矩形板

6.1 矩形板边界条件

矩形弹性薄板的边界条件有固支边、简支边、滑支边和自由边四类，如图6.1所示。

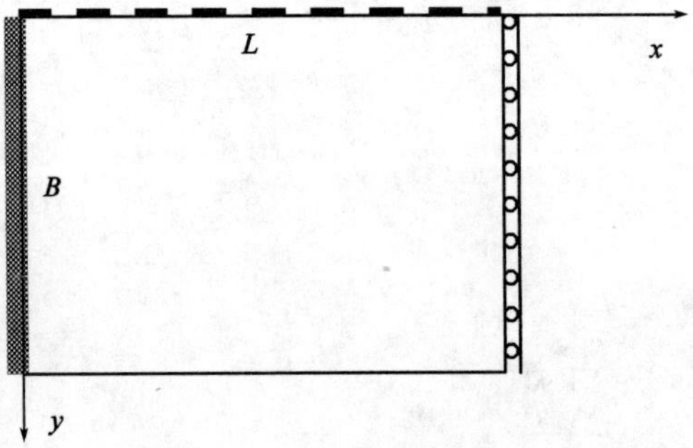

图6.1 弹性矩形板的边界条件

图6.1中，$x=0$ 边为固支边，其边界条件如式(6.1)所示；$y=0$ 边为简支边，其边界条件如式(6.2)所示：

$$\left.\begin{aligned} w\big|_{x=0} &= 0 \\ \frac{\partial w}{\partial x}\Big|_{x=0} &= 0 \end{aligned}\right\} \tag{6.1}$$

$$\left.\begin{aligned} w\big|_{y=0} &= 0 \\ M_y\big|_{y=0} &= 0 \end{aligned}\right\} \tag{6.2}$$

弯矩 M_y 的表达式为：

$$M_y = -D\left(\frac{\partial^2 w}{\partial y^2} + \nu\frac{\partial^2 w}{\partial x^2}\right) \tag{6.3}$$

式(6.2)中的前一边界条件指出，挠度 w 在 $y=0$ 的整个边界上恒等于零，由此可推出 $\frac{\partial w}{\partial x}\big|_{y=0} = \frac{\partial^2 w}{\partial x^2}\big|_{y=0} = 0$ 成立，因此，简支边的边界条件也可改写为：

$$\left.\begin{aligned} w\big|_{y=0} &= 0 \\ \frac{\partial^2 w}{\partial y^2}\Big|_{y=0} &= 0 \end{aligned}\right\} \tag{6.4}$$

对称轴的边界条件就是滑支边，如图6.1中的 $x=a$ 边，其边界条件如式(6.5)所示：

$$\frac{\partial w}{\partial x}\Big|_{x=L} = 0$$

$$V_x|_{x=L}=0 \tag{6.5}$$

边界竖向分布反力 V_x 可表示为：

$$V_x=Q_x+\frac{\partial M_{xy}}{\partial y}=-D\left(\frac{\partial^3 w}{\partial x^3}+(2-\nu)\frac{\partial^3 w}{\partial y^2\partial x}\right) \tag{6.6}$$

由式(6.5)中的前一边界条件，$\frac{\partial w}{\partial x}$在 $x=L$ 的整个边界上恒等于零，可推出$\frac{\partial^3 w}{\partial y^2\partial x}|_{x=L}=0$，因此，滑支边边界条件可改写为：

$$\left.\begin{aligned}&\frac{\partial w}{\partial x}|_{x=L}=0\\&\frac{\partial^3 w}{\partial x^3}|_{x=L}=0\end{aligned}\right\} \tag{6.7}$$

图 6.1 中，$y=B$ 边为自由边，其边界条件为：

$$\left.\begin{aligned}&M_y|_{y=B}=0\\&V_y|_{y=B}=0\\&M_{xy}|_{y=B}=0\end{aligned}\right\} \tag{6.8}$$

式(6.8)中的第三项边界条件非独立，可由第二项代替，改写为用挠度 w 表示的自由边边界条件为：

$$\left(\frac{\partial^2 w}{\partial y^2}+\nu\frac{\partial^2 w}{\partial x^2}\right)|_{y=B}=0$$

$$\left(\frac{\partial^3 w}{\partial y^3}+(2-\nu)\frac{\partial^3 w}{\partial x^2\partial y}\right)|_{y=B}=0 \tag{6.9}$$

弹性矩形薄板在两边相交的角点 c 有集中力 R_c：

$$R_c=2M_{xy}|c=-2D(1-\nu)\frac{\partial^2 w}{\partial y\partial x}|c \tag{6.10}$$

若两自由边相交，需补充角点条件：$R_c=0$。

6.2　分离变量法应用

可应用分离变量法求解弹性地基矩形薄板的问题并不多，仅在四边简(滑)支、对边简(滑)支情形时较为方便。

6.2.1　四边简(滑)支板的纳维解

双参数地基薄板的微分方程为：

$$D\,\nabla^4 w(x,y)-k_2\,\nabla^4 w(x,y)+k_1 w(x,y)=q(x,y) \tag{6.11}$$

四边简支的边界条件为：

$$\left.\begin{aligned}&w|_{x=0}=w|_{x=L}=w|_{y=0}=w|_{y=B}=0\\&\frac{\partial^2 w}{\partial x^2}|_{x=0}=\frac{\partial^2 w}{\partial x^2}|_{x=L}=\frac{\partial^2 w}{\partial y^2}|_{y=0}=\frac{\partial^2 w}{\partial y^2}|_{y=B}=0\end{aligned}\right\} \tag{6.12}$$

纳维(Navier)把挠度 $w(x,y)$ 分离为两个三角函数的乘积：

$$w=\sum_{m=1}^{\infty}\sum_{n=1}^{\infty}A_{mn}\sin\frac{m\pi x}{L}\sin\frac{n\pi y}{B} \tag{6.13}$$

当 m 和 n 为任意正整数时，式(6.12)的边界条件均可满足，将式(6.13)代入文克勒地基薄板的微分方程式(6.11)，整理得到：

$$D\sum_{m=1}^{\infty}\sum_{n=1}^{\infty}\left[\pi^4\left(\frac{m^2}{L^2}+\frac{n^2}{B^2}\right)^2+\frac{\pi^2k_2}{D}\left(\frac{m^2}{L^2}+\frac{n^2}{B^2}\right)+\frac{k_1}{D}\right]A_{mn}\sin\frac{m\pi x}{L}\sin\frac{n\pi y}{B}=q \tag{6.14}$$

将外荷载 $q(x,y)$ 展开与挠度 $w(x,y)$ 相同的重三角级数：

$$q(x,y)=C_{mn}\sin\frac{m\pi x}{L}\sin\frac{m\pi y}{B} \tag{6.15}$$

解式(6.15)得到 C_{mn} 为：

$$C_{mn}=\frac{4}{LB}\int_0^L\int_0^B q(x,y)\sin\frac{m\pi x}{L}\sin\frac{n\pi y}{B}\mathrm{d}x\mathrm{d}y \tag{6.16}$$

将式(6.15)、式(6.16)代入式(6.11)，则解得挠度 w 的待定常数 A_{mn} 为：

$$A_{mn}=\frac{4\int_0^L\int_0^B q(x,y)\sin\frac{m\pi x}{L}\sin\frac{n\pi y}{B}\mathrm{d}x\mathrm{d}y}{D\left[\pi^4\left(\frac{m^2}{L^2}+\frac{n^2}{B^2}\right)^2+\frac{\pi^2k_2}{D}\left(\frac{m^2}{L^2}+\frac{n^2}{B^2}\right)+\frac{k_1}{D}\right]LB} \tag{6.17-1}$$

当薄板受满布的均布荷载 q_0 时，待定常数 A_{mn} 为：

$$A_{mn}=\frac{4q_0(1-\cos m\pi)(1-\cos n\pi)}{\pi^2mnD\left[\pi^4\left(\frac{m^2}{L^2}+\frac{n^2}{B^2}\right)^2+\frac{\pi^2k_2}{D}\left(\frac{m^2}{L^2}+\frac{n^2}{B^2}\right)+\frac{k_1}{D}\right]}$$

或
$$A_{mn}=\frac{16q_0}{\pi^2mnD\left[\pi^4\left(\frac{m^2}{L^2}+\frac{n^2}{B^2}\right)^2+\frac{\pi^2k_2}{D}\left(\frac{m^2}{L^2}+\frac{n^2}{B^2}\right)+\frac{k_1}{D}\right]}\qquad \begin{matrix}m=1,3,5\cdots\\ n=1,3,5\cdots\end{matrix} \tag{6.17-2}$$

当薄板在任意点 (x_0,y_0) 受集中力 P 作用时，待定常数 A_{mn} 为：

$$A_{mn}=\frac{4P\sin\frac{m\pi x_0}{L}\sin\frac{n\pi y_0}{B}}{D\left[\pi^4\left(\frac{m^2}{L^2}+\frac{n^2}{B^2}\right)^2+\frac{\pi^2k_2}{D}\left(\frac{m^2}{L^2}+\frac{n^2}{B^2}\right)+\frac{k_1}{D}\right]LB}$$

[例6.1] 集中力 P 位于四边简支的文克勒地基方形板中点 $(L/2,L/2)$，求方板中点挠度。

由式(6.17-2)，得到待定常数 A_{mn}：

$$A_{mn}=\frac{Pl^2}{D}\frac{4}{\pi^4(m^2+n^2)^2\left(\frac{l}{L}\right)^2+\left(\frac{L}{l}\right)^2}\qquad \begin{matrix}m=1,3,5,\cdots\\ n=1,3,5,\cdots\end{matrix}$$

式中：l——文克勒地基板的相对刚度半径，$l^4=D/k$。

方板中点挠度计算式如下式所示，其中，不同板宽 L/l 的挠度系数 φ_w 如图6.2所示。

$$w=\frac{pl^2}{D}\varphi_w$$

$$\varphi_w = \sum_{m=1}^{\infty}\sum_{n=1}^{\infty}\frac{4}{\pi^4\left[(2m-1)^2+(2n-1)^2\right]^2\left(\frac{l}{L}\right)^2+\left(\frac{L}{l}\right)^2}$$

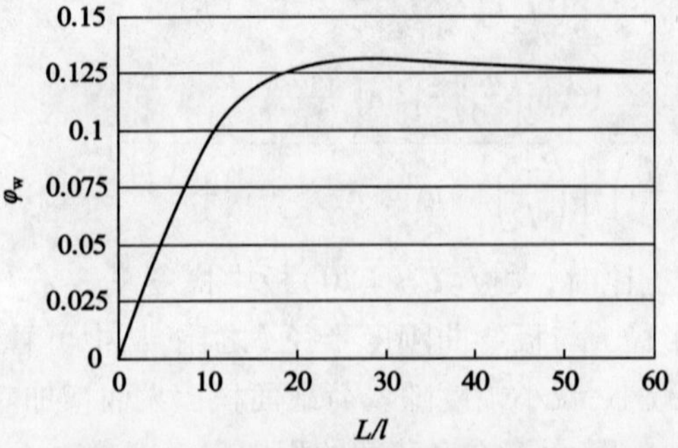

图 6.2　集中力下的板中点挠度系数 φ_w

[**例 6.2**]　矩形均布荷载位于四边简支的文克勒地基方形板中心时，考察不同长宽条件下的板中点挠度、弯矩。

矩形均布荷载方程可写为：

$$q(x,y)=\begin{cases}\dfrac{P}{ab} & \dfrac{L-a}{2}\leqslant x\leqslant\dfrac{L+a}{2}\cap\dfrac{L-b}{2}\leqslant y\leqslant\dfrac{L+b}{2}\\ 0 & \text{其他}\end{cases}$$

式中：P——荷载合力；

a、b——分别为矩形荷载长与宽。

矩形均布荷载展开系数 C_{mn}：

$$C_{mn}=\frac{4}{L^2}\int_0^L\int_0^B q(x,y)\sin\frac{m\pi x}{L}\sin\frac{n\pi y}{B}\mathrm{d}x\mathrm{d}y=\frac{4}{L^2}\frac{P}{ab}\int_{\frac{L-a}{2}}^{\frac{L+a}{2}}\sin\frac{m\pi x}{L}\mathrm{d}x\int_{\frac{L-b}{2}}^{\frac{L+b}{2}}\sin\frac{m\pi y}{L}\mathrm{d}y$$

$$=\frac{16}{mn\pi^2}\frac{P}{ab}\sin\left(\frac{m\pi}{2}\right)\sin\left(\frac{n\pi}{2}\right)\sin\left(\frac{m\pi a}{2L}\right)\sin\left(\frac{n\pi b}{2L}\right)$$

方程(6.13)的待定常数 A_{mn}：

$$A_{mn}=P\frac{16\sin\left(\frac{m\pi}{2}\right)\sin\left(\frac{n\pi}{2}\right)\sin\left(\frac{m\pi a}{2L}\right)\sin\left(\frac{n\pi b}{2L}\right)}{mn\pi^2 D\left[\left(\frac{\pi}{L}\right)^4(m^2+n^2)^2+\frac{k}{D}\right]ab}$$

板中点的挠度、弯矩：

$$w_0=\frac{Pl^2}{D}\varphi_w$$

$$M_x=P\varphi_{Mx}=P(A_M+\nu B_M)$$

$$M_y=P\varphi_{My}=P(B_M+\nu A_M)$$

$$\varphi_w=\sum_{m=1}^{\infty}\sum_{n=1}^{\infty}\frac{16\sin\left(\frac{m\pi a}{2L}\right)\sin\left(\frac{n\pi b}{2L}\right)}{mn\pi^2\left[\left(\frac{\pi l}{L}\right)^4(m^2+n^2)^2+1\right]\frac{ab}{l^2}}\qquad \begin{matrix}m=1,3,\cdots\\ n=1,3,\cdots\end{matrix}$$

$$A_M=\sum_{m=1}^{\infty}\sum_{n=1}^{\infty}\frac{16\sin\left(\frac{m\pi a}{2L}\right)\sin\left(\frac{n\pi b}{2L}\right)}{\left(\frac{L}{l}\right)^2\left[\left(\frac{\pi l}{L}\right)^4(m^2+n^2)^2+1\right]\frac{ab}{l^2}}\left(\frac{m}{n}\right)\qquad \begin{matrix} m=1,3,\cdots \\ n=1,3,\cdots \end{matrix}$$

$$B_M=\sum_{m=1}^{\infty}\sum_{n=1}^{\infty}\frac{16\sin\left(\frac{m\pi a}{2L}\right)\sin\left(\frac{n\pi b}{2L}\right)}{\left(\frac{L}{l}\right)^2\left[\left(\frac{\pi l}{L}\right)^4(m^2+n^2)^2+1\right]\frac{ab}{l^2}}\left(\frac{n}{m}\right)\qquad \begin{matrix} m=1,3,\cdots \\ n=1,3,\cdots \end{matrix}$$

图6.3给出了不同长宽比时，大板($L/l=20$)板中挠度系数 φ_w 的变化规律。图中横坐标 r/l 为矩形面积相等的圆半径 r 与板弯曲刚度半径 l 之比，从中可看到，随着矩形的扁平化(即 a/b 的增大)，板中点挠度减小，减小幅度随着荷载面积扩大而增加。对于板中点弯矩而言，垂直荷载长边方向弯矩参数 A_M 稍大于方形荷载的板中点弯矩参数 A_M，A_M 最大值出现在 $a/b=2$ 时，而垂直荷载短边方向弯矩参数 B_M 较方形荷载的板中点弯矩 B_M 小一些，参见图6.4。表6.1给出了几个荷载面积条件下，圆形荷载和四个长宽比的矩形荷载引起的板中点弯矩系数 φ_M($\nu=0.15$)，其中，长宽比 $a/b\neq1$ 的三个矩形荷载引起的弯矩给出了垂直长边和垂直短边的二个弯矩系数 φ_{Mx}、φ_{My}。从表6.1可以看到，垂直荷载长边方向的弯矩系数 φ_{Mx} 之间差异较小，其中，圆形和方形荷载的 φ_{Mx} 之间差异不大于1%；而垂直短边方向的弯矩系数 φ_{My} 之间差异较为明显，随着矩形的扁平化，φ_{Mx} 与 φ_{My} 之间偏差可达10%~20%。

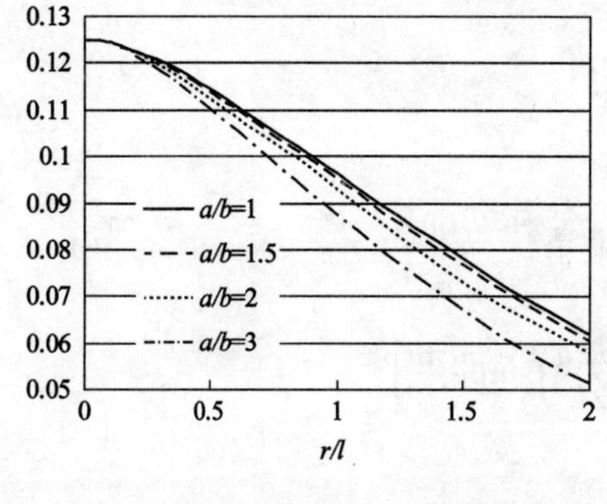

图6.3 矩形荷载下的板中点挠度系数 φ_w

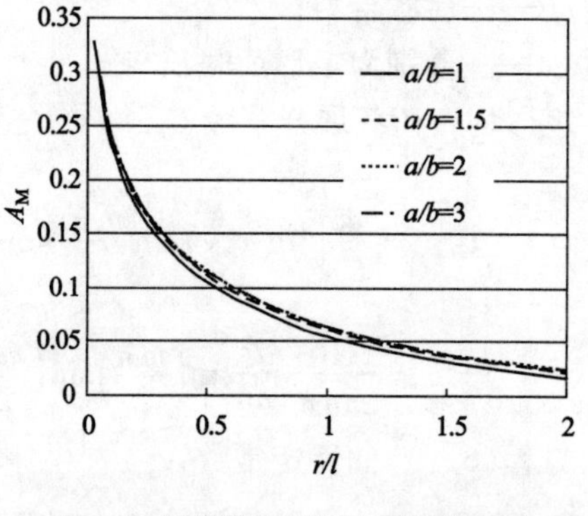

图6.4 矩形荷载下的板中点弯矩系数 A_M

圆形与不同长宽比矩形荷载的板中点弯矩系数 表6.1

r/l			0.1	0.15	0.2	0.25	0.3
圆		φ_{M0}	0.267	0.230	0.204	0.183	0.167
矩形 a/b	1	φ_{Mx}	0.265	0.228	0.202	0.182	0.165
	1.5		0.271	0.234	0.208	0.188	0.171
	2		0.271	0.235	0.209	0.189	0.173
	3		0.267	0.232	0.207	0.187	0.172
	1.5	φ_{My}	0.257	0.219	0.192	0.172	0.155
	2		0.248	0.210	0.184	0.163	0.146
	3		0.232	0.196	0.170	0.149	0.133

若将挠度 w 展开式(6.13)中的 sin 改为 cos:

$$w=\sum_{m=1}^{\infty}\sum_{n=1}^{\infty}A_{mn}\cos\frac{m\pi x}{L}\cos\frac{n\pi y}{B} \tag{6.18}$$

从式(6.18)可以看出,它可满足四边滑支的边界条件,因此,上述四边简支的解法和计算式,只需将正弦函数与余弦函数互换,就是四边滑支的解。由此推论,对边简支、对边滑支的解也可套用上述解法和公式,只需将滑支对边对应的 x 或 y 项的正弦函数与余弦函数互换即可。

6.2.2 对边简(滑)支板的莱维解

矩形薄板的 $x=0$ 和 $x=L$ 两边简支,另两边 $y=0$ 和 $y=B$ 为任意边界,承受任意竖向荷载 q。莱维(Paul Pierre Levy)把挠度 w 取为如下的三角级数:

$$w=\sum_{m=1}^{\infty}Y_m\sin\frac{m\pi x}{L} \tag{6.19}$$

式(6.19)满足 $x=0$ 和 $x=L$ 两边简支边的边界条件,将式代入文克勒地基薄板的微分方程式(6.11),得:

$$D\sum_{m=1}^{\infty}\left\{Y_m^{(4)}(y)-2\left(\frac{m\pi}{L}\right)^2Y_m^{(2)}(y)+\left[\left(\frac{m\pi}{L}\right)^4+\frac{k}{D}\right]Y_m(y)\right\}\sin\frac{m\pi x}{L}=q \tag{6.20}$$

将 q 展开为 $\sin\frac{m\pi x}{L}$级配:

$$\left.\begin{aligned}q&=\sum_{m=1}^{\infty}q_m(y)\sin\frac{m\pi x}{L}\\ q_m(y)&=\frac{2}{L}\int_0^L q(x,y)\sin\frac{m\pi x}{L}\mathrm{d}x\end{aligned}\right\} \tag{6.21}$$

由此,式(6.20)改写为:

$$Y_m^{(4)}(y)-2\left(\frac{m\pi}{L}\right)^2Y_m^{(2)}(y)+\left[\left(\frac{m\pi}{L}\right)^4+\frac{k}{D}\right]Y_m(y)=\frac{q_m(y)}{D} \tag{6.22}$$

由此将求解偏微分方程问题简化为求解常微分方程问题,即无穷多个弹性地基梁问题,式(6.22)的齐次解特征方程为:

$$\lambda^4-2\left(\frac{m\pi}{L}\right)^2\lambda^2+\left(\frac{m\pi}{L}\right)^4+\frac{k}{D}=0 \tag{6.23}$$

解方程式(6.23)得到四个特征根为:

$$\lambda_{1,2,3,4}=\pm\alpha_m\pm i\beta_m \tag{6.24}$$

其中,$\alpha_m=\frac{1}{\sqrt{2}l}\sqrt{\sqrt{\theta_m^4+1}-\theta_m^2}$,$\beta_m=\frac{1}{\sqrt{2}l}\sqrt{\sqrt{\theta_m^4+1}+\theta_m^2}$,$\theta_m=\left(\frac{m\pi l}{L}\right)$。

由此得到:

$$Y_m(y)=\sinh\beta_my(A_m\cos\alpha_my+B_m\sin\alpha_my)+\cosh\beta_my(C_m\cos\alpha_my+D_m\sin\alpha_my)+Y_m^*(y) \tag{6.25}$$

式中: $Y_m^*(y)$——方程特解项,根据 $q_m(y)$确定;

A_m,B_m,C_m,D_m——由 $y=0$, $y=B$ 边界条件确定的待定常数。

若将式(6.19)中的 sin 改为 cos,即将对边简支问题变成了对边滑支问题。

[**例6.3**] 如图6.5所示的对边简支的半无限长板,端边自由,在自由边边缘中点作用集中力 P,求解集中力作用点的板挠度。

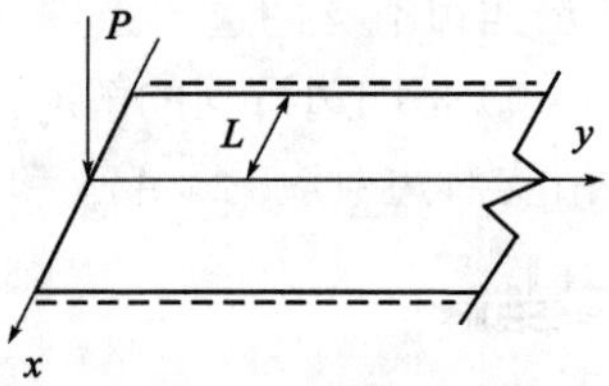

图6.5 对边简支半无限长板端部中点作用集中力

半无限长板的 $Y_m(y)$ 为:

$$Y_m(y) = e^{-\beta_m y}(A_m\cos\alpha_m y + B_m\sin\alpha_m y)$$

代入式(6.19)得该问题的解:

$$w = \sum_{m=1}^{\infty} e^{-\beta_m y}(A_m\cos\alpha_m y + B_m\sin\alpha_m y)\sin\frac{m\pi x}{L} \tag{6.26}$$

待定常数 A_m、B_m 由端部边界条件 $M_y|_{y=0}=0, V_y|_{y=0}=-P$ 确定。M_y、V_y 的表达式为:

$$M_y = -D\left(\frac{\partial^2 w}{\partial y^2} + \nu\frac{\partial^2 w}{\partial x^2}\right) = -D\sum_{m=1}^{\infty}\left[\frac{\partial^2 Y_m}{\partial y^2} - \nu Y_m\left(\frac{m\pi}{L}\right)^2\right]\sin\frac{m\pi x}{L}$$

$$V_y = -D\left[\frac{\partial^3 w}{\partial x^3} + (2-\nu)\frac{\partial^3 w}{\partial y^2\partial x}\right] = -D\sum_{m=1}^{\infty}\left[\frac{\partial^3 Y_m}{\partial y^3} - (2-\nu)\frac{\partial Y_m}{\partial y}\left(\frac{m\pi}{L}\right)^2\right]\sin\frac{m\pi x}{L}$$

将集中力 P 展开为 $\sin\frac{m\pi x}{L}$ 级数:

$$q = P\delta\left(x-\frac{L}{2}, y\right) = \sum_{m=1}^{\infty} q_m\sin\frac{m\pi x}{L}$$

$$q_m = \frac{2P}{L}\delta(y)\sin\frac{m\pi}{2}$$

代入边界条件,得到方程组:

$$\left.\begin{aligned}\left[\beta_m^2 - \alpha_m^2 - \nu\left(\frac{m\pi}{L}\right)^2\right]A_m - 2\alpha_m\beta_m B_m = 0\\ \beta_m\left[3\alpha_m^2 - \beta_m^2 + (2-\nu)\left(\frac{m\pi}{L}\right)^2\right]A_m + \alpha_m\left[3\beta_m^2 - \alpha_m^2 - (2-\nu)\left(\frac{m\pi}{L}\right)^2\right]B_m = \frac{2P}{DL}\sin\frac{m\pi}{2}\end{aligned}\right\}$$

解上式得:

$$A_m = \frac{2P}{DL\Omega_m}\sin\frac{m\pi}{2}, B_m = \frac{2P}{DL\Omega_m}\theta_m^2(1-\nu)\sin\frac{m\pi}{2}$$

$$\Omega_m = \alpha_m\left\{2\beta_m^2\left[\sqrt{\theta_m^4+1} - \nu\theta_m^2\right] + \theta_m^2(1-\nu)\left[\sqrt{\theta_m^4+1} + \nu\theta_m^2\right]\right\}$$

给定集中力作用点坐标$(L/2,0)$处的板挠度为:

$$w_{\max} = \frac{Pl^2}{D}\varphi_w$$

$$\varphi_w = \sum_{m=1}^{\infty}\frac{1}{\Omega_m}\left(\sin\frac{m\pi}{2}\right)^2 = \sum_{n=1}^{\infty}\frac{1}{\Omega_{2n-1}}$$

不同板宽度 L/l、泊松比 ν 条件下的挠度系数 φ_w 如图6.6所示。从图6.6中可以看列，随着板宽 L/l 加大，挠度系数 φ_w 迅速上升，在 $L/l=5$ 附近达到最大，之后缓慢下降并收敛，挠度系数收敛值 $\varphi_{w\infty}$ 即为无限大地基板板边作用集中力的挠度系数。不同泊松比 ν 条件下的无限大板板边作用集中力的挠度系数 $\varphi_{w\infty}$ 如图6.7所示。从图6.7可以看到，挠度系数 $\varphi_{w\infty}$ 随着泊松比 ν 增大而增大，它们之间的近似关系式为：

$$\varphi_{w\infty} = 0.408 + 0.107\nu + 0.234\nu^2$$

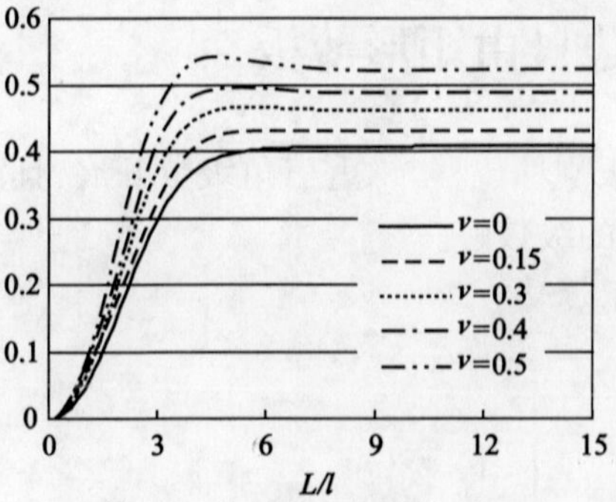

图6.6　板边作用集中力的挠度系数 φ_w

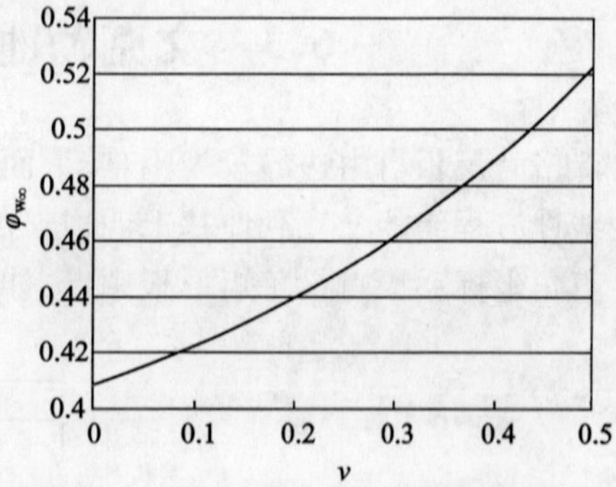

图6.7　最大挠度收敛图

[**例6.4**]　集中力作用在对边简支的无限长条形板的中点，求其最大挠度。

将例6.1中的 $y=0$ 处的边界条件改为滑支，集中力改为 $P/2$，即为本问题。

由边界条件，得到求解待定常数的方程组：

$$\left.\begin{aligned} -\beta_m A_m + \alpha_m B_m &= 0 \\ \beta_m(3\alpha_m^2 - \beta_m^2)A_m + \alpha_m(3\beta_m^2 - \alpha_m^2)B_m &= \frac{P}{DL}\sin\frac{m\pi}{2} \end{aligned}\right\}$$

解得待定常数 A_m、B_m：

$$A_m = \frac{P\sin\frac{m\pi}{2}}{2\beta_m(\alpha_m^2 + \beta_m^2)DL}$$

$$B_m = \frac{P\sin\frac{m\pi}{2}}{2\alpha_m(\alpha_m^2 + \beta_m^2)DL}$$

给定集中力作用点坐标 $(L/2,0)$ 处的板挠度为：

$$w = \frac{Pl^2}{D}\varphi_w$$

$$\varphi_w = \sum_{m=1}^{\infty}\frac{l}{\sqrt{2}L\sqrt{\sqrt{\theta_m^4+1}+\theta_m^2}\sqrt{\theta_m^4+1}}$$

不同板宽度 L/l、泊松比 μ 条件下的挠度系数 φ_w 如图6.8所示，从中可以看出，随着板宽 L/l 加大，挠度系数 φ_w 迅速上升，在 $L/l=4.5$ 附近达到

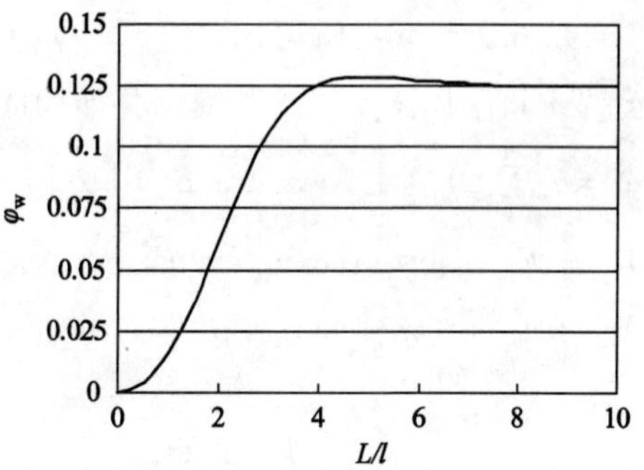

图6.8　条形板的中点挠度系数 φ_w

最大,之后缓慢下降,最终收敛于0.125。

最后,必须指出,除几个特殊问题之外,应用上述方法求解弹性地基上矩形薄板是十分繁琐和困难的。第一,局部或不规则形状的外荷载 $q(x,y)$ 展开为 $\sin\dfrac{m\pi x}{L}$ 级数,进而确定 $q_m(y)$ 的过程十分复杂;其次,寻找 $q_m(y)$ 的特解 $Y_m^*(y)$ 不易;第三,在大多场合,板弯矩和剪力的收敛速度较慢,计算量大。

6.3 文克勒地基上四边自由矩形薄板

严格满足板自由边界较为困难,下面介绍引入板刚性位移,二重三角级数开展,且需求解超大线性方程组的文克勒地基上四边自由矩形薄板的级数解。

直角坐标系原点设于矩形板中点,如图6.9所示。

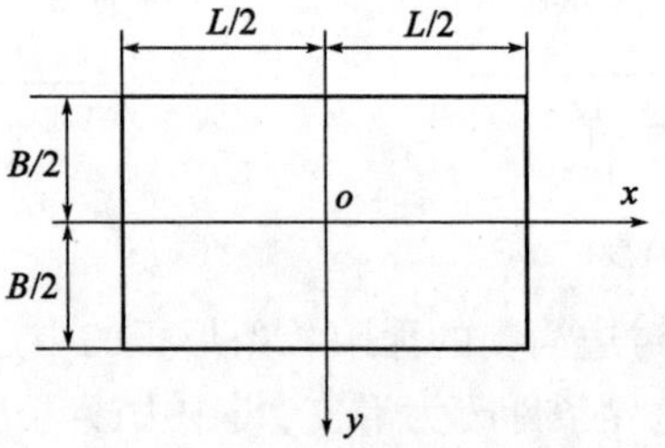

图6.9 四边自由矩形薄板示意图

引入板的刚性位移和纯扭曲变形后的板位移函数为[34,35]:

$$w = \bar{w} + w_0 + \omega_x x + \omega_y y + \omega_{xy}xy \tag{6.27}$$

式中:w_0、ω_x、ω_y、ω_{xy}——待定常数,其中,$w_0 + \omega_x x + \omega_y y$ 为板的刚性位移。

将式(6.27)代入文克勒地基上四边自由矩形薄板的微分方程得到:

$$D\nabla^4\bar{w} + k\bar{w} = q(x,y) - k(w_0 + \omega_x x + \omega_y y + \omega_{xy}xy) \tag{6.28}$$

微分方程式(6.28)的解由齐次解 $\tilde{w}$ 和特解 $\hat{w}$ 之和构成,其中:齐次解 $\tilde{w}$ 满足式(6.29-1),而特解 $\hat{w}$ 为满足式(6.29-2)的任一个解,四边自由的边界条件由通解 $w=\tilde{w}+\hat{w}$ 共同满足。

$$D\nabla^4\tilde{w} + k\tilde{w} = 0 \tag{6.29-1}$$

$$D\nabla^4\hat{w} + k\hat{w} = q(x,y) - k(w_0 + \omega_x x + \omega_y y + \omega_{xy}xy) \tag{6.29-2}$$

从6.2节莱维解可知,式(6.19)中 Y_m 可满足 y 轴方向二对边的任何边界条件。因此,齐次解 $\tilde{w}$ 可采用 x、y 二维莱维解叠加构成:

$$\left.\begin{aligned}
\tilde{w} &= \sum_{m=1,3,\cdots}^{\infty} Y_m(A_m\cos\alpha_m x + B_m\sin\alpha_m x) + \sum_{n=1,3,\cdots}^{\infty} X_n(C_n\cos\beta_n y + D_n\sin\beta_n y)\\
Y_m &= E_{1m}\cosh\gamma_{1m}y\cos\gamma_{2m}y + E_{2m}\cosh\gamma_{1m}y\sin\gamma_{2m}y + E_{3m}\sinh\gamma_{1m}y\cos\gamma_{2m}y + E_{4m}\sinh\gamma_{1m}y\sin\gamma_{2m}y\\
X_n &= F_{1n}\cosh\eta_{1n}y\cos\eta_{2n}y + F_{2n}\cosh\eta_{1n}y\sin\eta_{2n}y + F_{3n}\sinh\eta_{1n}y\cos\eta_{2n}y + F_{4n}\sinh\eta_{1n}y\sin\eta_{2n}y
\end{aligned}\right\} \tag{6.30}$$

其中,$\gamma_{1m} = \dfrac{1}{l}\sqrt{\dfrac{\sqrt{\theta_m^4+1}+\theta_m^2}{2}}$,$\gamma_{2m} = \dfrac{1}{l}\sqrt{\dfrac{\sqrt{\theta_m^4+1}-\theta_m^2}{2}}$,$\theta_m = l\alpha_m$,$\alpha_m = \dfrac{m\pi}{L}$,$l = \sqrt[4]{\dfrac{D}{k}}$,

$\eta_{1n}=\frac{1}{l}\sqrt{\frac{\sqrt{\vartheta_n^4+1}+\vartheta_n^2}{2}}$，$\eta_{2n}=\frac{1}{l}\sqrt{\frac{\sqrt{\vartheta_n^4+1}-\vartheta_n^2}{2}}$，$\vartheta_n=l\beta_n$，$\beta_n=\frac{n\pi}{B}$。

齐次解 $\tilde{w}$ 引起的板弯矩 $\widetilde{M}_x$、$\widetilde{M}_y$，竖向力 $\widetilde{V}_x$、$\widetilde{V}_y$ 和扭矩 $\widetilde{M}_{xy}$ 为：

$$\left.\begin{aligned}
\widetilde{M}_x=&-D\Big[\sum_{m=1,3,\cdots}^{\infty}\left(\nu\frac{d^2Y_m}{dy^2}-\alpha_m^2Y_m\right)(A_m\cos\alpha_m x+B_m\sin\alpha_m x)+\\
&\sum_{n=1,3,\cdots}^{\infty}\left(\frac{d^2X_n}{dx^2}-\nu\beta_n^2X_n\right)(C_n\cos\beta_n y+D_n\sin\beta_n y)\Big]\\
\widetilde{M}_y=&-D\Big[\sum_{m=1,3,\cdots}^{\infty}\left(\frac{d^2Y_m}{dy^2}-\nu\alpha_m^2Y_m\right)(A_m\cos\alpha_m x+B_m\sin\alpha_m x)+\\
&\sum_{n=1,3,\cdots}^{\infty}\left(\nu\frac{d^2X_n}{dx^2}-\beta_n^2X_n\right)(C_n\cos\beta_n y+D_n\sin\beta_n y)\Big]\\
\widetilde{V}_x=&-D\Big[\sum_{m=1,3,\cdots}^{\infty}\alpha_m\left(\alpha_m^2Y_m-(2-\nu)\frac{d^2Y_m}{dy^2}\right)(A_m\sin\alpha_m x-B_m\cos\alpha_m x)+\\
&\sum_{n=1,3,\cdots}^{\infty}\left(\frac{d^3X_n}{dx^3}-(2-\nu)\beta_n^2\frac{dX_n}{dx}\right)(C_n\cos\beta_n y+D_n\sin\beta_n y)\Big]\\
\widetilde{V}_y=&-D\Big[\sum_{m=1,3,\cdots}^{\infty}\left(\frac{d^3Y_m}{dy^3}-(2-\nu)\alpha_n^2\frac{dY_m}{dy}\right)(A_m\cos\alpha_m x+B_m\sin\alpha_m x)+\\
&\sum_{n=1,3,\cdots}^{\infty}\beta_n\left(\beta_n^2X_n-(2-\nu)\frac{d^2X_n}{dx^2}\right)(C_n\sin\beta_n y-D_n\mathrm{con}\beta_n y)\Big]\\
\widetilde{M}_{xy}=&-D(1-\nu)\Big[\sum_{m=1,3,\cdots}^{\infty}\alpha_m\frac{dY_m}{dy}(A_m\sin\alpha_m x-B_m\cos\alpha_m x)+\\
&\sum_{n=1,3,\cdots}^{\infty}\beta_n\frac{dX_n}{dx}(C_n\sin\beta_n y-D_n\cos\beta_n y)\Big]
\end{aligned}\right\}\tag{6.31}$$

板竖向外荷载 $q(x,y)$ 展开为如下形式的双三角级数：

$$\begin{aligned}q(x,y)=\sum_{m=1,3,\cdots}^{\infty}\sum_{m=1,3,\cdots}^{\infty}[&q_{1mn}\cos\alpha_m x\cos\beta_n y+q_{2mn}\sin\alpha_m x\cos\beta_n y+\\&q_{3mn}\cos\alpha_m x\sin\beta_n y+q_{4mn}\sin\alpha_m x\sin\beta_n y]\end{aligned}\tag{6.32}$$

其中，$q_{1mn}=\frac{4}{LB}\int_{-L/2}^{L/2}\int_{-B/2}^{B/2}q(x,y)\cos\alpha_m x\cos\beta_n y\mathrm{d}x\mathrm{d}y$，$q_{2mn}=\frac{4}{LB}\int_{-L/2}^{L/2}\int_{-B/2}^{B/2}q(x,y)\sin\alpha_m x\sin\beta_n y\mathrm{d}x\mathrm{d}y$，

$q_{3mn}=\frac{4}{LB}\int_{-L/2}^{L/2}\int_{-B/2}^{B/2}q(x,y)\sin\alpha_m x\cos\beta_n y\mathrm{d}x\mathrm{d}y$，$q_{4mn}=\frac{4}{LB}\int_{-L/2}^{L/2}\int_{-B/2}^{B/2}q(x,y)\cos\alpha_m x\sin\beta_n y\mathrm{d}x\mathrm{d}y$。

式(6.32)右边第一项为 x、y 双轴对称，第二项为对称于 x 轴、反对称于 y 轴；第三项为反对称于 x 轴、对称于 y 轴；第四项为反对称于 x、y 轴。对于任意荷载来说，均可分解为这四种情形，如图 6.10 所示。

为了求解方便，将求解任意荷载下的四边自由矩形薄板问题分解为上述四种情形。

(1)双轴对称问题

双轴对称时，$\omega_x=\omega_y=\omega_{xy}=0$，$q_{2mn}=q_{3mn}=q_{4mn}=0$。特解 $\hat{w}$ 取：

$$\hat{w}=\sum_{m=1,3,\cdots}^{\infty}\sum_{n=1,3,\cdots}^{\infty}(a_{mn}+b_{mn}w_0)\cos\alpha_m x\cos\beta_n y \tag{6.33}$$

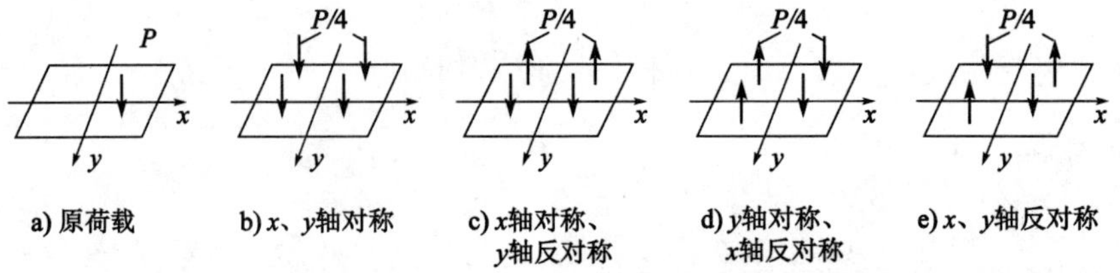

图 6.10 任意荷载的分解

代入微分方程式(6.29-2),得到:

$$\sum_{m=1,3,\cdots}^{\infty}\sum_{n=1,3,\cdots}^{\infty}(a_{mn}+b_{mn}w_0)=\sum_{m=1,3,\cdots}^{\infty}\sum_{n=1,3,\cdots}^{\infty}\left(\frac{q_{1mn}+(-1)^{\frac{m+n}{2}}\frac{16kw_0}{mn\pi^2}}{D(\alpha_m^2+\beta_m^2)^2+k}\right) \tag{6.34}$$

待定常数 a_{mn}、b_{mn} 则为:

$$a_{mn}=\frac{q_{1mn}}{ke_{mn}}$$

$$b_{mn}=(-1)^{\frac{m+n}{2}}\frac{16}{mn\pi^2 e_{mn}}$$

$$e_{mn}=l^4(\alpha_m^2+\beta_n^2)^2+1$$

齐次解 $\tilde{w}$ 对应式(6.30)中的 $E_{2m}=E_{3m}=F_{2n}=F_{3n}=0$。通解 $\tilde{w}+\hat{w}$ 需满足的边界条件为:

$$M_x\big|_{x=\frac{L}{2}}=M_y\big|_{y=\frac{B}{2}}=V_x\big|_{x=\frac{L}{2}}=V_y\big|_{y=\frac{B}{2}}=M_{xy}\big|_{x=\frac{L}{2},y=\frac{B}{2}}=0 \tag{6.35}$$

由式(6.35)中的两弯矩为零条件,得到:

$$\left.\begin{aligned}\frac{d^2X}{dx^2}-\nu\beta_n^2X_n&=0\\ \frac{d^2Y_m}{dy^2}-\nu\alpha_m^2Y_m&=0\end{aligned}\right\} \tag{6.36}$$

整理式(6.36)得到:

$$\left.\begin{aligned}F_{1n}&=F_{4n}\lambda F_n\\ E_{1m}&=E_{4m}\lambda E_m\end{aligned}\right\} \tag{6.37}$$

其中:$\lambda E_m=-\dfrac{\theta_m^2(1-\nu)\sinh\dfrac{\gamma_{1m}B}{2}\sin\dfrac{\gamma_{2m}B}{2}+\cosh\dfrac{\gamma_{1m}B}{2}\cos\dfrac{\gamma_{2m}B}{2}}{\theta_m^2(1-\nu)\cosh\dfrac{\gamma_{1m}B}{2}\cos\dfrac{\gamma_{2m}B}{2}-\sinh\dfrac{\gamma_{1m}B}{2}\sin\dfrac{\gamma_{2m}B}{2}}$;

$$\lambda F_n=-\frac{\vartheta_n^2(1-\nu)\sinh\dfrac{\eta_{1n}L}{2}\sin\dfrac{\eta_{2n}L}{2}+\cosh\dfrac{\eta_{1n}L}{2}\cos\dfrac{\eta_{2n}L}{2}}{\vartheta_n^2(1-\nu)\cosh\dfrac{\eta_{1n}L}{2}\cos\dfrac{\eta_{2n}L}{2}-\sinh\dfrac{\eta_{1n}L}{2}\sin\dfrac{\eta_{2n}L}{2}}。$$

齐次解 $\tilde{w}$ 可进一步简化为:

$$\tilde{w}=\sum_{m=1,3,\cdots}^{\infty}E_mY_m^*\cos\alpha_m x+\sum_{n=1,3,\cdots}^{\infty}F_nX_n^*\cos\beta_n y \tag{6.38}$$

式(6.38)中的 E_m、F_n 即为 E_{4m}、F_{4n}，Y_m^*、X_n^* 为已知函数：

$$\left.\begin{aligned}Y_m^* &= \lambda E_m \cosh\gamma_{1m}y\cos\gamma_{2m}y + \sinh\gamma_{1m}y\sin\gamma_{2m}y\\ X_n^* &= \lambda F_n \cosh\eta_{1n}x\cos\eta_{2n}x + \sinh\eta_{1n}x\sin\eta_{2n}x\end{aligned}\right\} \tag{6.39}$$

竖向力 V_x、V_y 的表示为：

$$\left.\begin{aligned}-\frac{V_y}{D}\bigg|_{y=\frac{L}{2}} &= \sum_{m=1}^{\infty}\left[E_m\rho_{ym} + \xi_{ym} + \zeta_{ym}w_0 + \sum_{n=1,3,\cdots}^{\infty}\xi X_{nm}F_n\right]\cos\alpha_m x\\ -\frac{V_x}{D}\bigg|_{x=\frac{L}{2}} &= \sum_{n=1}^{\infty}\left[F_n\rho_{xn} + \xi_{xn} + \zeta_{xn}w_0 + \sum_{m=1,3,\cdots}^{\infty}\xi Y_{nm}E_m\right]\cos\beta_n y\end{aligned}\right\} \tag{6.40}$$

其中：$\rho_{xn} = \dfrac{\mathrm{d}^3X_n^*(L/2)}{\mathrm{d}x^3} - (2-\nu)\left(\dfrac{n\pi}{B}\right)^2\dfrac{\mathrm{d}X_n^*(L/2)}{\mathrm{d}x}$；

$$\rho_{ym} = \frac{\mathrm{d}^3Y_m^*(B/2)}{\mathrm{d}y^3} - (2-\nu)\left(\frac{m\pi}{L}\right)^2\frac{\mathrm{d}Y_m^*(B/2)}{\mathrm{d}y};$$

$$\xi_{xn} = \sum_{m=1,3,\cdots}^{\infty}(-1)^{\frac{m-1}{2}}\alpha_m\left[(2-\nu)\beta_n^2 + \alpha_m^2\right]a_{mn};$$

$$\xi_{ym} = \sum_{n=1,3,\cdots}^{\infty}(-1)^{\frac{n-1}{2}}\beta_n\left[(2-\nu)\alpha_m^2 + \beta_n^2\right]a_{mn};$$

$$\zeta_{xn} = \sum_{m=1,3,\cdots}^{\infty}(-1)^{\frac{m-1}{2}}\alpha_m\left[(2-\nu)\beta_n^2 + \alpha_m^2\right]b_{mn};$$

$$\zeta_{ym} = \sum_{n=1,3,\cdots}^{\infty}(-1)^{\frac{n-1}{2}}\beta_n\left[(2-\nu)\alpha_m^2 + \beta_n^2\right]b_{mn};$$

$$\xi X_{mn} = (-1)^{\frac{m-1}{2}}\frac{2m\pi}{LB}\int_{-L/2}^{L/2}\left[\left(\frac{m\pi}{B}\right)^2X_n^*(x) - (2-\nu)\frac{\mathrm{d}^2X_n^*(x)}{\mathrm{d}x^2}\right]\cos\alpha_n x\mathrm{d}x;$$

$$\xi Y_{nm} = (-1)^{\frac{n-1}{2}}\frac{2n\pi}{BL}\int_{-B/2}^{B/2}\left[\left(\frac{n\pi}{L}\right)^2Y_m^*(y) - (2-\nu)\frac{\mathrm{d}^2Y_m^*(x)}{\mathrm{d}y^2}\right]\cos\beta_m y\mathrm{d}y。$$

将 V_x、V_y 在边界上为零条件代入式(6.40)，则有：

$$\left.\begin{aligned}\rho_{ym}E_m + \sum_{n=1,3,\cdots}^{\infty}\xi X_{nm}F_n + \zeta_{ym}w_0 = -\xi_{ym}\\ \sum_{m=1,3,\cdots}^{\infty}\xi Y_{mn}E_m + \rho_{xn}F_n + \zeta_{xn}w_0 = -\xi_{xn}\end{aligned}\right\} \tag{6.41}$$

若 m,n 各取 k 项，则共有 $2k+1$ 待定常数：$E_m(m=1,3,5,\cdots 2k-1)$、$F_n(n=1,3,5,\cdots 2k-1)$ 和刚性下沉量 w_0，式(6.41)给出了 $2k$ 个方程，另一个方程由板角点竖向力 R 为零(即角点处扭矩为零)给出：

$$\sum_{m=1,3,\cdots}^{\infty}(-1)^{\frac{m-1}{2}}\alpha_m\frac{\mathrm{d}Y_m}{\mathrm{d}y}E_m + \sum_{n=1,3,\cdots}^{\infty}(-1)^{\frac{n-1}{2}}\beta_n\frac{\mathrm{d}X_n}{\mathrm{d}x}F_n + \sum_{m=1,3,\cdots}^{\infty}\sum_{n=1,3,\cdots}^{\infty}(-1)^{\frac{n+m}{2}}\alpha_m\beta_n b_{mn}w_0$$
$$= -\sum_{m=1,3,\cdots}^{\infty}\sum_{n=1,3,\cdots}^{\infty}(-1)^{\frac{n+m}{2}}\alpha_m\beta_n a_{mn} \tag{6.42}$$

(2)双轴反对称

双轴反对称，$w_0=\omega_x=\omega_y=0$，$q_{1mn}=q_{3mn}=q_{4mn}=0$。特解 $\hat{w}$ 取：

$$\hat{w}=\sum_{m=1,3,\cdots}^{\infty}\sum_{n=1,3,\cdots}^{\infty}(a_{nm}+b_{nm}w_{xy})\sin\alpha_m x\sin\beta_n y \tag{6.43}$$

其中，$a_{mn}=\dfrac{q_{2mn}}{ke_{mn}}$，$b_{mn}=(-1)^{\frac{mn}{2}}\dfrac{16BL}{m^2n^2\pi^4e_{mn}}$。

齐次解 $\tilde{w}$ 对于式(6.30)中的 $E_{1m}=E_{4m}=F_{1n}=F_{4n}=0$。应用边界竖向力为零($V_x=V_y=0$)条件，可得到：

$$\left.\begin{aligned}\frac{\mathrm{d}^3X_n(L/2)}{\mathrm{d}x^3}-(2-\nu)\beta_n^2\frac{\mathrm{d}X_n(L/2)}{\mathrm{d}x}=0\\ \frac{\mathrm{d}^3Y_m(B/2)}{\mathrm{d}y^3}-(2-\nu)\alpha_m^2\frac{\mathrm{d}Y_m(B/2)}{\mathrm{d}y}=0\end{aligned}\right\} \tag{6.44}$$

整理式(6.44)得到：

$$\left.\begin{aligned}F_{2n}&=F_{3n}\lambda F_n\\ E_{2m}&=E_{3m}\lambda E_m\end{aligned}\right\} \tag{6.45}$$

其中：

$$\lambda E_m=\frac{\gamma_{1m}(\sqrt{\theta_m^4+1}-\nu\theta_m^2)\cosh\frac{\gamma_{1m}B}{2}\cos\frac{\gamma_{2m}B}{2}+\gamma_{2m}(\sqrt{\theta_m^4+1}+\nu\theta_m^2)\sinh\frac{\gamma_{1m}B}{2}\sin\frac{\gamma_{2m}B}{2}}{\gamma_{1m}(\sqrt{\theta_m^4+1}-\nu\theta_m^2)\sinh\frac{\gamma_{1m}B}{2}\sin\frac{\gamma_{2m}B}{2}-\gamma_{2m}(\sqrt{\theta_m^4+1}+\nu\theta_m^2)\cosh\frac{\gamma_{1m}B}{2}\cos\frac{\gamma_{2m}B}{2}};$$

$$\lambda F_n=\frac{\eta_{1n}(\sqrt{\vartheta_n^4+1}-\nu\vartheta_n^2)\cosh\frac{\eta_{1n}L}{2}\cos\frac{\eta_{2n}L}{2}+\eta_{2n}(\sqrt{\vartheta_n^4+1}+\nu\vartheta_n^2)\sinh\frac{\eta_{1n}L}{2}\sin\frac{\eta_{2n}L}{2}}{\eta_{1n}(\sqrt{\vartheta_n^4+1}-\nu\vartheta_n^2)\sinh\frac{\eta_{1n}L}{2}\sin\frac{\eta_{2n}L}{2}-\eta_{2n}(\sqrt{\vartheta_n^4+1}+\nu\vartheta_n^2)\cosh\frac{\eta_{1n}L}{2}\cos\frac{\eta_{2n}L}{2}}。$$

齐次解 $\tilde{w}$ 可进一步简化为：

$$\left.\begin{aligned}\tilde{w}&=\sum_{m=1,3,\cdots}^{\infty}E_mY_m^*\sin\alpha_m x+\sum_{m=1,3,\cdots}^{\infty}F_nX_n^*\sin\beta_n y\\ Y_m^*&=\lambda E_m\cosh\gamma_{1m}y\sin\gamma_{2m}y+\sinh\gamma_{1m}y\cos\gamma_{2m}y\\ X_n^*&=\lambda F_n\cosh\eta_{1n}x\sin\eta_{2n}x+\sinh\eta_{1n}x\cos\eta_{2n}x\end{aligned}\right\} \tag{6.46}$$

式(6.46)中的 E_m、F_n 即为 E_{3m}、F_{3n}。边界弯矩 M_x、M_y 的表达式为：

$$\left.\begin{aligned}M_x|_{x=L/2}&=\tilde{M}_x+\hat{M}_x|_{x=L/2}=-D\sum_{m=1,3,\cdots}^{\infty}\left(\sum_{n=1,3,\cdots}^{\infty}\xi Y_{mn}E_m+\rho_{xn}F_n+\xi_{yn}\right)\sin\beta_n y\\ M_y|_{y=B/2}&=\tilde{M}_y+\hat{M}_y|_{y=B/2}=-D\sum_{m=1,3,\cdots}^{\infty}\left(\sum_{n=1,3,\cdots}^{\infty}\xi X_{nm}F_n+\rho_{ym}E_m+\xi_{xm}\right)\sin\alpha_m x\end{aligned}\right\} \tag{6.47}$$

其中：$\rho_{xn}=\dfrac{\mathrm{d}^2X_n^*(L/2)}{\mathrm{d}x^2}-\nu\beta_n^2X_n^*(L/2)$；

$\rho_{ym}=\dfrac{\mathrm{d}^2Y_m^*(B/2)}{\mathrm{d}y^2}-\nu\alpha_m^2Y_m^*(B/2)$；

$\xi_{xm}=\sum\limits_{n=1,3,\cdots}^{\infty}(-1)^{\frac{n+1}{2}}a_{nm}(\alpha_n^2+\nu\beta_m^2)$；

$$\xi_{yn}=\sum_{m=1,3,\cdots}^{\infty}(-1)^{\frac{m+1}{2}}a_{nm}(\nu\alpha_n^2+\beta_m^2);$$

$$\xi Y_{mn}=(-1)^{\frac{m+1}{2}}\frac{2}{B}\int_{-B/2}^{B/2}\left(\nu\frac{\mathrm{d}^2Y_m^*}{\mathrm{d}y^2}-\alpha_m^2Y_m^*\right)\sin\beta_n y\mathrm{d}y;$$

$$\xi X_{nm}=(-1)^{\frac{n+1}{2}}\frac{2}{L}\int_{-L/2}^{L/2}\left(\nu\frac{\mathrm{d}^2X_n^*}{\mathrm{d}x^2}-\beta_n^2X_n^*\right)\sin\beta_n x\mathrm{d}x。$$

将边界弯矩为零条件代入式(6.47),则有:

$$\left.\begin{aligned}\sum_{m=1,3,\cdots}^{\infty}\xi Y_{mn}E_m+\rho_{xn}F_n&=-\xi_{yn}\\ \rho_{ym}E_m+\sum_{n=1,3,\cdots}^{\infty}\xi X_{nm}F_n&=-\xi_{xm}\end{aligned}\right\}\tag{6.48}$$

角点处扭矩为零自然满足。

(3)一轴对称、另一轴反对称问题

y 轴对称、x 轴反对称,$w_0=\omega_y=0,q_{1mn}=q_{3mn}=q_{4mn}=0$。特解 $\hat{w}$ 取:

$$\hat{w}=\sum_{m=1,3,\cdots}^{\infty}\sum_{n=1,3,\cdots}^{\infty}(a_{mn}+b_{mn}\omega_x)\sin\alpha_m x\cos\beta_n y\tag{6.49}$$

其中,$a_{mn}=\dfrac{q_{2mn}}{ke_{mn}},b_{mn}=(-1)^{\frac{m+n}{2}}\dfrac{16}{m^2n\pi^2e_{mn}}$。

齐次解 $\widetilde{w}$ 式(6.30)简化为:

$$\left.\begin{aligned}\widetilde{w}&=\sum_{m=1,3,\cdots}^{\infty}E_mY_m^*\sin\alpha_m x+\sum_{n=1,3,\cdots}^{\infty}F_nX_n^*\cos\beta_n y\\ Y_m^*&=\lambda E_m\cosh\gamma_{1m}y\cos\gamma_{2m}y+\sinh\gamma_{1m}y\sin\gamma_{2m}y\\ X_n^*&=\lambda F_n\cosh\eta_{1n}x\sin\eta_{2n}x+\sinh\eta_{1n}x\cos\eta_{2n}x\end{aligned}\right\}\tag{6.50}$$

式(6.41)中的 λE_m 是根据 $y=B/2,-B/2$ 边界弯矩为零建立的,同式(6.37);λF_n 是根据 $x=L/2,-L/2$ 边界竖向力为零建立的,同式(6.45)。

由 $y=B/2,-B/2$ 边界竖向力为零,$x=L/2,-L/2$ 边界弯矩为零条件,有:

$$\left.\begin{aligned}\sum_{m=1,3,\cdots}^{\infty}\xi Y_{mn}E_m+F_n\rho_{yn}+\zeta_{yn}\omega_x&=-\xi_{yn}\\ \rho_{ym}E_m+\sum_{n=1,3,\cdots}^{\infty}\xi X_{nm}F_n+\zeta_{xm}\omega_x&=-\xi_{xm}\end{aligned}\right\}\tag{6.51}$$

其中:$\rho_{xm}=\dfrac{\mathrm{d}^2X_n^*(L/2)}{\mathrm{d}x^2}-\nu\beta_n^2X_n^*(L/2)$;

$$\rho_{yn}=\frac{\mathrm{d}^2Y_m^*(B/2)}{\mathrm{d}y^2}-\nu\alpha_m^2Y_n^*(B/2);$$

$$\xi_{xm}=\sum_{m=1,3,\cdots}^{\infty}(-1)^{\frac{n+1}{2}}(\alpha_n^2+\nu\beta_m^2)a_{nm};$$

$$\xi_{yn}=\sum_{n=1,3,\cdots}^{\infty}(-1)^{\frac{m+1}{2}}\beta_n\left((2-\nu)\alpha_m^2+\beta_n^2\right)a_{mn};$$

$$\xi X_{nm}=(-1)^{\frac{m-1}{2}}\frac{2}{L}\int_{-B/2}^{B/2}\left(\beta_m^* X_n^*-(2-\nu)\frac{\mathrm{d}^2X_n^*}{\mathrm{d}x^2}\right)\sin\alpha_m x\mathrm{d}x;$$

$$\xi Y_{mn}=(-1)^{\frac{m-1}{2}}\frac{2}{B}\int_{-B/2}^{B/2}\left(\nu\frac{\mathrm{d}^2Y_m^*(x)}{\mathrm{d}x^2}-\alpha_m^2Y_m^*\right)\cos\beta_n y\mathrm{d}y。$$

由角点处扭矩为零条件得到最后一个方程：

$$\sum_{n=1,3,\cdots}^{\infty}(-1)^{\frac{m-1}{2}}\beta_n\frac{\mathrm{d}X_n^*}{\mathrm{d}x}F_m=0 \tag{6.52}$$

对于 x 轴反对称、y 轴对称的问题只需将 x,y 互换即可。

[例 6.5] 求矩形板四边作用正向弯矩 M_T时的解。

根据题意,此问题为双轴对称,因板表面无竖向荷载,只需解满足边界正向弯矩条件即可。板挠度 w 分解为:

$$\left.\begin{aligned}
w&=\sum_{n=0,2,4,\cdots}^{\infty}Y_m(y)\cos\frac{m\pi x}{L}+\sum_{n=0,2,4,\cdots}^{\infty}X_m(x)\cos\frac{n\pi y}{B}\\
Y_m(y)&=A_{1m}\cosh\alpha_m y\cos\beta_m y+A_{2m}\sinh\alpha_m y\sin\beta_m y\\
X_n(x)&=B_{1n}\cosh\gamma_n x\cos\eta_n x+B_{2n}\sinh\gamma_n x\sin\eta_n x
\end{aligned}\right\} \tag{a}$$

边界可表示为:

$$\left.\begin{aligned}
-\frac{M_y}{D}\Big|_{y=\pm\frac{B}{2}}&=\left[\begin{aligned}&\sum_{m=0,2,4\cdots}^{\infty}\left(\frac{\mathrm{d}^2Y_m(B/2)}{\mathrm{d}y^2}-\nu\left(\frac{m\pi}{L}\right)^2Y_m(B/2)\right)\cos\frac{m\pi x}{L}+\\&(-1)^{\frac{n}{2}}\sum_{n=0,2,4\cdots}^{\infty}\left(\nu\frac{\mathrm{d}^2X_n(x)}{\mathrm{d}x^2}-\left(\frac{n\pi}{B}\right)^2X_n(x)\right)\end{aligned}\right]=\frac{M_T}{D}\\
-\frac{M_x}{D}\Big|_{x=\pm\frac{L}{2}}&=\left[\begin{aligned}&\sum_{n=0,2,4\cdots}^{\infty}\left(\frac{\mathrm{d}^2X_n(L/2)}{\mathrm{d}x^2}-\nu\left(\frac{n\pi}{B}\right)^2X_n(L/2)\right)\cos\frac{n\pi y}{B}+\\&(-1)^{\frac{m}{2}}\sum_{m=0,2,4\cdots}^{\infty}\left(\nu\frac{\mathrm{d}^2Y_m(y)}{\mathrm{d}y^2}-\left(\frac{m\pi}{L}\right)^2Y_m(y)\right)\end{aligned}\right]=\frac{M_T}{D}\\
-\frac{V_y}{D}\Big|_{y=\pm\frac{B}{2}}&=\sum_{m=0,2,4\cdots}^{\infty}\left(\frac{\mathrm{d}^3Y_m(B/2)}{\mathrm{d}y^3}-(2-\nu)\left(\frac{m\pi}{L}\right)^2\frac{\mathrm{d}Y_m(B/2)}{\mathrm{d}y}\right)\cos\frac{m\pi x}{L}=0\\
-\frac{V_x}{D}\Big|_{x=\pm\frac{L}{2}}&=\sum_{n,0,2,4\cdots}^{\infty}\left(\frac{\mathrm{d}^3X_n(L/2)}{\mathrm{d}x^3}-(2-\nu)\left(\frac{n\pi}{B}\right)^2\frac{\mathrm{d}X_n(L/2)}{\mathrm{d}x}\right)\cos\frac{n\pi y}{B}=0
\end{aligned}\right\} \tag{b}$$

利用 $\cos\frac{m\pi x}{L}\left(\cos\frac{n\pi y}{B}\right)$的正交性,对弯矩 $M_y(M_x)$条件乘上 $\cos\frac{m\pi x}{L}\left(\cos\frac{n\pi y}{B}\right)$并对整梁长

积分,得到:

$$\left.\begin{aligned}&\left[\frac{\mathrm{d}^2Y_m(B/2)}{\mathrm{d}y^2}-\nu\left(\frac{m\pi}{L}\right)^2Y_m(B/2)\right]\left(1+\frac{\sin(m\pi)}{m\pi}\right)+\\&(-1)^{\frac{n}{2}}\frac{2}{L}\sum_{n=0,2,4\cdots}^{\infty}\int_{-L/2}^{L/2}\left(\nu\frac{\mathrm{d}^2X_n(x)}{\mathrm{d}x^2}-\left(\frac{n\pi}{B}\right)^2X_n(x)\right)\cos\frac{m\pi x}{L}\mathrm{d}x=\frac{2}{D}\frac{\sin(m\pi)}{m\pi}\qquad m=0,2,\cdots\\&\left[\frac{\mathrm{d}^2X_n(L/2)}{\mathrm{d}x^2}-\nu\left(\frac{n\pi}{B}\right)^2X_n(L/2)\right]\left(1+\frac{\sin(n\pi)}{n\pi}\right)+\\&(-1)^{\frac{m}{2}}\frac{2}{B}\sum_{m=0,2,4\cdots}^{\infty}\int_{-B/2}^{B/2}\left(\nu\frac{\mathrm{d}^2Y_m(y)}{\mathrm{d}y^2}-\left(\frac{m\pi}{L}\right)^2Y_m(y)\right)\cos\frac{n\pi y}{B}\mathrm{d}y=\frac{2}{D}\frac{\sin(n\pi)}{n\pi}\qquad n=0,2,\cdots\end{aligned}\right\}\tag{c}$$

当 m 和 n 的上限取 $2k$ 时,上述方程中共有 $4k+4$ 个未知量:A_{1m}、$A_{2m}(m=0,2,4\cdots k)$、B_{1n}、$B_{2n}(n=0,2,4\cdots k)$。式(c)共有 $2k+2$ 个线性方程,式(b)中关于 V_x、V_y 也有 $2k+2$ 个线性方程,合计为 $4k+4$ 个线性方程。求此线性方程可求得所有的未知量。

6.4 文克勒地基上四边自由矩形中厚板[35]

汉盖和赖斯纳中厚板的板位移函数可统一表示为:

$$\left.\begin{aligned}w&=w(x,y)\\u_x&=-\frac{z}{h}\psi_x(x,y)\\u_y&=-\frac{z}{h}\psi_y(x,y)\end{aligned}\right\}\tag{6.53}$$

引入新的两个位移函数 $F(x,y)$,$f(x,y)$,将式(6.53)中三个位移函数 w、u_x、u_y 表示为:

$$\left.\begin{aligned}\psi_x&=\frac{\partial F}{\partial x}+\frac{\partial f}{\partial y}\\\psi_y&=\frac{\partial F}{\partial x}-\frac{\partial f}{\partial y}\\w&=F-\frac{D}{\theta^2Gh}\nabla^2F\end{aligned}\right\}\tag{6.54}$$

中厚板弯曲的微分方程则改写为:

$$\left.\begin{aligned}&\nabla^4F-2r^2\nabla^2F+s^4F=\frac{q}{D}\\&\nabla^2f-2d^2f=0\end{aligned}\right\}\tag{6.55}$$

其中,$2r^2=\frac{k}{\theta^2Gh}$,$s^4=\frac{k}{D}$,$d^2=\frac{\theta^2Gh}{(1-\nu)D}$。

板的内力表达式为;

$$\left.\begin{aligned}
M_x &= -D\left(\frac{\partial^2 F}{\partial x^2}+\nu\frac{\partial^2 F}{\partial y^2}+(1-\nu)\frac{\partial^2 f}{\partial x\partial y}\right)\\
M_y &= -D\left(\frac{\partial^2 F}{\partial y^2}+\nu\frac{\partial^2 F}{\partial x^2}-(1-\nu)\frac{\partial^2 f}{\partial x\partial y}\right)\\
M_{xy} &= -\frac{D}{2}(1-\nu)\left(\frac{\partial^2 F}{\partial x\partial y}-\frac{1}{2}\left(\frac{\partial^2 f}{\partial x^2}-\frac{\partial^2 f}{\partial y^2}\right)\right)\\
Q_x &= -D\left(\frac{\partial}{\partial x}\nabla^2 F+\frac{\theta^2 Gh}{D}\frac{\partial f}{\partial y}\right)\\
Q_y &= -D\left(\frac{\partial}{\partial x}\nabla^2 F-\frac{\theta^2 Gh}{D}\frac{\partial f}{\partial x}\right)
\end{aligned}\right\}\tag{6.56}$$

中厚板有简支、自由、滑支、广义滑支四类边界，其边界条件(例如 $x=a$)时可表示：

简支边：

$$\left.\begin{aligned}
w(a,y)&=0\\
\psi_y(a,y)&=0\\
M_x(a,y)&=0
\end{aligned}\right\}\tag{6.57-1}$$

自由边：

$$\left.\begin{aligned}
M_x(a,y)&=0\\
M_{xy}(a,y)&=0\\
Q_x(a,y)&=0
\end{aligned}\right\}\tag{6.57-2}$$

滑支边：

$$\left.\begin{aligned}
\psi_x(a,y)&=0\\
M_{xy}(a,y)&=0\\
Q_x(a,y)&=0
\end{aligned}\right\}\tag{6.57-3}$$

广义滑支边：

$$\left.\begin{aligned}
M_{xy}(a,y)&=0\\
Q_x(a,y)&=0\\
\psi_x(a,y)&=\psi_a(y)
\end{aligned}\right\}\tag{6.57-4}$$

中厚板的位移函数有两个构成，故满足边界条件较薄板容易些。综上所知，纳维解法可满足四边简支、四边滑支和简滑支混合的边界条件，而莱维解法可适用于对边简支、滑支和对边简混合，而另二边任意边界的情形。因此，微分方程式(6.55)的特解采用纳维法求解，齐次解采用莱维法求解。

微分方程式(6.55)的齐次解：

$$\left.\begin{aligned}
F(x,y) &= \sum_m^\infty Y_m(y)\cos(\alpha_m^2 x)[\text{或}\sin(\alpha_m x)]+\sum_n^\infty X_n(x)\cos(\beta_n y)[\text{或}\sin(\beta_n y)]\\
Y_m(y) &= A_{1m}\varphi_{1m}(y)+A_{2m}\varphi_{2m}(y)+A_{3m}\varphi_{3m}(y)+A_{4m}\varphi_{4m}(y)\\
X_n(x) &= B_{1n}\phi_{1n}(x)+B_{2n}\phi_{2n}(x)+B_{3n}\phi_{3n}(x)+B_{4n}\phi_{4n}(x)
\end{aligned}\right\}\tag{6.58}$$

其中：$\varphi_{1m}(y)=\cosh(\gamma_{1m}y)\cos(\gamma_{2m}y)$；

$\varphi_{2m}(y)=\sinh(\gamma_{1m}y)\sin(\gamma_{2m}y)$；

$\varphi_{3m}(y)=\cosh(\gamma_{1m}y)\sin(\gamma_{2m}y)$；

$$\varphi_{4m}(y) = \sinh(\gamma_{1m}y)\cos(\gamma_{2m}y);$$
$$\phi_{1n}(x) = \cosh(\eta_{1n}x)\cos(\eta_{2n}x);$$
$$\phi_{2n}(x) = \sinh(\eta_{1n}x)\sin(\eta_{2n}x);$$
$$\phi_{3n}(x) = \cosh(\eta_{1n}x)\sin(\eta_{2n}x);$$
$$\phi_{4n}(x) = \sinh(\eta_{1n}x)\cos(\eta_{2n}x);$$
$$\gamma_{1m} = \sqrt{\frac{t_m^2 + a_m^2 + r^2}{2}};$$
$$\gamma_{2m} = \sqrt{\frac{t_m^2 - a_m^2 - r^2}{2}};$$
$$t_m^2 = \sqrt{a_m^4 + 2r^2a_m^2 + s^4};$$
$$\eta_{1n} = \sqrt{\frac{t_n^2 + \beta_2^2 + r^2}{2}};$$
$$\eta_{2n} = \sqrt{\frac{t_n^2 - \beta_n^2 - r^2}{2}};$$
$$t_n^2 = \sqrt{\beta_n^4 + 2r^2\beta_n^2 + s^4}。$$

$$f(x,y) = \left[\begin{array}{l}\sum\limits_m^{\infty}[a_{1m}\sinh(\lambda_{ym}y) + a_{2m}\cosh(\lambda_{ym}y)]\cos(\alpha_m x)[\text{或}\sin(\alpha_m x)] \\ +\sum\limits_n^{\infty}[b_{1n}\sinh(\lambda_{xn}x) + b_{2n}\cosh(\lambda_{xn}x)]\cos(\beta_n y)[\text{或}\sin(\beta_n y)]\end{array}\right] \quad (6.59)$$

其中,$\lambda_{ym} = \sqrt{a_m^2 + 2d^2}$,$\lambda_{xn} = \sqrt{\beta_n^2 + 2d^2}$。

微分方程式(6.55)的特解:

$$\left.\begin{array}{l}F = \sum\limits_m^{\infty}\sum\limits_n^{\infty}A_{mn}\sin(a_m x)[\text{或}\cos(a_m x)]\sin(\beta_n y)[\text{或}\cos(\beta_n y)] \\ f = 0\end{array}\right\} \quad (6.60)$$

根据板面竖向荷载 $q(x,y)$ 的对称性,任何一般问题可拆分二轴对称、二轴反对称和两个一轴对称另一轴反对称四种情形。为了方便起见,研究1/4板,原板尺寸 $2a\times2b$,1/4板尺寸 $a\times b$。

(1)二轴对称

二轴对称问题分解为三种情形(图6.11):

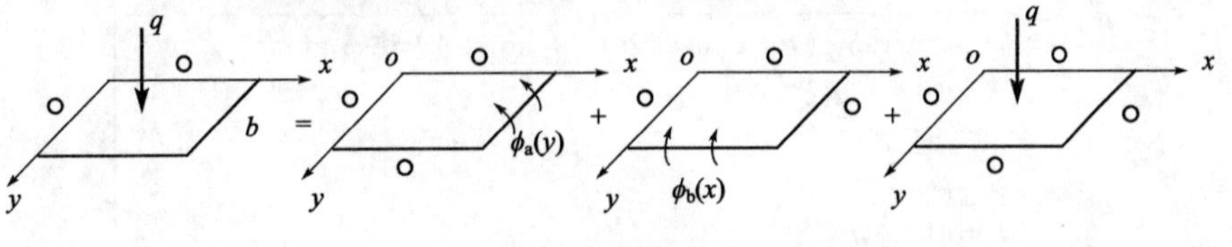

图6.11 二轴对称问题的分解

①三边滑支,$x=a$ 为广义滑支边,已知转角为 $\phi_a(y)$;

②三边滑支,$y=b$ 为广义滑支边,已知转角为 $\phi_b(x)$;

③四边滑支,板面竖向荷载 $q(x,y)$。

对于情形1,将 $x=a$ 边界上已知转角 $\phi_a(y)$ 用级数表示:

$$\left.\begin{aligned} \phi_{\mathrm{a}}(y) &= \sum_{n}^{\infty} C_n \cos\beta_n y \\ \beta_n &= \frac{n\pi}{b} \end{aligned}\right\} \tag{6.61}$$

位移函数 $F(x,y)$,$f(x,y)$分别表示为：

$$\left.\begin{aligned} F_1 &= \sum_{n=0}^{\infty}\left[C_{1n}\phi_{1n}(x) + C_{2n}\phi_{2n}(x)\right]\cos\beta_n y \\ f_1 &= -\sum_{n=1}^{\infty} C_{3n}\sinh\lambda_{xn}x\sin\beta_n y \end{aligned}\right\} \tag{6.62}$$

式(6.62)中的二个位移函数自然满足 $y=0$、$y=b$、$x=0$ 滑支边的边界条件。应用 $x=a$ 广义滑支边界的三个条件,得到线性方程组：

$$\begin{bmatrix} \dfrac{\mathrm{d}\phi_{1n}(a)}{\mathrm{d}x} & \dfrac{\mathrm{d}\phi_{2n}(a)}{\mathrm{d}x} & \dfrac{\lambda_{xn}^2+\beta_n^2}{2\beta_n}\sinh\lambda_{xn}a \\ \left(\dfrac{\mathrm{d}^3\phi_{1n}(a)}{\mathrm{d}x^3} - \beta_n^2\dfrac{\mathrm{d}\phi_{1n}(a)}{\mathrm{d}x}\right) & \left(\dfrac{\mathrm{d}^3\phi_{2n}(a)}{\mathrm{d}x^3} - \beta_n^2\dfrac{\mathrm{d}\phi_{2n}(a)}{\mathrm{d}x}\right) & \dfrac{\theta^2 Gh}{D}\beta_n\sinh\lambda_{xn}a \\ \dfrac{\mathrm{d}\phi_{1n}(a)}{\mathrm{d}x} & \dfrac{\mathrm{d}\phi_{2n}(a)}{\mathrm{d}x} & \beta_n\sinh\lambda_{xn}a \end{bmatrix}\begin{bmatrix} C_{1n} \\ C_{2n} \\ C_{3n} \end{bmatrix} = \begin{bmatrix} 0 \\ 0 \\ C_n \end{bmatrix} \tag{6.63}$$

解式(6.63)得到待定常数 $C_{in}(i=1,2,3)$的表达式：

$$\left.\begin{aligned} C_{2n} &= \theta_{2n}C_n \\ C_{1n} &= \theta_{1n}C_n \\ C_{3n} &= \rho_{sn}C_n \\ \theta_{1n} &= \frac{\left(\dfrac{1-\beta_n{}^2}{d^2}\right)\left(\beta_n^2\dfrac{\mathrm{d}\phi_{2n}(a)}{\mathrm{d}x} - \dfrac{\mathrm{d}\phi_{2n}(a)}{\mathrm{d}x^3}\right) - \dfrac{\mathrm{d}\phi_{2n}(a)}{\mathrm{d}x}\dfrac{\theta^2 Gh}{D}\dfrac{\beta_n^2}{d^2}}{\dfrac{\mathrm{d}\phi_{1n}(a)}{\mathrm{d}x}\dfrac{\mathrm{d}^3\phi_{2n}(a)}{\mathrm{d}x^3} - \dfrac{\mathrm{d}\phi_{2n}(a)}{\mathrm{d}x}\dfrac{\mathrm{d}^3\phi_{1n}(a)}{\mathrm{d}x^3}} \\ \theta_{2n} &= \frac{\left(\dfrac{1-\beta_n{}^2}{d^2}\right)\left(\beta_n^2\dfrac{\mathrm{d}\phi_{1n}(a)}{\mathrm{d}x} - \dfrac{\mathrm{d}^3\phi_{1n}(a)}{\mathrm{d}x^3}\right) - \dfrac{\mathrm{d}\phi_{1n}(a)}{\mathrm{d}x}\dfrac{\theta^2 Gh}{D}\dfrac{\beta_n^2}{d^2}}{\dfrac{\mathrm{d}\phi_{1n}(a)}{\mathrm{d}x}\dfrac{\mathrm{d}^3\phi_{2n}(a)}{\mathrm{d}x^3} - \dfrac{\mathrm{d}\phi_{2n}(a)}{\mathrm{d}x}\dfrac{\mathrm{d}^3\phi_{1n}(a)}{\mathrm{d}x^3}} \\ \rho_{sn} &= \frac{\beta_n}{d^2\sinh\lambda_{xn}a} \end{aligned}\right\} \tag{6.64}$$

从而将式(6.62)改写为：

$$\left.\begin{aligned} F_1 &= \sum_{n=0}^{\infty} C_n\left[\theta_{1n}\phi_{1n}(x) + \theta_{2n}\phi_{2n}(x)\right]\cos\beta_n y \\ f_1 &= -\sum_{n=1}^{\infty} C_n\rho_{sn}\sinh\lambda_{xn}x\sin\beta_n y \end{aligned}\right\} \tag{6.65}$$

将情形 1 中的 x 轴与 y 轴互换即为情形 2 问题,其二位移函数为：

$$
\left.\begin{aligned}
\phi_b(x) &= \sum_{m=0}^{\infty} D_m \cos\alpha_m x \\
\alpha_m &= \frac{m\pi}{\alpha} \\
F_2 &= \sum_{m=0}^{\infty} D_m [\theta_{1m}\varphi_{1m}(y) + \theta_{2m}\varphi_{2m}(y)]\cos\alpha_m x \\
f_2 &= \sum_{m=0}^{\infty} D_m \rho_{sm} \sinh\lambda_{yn} y \sin\alpha_m x
\end{aligned}\right\} \tag{6.66}
$$

情形 3 即为微分方程的特解：

$$
\left.\begin{aligned}
F_2 &= \sum_{m=1}^{\infty}\sum_{n=1}^{\infty} A_{mn}\cos\alpha_m x\cos\beta_n y \\
A_{mn} &= \frac{4\int_0^a\int_0^b q(x,y)\cos\alpha_m x\cos\beta_n y\mathrm{d}x\mathrm{d}y}{D\left[\pi^4\left(\left(\frac{m}{a}\right)^2 + \left(\frac{n}{b}\right)^2\right)_n\left(\left(\frac{m}{a}\right)^2 + \left(\frac{n}{b}\right)^2 + \frac{k}{\pi^2\theta^2 Gh}\right) + \frac{k}{D}\right]ab}
\end{aligned}\right\} \tag{6.67}
$$

由此得到双轴对称问题的解为：

$$
\left.\begin{aligned}
F &= \sum_{n=0}^{\infty} C_n X_n^* \cos\beta_n y + \sum_{m=0}^{\infty} D_m Y_m^* \cos\alpha_m x + \sum_{m=1}^{\infty}\sum_{n=1}^{\infty} A_{mn}\cos\alpha_m x\cos\beta_n y \\
f &= -\sum_{n=1}^{\infty} C_n\rho_{sn}\sinh\lambda_{xn} x\sin\beta_n y + \sum_{m=1}^{\infty} D_m\rho_{sn}\sinh\lambda_{ym} y\sin\alpha_m x
\end{aligned}\right\} \tag{6.68}
$$

其中，$X_n^* = \theta_{1n}\phi_{1n}(x) + \theta_{2n}\phi_{2n}(x)$，$Y_m^* = \theta_{1m}\phi_{1m}(y) + \theta_{2m}\varphi_{2m}(y)$。

式(6.68)尚需满足两个边界条件：

$$
\left.\begin{aligned}
M_y|_{y=b} &= 0 \\
M_x|_{x=a} &= 0
\end{aligned}\right\} \tag{6.69}
$$

将式(6.68)代入式(6.69)，并把所得结果展开为同类型的三角函数，从而建立求解待定常数 C_m、D_n 的线性方程：

$$
\left.\begin{aligned}
C_n\xi_{C_n} - \sum_{m=0}^{\infty} D_m\zeta_{Dm} - \sum_{m=1}^{\infty}(-1)^m({\alpha_m}^2 + {\beta_n}^2)A_{mn} &= 0 \\
\sum_{n=0}^{\infty} C_n\zeta_{Cn} + D_m\xi_{D_m} + \sum_{n=1}^{\infty}(-1)^n(\alpha_m^2 + \beta_n^2)A_{mn} &= 0
\end{aligned}\right\} \tag{6.70}
$$

其中：$\xi_{C_n} = \dfrac{\mathrm{d}^2 X_n^*(a)}{\mathrm{d}x} - \nu\beta_n^2 X_n^*(a) + (1-\nu)\lambda_{xn}\beta_n\rho_{sn}\cosh\lambda_{xn} a$；

$\xi_{D_m} = \dfrac{\mathrm{d}^2 {Y_m}^*(b)}{\mathrm{d}y} - \nu\alpha_m^2 Y_m^*(b) + (1-\nu)\lambda_{ym}\alpha_m\rho_{sm}\sinh\lambda_{ym} b$；

$\zeta_{C_n} = (-1)^m \dfrac{2}{b}\displaystyle\int_0^b\left(\alpha_m^2 Y_m^* - \mu\frac{\mathrm{d}^2 Y_m^*}{\mathrm{d}x} - (1-\nu)\lambda_{ym}\alpha_m\rho_{sm}\sinh\lambda_{ym} y\right)\cos\beta_n y\mathrm{d}y$；

$\zeta_{D_m} = (-1)^n \dfrac{2}{a}\displaystyle\int_0^a\left(\beta_n^2 X_n^* - \mu\frac{\mathrm{d}^2 {X_n}^*}{\mathrm{d}x} - (1-\nu)\lambda_{xn}\beta_n\rho_{sn}\cosh\lambda_{xn} x\right)\cos\alpha_m x\mathrm{d}x$。

（2）双轴反对称

双轴反对称问题分解为三种情形（图 6.12）：

①$x=0$、$y=0$ 二边简支，$y=b$ 滑支，$x=a$ 广义滑支，已知转角为 $\phi_{\mathrm{a}}(y)$；

②$x=0$、$y=0$ 二边简支，$x=a$ 滑支，$y=b$ 广义滑支，已知转角为 $\phi_{\mathrm{b}}(x)$；

③$x=0$、$y=0$ 二边简支，$x=a$、$y=b$ 滑支，板面承受荷载 $q(x,y)$。

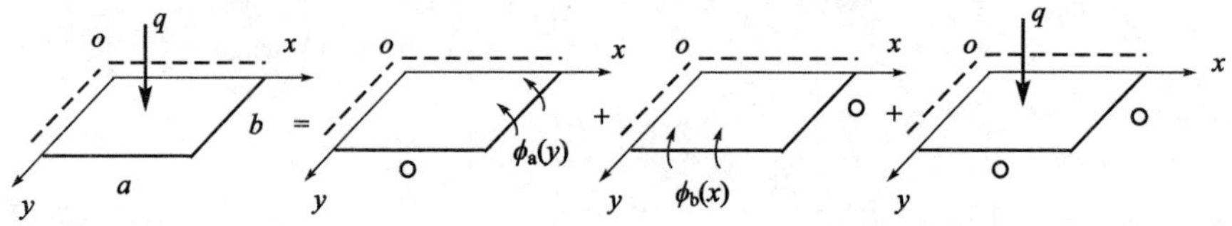

图 6.12　二轴反对称问题的分解

情形 1 中满足边界条件的位移函数为：

$$\left.\begin{aligned}\phi_{\mathrm{a}}(y) &= \sum_{n=1,3,\cdots}^{\infty} C_n \sin\beta_n y, \beta_n = \frac{n\pi}{2b} \\ F_1 &= \sum_{n=1,3,\cdots}^{\infty} C_n [\theta_{3n}\varphi_{3n}(x) + \theta_{4n}\varphi_{4n}(x)] \sin\beta_n y \\ f_1 &= \sum_{n=1,3,\cdots}^{\infty} C_n \rho_{cn} \cosh\lambda_{xn} x \cos\beta_n y\end{aligned}\right\} \tag{6.71}$$

把式(6.71)中的函数 φ_{3n}、φ_{4n} 和 sinh 分别用 φ_{1n}、φ_{2n} 和 cosh 代换，就可得到 θ_{3n}、θ_{4n} 和 ρ_{cn}。将情形 1 的 x 轴与 y 轴互换即为情形 2 问题。位移函数 $F(x,y)$，$f(x,y)$ 为：

$$\left.\begin{aligned}\phi_{\mathrm{b}}(x) &= \sum_{m=1,3,\cdots}^{\infty} D_m \sin\alpha_m x, \alpha_m = \frac{m\pi}{2a} \\ F_2 &= \sum_{m=1,3,\cdots}^{\infty} D_m [\theta_{3m}\varphi_{3m}(y) + \theta_{4m}\varphi_{4m}(y)] \sin\alpha_m x \\ f_2 &= -\sum_{n=1,3,\cdots}^{\infty} D_m \rho_{cm} \cosh\lambda_{ym} y \cos\alpha_m x\end{aligned}\right\} \tag{6.72}$$

情形 3 的特解：

$$F_3 = \sum_{m=1,3,\cdots}^{\infty}\sum_{n=1,3,\cdots}^{\infty} A_{mn} \sin\alpha_m x \sin\beta_n y$$

$$A_{mn} = \frac{4\int_0^a\int_0^b q(x,y)\sin\alpha_m x \sin\beta_n y \mathrm{d}x\mathrm{d}y}{D\left[\pi^4\left(\left(\frac{m}{a}\right)^2 + \left(\frac{n}{b}\right)^2\right)_n\left(\left(\frac{m}{a}\right)^2 + \left(\frac{n}{\mathrm{b}}\right)^2 + \frac{k}{\pi^2\theta^2 Gh}\right) + \frac{k}{D}\right]ab} \tag{6.73}$$

双轴反对称问题的解则为：

$$\left.\begin{aligned}F &= \sum_{n=1,3,\cdots}^{\infty} C_n X_n^* \sin\beta_n y + \sum_{m=1,3,\cdots}^{\infty} D_m Y_m^* \sin\alpha_m x + \sum_{m=1,3,\cdots}^{\infty}\sum_{n=1,3,\cdots}^{\infty} A_{mn}\sin\alpha_m x \sin\beta_n y \\ f &= \sum_{n=1,3,\cdots}^{\infty} C_n \rho_{cn}\cosh\lambda_{xn} x \cos\beta_n y - \sum_{m=1,3,\cdots}^{\infty} D_m \rho_{cm}\cosh\lambda_{ym} y \cos\alpha_m x\end{aligned}\right\} \tag{6.74}$$

其中，$X_n^* = \theta_{3n}\varphi_{3n}(x) + \theta_{4n}\varphi_{4n}(x)$，$Y_m^* = \theta_{3m}\varphi_{3m}(y) + \theta_{4m}\varphi_{4m}(y)$。

式(6.74)尚需满足式(6.69)两个边界条件，从而建立求解待定常数 C_m、D_n 的线性方程。

(3)一轴对称另一轴反对称

一轴对称另一轴反对称问题分解为三种情形(参见图6.13):

①$x=0$ 简支,$y=0$ 和 $y=b$ 二边滑支,$x=a$ 广义滑支,已知转角为 $\phi_a(y)$;

②$x=0$ 简支,$y=0$ 和 $x=a$ 二边滑支,$y=b$ 广义滑支,已知转角为 $\phi_b(x)$;

③$x=0$ 简支,另三边滑支,板面承受荷载 $q(x,y)$。

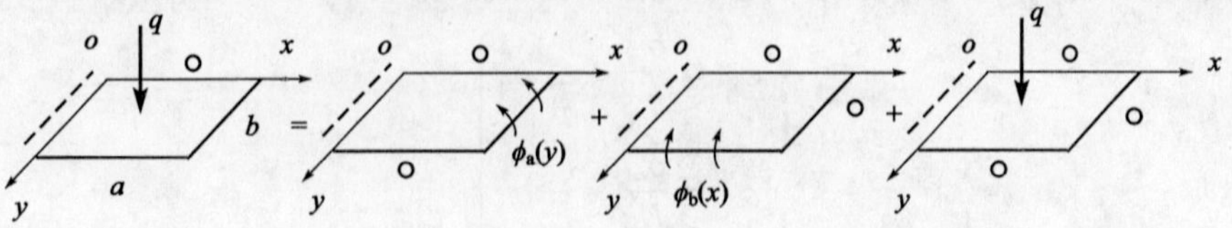

图6.13　一轴对称另一轴反对称问题的分解

情形1中满足边界条件的位移函数为:

$$\left.\begin{aligned}&\phi_a(y)=\sum_{n=0}^{\infty}C_n\cos\beta_n y,\beta_n=\frac{n\pi}{b}\\&F_1=\sum_{n=0}^{\infty}C_n[\theta_{3n}\varphi_{3n}(x)+\theta_{4n}\varphi_{4n}(x)]\cos\beta_n y\\&f_1=\sum_{n=1}^{\infty}C_n\rho_{cn}\cosh\lambda_{xn}x\sin\beta_n y\end{aligned}\right\}\tag{6.75}$$

情形2的位移函数为:

$$\left.\begin{aligned}&\phi_b(x)=\sum_{m=1,3,\cdots}^{\infty}D_m\sin\alpha_m x,\ \alpha_m=\frac{m\pi}{2a}\\&F_2=\sum_{m=1,3,\cdots}^{\infty}D_m[\theta_{1m}\varphi_{1m}(y)+\theta_{2m}\varphi_{2m}(y)]\sin\alpha_m x\\&f_2=\sum_{m=1,3,\cdots}^{\infty}D_m\rho_{sm}\sinh\lambda_{ym}y\cos\alpha_m x\end{aligned}\right\}\tag{6.76}$$

情形3的特解为:

$$\left.\begin{aligned}&F_3=\sum_{m=1,3,\cdots}^{\infty}\sum_{n=0}^{\infty}A_{mn}\sin\alpha_m x\cos\beta_n y\\&A_{mn}=\frac{4\int_0^a\int_0^b q(x,y)\sin\alpha_m x\cos\beta_n\mathrm{d}x\mathrm{d}y}{D\left[\pi^4\left(\left(\frac{m}{a}\right)^2+\left(\frac{n}{b}_n\right)^2\right)\left(\left(\frac{m}{a}\right)^2+\left(\frac{n}{b}\right)^2+\frac{k}{\pi^2\theta^2Gh}\right)+\frac{k}{D}\right]ab}\end{aligned}\right\}\tag{6.77}$$

一轴对称另一轴反对称问题的解则为:

$$\left.\begin{aligned}&F=\sum_{n=0}^{\infty}C_nX_n^*\cos\beta_n y+\sum_{m=1,3,\cdots}^{\infty}D_mY_m^*\sin\alpha_m x+\sum_{m=1,3,\cdots}^{\infty}\sum_{n=0}^{\infty}A_{mn}\sin\alpha_m x\cos\beta_n y\\&f=\sum_{n=0}^{\infty}C_n\rho_{cn}\cosh\lambda_{xn}x\sin\beta_n y+\sum_{m=0}^{\infty}D_m\rho_{sm}\sinh\lambda_{ym}y\cos\alpha_m x\end{aligned}\right\}\tag{6.78}$$

其中,$X_n^*=\theta_{3n}\varphi_{3n}(x)+\theta_{4n}\varphi_{4n}(x)$,$Y_m^*=\theta_{1m}\varphi_{1m}(y)+\theta_{2m}\varphi_{2m}(y)$。

6.5 正交各向异性薄板

正交各向异性薄板的板位移方程和几何方程与各向同性薄板的相同，而板物理方程有所不同。当正交 x 轴和 y 轴时的各向异性薄板的物理方程为：

$$\left.\begin{aligned}\varepsilon_x &= \frac{\sigma_x}{E_x} - \frac{\nu_{yx}}{E_y}\sigma_y \\ \varepsilon_y &= \frac{\sigma_y}{E_y} - \frac{\nu_{xy}}{E_x}\sigma_x \\ \gamma_{xy} &= \frac{1}{G_{xy}}\tau_{xy}\end{aligned}\right\} \tag{6.79}$$

式中：E_x、E_y——分别为板材料 x 轴和 y 轴方向的弹性模量；

ν_{xy}——板材料 x 轴方向应力引起 y 轴方向应变的泊松比；

ν_{yx}——板材料 y 轴方向应力引起 x 轴方向应变的泊松比；

G_{yx}——板材料 oxy 平面的剪切模量。

上述四个材料参数：E_x、E_y、$\nu_{xy}\nu_{yx}$ 只有三个是独立的，它们之间关系为：

$$\frac{\nu_{yx}}{E_y} = \frac{\nu_{xy}}{E_x} \tag{6.80}$$

将式(6.80)代入式(6.79)得到：

$$\left.\begin{aligned}\sigma_x &= \frac{E_x}{1-\nu_{yx}\nu_{xy}}(\varepsilon_x + \nu_{yx}\varepsilon_y) \\ \sigma_y &= \frac{E_y}{1-\nu_{yx}\nu_{xy}}(\varepsilon_y + \nu_{xy}\varepsilon_x) \\ \tau_{xy} &= G_{xy}\gamma_{xy}\end{aligned}\right\} \tag{6.81}$$

将式(6.81)代入板位移方程式 (4.4)和几何方程式 (4.6)，则得到用挠曲位移 w 表述的板应力分量表达式：

$$\left.\begin{aligned}\sigma_x &= -\frac{E(z-z_0)}{1-\nu_{xy}\nu_{yx}}\left(\frac{\partial^2 w}{\partial x^2} + \nu_{yx}\frac{\partial^2 w}{\partial y^2}\right) \\ \sigma_y &= -\frac{E(z-z_0)}{1-\nu_{xy}\nu_{yx}}\left(\frac{\partial^2 w}{\partial y^2} + \nu_{xy}\frac{\partial^2 w}{\partial x^2}\right) \\ \tau_{xy} &= -2G_{xy}(z-z_0)\frac{\partial^2 w}{\partial y\partial x}\end{aligned}\right\} \tag{6.82}$$

由式(6.82)可以得到板的内力方程为：

$$\left.\begin{aligned}M_x &= -D_x\left(\frac{\partial^2}{\partial x^2} + \nu_{yx}\frac{\partial^2}{\partial y^2}\right)w \\ M_y &= -D_y\left(\frac{\partial^2}{\partial y^2} + \nu_{xy}\frac{\partial^2}{\partial x^2}\right)w \\ M_{xy} &= -2D_{xy}\frac{\partial^2 w}{\partial y\partial x}\end{aligned}\right\}$$

$$\left.\begin{aligned} Q_x &= -D_x \frac{\partial}{\partial x}\left[\frac{\partial^2}{\partial x^2} + \left(\nu_{yx} + 2\frac{D_k}{D_x}\right)\frac{\partial^2}{\partial y^2}\right]w \\ Q_y &= -D_y \frac{\partial}{\partial y}\left[\frac{\partial^2}{\partial y^2} + \left(\nu_{xy} + 2\frac{D_k}{D_y}\right)\frac{\partial^2}{\partial x^2}\right]w \end{aligned}\right\} \tag{6.83}$$

其中，$D_x = \dfrac{E_x h^3}{12(1-\nu_{xy}\nu_{yx})}$，$D_y = \dfrac{E_y h^3}{12(1-\nu_{xy}\nu_{yx})}$，$D_k = \dfrac{G_{xy}h^3}{12}$。

D_x为 x 轴方向的板弯曲刚度；D_y为 y 轴方向的板弯曲刚度；D_k为 Oxy 平面的扭转刚度；三者都称板的主刚度。

将式(6.83)代入板静力平衡方程式(4.9)，整理得到正交各向异性薄板的挠曲面微分方程：

$$D_x \frac{\partial^4 w}{\partial x^4} + 2D_{xy}\frac{\partial^4 w}{\partial x^2 \partial y^2} + D_y \frac{\partial^4 w}{\partial y^4} = q \tag{6.84}$$

其中，$D_{xy} = D_y \nu_{xy} + 2D_k$。

双向配筋率不同的混凝土薄板的弯曲主刚度计算式为[72]：

$$\left.\begin{aligned} D_x &= \frac{E_c}{1-\nu_c^2}[I_{cx} + (n_x - 1)I_{sx}] \\ D_y &= \frac{E_c}{1-\nu_c^2}[I_{cy} + (n_y - 1)I_{sy}] \\ D_k &= \frac{1-\nu_c}{2}\sqrt{D_x D_y} \\ D_{xy} &= \sqrt{D_x D_y} \end{aligned}\right\} \tag{6.85}$$

式中：E_c、ν_c——混凝土弹性模量和泊松比；

I_{cx}、I_{cy}——混凝土在 x 轴和 y 轴方向的弯曲惯矩；

I_{sx}——x 轴方向钢筋的弯曲惯矩；

I_{sy}——y 轴方向钢筋的弯曲惯矩；

n_x、n_y——x 轴和 y 轴方向钢筋的弹性模量与混凝土弹性模量之比：$n_x = \dfrac{E_{sx}}{E_c}$，$n_y = \dfrac{E_{sy}}{E_c}$；

E_{sx}、E_{sy}——x 轴和 y 轴方向钢筋的弹性模量。

[例 6.6] 求矩形局部均布荷载下的文克勒地基上四边固支矩形板的挠曲方程。

矩形局部均布荷载下的文克勒地基板的微分方程为：

$$D_x \frac{\partial^4 w}{\partial x^4} + 2D_{xy}\frac{\partial^4 w}{\partial x^2 \partial y^2} + D_y \frac{\partial^4 w}{\partial y^4} + kw = q \tag{a}$$

满足四边固支条件的纳维解：

$$w = \sum_{m=1}^{\infty}\sum_{n=1}^{\infty} A_{mn}\cos\frac{m\pi x}{a}\cos\frac{n\pi y}{b} \tag{b}$$

将式(b)代入式(a)，整理得到：

$$\sum_{m=1}^{\infty}\sum_{n=1}^{\infty} A_{mn}\left[D_x\left(\frac{m}{a}\right)^4 + 2D_{xy}\left(\frac{mn}{ab}\right)^2 + D_y\left(\frac{n}{b}\right)^4 + \frac{k}{\pi^4}\right]\cos\frac{m\pi x}{a}\cos\frac{n\pi y}{b} = \frac{q}{\pi^4} \tag{c}$$

将局部分布荷载 q 开展与挠度 w 相同的重三角级数,并代入式(c)得到式(a)中待定常数 A_{mn} 的表达式为:

$$A_{mn}=\frac{4\int_0^a\int_0^b q(x,y)\cos\frac{m\pi x}{a}\cos\frac{n\pi y}{b}\mathrm{d}x\mathrm{d}y}{\pi^4 ab\left[D_x\left(\frac{m}{a}\right)^4+2D_{xy}\left(\frac{mn}{ab}\right)^2+D_y\left(\frac{n}{b}\right)^4+\frac{k}{\pi^4}\right]} \tag{d}$$

6.6 威氏的荷载应力解

威斯特卡德(Westeraard,H. M. S)在20世纪20~50年代间,对文克勒地基板在局部竖向均布荷载作用下的结构响应进行了长期不懈地研究,于1926、1933、1939和1948年提出和改进了三种典型场合:①无限大板板中承受圆形均布荷载;②半无限大板的自由边缘中部作用圆形、半圆形、椭圆均布荷载;③两边自由的板角隅作用圆形均布荷载(图6.14)的板应力、挠度的计算公式。这些公式及在其基础上的修正式广泛地应用于水泥混凝土铺面结构设计。

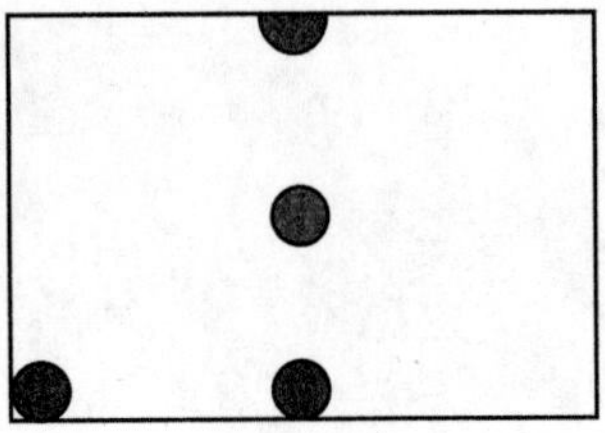

图6.14 Westergaard解的三种典型场合

6.6.1 板中受荷

威斯特卡德于1926年给出了如式(6.86)所示的圆形均布荷载中点的挠度和板底应力计算式[24];于1939年给出了适用范围更宽的圆形均布荷载中点的挠度和板底应力计算式(6.87)[25]。

$$\left.\begin{aligned}\sigma_i&=\frac{3(1+\nu)P}{2\pi h^2}\left(\ln\left(\frac{2l}{a}\right)-\gamma+0.5\right)\\ w_i&=\frac{Pl^2}{8D}\left[1+\frac{a^2}{2\pi^2l^2}\left(\ln\left(\frac{a}{2l}\right)+\gamma-1.25\right)\right]\end{aligned}\right\} \tag{6.86}$$

式中:a——荷载圆半径;

γ——欧拉常数,$\gamma=0.5772\cdots$。

$$\left.\begin{aligned}\sigma_i&=\frac{3(1+\nu)P}{2\pi h^2}\left(\ln\left(\frac{2l}{a}\right)-\gamma+0.5+\frac{\pi}{32}\left(\frac{a}{l}\right)^2\right)\\ w_i&=\frac{Pl^2}{8D}\left[1+\frac{a^2}{2\pi^2l^2}\left(\ln\left(\frac{a}{2l}\right)+\gamma-1.25\right)-\frac{10.666}{2048}\left(\frac{a}{l}\right)^4\right]\end{aligned}\right\} \tag{6.87}$$

文克勒地基上无限大板板中作用圆形均布荷载是轴对称问题,有如式(6.88)所示理论解析解,推导过程见4.5小节。

$$\left.\begin{aligned}\sigma_i&=\frac{3(1+\nu)P}{\pi h^2}\frac{\mathrm{kei}'(\alpha)}{\alpha}\\ w_i&=\frac{P}{\pi a^2k}\left[1+\alpha\mathrm{ker}'(\alpha)\right]\end{aligned}\right\} \tag{6.88}$$

威氏板中受荷的板最大应力、挠度的计算式实质上是理论解析解用初等级数展开时前二项(式(6.86))和前三项(式(6.87))。图6.15给出了板中受荷时板中挠度系数 φ_w、应力系数

φ_σ的理论解（记作 w_0、σ_0）、式(6.86)结果（记作 w_1、σ_1）和式(6.87)结果（记作 w_2、σ_2）与荷载圆相对半径 α（荷载圆半径 a 与板相对弯曲刚度半径 l 之比 a/l）的关系曲线。其中，挠度系数 φ_w和应力系数 φ_σ分别定义为：

$$\left.\begin{aligned}\sigma_i &= \frac{3(1+\nu)P}{2\pi h^2}\varphi_\sigma \\ w_i &= \frac{pl^2}{8D}\varphi_w\end{aligned}\right\}$$

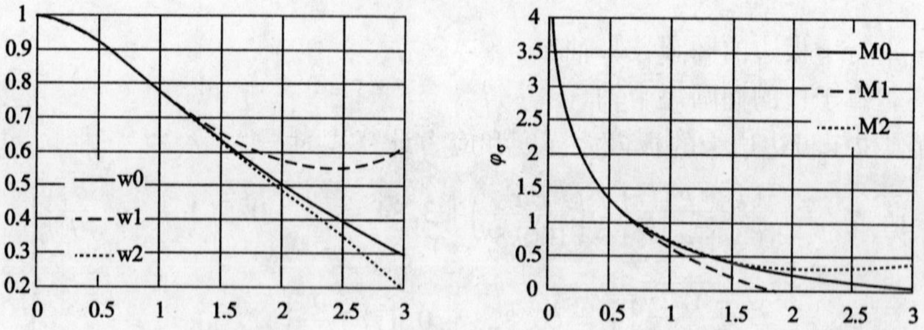

a) φ_w—α 关系曲线　　b) φ_σ—α 关系曲线

图 6.15　板中受荷的挠度和应力

图 6.15 显示，当荷载圆相对半径 α(a/l) 很小时，式(6.86)和式(6.87)的结果均具有很好精度，但随着 α 增大，式(6.86)和式(6.87)的结果偏差逐渐增大，以偏差 1% 和 1‰为限所对应的 α 值如表 6.2 所示，从表中可看到，挠度计算精度优于应力的计算精度，式(6.80)的精度优于式(6.86)的；当计算精度要求较高（ <1‰）时，应用式(6.86)的 α 值需小于 0.12，而应用式(6.87)的 α 值范围可扩大 4 倍，达 0.48，可基本涵盖常见水泥混凝土铺面结构。

式(6.86)、式(6.87)的允许偏差所对应的 α 值　　表 6.2

偏　差	σ_1	σ_2	w_1	w_2
1%	0.40	0.93	1.10	0.55
1‰	0.12	0.48	1.71	1.05

6.6.2　板边受荷

1926 年，威斯特卡德发表了半圆均布荷载作用于半无限板边缘处的板边底面最大挠度和应力计算式[24]：

$$\sigma_e = \frac{0.529(1+0.54\nu)P}{h^2}\left[\lg\left(\frac{Eh^3}{ka^4}\right) - 0.71\right]$$

$$w_e = 0.408(1+0.4\nu)\frac{P}{kl^2} \tag{6.89}$$

1948 年，威斯特卡德提出了椭圆或半椭圆均布荷载作用于板边边缘的板最大挠度和应力计算式[26]，其中，椭圆荷载的计算式为：

$$\sigma_e=\frac{3(1+\nu)P}{\pi(3+\nu)h^2}\left\{\begin{aligned}&\ln\left[\frac{Eh^3}{100k\left(\frac{\delta_a+\delta_b}{2}\right)^4}\right]+1.84+(1+\nu)\frac{\delta_a-\delta_b}{\delta_a+\delta_b}\\&-\frac{4\mu}{3}+2(1-\nu)\frac{\delta_a-\delta_b}{(\delta_a+\delta_b)^2}+1.18(1+2\nu)\frac{\delta_b}{l}\end{aligned}\right\}$$

$$w_e=P\sqrt{\frac{2+1.2\nu}{Eh^3k}}\left[1-(0.76+0.4\nu)\frac{\delta_b}{l}\right]\tag{6.90}$$

式中：δ_a——平行于板边的椭圆长半轴；

δ_b——垂直于板的椭圆短半轴。

半圆荷载位于板边边缘的板最大挠度和应力计算式为：

$$\left.\begin{aligned}\sigma_e&=\frac{3(1+\nu)P}{\pi(3+\nu)h^2}\left(\ln\left(\frac{Eh^3}{100k\delta_a^4}\right)+3.84-\frac{4\nu}{3}+0.5(1+2\nu)\frac{\delta_a}{l}\right)\\w_e&=\sqrt{\frac{2+1.2\nu}{Eh^3k}}\left[1-(0.323+0.17\nu)\frac{\delta_a}{l}\right]P\end{aligned}\right\}\tag{6.91}$$

当$\nu=0.15$，$\delta_a=\delta_b=a$，式(6.90)可改写为(6.92－1)；将半圆半径δ_a改为同面积的当量半径a代替，式(6.91)改写为(6.92-2)

$$\left.\begin{aligned}\sigma_e&=\frac{0.803P}{h^2}\left[4\lg\left(\frac{l}{a}\right)+0.666\left(\frac{a}{l}\right)-0.034\right]\\w_e&=\frac{0.431P}{kl^2}\left[1-0.82\left(\frac{a}{l}\right)\right]\end{aligned}\right\}\tag{6.92-1}$$

$$\left.\begin{aligned}\sigma_e&=\frac{0.803P}{h^2}\left[4\lg\left(\frac{l}{a}\right)+0.199\left(\frac{a}{l}\right)+1.252\right]\\w_e&=\frac{0.431P}{kl^2}\left[1-0.247\left(\frac{a}{l}\right)\right]\end{aligned}\right\}\tag{6.92-2}$$

式(6.91)～式(6.92-2)是威斯特卡德基于文克勒地基上薄板理论推演得到的，1985年Ioannides等人将有限元方法得到的结果与威氏公式进行对比后认为：威氏1926年提出的公式计算结果偏小，而1948年提出的公式与有限元结果相符[37]。

矩形均布荷载位于无限大板板边缘的理论解可按6.2.2节方法求解，方形均布荷载且$a/l=0.01\sim1$范围内的板最大挠度和应力的近似回归式为：

$$\left.\begin{aligned}\sigma_e&=0.733f(0.66,0.19)\frac{P}{h^2}\left[4\lg\left(\frac{l}{a}\right)+0.607f(1.0,0.3)\left(\frac{a}{l}\right)+0.021f(-9.0,-3.4)\right]\\w_e&=0.410f(0.26,0.56)\frac{P}{kl^2}\left[1-0.712f(0.29,0.25)\left(\frac{a}{l}\right)+0.141f(1.42,1.20)\left(\frac{a}{l}\right)^2\right]\\f(x,y)&=1+x\nu+y\nu^2\end{aligned}\right\}\tag{6.93}$$

当$\nu=0.15$时，式(6.93)简化为：

$$\left.\begin{aligned}\sigma_e &= \frac{0.803P}{h^2}\left[4\lg\left(\frac{l}{a}\right)+0.710\left(\frac{a}{l}\right)-0.04\right]\\ w_e &= \frac{0.432P}{kl^2}\left[1-0.748\left(\frac{a}{l}\right)+0.175\left(\frac{a}{l}\right)^2\right]\end{aligned}\right\} \tag{6.94}$$

式(6.92-1)中的应力计算值与式(6.93)的应力计算值十分相近,在 $a/l<0.5$ 时两者偏差不超过1%;但式(6.92-1)中的挠度计算值偏差较大。仔细考察发现,式(6.90)中的“$(0.76+0.4\nu)\delta_b/l$”项中的“+”,似为“-”之误。若将“+”改为“-”, $a/l<0.5$ 时的偏差几近消失。半圆荷载的应力和挠度解(式(6.92-2))均明显偏大。

图6.16给出不同长 L(平行板边缘)宽 B 比的矩形均布荷载作用下的板最大挠度 w_L 和应力 σ_L 与同面积方形均布荷载的板最大挠度 w_a 和应力 $\sigma_{a\times a}$ 之比 $\lambda_w(w_L/w_a)$、$\lambda_\sigma(w_L/w_a)$ 的变化曲线,图中,S_1 的荷载面积为 $(0.35l)^2$,S_2 的荷载面积为 l^2。从图6.16中可以看到,当 $L/B<1$,λ_w、λ_σ 均小于1;随着荷载区长度增大,挠度 λ_w 呈先升后降,最大值出现 $L/B=4$ 附近;λ_σ 最大值出现在 L/B 稍大于1处,其值不超过1.02。

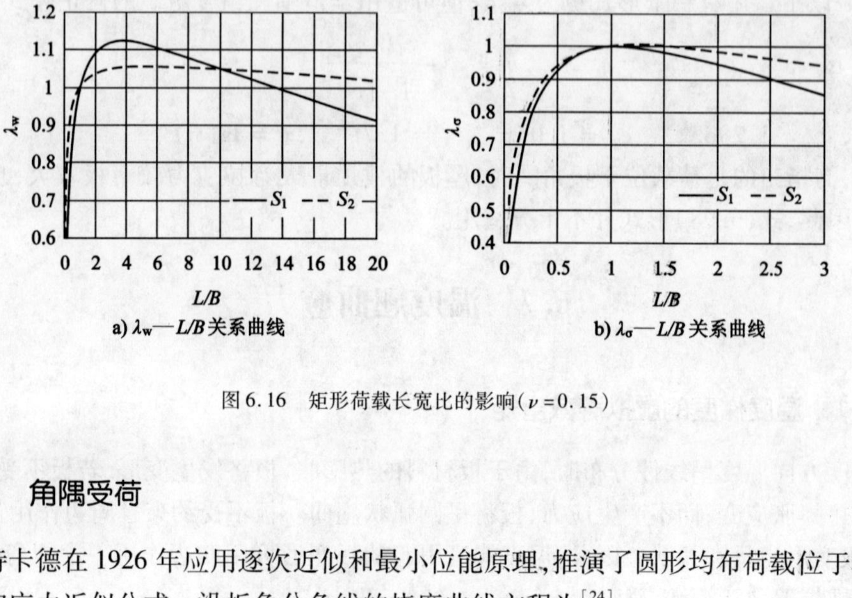

图6.16 矩形荷载长宽比的影响($\nu=0.15$)

6.6.3 角隅受荷

威斯特卡德在1926年应用逐次近似和最小位能原理,推演了圆形均布荷载位于板角隅时的板挠度和应力近似公式。沿板角分角线的挠度曲线方程为[24]:

$$w=\left(1.1e^{-\frac{x}{l}}-0.88\frac{\sqrt{2}a}{l}e^{\frac{2x}{l}}\right)\frac{P}{kl^2} \tag{6.95}$$

式中:x——角隅为原点,其分角线为 x 轴的距原点的距离。

最大挠度出现在角隅($x=0$):

$$w_c=\left[1.1-1.244\left(\frac{a}{l}\right)\right]\frac{P}{kl^2} \tag{6.96}$$

板角顶面的最大拉应力发生在分角线上距原点 $2.378\sqrt{al}$ 处,应力近似式为:

$$\sigma_c=3\left[1-\left(\frac{\sqrt{2}a}{l}\right)^{0.6}\right]\frac{P}{h^2} \tag{6.97}$$

6.6.4 荷载圆半径的修正

威斯特卡德注意到当板较厚、荷载圆半径较小时,忽略竖向压应力和剪应力引起的形变的薄板假设会使板中、板边受荷时的板应力计算结果偏大,为此,威氏提出了修正荷载圆半径方法来考虑弥补薄板假设的不足。修正荷载圆半径的公式为[24]:

$$b = \begin{cases} \sqrt{\beta a^2 + h^2} - \theta h & a < \lambda h \\ a & a > \lambda h \end{cases} \tag{6.98}$$

其中,b 为修正后的当量荷载圆半径,$\theta = 0.675$,$\beta = 1.6$,$\lambda = 1.724$。

文克勒地基上薄板和厚板(弹性体)的有限元计算结果表明[73],当方形荷载位于板中时,若将式(6.98)的系数 θ 取0.65、$\lambda = 0.63$,则其误差可控制在5‰以下;方形荷载位于板边缘中部时,式(6.88)的系数改为 $\beta = 1.85$、$\theta = 0.65$、$\lambda = 0.95$,误差可控制在1%左右。

文克勒地基上弹性层状体的解析解(5.3 节)的结果表明,威氏修正方法的误差约在±4%范围内,但公式给出适用范围过大。将式(6.88)的系数 θ 取0.66、λ 取0.6,则其误差可控制在7‰以下。还有一个形式更为复杂,但可适用全范围和精度更高的修正公式:

$$b = a + \frac{c_1 l - c_2 a}{1 + e^{c_3 \frac{a}{l}}} \tag{6.99}$$

其中,$c_1 = 1.28e^{-0.587x}$,$c_2 = 1.03x^{0.1}$,$c_3 = 1.7e^{0.52x}$,$x = \lg(\eta)$ 。

另外,需指出的是荷载位于板角隅时,厚板的板顶最大弯拉应力较薄板较大,且位置也更靠角隅。因此,式(6.98)形式并不十分适用。

6.7 温度翘曲应力

6.7.1 温度梯度的虚拟等效弯矩

板厚度方向温度呈线性分布时,由于板材料的热膨胀,板将发生变形,若板不受约束,板内应变仅为热膨胀应变,而不产生应力,板将呈圆弧状翘曲。板不受约束且周边作用正向的单一弯矩时,板变形也呈圆弧状。因此,温度梯度引起的板变形可用四边作用一虚拟弯矩 M_T 所代替。这一虚拟等效弯矩 M_T 为:

$$M_T = -D\alpha_c T_g \tag{6.100}$$

式中:α_c——板材料的热膨胀系数,1/℃;

T_g——板厚度方向的温度梯度,℃/m。

由于地基的约束,地基板不可能自由翘曲,部分热膨胀应变将受限而产生温度应力,而未受限的热膨胀应变,与周边作用虚拟等效弯矩 M_T 板所产生的应变相同。因此,热膨胀应变将受限而产生板弯沉 w、截面弯矩 M_i 和剪力 Q_i 可表示为:

$$\left.\begin{aligned} w &= \xi_w M_T \\ M_{x,y} &= (C_{x,y} + \nu C_{y,x}) M_T \\ Q_{x,y} &= \xi_{Qx,y} M_T \end{aligned}\right\} \tag{6.101}$$

式(6.94)中 ξ_w、ξ_Q 为单位四边虚拟弯矩所产生的板弯沉和剪力,可称为板弯沉系数和剪力系数;$C_{x,y}$的物理意义为单位四边虚拟弯矩的作用下的受限板 x、y 方向的曲率 $\rho_x=\partial^2 w/\partial^2 x$、$\rho_y=\partial^2 w/\partial^2 y$与未受限板曲率的 $\bar{\rho}_x=\bar{\rho}_y=-\alpha_c T_g$ 之差值。也可称之为翘曲应力系数。

6.7.2 文克勒地基板

威斯特卡德在分析温度梯度引起文克勒地基上四边自由矩形板的结构响应时,采用了如下的近似处理方法[28]:

$$w(x,y)=w_x(x)+w_y(y) \tag{6.102}$$

由此温度梯度引起的文克勒地基上四边自由矩形板的结构响应,转变为求解二组两端作用虚拟弯矩的文克勒地基上梁的问题。两端作用虚拟弯矩的文克勒地基上梁的求解方法和过程参见第二章的例 2.3。对于坐标原点设于中点、长宽为 $L\times B$ 矩形板而言,x 轴方向板弯沉系数 φ_{wx}、弯矩参数 C_x和剪力系数 φ_{Q_x}分别为:

$$\left.\begin{aligned}
\varphi_{wx}&=\frac{-A_1\sinh\beta x\sin\beta x-A_2\cosh\beta x\cos\beta x}{4D\beta^2}\\
C_x&=A_1\cosh\beta x\cos\beta x-A_2\sinh\beta x\sin\beta x-1\\
\varphi_{Q_x}&=\left[\begin{aligned}&A_1(\sinh\beta x\cos\beta x-\cosh\beta x\sin\beta x)\\&-A_2(\cosh\beta x\sin\beta x-\sinh\beta x\cos\beta x)\end{aligned}\right]
\end{aligned}\right\} \tag{6.103}$$

其中:$A_1=\dfrac{\sinh\beta_L\cos\beta_L+\cosh\beta_L\sin\beta_L}{\cosh\beta_L\sinh\beta_L+\cos\beta_L\sin\beta_L}$;

$A_2=\dfrac{\sinh\beta_L\cos\beta_L-\cosh\beta_L\sin\beta_L}{\cosh\beta_L\sinh\beta_L+\cos\beta_L\sin\beta_L}$;

$\beta_L=\dfrac{\beta L}{2}=\dfrac{L}{2\sqrt{2}l}$。

同理可得到,y 轴方向的弯沉系数 φ_{wy}、翘曲应力系数 C_y和剪力系数 φ_{Q_y},只需在上式中用 B 代替 L 即可。

板底应力(常称为温度翘曲应力),位于板中时可用式(6.104-1)计算,位于板边缘时可用式(6.104-2)计算。此公式即被称之为 Bradbury 温度翘曲应力计算式[29]。

$$\sigma_{x,y}=\frac{E\alpha T_g h}{2(1-\nu^2)}(C_{x,y}+\nu C_{y,x}) \tag{6.104-1}$$

$$\sigma_{x,y}=\frac{E\alpha T_g h}{2}C_{x,y} \tag{6.104-2}$$

在板中点或板边中点时,翘曲应力系数 C_y可简化为:

$$\left.\begin{aligned}
C_x&=1-H\left(\frac{\beta L}{2}\right)\\
C_y&=1-H\left(\frac{\beta B}{2}\right)
\end{aligned}\right\} \tag{6.105}$$

其中,$H(t)=\dfrac{\sinh t\cos t+\sin t\cosh t}{\sinh t\cosh t+\cos t\sin t}$。

6.7.3 弹性半空间体地基板

弹性半空间体地基板在温度梯度作用下的结构响应参照威氏近似处理方法，即将 E 地基板视为两组垂直交叉半平面体地基梁的叠加。因此，板温度翘曲应力可直接按式(6.104)计算。

半平面体地基梁两端作用虚拟等效弯矩 M_T 的结构响应采用有限元方法分析，由于地基在梁外区域尚有残余变形，因此，分两种情况：一是半平面体地基之上只有一根有限尺寸梁；二是地基上满铺无数相同有限尺寸梁，每一梁两端均受到虚拟弯沉作用，此时，梁端地基深度方向具有对称性，可用滑支边界表征。

梁中点温度翘曲应力系数 C 的有限元计算结果如图6.17所示，其中，散点"▽"为一根梁位于半平面体地基之上的计算结果，散点"□"为梁端地基深度方向具有对称性的结果。对这两种计算结果分析发现，在 $C>0.1$ 时，它们可采用式(6.105)形式表示，当一根梁位于半平面体地基之上时，回归系数 $A_s=0.46$，$A_c=0.74$；梁端地基深度方向为滑支边界时，$A_s=0.75$，$A_c=0.45$；在图6.18中两条回归曲线分别用 1_E 和 2_E 表示，标"k"的曲线为6.7.2节文克勒地基梁式(6.105)的结果。

$$C_x = 1 - A_s \frac{\sin\left(\frac{L}{l\sqrt{8}}\right)}{\sinh\left(\frac{L}{l\sqrt{8}}\right)} - A_c \frac{\cos\left(\frac{L}{l\sqrt{8}}\right)}{\cosh\left(\frac{L}{l\sqrt{8}}\right)} \tag{6.106}$$

式中：l——半空间体地基板的相对刚度半径，$l=h\left(\frac{\hat{E}}{6\hat{E}_0}\right)^{1/3}$；

$\hat{E}_0$——半空间体地基的广义弹性模量，$\frac{E_0}{1-\nu_0^2}$；

$\hat{E}$——板广义弹性模量，当考察点位于板中部时，取 $\frac{E}{1-\nu^2}$，位于板边缘时，取 E。

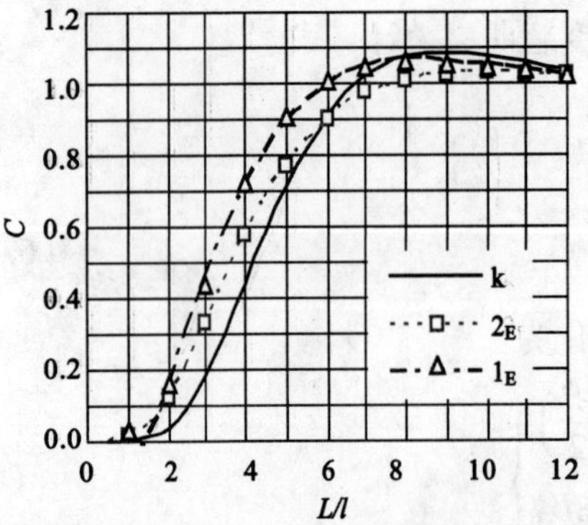

图6.17 不同模型的温度翘曲应力系数 C

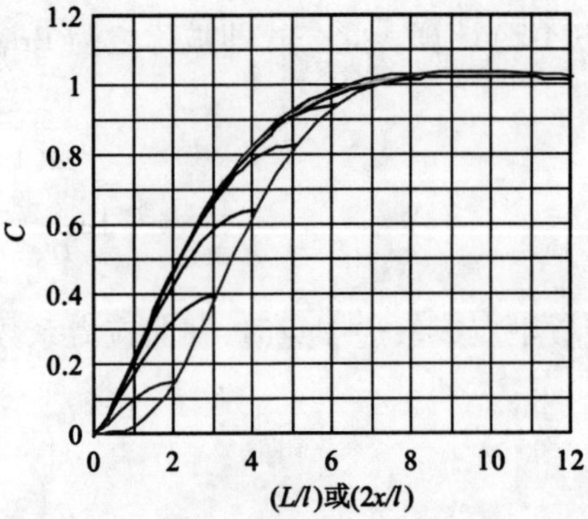

图6.18 半无限地基梁翘曲应力系数 C[74]

梁任一点的翘曲应力系数 C 随 L/l、x/l 而变化的规律表征十分困难。图6.18给出了 L/l

=2、3、4、…、14 时的翘曲应力系数 C 随 L/l、x/l_0变化的规律。为此，引入一个等效梁长度 $\tilde{L}$ 的概念，将任一点的翘曲应力系数 C 等效为梁长为 $\tilde{L}$ 的板中点翘曲应力系数 C，即：

$$C_x\left(\frac{x}{l},\frac{L}{l}\right) = C_x\left(\frac{\tilde{L}}{l}\right) \tag{6.107}$$

对半空间体地基梁的有限元解结果的分析表示，等效梁长度 $\tilde{L}$ 与实际梁长 L、计算点位置 $x(<L/2)$、梁相对刚度半径 l 之间有如下关系[74]：

$$\begin{aligned} \tilde{L} &= 2[x^a(L'-x)]^{\frac{1}{1+a}} \\ L' &= \begin{cases} L & L \leqslant 8l \\ 8l & L > 8l \end{cases} \\ a &= 1 + 0.043e^{\frac{L}{l}} \end{aligned} \tag{6.108}$$

6.7.4 近似处理方法的适用性

威氏将板视为二组垂直交叉梁的叠加的处理方法，从力学角度上来看，其实质是忽略了板扭曲变形和材料泊松比的部分影响，从而造成板刚度被夸大，使板的形变减小，结构应力偏大。

图6.19 给出了板相对刚度半径 l 为 0.6m，平面尺寸 $B\times L$ 为 3.6×4.8m 的 k 地基板、E 地基板在温度梯度作用下的板底第一主应力比（与最大主应力之比）的等值线图。其中，虚线为按威氏方法的结果，k 地基的实线为 6.3 节中例 6.5 结果，E 地基的实线为有限元结果。图6.19结果表明：对于板最大主应力而言，威氏处理方法的精度很高，误差很小，其原因为温度梯度引起的板翘曲变形较平缓，板截面以弯曲为主，扭曲变形很小可予忽略；其次，x 轴和 y 轴向的约束较强，可近似为平面应变状态。

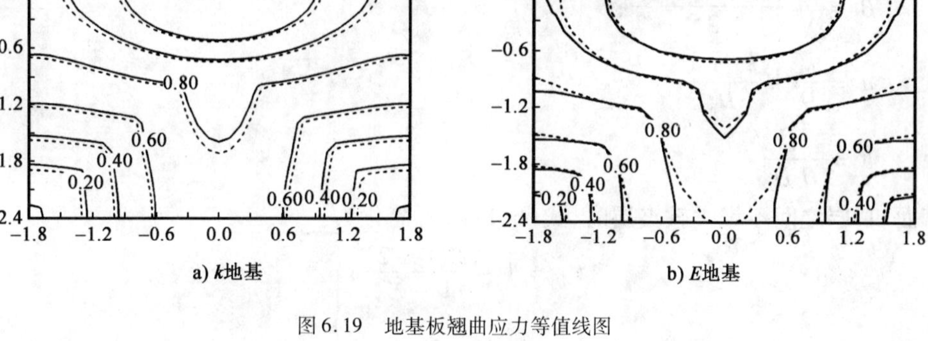

图6.19 地基板翘曲应力等值线图

但是，在靠近板边区域的平行板边的应力，该近似解的结果明显偏大，其原因是它无法很好考虑板边缘的侧向约束的逐渐消失的过程。若欲高精度地计算靠近板边区域的平行板边的翘曲应力,在计算式(6.104)中的泊松比 ν 项乘上一个修正系数 ξ,即:

$$\xi = \begin{cases} \dfrac{d}{3l} & d < 3l \\ 1 & d > 3l \end{cases} \tag{6.109}$$

式中:d——距板边缘的距离。

6.7.5 弹性地基上双层板[75,76]

水泥混凝土铺面结构的基层为刚性、半刚性材料时,基层的温度梯度很小可忽略,水泥混凝土面层板的温度梯度引起的路面结构翘曲变形可采用弹性夹层的双层板模型求解。面、基层之间夹层竖向弹簧刚度可较好考虑上下层梁竖向压缩效应,层间竖向弹簧刚度 k_ν 可按下式估计:

$$k_\nu^{-1} = \frac{h_3}{\hat{E}_3} + \frac{10}{7}\sum_{i=c,b}\frac{h_i}{\hat{E}_i} \tag{6.110}$$

其中,h_3、$\hat{E}_3$ 分别为夹层厚度(m)、弹性模量(MPa);下标 c 表示面层,下标 b 表示基层。

当基层设置与面板相对应的横缝,面、基层板平面同尺寸,面层温度梯度引起的面、基层板温度翘曲应力仍可按式(6.104)计算,其中,h、E、ν 改为面、基层对应值。面、基层板中点的温度翘曲应力系数 C 计算式为:

$$\left.\begin{aligned} C_1 &= 1 - \frac{r_1 H(\beta L/2) - r_2 H(\alpha L/2)}{r_1 - r_2} \\ C_2 &= -r_1 r_2 \frac{H(\alpha L/2) - H(\beta L/2)}{r_1 - r_2} \end{aligned}\right\} \tag{6.111}$$

其中:$r_1 = 1 - 4\alpha^4 \dfrac{D_c}{k_\nu}$;

$r_2 = 1 - 4\beta^4 \dfrac{D_c}{k_\nu}$;

$\alpha = \sqrt[4]{\dfrac{a - \sqrt{a^2 - 4b}}{2}}$;

$\beta = \sqrt[4]{\dfrac{a + \sqrt{a^2 - 4b}}{2}}$;

$a = \dfrac{k_\nu}{D_c} + \dfrac{k_\nu + k}{D_b}$;

$b = \dfrac{k_\nu k}{D_c D_b}$。

若面、基层之间不设柔软夹层时,式(6.111)可简化为:

$$\left.\begin{aligned} C_1 &= 1 - \frac{H(\alpha L/2)}{1 + \lambda_D}; \\ C_2 &= -\frac{H(\alpha L/2)}{1 + \lambda_D} \end{aligned}\right\} \tag{6.112}$$

基层不设与面板相对应的横缝时，面层温度梯度引起的面、基层板中点的温度翘曲应力系数 C 计算式为：

$$\left.\begin{aligned} C_1 &= 1 - \frac{\alpha r_2 e(\alpha L/2) - \beta r_1 e(\beta L/2)}{r_2 \alpha G(\alpha L/2) - r_1 \beta G(\beta L/2)} \\ C_2 &= -r_1 r_2 \frac{\alpha e(\alpha L/2) - \beta e(\beta L/2)}{r_2 \alpha G(\alpha L/2) - r_1 \beta G(\beta L/2)} \end{aligned}\right\} \tag{6.113}$$

其中，$G(t) = \dfrac{\sin t\cos t + \sinh t\cosh t}{\sin^2 t + \sinh^2 t}$，$e(t) = \dfrac{\cosh t\sin t + \sinh t\cos t}{\sin^2 t + \sinh^2 t}$。

若面、基层之间不设柔软夹层时，式(6.114)可简化为：

$$\left.\begin{aligned} C_1 &= 1 - \frac{e\left(\dfrac{\alpha L}{2}\right)}{G\left(\dfrac{\alpha L}{2}\right) - \dfrac{r_1 \beta}{r_2 \alpha}} \\ C_2 &= -\frac{r_1 e\left(\dfrac{\alpha L}{2}\right)}{G\left(\dfrac{\alpha L}{2}\right) - \dfrac{r_1 \beta}{r_2 \alpha}} \end{aligned}\right\} \tag{6.114}$$

6.8 荷载应力

6.8.1 公路设计规范中的力学模型与荷载参数

《公路水泥混凝土路面设计规范》(JTG D40—2002)[48]中，车辆荷载引起的水泥混凝土路面板的结构应力，采用弹性半空间地基上四边自由矩形薄板模型分析，其中，双层水泥混凝土路面的层间接触条件，竖向假设连续，水平向分连续和光滑两种极端状况。车辆荷载分为如图 6.20所示的单轴 - 单轮、单轴 - 双轮、双轴 - 双轮、三轴 - 双轮四类，其中，轮 - 轴距是根据偏保守原则确定；轮印、轮压和接地压强如表 6.3 所示。

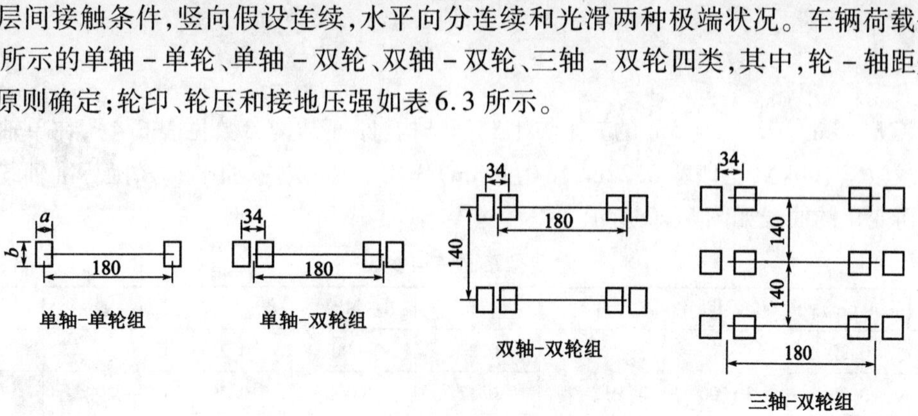

图 6.20　车辆荷载图式（单位：cm）

车辆荷载的轮印、轮压和接地压强　　表 6.3

双轮重(kN)	20	40	60	80	100	120
轮胎充气压强(MPa)	0.6	0.7	0.8	0.9	1.0	1.05
接地压强(MPa)	0.40	0.52	0.63	0.74	0.85	0.95
单轮轮宽(mm)	220	220	220	240	240	240

近十年来,水泥混凝土路面荷载应力分析模型研究取得了不少进展,在2011 颁布的《公路水泥混凝土路面设计规范》[49]中,粒料基层上水泥混凝土路面视为弹性地基上单层板,而基层为碾压混凝土、贫混凝土等刚性材料,水泥稳定碎石、二灰碎石等半刚性材料时,采用弹性地基上双层板模型,水泥混凝土路面板与基层板的层间接触条件为水平光滑无摩阻,竖向受压时连续,受拉时分离,路面板与基层板平面尺寸可不尽相同,如图 6.21 所示。

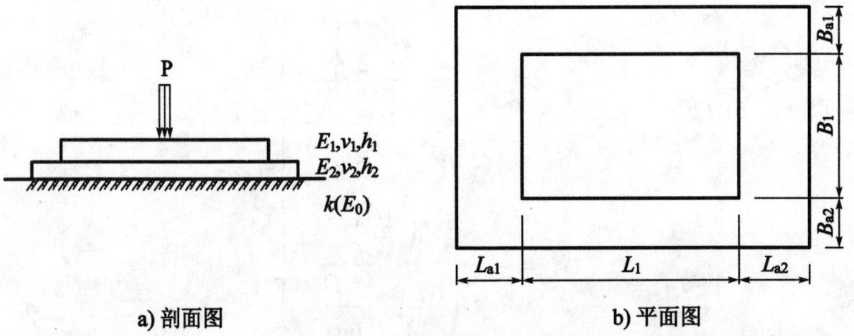

图 6.21　不等尺寸双层板模型

注:图 6.21a)中,h_1、E_1、ν_1分别为面层板的厚度、弹性模量和泊松;h_2、E_2、ν_2分别为基层的厚度、弹性模量和泊松比;$k(E_0、\nu_0)$为 k 地基的反应模量(E_0地基的回弹模量、ν_0泊松比)。

图 6.21b)中,L、B 分别为面板长度与宽度;L_{a1}、L_{a2}、B_{a1}、B_{a2}分别表示四边的基层超宽量。

6.8.2　车辆荷载临界荷位[77]

单轴-双轴荷载沿板纵边移动,任一轴载位置的面板板底最大拉应力 σ_1、板顶最大拉应力 σ_1^+ 与轴载位于纵边中部的板底拉应力 $\sigma_{1\max}$之比记作 α_1、β_1,即:

$$\alpha_1 = \frac{\sigma_1}{\sigma_{1\max}}$$

$$\beta_1 = \frac{\sigma_1^+}{\sigma_{1\max}} \tag{6.115}$$

板长 $L=5$m,宽 $B=3.75$m 的三个典型路面结构(路面结构参数见表 6.4),在单轴－双轮标准轴载($P=100$kN,轮印宽 0.22m、长 0.198m)作用下,面层应力比 α_1、β_1随标准轴载距板端距离 y 而变化的曲线如图 6.22 所示。

典型路面结构参数　　表 6.4

结　构	h_1(m)	E_1(MPa)	ν_1	h_2(m)	E_2(MPa)	ν_2	k(MN/m³)	λ^*
①	0.22	30 000	0.15	0.20	3 000	0.25	30	0.078
②	0.26			0.12	28 000	0.20	60	0.093
③	0.20			0.20	28 000	0.20	30	0.950

注 *:λ 为基层与面层的抗弯刚度之比。

从图6.22中可以看到，无论基层纵、横向是否超宽，水泥混凝土路面结构的临界荷位均处于纵缝中部(图6.22c.1结构③角隅荷位横边中部荷载应力略微超过纵边中部的，但考虑横缝的传荷效应，纵边中部仍为临界荷位)；基层与面层抗弯刚度比λ对两个应力比α_1、β_1均有所影响；面层顶面拉应力的最大值均发生在轴载紧靠横缝处，它与临界荷位时的最大板底拉应力σ_{1max}之比值β_1，在基层纵向不超长时为85%左右，在基层纵向超长时为1/2左右。

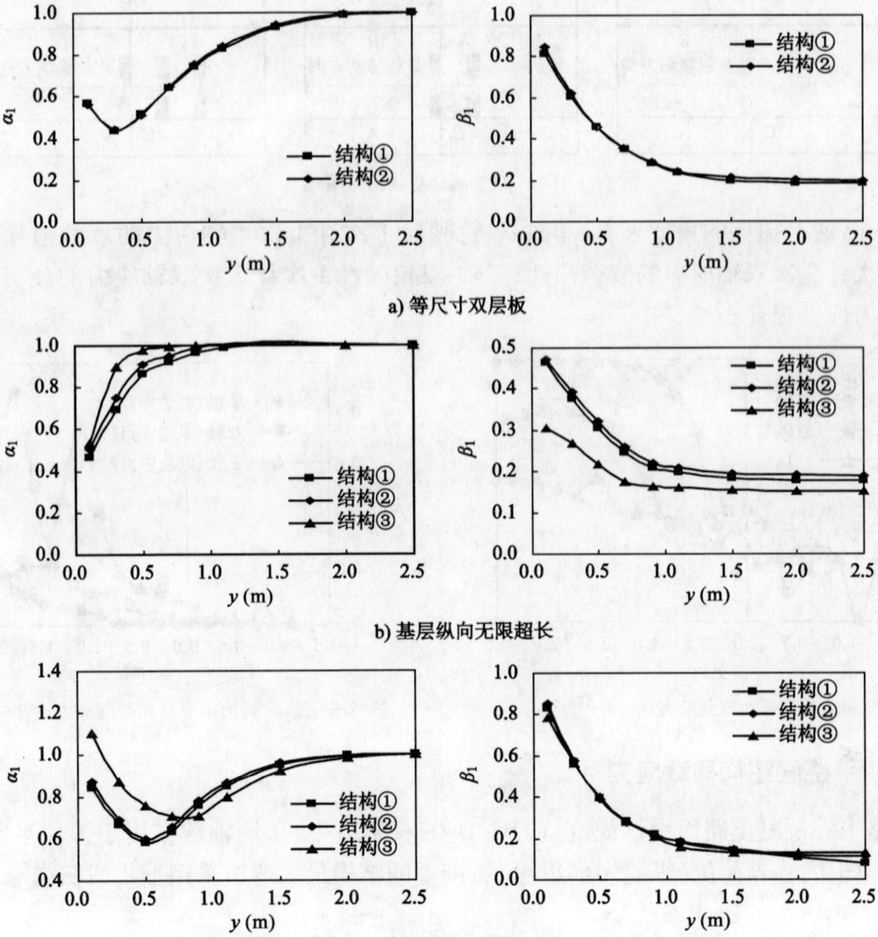

a) 等尺寸双层板

b) 基层纵向无限超长

c) 基层横向无限超宽时

图6.22　单轴-双轮荷载纵向移动时面层应力比α_1、β_1—y曲线

对于纵、横向超宽的结构①，三种轴载(每一轴载均为100kN)一侧沿纵边边缘移动时(图6.23)，面层相对应力比α随之变化的曲线如图6.24所示；不同荷载作用位置在面层结构临界点(纵边边缘中部层底)产生的荷载应力σ_{1a}与该层极限荷载应力σ_{1max}之比β随y变化的曲线如图6.25所示(仅画出对称曲线的一半)。

从图6.24和图6.25可以看到，单轴-双轮所产生的荷载应力最大，双轴-双轮的次之，三轴-双轮的荷载应力较小；单轴-双轮荷载驶经1次，面层最大荷载应力σ_1和纵边中点底部荷载应力σ_{1a}出现1次峰值；双轴-双轮荷载驶经1次作用下，σ_1出现4次起伏，σ_{1a}出现2次峰值，峰值出现在其中一根轴位于板中点时，其值约为单轴时峰值的0.9倍；三轴-双轮荷载驶经1

次，σ_1出现5、6次起伏，但起伏幅度并不大，三根轴经过板中点时σ_1均出现峰值，其中，中间轴的应力峰值最小，而两侧轴的应力峰值较双轴时的峰值小3%左右。

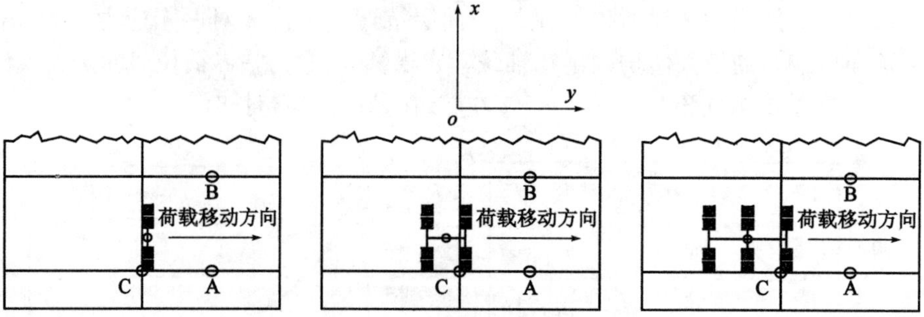

图6.23　移动荷载示意图

因此，从疲劳损耗的角度来看，单轴-双轮驶经1次计1次单轴应力的疲劳损耗；双轴-双轮驶经1次计2次双轴应力的疲劳损耗；三轴-双轮驶经1次计2次双轴应力的疲劳损耗和1次三轴应力疲劳损耗。

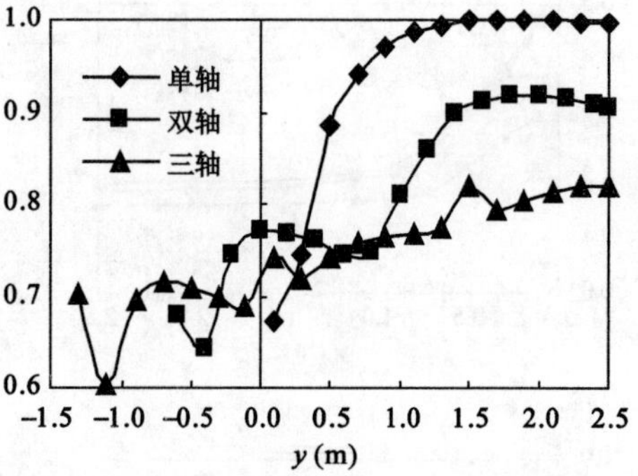

图6.24　最大荷载应力比α—y曲线

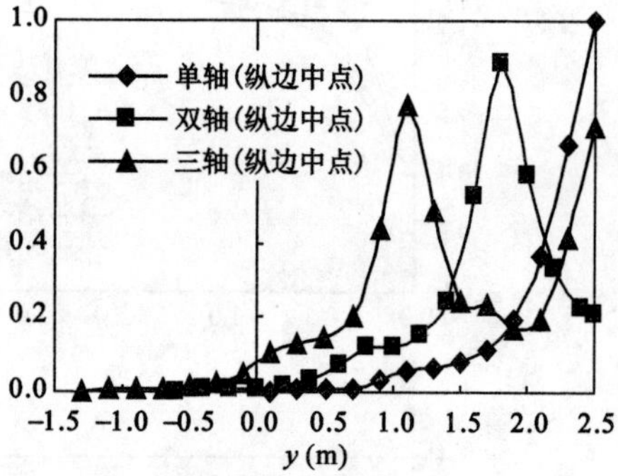

图6.25　纵边中点最大荷载应力比β—y曲线

6.8.3　路面结构荷载应力

《公路水泥混凝土路面设计规范》(JTG D40—2002)中，车辆轴载作用于弹性半空间体上四边自由薄板的临界荷位(纵缝中部边缘)所产生的结构最大弯矩采用下式回归[48]：

$$M_P = \frac{A}{6} l^m P^n \tag{6.116}$$

式中：P——轴总重，kN；

l——板相对刚度半径，m；

A、m、n——与轴载类型有关的回归系数，4种轴型的回归系数值表6.5所示。

荷载应力的回归系数[48]　　表6.5

轮-轴型	A	m	n
单轴-单轮	2.47×10^{-3}	0.707	0.881
单轴-双轮	1.75×10^{-3}	0.862	0.905
双轴-双轮	8.72×10^{-4}	0.843	0.893
三轴-双轮	5.41×10^{-4}	0.710	0.892

单层混凝土路面板最大应力 σ_p 位于最大弯矩点的板底，其计算式为：

$$\sigma_p = \frac{6}{h^2} = M_p \tag{6.117}$$

双层水泥混凝土路面的结构临界点，双层板层间滑动时位于上层板板底或下层板板底；层间结合时位于下层板板底，它们的最大应力 σ_{p1}（上层板）、σ_{p2}（下层板）的计算式为：

$$\left.\begin{aligned}\sigma_{p1} &= E_1 h_1 \frac{M_p}{2D_g}\\ \sigma_{p2} &= E_2\left(\frac{h_2}{2} + k_u h_x\right)\frac{M_p}{2D_g}\end{aligned}\right\} \tag{6.118}$$

式中：E_1、E_2——分别为上、下层板的弹性模量；

h_1、h_2——分别为上、下层板的厚度；

k_u——层间结合系数，层间光滑时 $k_u = 0$，层间结合时时 $k_u = 1$；

D_g——双层板总弯曲刚度，按式(6.66)计算；

h_x——下层板中面至结合状况双层板中性面的距离，按式(4.65)计算。

在设计规范中给出的标准轴载(100kN)下的应力计算式中，还纳入了基层顶面回弹模量修正系数 n 的影响。

按照 2011 年颁布的《公路水泥混凝土路面设计规范》(JTG D40—2011)中的双层板力学模型，即使在上、下板平面尺寸相同的情况下，上、下层的弯曲曲率不尽相同，在上下板层间受拉脱开时，上层板的曲率大于下板层的曲率，因此，车辆荷载引起的上下板荷载应力宜用下式回归：

$$\left.\begin{aligned}\sigma_{10} &= \frac{\alpha D_1 A}{D_2 + \alpha D_1}\frac{r_g^m P^n}{h_1^{2\theta}}\\ \sigma_{20} &= \frac{D_2 A}{\alpha D_1 + D_2}\frac{r_g^m P^n}{h_2^2}\end{aligned}\right\} \tag{6.119}$$

式(6.101)中，系数 α 可称上下层的弯矩分配系数，由于上层板曲率较大，故 α 稍大于 1；系数 θ 为修正因压应力和剪应力造成板弯曲截面非线性的系数，混凝土路面板厚度小于 0.2m 时不必修正，板厚 0.3m 时，该值约在 0.9 左右。

在设计规范中的荷载应力计算回归式中，未纳入上述 2 个系数，因此，上下板荷载应力回归式中系数 A、m 不相同，单轮 - 双轮荷载在同尺寸双层板的临界荷位处的荷载应力为[49]：

$$\left.\begin{aligned}\sigma_{1p} &= \frac{1.45\times10^{-3}}{1 + D_2/D_1}\frac{r_g^{0.65}P_s^{0.94}}{h_1^2}\\ \sigma_{2p} &= \frac{1.41\times10^{-3}}{1 + D_1/D_2}\frac{r_g^{0.68}P_s^{0.94}}{h_2^2}\end{aligned}\right\} \tag{6.120}$$

6.8.4 港区铺面结构荷载应力[78,79]

港区堆场和道路铺面结构承受的荷载可分为装运机械和堆货荷载两大类。装(卸)运(输)机械的轮轴载和支腿、支板、支轮荷载的类型十分繁多，荷载量变化范围大，难以如同公路路面设计中那种简单地划分若干类，现行《港口道路与堆场设计规范》中根据装运机械的轮、轴载量划分为6个等级，每级用一单轮荷载作为该级设计标准荷载。堆货荷载中对水泥混凝土路面结构损伤显著的是集装箱箱角荷载。

标准单轮荷载和装运机械支腿、支板、支轮荷载的临界荷位位于纵缝边缘中部，面层板荷载应力计算式如式(6.121)所示。单箱、单列、多列集装箱的荷载图式如图6.26所示。由于集装箱箱角面积较小，在面层板较厚时，面层板截面弯曲应变呈现非线性，集装箱单箱箱角引起的面层板荷载应力可在式(6.121)基础上乘上一个如式(6.122)所示的面层板应变非线性修正系数k_δ近似处理；多列集装箱箱角荷载应力引起的面层板荷载应力最大点大多出现在箱角荷载区域之外，因此，应变的非线性很弱不需修正，集装箱箱角位于板中、板边缘时的面层板荷载应力的计算式可也采用式(6.121)形式，其中当量荷载圆半径a按式(6.123)近似。

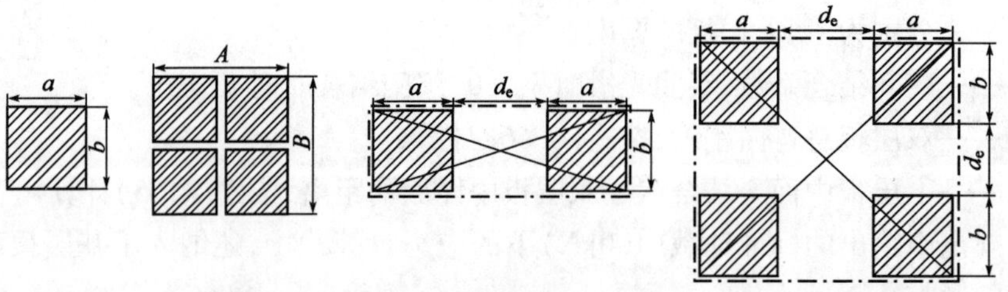

a) 单箱　　b) 多列空箱　　c) 单列重箱　　d) 多列重箱

a=178, b=162, A=370, B=340, d_e=200~400

图6.26　集装箱的荷载图式(尺寸单位:cm)

$$\tilde{\sigma} = A\left(\frac{1+\theta\nu}{1+D_2/D_1}\right)\frac{P}{h_1^2}\left[\ln\left(\frac{l_g}{a}\right)+B+(C-D\times d_e)\left(\frac{a}{l_g}\right)^2\right] \tag{6.121}$$

式中：　P——标准单轮、支腿、支板、支轮的荷载量，集装箱箱角荷载；

θ——最大应力点的主次应变比，荷载位于板中时$\theta=1$，位于板边时$\theta=0.13$；

a——单轮荷载接地面积的当量圆半径，$a=(A/\pi)^{0.5}$，A为荷载作用面积；

A、B、C、D——回归系数，与荷载形式和荷位有关，如表6.6所示。

荷载应力的回归系数 *A*、*B*、*C*、*D*　　表6.6

荷载形式		*A*	*B*	*C*	*D*
标准单轮荷载，集装箱单箱支腿、支座、支轮荷载		0.754	1.39	−2.31	0
多列集装箱	板边荷位	1.340	−0.118	1.29	1.17
	板中荷位	0.785	−0.326	1.74	1.30

$$k_\delta = 1 + 0.014\left(\frac{l_g}{a}\right) - 0.0014\left(\frac{l_g}{a}\right)^2 \tag{6.122}$$

$$a = 0.564(0.356 + d_e) \tag{6.123}$$

式中：d_e——集装箱箱角之间净间距，m。

6.8.5　其他因素的影响规律

(1)板长影响

港区水泥混凝土铺面结构的厚度有时较大，铺面板的相对长度 L/l_g 较小，荷载应力较无限大板的值小一些，宜加以修正。将无限大板的荷载应力与有限尺寸板的荷载应力之比称之为板长修正系数，记作 k_L。对于纵缝边缘中部的荷载应力而言，板长修正系数 k_L 的回归式为：

$$k_L = 1 - e^{-2.2\left(\frac{L}{l_1+a}-1.5\right)} \tag{6.124}$$

式中：l_1——路面板的相对刚度半径。

(2)荷载内移影响

荷载从板边向板中内移，铺面板荷载应力 σ_1 快速下降，渐渐趋近无限大板板中荷载应力 σ_{1z}，因此，将荷载应力内移系数 φ 定义为：

$$\varphi = \frac{\sigma_1 - \sigma_{1z}}{\sigma_{1e} - \sigma_{1z}} \tag{6.125}$$

式中：σ_{1e}——荷载位于板边时的荷载应力。

荷载应力内移系数 φ 回归式为：

$$\varphi = e^{-5\left(\frac{d_p}{l_1+a}\right)} \tag{6.126}$$

式中：d_p——荷载距板边的距离。

(3)基层超宽影响

基层超宽（横向超宽，或纵向和横向均超宽）条件下的纵缝边缘中部的面层荷载应力 σ_1 可表示为：

$$\left.\begin{aligned}\sigma_1 &= \sigma_1^0\left(1 - \frac{\Delta\sigma_1}{\sigma_1^0}\xi\right)\\ \Delta\sigma_1 &= \frac{\sigma_1^\infty - \sigma_1^0}{\sigma_1^0}\end{aligned}\right\} \tag{6.127}$$

式中：σ_1^∞——基层无限超宽时的荷载应力；

σ_1^0——等尺寸双层板的荷载应力；

ξ——超宽影响系数。

基层无限超宽时的荷载应力 σ_1^∞ 与等尺寸双层板的面层荷载应力 σ_1^0 之差 $\Delta\sigma_1$ 与 σ_1^0 的比值主要取决于基层与面层抗弯刚度比 λ 的大小，它们之间的回归关系为：

$$\frac{\Delta\sigma}{\sigma_1^0} = 0.32 - 0.25e^{-4.0\lambda} \tag{6.128}$$

超宽影响系数 ξ 与基层相对超宽 B_a/l_2 有较好的相关关系，其近似回归式如下：

$$\xi = 1 - e^{-1.53\frac{B_a}{l_2}} \tag{6.129}$$

式中：l_2——基层板的相对刚度半径。

(4)接缝传荷影响

接缝间因设拉杆、传力杆，或嵌挤作用而具有一定传递荷载能力。已有邻板影响的研究存在两大缺陷，一是忽略了基层的存在，将基层的荷载传递作用计入了接缝传递能力中；第二是将面层与基层或地基之间视为可承受拉应力的连续体系，从而使基层或地基的变形扩散不适当地作为接缝荷载传递效应。

图6.27给出了无基层、弱基层和强基层三种路面结构在单轴－双轮荷载作用下，路面板

最大应力、挠度在不同接缝剪切刚度对的变化规律。图中纵坐标 λ_{σ}、λ_{w} 分别为表征接缝传荷效率的传荷应力比和弯沉比，它们定义为：

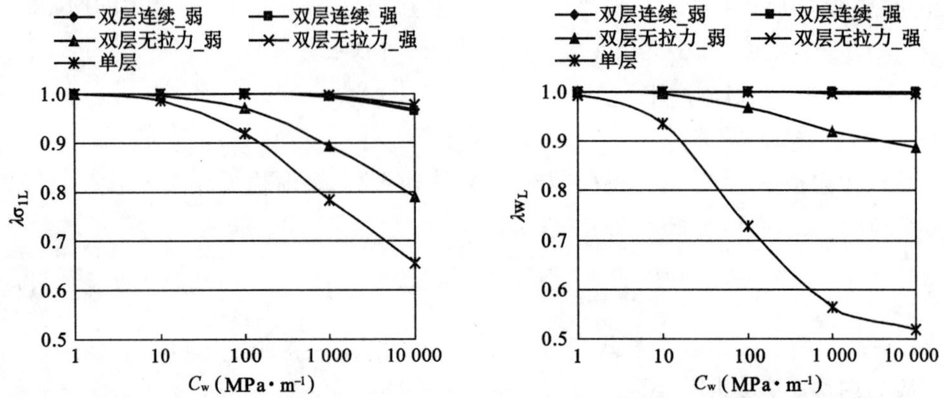

a) C_w—$\lambda_{\sigma 1}$ 关系曲线　　b) C_w—λ_w 关系曲线

图 6.27　接缝传荷效应

$$\lambda_{\sigma} = \frac{\sigma_1(C_w)}{\sigma_1(0)}$$

$$\lambda_{w} = \frac{w_1(C_w)}{w_1(0)}$$

式中：　C_w——接缝剪切刚度，MPa/m；

$\sigma_1(C_w)$、$w_1(C_w)$——分别为相应于接缝剪切刚度 C_w 的面层最大应力、最大挠度；

$\sigma_1(0)$、$w_1(0)$——分别为 $C_w = 0$ 时面层最大应力、最大挠度。

从图 6.27 中可以看到，基层越强接缝传荷效率越小，当存在超宽基层时，接缝剪切刚度对面板应力、弯沉的减小作用大大减弱，若面、基层的层间假设竖向接续时，这种作用更小。

7 横观各向同性层状体

7.1 横观各向同性体理论和位移解法

铺面结构层大多是碾压成形,因此其结构层的水平向和竖向在构造上是有所差异的。这种结构特性在力学理论上称之为横观各向同性体。也就是说,采用横观各方同性理论分析铺面结构较各向同性理论更合适。对于横观各向同性体,其静力平衡方程和表征位移-应变关系的几何方程与第三章第一节给出的各向同性体静力平衡方程和几何方程相同。表征横观各向同性体应力-应变本构关系的物理方程(广义虎克定律)为[15,80]:

$$\begin{bmatrix} \sigma_r \\ \sigma_\theta \\ \sigma_z \\ \tau_{\theta z} \\ \tau_{rz} \\ \tau_{r\theta} \end{bmatrix} = \begin{bmatrix} c_{11} & c_{12} & c_{13} & 0 & 0 & 0 \\ & c_{11} & c_{13} & 0 & 0 & 0 \\ & & c_{33} & 0 & 0 & 0 \\ & \text{对} & & c_{44} & 0 & 0 \\ & & \text{称} & & c_{44} & 0 \\ & & & & & c_{66} \end{bmatrix} \begin{bmatrix} \varepsilon_r \\ \varepsilon_\theta \\ \varepsilon_z \\ \gamma_{\theta z} \\ \gamma_{rz} \\ \gamma_{r\theta} \end{bmatrix} \tag{7.1}$$

其中,$c_{66} = \dfrac{c_{11} - c_{12}}{2}$。

横观各向同性体有 5 个独立的弹性系数 c_{11}、c_{12}、c_{13}、c_{33}、c_{44},它们与材料弹性模量与泊松的关系为:

$$\left.\begin{aligned} c_{11} &= \vartheta n(1 - n\nu_2^2) \\ c_{12} &= \vartheta n(v_1 + n\nu_2^2) \\ c_{13} &= \vartheta n v_2(1 + \nu_1) \\ c_{33} &= \vartheta(1 - \nu_1^2) \\ c_{44} &= G_2 \\ n &= \frac{E_1}{E_2} \\ \vartheta &= \frac{E_2}{(1 + \nu_1)(1 - \nu_1 - 2n\nu_2^2)} \end{aligned}\right\} \tag{7.2}$$

式中:E_1、ν_1——水平向弹性模量与泊松比;

E_2、ν_2——垂直向弹性模量与泊松比;

G_2——垂直面的剪切模量。

尽管横观各向同性体有5个独立的弹性系数,但其值并不是随意的,由弹性系数正定性条件,则有:

$$1 - v_1 - 2nv_2^2 > 0$$

胡海昌提出的横观各向同性体空间问题的位移函数为[16]:

$$\left.\begin{aligned} u_r &= -\frac{\partial^2 F}{\partial r \partial z} - \frac{1}{r}\frac{\partial \phi}{\partial \theta} \\ u_\theta &= -\frac{1}{r}\frac{\partial^2 F}{\partial \theta \partial z} + \frac{\partial \phi}{\partial r} \\ w &= \left(\alpha \nabla^2 + \beta \frac{\partial^2}{\partial z^2}\right)F \end{aligned}\right\} \tag{7.3}$$

其中,$\alpha = \dfrac{c_{11}}{c_{13} + c_{44}}$,$\beta = \dfrac{c_{44}}{c_{13} + c_{44}}$。

位移函数F、ϕ代入横观各向同性体的静力平衡方程、几何方程和物理方程,整理得到:

$$\left.\begin{aligned} &\left[\frac{1}{r}\frac{\partial}{\partial r}\left(r\frac{\partial}{\partial r}\right) + \frac{1}{r^2}\frac{\partial^2}{\partial \theta^2} + \frac{1}{s_1^2}\frac{\partial^2}{\partial z^2}\right]\left[\frac{1}{r}\frac{\partial}{\partial r}\left(r\frac{\partial}{\partial r}\right) + \frac{1}{r^2}\frac{\partial^2}{\partial \theta^2} + \frac{1}{s_2^2}\frac{\partial^2}{\partial z^2}\right]F = 0 \\ &\left[\frac{1}{r}\frac{\partial}{\partial r}\left(r\frac{\partial}{\partial r}\right) + \frac{1}{r^2}\frac{\partial^2}{\partial \theta^2} + \frac{1}{s_0^2}\frac{\partial^2}{\partial z^2}\right]\phi = 0 \end{aligned}\right\} \tag{7.4}$$

其中,$s_0^2 = \dfrac{c_{11} - c_{12}}{2c_{44}}$;$s_1^2, s_2^2$为下列方程的两个实数根:

$$c_{33}c_{44}s^4 - [c_{44}^2 + c_{11}c_{33} - (c_{13} + c_{44})^2]s^2 + c_{11}c_{44} = 0$$

横观各向同性体的2个位移函数展开为:

$$\left.\begin{aligned} F(r,\theta,z) &= \sum_{m=0}^{\infty} F_m(r,z)\cos m\theta + \sum_{n=0}^{\infty} F_n(r,z)\sin n\theta \\ \phi(r,\theta,z) &= \sum_{m=0}^{\infty} \phi_m(r,z)\sin m\theta + \sum_{n=0}^{\infty} \phi_n(r,z)\cos n\theta \end{aligned}\right\} \tag{7.5}$$

将式(7.5)代入式(7.4),则有:

$$\left.\begin{aligned} &\left[\frac{1}{r}\frac{\partial}{\partial r}\left(r\frac{\partial}{\partial r}\right) - \frac{k^2}{r^2} + \frac{1}{s_1^2}\frac{\partial^2}{\partial z^2}\right]\left[\frac{1}{r}\frac{\partial}{\partial r}\left(r\frac{\partial}{\partial r}\right) - \frac{k^2}{r^2} + \frac{1}{s_2^2}\frac{\partial^2}{\partial z^2}\right]F_k = 0 \\ &\left[\frac{1}{r}\frac{\partial}{\partial r}\left(r\frac{\partial}{\partial r}\right) - \frac{k^2}{r^2} + \frac{1}{s_0^2}\frac{\partial^2}{\partial z^2}\right]\phi_k = 0 \end{aligned}\right\} \quad k = m,n \tag{7.6}$$

式(7.6)可采用分离变量法求解,例如,对于函数ϕ_k而言,对自变量r、z进行分离:

$$\phi_k(r,z) = R_k(r)Z_k(s_0 z) \tag{7.7}$$

上式代入(7.6),整理则得:

$$\frac{\dfrac{d^2 R_k(r)}{dr^2} + \dfrac{1}{r}\dfrac{dR_k(r)}{dr} - \dfrac{k^2}{r^2}R_k(r)}{R_k(r)} = -\frac{\partial^2 Z_k(s_0 z)}{Z_k(s_0 z_0)\partial(s_0 z)^2} = -\xi^2 \tag{7.8}$$

由此解得:

$$\phi_k(r,z) = (A_k e^{s_0 z\xi} + B_k e^{-s_0 z\xi})[J_k(\xi r) + \gamma_k Y_k(\xi r)] \tag{7.9}$$

函数 F_k 的分离变量解为：

$$F_k(r,z)=\begin{cases}(A_k e^{s_1 z\xi}+B_k e^{-s_1 z\xi}+C_k e^{s_2 z\xi}+D_k e^{-s_2 z\xi})[J_k(\xi r)+\lambda_k Y_k(\xi r)] & s_1\neq s_2\\ [(A_k+sz\xi B_k)e^{-sz\xi}+(C_k+sz\xi D_k)e^{sz\xi}][J_k(\xi r)+\lambda_k Y_k(\xi r)] & s_1=s_2=s\end{cases}\tag{7.10}$$

在上式中，$J_k(\xi r)+\gamma_k Y_k(\xi r)$，$J_k(\xi r)+\lambda_k Y_k(\xi r)$ 是本征函数，其中参数 λ、ξ 和 γ、ξ 应满足 r 方向的 2 个边界条件。对于无孔圆柱体，由于 $Y_0(\xi r)|_{r=0}\to\infty$，故 $\lambda=\gamma=0$。满足圆柱外边界条件的本征值 $\xi_n(n=1,2,3,\cdots)$ 均为本问题的解。

由此得到横观各向同性无孔圆柱体的通解为：

$$\left.\begin{aligned}\phi_k(r,z)&=\sum_{n=1}^{\infty}(A_{kn}e^{s_0 z\xi_n}+B_{kn}e^{-s_0 z\xi_n})J_k(\xi_n r)\\ F_k(r,z)&=\sum_{n=1}^{\infty}\begin{cases}(A_{kn}e^{s_1 z\xi_n}+B_{kn}e^{-s_1 z\xi_n}+C_{kn}e^{s_2 z\xi_n}+D_{kn}e^{-s_2 z\xi_n})J_k(\xi_n r) & s_1\neq s_2\\ [(A_{kn}+sz\xi_n B_{kn})e^{-sz\xi_n}+(C_{kn}+sz\xi_n D_{kn})e^{sz\xi_n}]J_k(\xi_n r) & s_1=s_2=s\end{cases}\end{aligned}\right\}\tag{7.11}$$

对于水平向无限($r\to\infty$)的层状体，本征值 ξ 为大于零的任何值。因此，上式中的 Σ 改为积分：

$$\left.\begin{aligned}\phi_k(r,z)&=\int_0^{\infty}(A_k e^{s_0 z\xi}+B_k e^{-s_0 z\xi})J_k(\xi r)d\xi\\ F_k(r,z)&=\int_0^{\infty}\begin{cases}(A_k e^{s_1 z\xi}+B_k e^{-s_1 z\xi}+C_k e^{s_2 z\xi}+D_k e^{-s_2 z\xi})J_k(\xi r)d\xi & s_1\neq s_2\\ [(A_k+sz\xi B_k)e^{-sz\xi}+(C_k+sz\xi D_k)e^{sz\xi}]J_k(\xi r)d\xi & s_1=s_2=s\end{cases}\end{aligned}\right\}\tag{7.12}$$

水平向无限大的横观各方同性层状体用汉克尔变换更方便，对式(7.6)进行 m 阶汉克尔变换得到：

$$\left.\begin{aligned}&\left(-\xi^2+\frac{\partial^2}{s_1^2\partial z^2}\right)\left(-\xi^2+\frac{\partial^2}{s_2^2\partial z^2}\right)\overline{F}_k=0\\ &\left(-\xi^2+\frac{\partial^2}{s_0^2\partial z^2}\right)\overline{\phi}_k=0\end{aligned}\right\}\tag{7.13}$$

由此得到 ϕ_m 解为：

$$\left.\begin{aligned}\overline{\phi}_m&=zE_m e^{-s_0\xi z}+zF_m e^{s_0\xi z}\\ \phi_m&=\int_0^{\infty}\xi(zE_m e^{-s_0\xi z}+zF_m e^{s_0\xi z})J_m(\xi r)d\xi\end{aligned}\right\}\tag{7.14-1}$$

F_m 解为：

$$\left.\begin{aligned}\overline{F}_m&=\frac{1}{\xi^2}\begin{cases}A_m e^{-s_1\xi z}+C_m e^{s_1\xi z}+B_m e^{-s_2\xi z}+D_m e^{s_2\xi z} & s_1\neq s_2\\ (A_m+s\xi zB_m)e^{-s\xi z}+(C_m+s\xi zD_m)e^{s\xi z} & s_1=s_2=s\end{cases}\\ F_m&=\int_0^{\infty}\overline{F}_m J_m(\xi r)\xi d\xi\end{aligned}\right\}\tag{7.14-2}$$

对于轴对称问题，仅有 $m=0$ 一项，因此有：

$$\left.\begin{aligned}\overline{F}_0 &= \frac{1}{\xi^2}\begin{cases} Ae^{-s_1\xi z} + Ce^{s_1\xi z} + Be^{-s_2\xi z} + De^{s_2\xi z} & s_1 \neq s_2 \\ (A + sz\xi B)e^{-s\xi z} + (C + sz\xi D)e^{s\xi z} & s_1 = s_2 = s \end{cases} \\ \overline{\phi}_0 &= 0 \end{aligned}\right\} \tag{7.15}$$

对于各向同性层状体,其弹性系数只有两个独立的:

$$c_{11} = c_{33} = \lambda + 2\mu$$

$$c_{12} = c_{13} = \lambda$$

$$c_{44} = c_{66} = \mu$$

式中:λ、μ——材料拉梅弹性常数,它们与材料弹性模量 E、泊松比 ν 的关系为:

$$\mu = \frac{E}{2(1+\nu)}$$

$$\lambda = \frac{E\nu}{(1-\nu-2\nu^2)}$$

代入相应计算式,得到 $s_1 = s_2 = s_0 = 1, \alpha = \beta + 1 = \dfrac{\mu}{\lambda+\mu}$,由此得到 $\overline{\phi}_m, \overline{F}_m$ 的解为:

$$\left.\begin{aligned}\overline{\phi}_m &= zE_m e^{-\xi z} + zF_m e^{\xi z} \\ \overline{F}_m &= \frac{1}{\xi^2}[(A_m + z\xi B_m)e^{-\xi z} + (C_m + z\xi D_m)e^{\xi z}]\end{aligned}\right\} \tag{7.16}$$

7.2 位移、应力表达式

对应于任一 m 的位移函数 $F_m\cos m\theta$, $\phi_m\sin m\theta$ 的横观各向同性层状体的位移 $u_{rm}\cos m\theta$, $u_{\theta m}\sin m\theta$, $w_m\cos m\theta$ 的表达式为:

$$\left.\begin{aligned} u_{rm} &= -\frac{\partial^2 F_m}{\partial r \partial z} - \frac{m}{r}\phi_m \\ u_{\theta m} &= \frac{m}{r}\frac{\partial F_m}{\partial z} + \frac{\partial \phi_m}{\partial r} \\ w_m &= \left(\alpha\nabla^2 + \beta\frac{\partial^2}{\partial z^2}\right)F_m \end{aligned}\right\} \tag{7.17}$$

将式(7.14)代入式(7.17),整理得到:

$$\left.\begin{aligned} u_{\theta m} &= \frac{U_{m+1} + U_{m-1}}{2} \\ u_{rm} &= \frac{U_{m+1} - U_{m-1}}{2} \\ w_m &= \int_0^\infty \xi\left(-\alpha\xi^2\overline{F}_m + \beta\frac{\partial^2 \overline{F}_m}{\partial z^2}\right)J_m(\xi r)\,d\xi \end{aligned}\right\} \tag{7.18}$$

$$U_{m+i}=\int_0^{\infty}\left(\frac{\partial\overline{F}_m}{\partial z}-i\overline{\phi}_m\right)\mathrm{J}_{m+i}(\xi r)\xi^2\mathrm{d}\xi$$

其中：$\dfrac{\partial\overline{F}_m}{\partial z}=\dfrac{1}{\xi}\begin{cases}[s_1(-A_m\mathrm{e}^{-s_1\xi z}+C_m\mathrm{e}^{s_1\xi z})+s_2(-B_m\mathrm{e}^{-s_2\xi z}+D_m\mathrm{e}^{s_2\xi z})] & s_1\neq s_2\\ s[-(A_m+(s\xi z-1)B_m)\mathrm{e}^{-s\xi z}+(C_m+(s\xi z+1)D_m)\mathrm{e}^{s\xi z}] & s_1=s_2=s\end{cases}$；

$$\frac{\partial^2\overline{F}_m}{\partial z^2}=\begin{cases}[s_1^2(A_m\mathrm{e}^{-s_1\xi z}+C_m\mathrm{e}^{s_1\xi z})+s_2^2(B_m\mathrm{e}^{-s_2\xi z}+D_m\mathrm{e}^{s_2\xi z}] & s_1\neq s_2\\ s^2[(A_m+(s\xi z-2)B_m)\mathrm{e}^{-s\xi z}+(C_m+(s\xi z+2)D_m)\mathrm{e}^{s\xi z}] & s_1=s_2=s\end{cases}$$。

层状体界面的三个应力 $\sigma_{zm}\cos m\theta$，$\tau_{rzm}\cos m\theta$，$\tau_{\theta zm}\sin m\theta$ 的表达式为：

$$\left.\begin{aligned}\tau_{\theta zm}&=c_{44}\left(\frac{\partial u_{\theta m}}{\partial z}-\frac{m}{r}w_m\right)\\ \tau_{rzm}&=c_{44}\left(\frac{\partial u_{rm}}{\partial z}+\frac{\partial w_m}{\partial r}\right)\\ \sigma_z&=c_{13}(\varepsilon_{rm}+\varepsilon_{\theta m})+c_{33}\frac{\partial w_m}{\partial z}\end{aligned}\right\}\tag{7.19}$$

将式(7.14)代入式(7.19)，整理得到：

$$\left.\begin{aligned}\tau_{\theta zm}&=\frac{T_{m+1}+T_{m-1}}{2}\\ \tau_{rzm}&=\frac{T_{m+1}-T_{m-1}}{2}\\ \sigma_{zm}&=\int_0^{\infty}\xi\left((c_{13}-c_{33}\alpha)\xi^2\frac{\partial\overline{F}_m}{\partial z}+c_{33}\beta\frac{\partial^3\overline{F}_m}{\partial z^3}\right)\mathrm{J}_m(\xi r)\mathrm{d}\xi\\ T_{m+i}&=c_{44}\left(\frac{\partial U_{m+i}}{\partial z}-\xi w_{m+i}\right)=c_{44}\int_0^{\infty}\left(\alpha\xi^2\overline{F}_m+(1-\beta)\frac{\partial^2\overline{F}_m}{\partial z^2}-i\frac{\mathrm{d}\overline{\phi}_m}{\mathrm{d}z}\right)\mathrm{J}_{m+i}(\xi r)\xi^2\mathrm{d}\xi\end{aligned}\right\}\tag{7.20}$$

其中：$\dfrac{\partial\overline{\phi}_m}{\partial z}=s_0\xi(-zE_m\mathrm{e}^{-s_0\xi z}+zF_m\mathrm{e}^{s_0\xi z})$；

$$\frac{\partial^3\overline{F}_m}{\partial z^3}=\xi\begin{cases}[s_1^3(-A_m\mathrm{e}^{-s_1\xi z}+C_m\mathrm{e}^{s_1\xi z})+s_2^3(-B_m\mathrm{e}^{-s_2\xi z}+D_m\mathrm{e}^{s_2\xi z})] & s_1\neq s_2\\ s^3[-(A_m+(s\xi z-3)B_m)\mathrm{e}^{-s\xi z}+(C_m+(s\xi z+3)D_m)\mathrm{e}^{s\xi z}] & s_1=s_2=s\end{cases}$$。

另外三个结构层内部（竖向截面）的应力 $\sigma_{rm}\cos m\theta$，$\sigma_{\theta m}\cos m\theta$，$\tau_{r\theta m}\sin m\theta$ 的表达式较为复杂：

$$\left.\begin{aligned}\sigma_{rm}&=c_{11}\varepsilon_{rm}+c_{12}\varepsilon_{\theta m}+c_{13}\varepsilon_{zm}\\ \sigma_{\theta m}&=c_{12}\varepsilon_{rm}+c_{11}\varepsilon_{\theta m}+c_{13}\varepsilon_{zm}\\ \tau_{r\theta m}&=c_{66}\gamma_{r\theta m}\end{aligned}\right\}\tag{7.21}$$

其中：$\varepsilon_{rm} = \int_0^\infty \frac{\partial \overline{F}_m}{\partial z} J_m(\xi r)\xi^3 d\xi - \left(\frac{(m+1)U_{m+1} + (m-1)U_{m-1}}{2r}\right)$；

$\varepsilon_{\theta m} = \frac{(m+1)U_{m+1} + (m-1)U_{m-1}}{2r}$；

$\varepsilon_{zm} = \int_0^\infty \xi\left(-\alpha\xi^2 \frac{\partial \overline{F}_m}{\partial z} + \beta \frac{\partial^3 \overline{F}_m}{\partial z^3}\right) J_m(\xi r) d\xi$；

$\gamma_{r\theta m} = -\int_0^\infty \bar{\phi}_m J_m(\xi r)\xi^3 d\xi + \frac{(m-1)U_{m-1}}{r} - \frac{(m+1)U_{m+1}}{r}$。

轴对称时，仅 $m=0$ 一项，$\phi = u_\theta = \tau_{r\theta} = \tau_{z\theta} = 0$，其余位移、应力的表达式可简化为：

$$
\left.\begin{aligned}
u_r &= U_1 \\
w &= \int_0^\infty \xi\left(-\alpha\xi^2 \overline{F} + \beta \frac{\partial^2 \overline{F}}{\partial z^2}\right) J_0(\xi r) d\xi \\
\tau_{rz} &= c_{44}\int_0^\infty \left(\alpha\xi^2 \overline{F} + (1-\beta)\frac{\partial^2 \overline{F}}{\partial z^2}\right) J_1(\xi r)\xi^2 d\xi \\
\sigma_z &= \int_0^\infty \xi\left((c_{13} - c_{33}\alpha)\xi^2 \frac{\partial \overline{F}}{\partial z} + c_{33}\beta \frac{\partial^3 \overline{F}}{\partial z^3}\right) J_0(\xi r) d\xi \\
\sigma_r &= c_{11}\int_0^\infty \frac{\partial \overline{F}}{\partial z} J_0(\xi r)\xi^3 d\xi + (c_{12} - c_{11})\frac{U_1}{r} + c_{13}\varepsilon_z \\
\sigma_\theta &= c_{12}\int_0^\infty \frac{\partial \overline{F}}{\partial z} J_0(\xi r)\xi^3 d\xi - (c_{12} - c_{11})\frac{U_1}{r} + c_{13}\varepsilon_z
\end{aligned}\right\} \tag{7.22}
$$

其中，$U_1 = \int_0^\infty \frac{\partial \overline{F}}{\partial z} J_1(\xi r)\xi^2 d\xi$，$\varepsilon_z = \int_0^\infty \xi\left(-\alpha\xi^2 \frac{\partial \overline{F}}{\partial z} + \beta \frac{\partial^3 \overline{F}}{\partial z^3}\right) J_0(\xi r) d\xi$。

对于各向同性层状体，位移和界面应力的计算式不变，结构层竖向截面应力的计算式可简化为：

$$
\left.\begin{aligned}
\sigma_{rm} &= 2\mu\varepsilon_{rm} + \lambda\Delta_m \\
\sigma_{\theta m} &= 2\mu\varepsilon_{\theta m} + \lambda\Delta_m \\
\tau_{r\theta m} &= \mu\gamma_{r\theta m}
\end{aligned}\right\} \tag{7.23}
$$

其中，$\Delta_m = \varepsilon_{rm} + \varepsilon_{\theta m} + \varepsilon_{zm} = \int_0^\infty \xi\left((1-\alpha)\xi^2 \frac{\partial \overline{F}_m}{\partial z} + \beta \frac{\partial^3 \overline{F}_m}{\partial z^3}\right) J_m(\xi r) d\xi$。

7.3 边界及层间接触条件

如图 7.1 所示的层状结构，各层坐标系独立，坐标原点设于层顶面，z 坐标向下，各层层厚记作 $h_i(i=1,2,\cdots)$。将层状结构表面作用的非轴对称竖向、径向、法向水平荷载 q_z、q_r、q_θ展开

为幅角 θ 的三角级数:

$$\left.\begin{aligned}q_z(r,\theta) &= \sum_{m=0}^{\infty} q_{zcm}(r)\cos m\theta + \sum_{n=0}^{\infty} q_{zsn}(r)\sin n\theta \\ q_r(r,\theta) &= \sum_{m=0}^{\infty} q_{rcm}(r)\cos m\theta + \sum_{n=0}^{\infty} q_{rsn}(r)\sin n\theta \\ q_\theta(r,\theta) &= \sum_{m=0}^{\infty} q_{\theta cm}(r)\sin m\theta + \sum_{n=0}^{\infty} q_{\theta sn}(r)\cos n\theta\end{aligned}\right\} \tag{7.24}$$

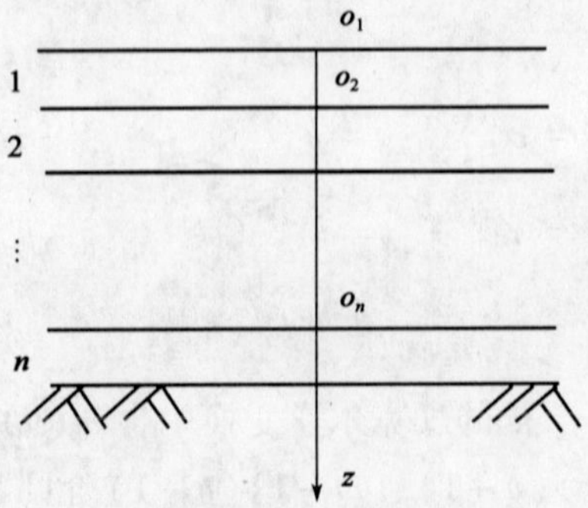

图 7.1 层状结构示意图

层状结构表面(第 1 层上边界)应力可表示为:

$$\left.\begin{aligned}\sigma_z^1\big|_{z_1=0} &= \sum_{m=0}^{\infty} q_{zcm}(r)\cos m\theta + \sum_{n=0}^{\infty} q_{zsn}(r)\sin n\theta \\ \tau_{rz}^1\big|_{z_1=0} &= \sum_{m=0}^{\infty} q_{rcm}(r)\cos m\theta + \sum_{n=0}^{\infty} q_{rsn}(r)\sin n\theta \\ \tau_{\theta z}^1\big|_{z_1=0} &= \sum_{m=0}^{\infty} q_{\theta cm}(r)\sin m\theta + \sum_{n=0}^{\infty} q_{\theta sn}(r)\cos n\theta\end{aligned}\right\} \tag{7.25}$$

第 i 层与 $i+1$ 层之间的层间接触条件可表达为:

(1)层间连续

$$\left.\begin{aligned}\sigma^i_{z\,|\,z_i=h_i} &= \sigma^{i+1}_{z\,|\,z_{i+1}=0} \\ \tau^i_{rz\,|\,z_i=h_i} &= \tau^{i+1}_{rz\,|\,z_{i+1}=0} \\ \tau^i_{\theta z\,|\,z_i=h_i} &= \tau^{i+1}_{\theta z\,|\,z_{i+1}=0} \\ u^i_{r\,|\,z_i=h_i} &= u^{i+1}_{r\,|\,z_{i+1}=0} \\ u^i_{\theta\,|\,z_i=h_i} &= u^{i+1}_{\theta\,|\,z_{i+1}=0} \\ w^i_{\,|\,z_i=h_i} &= w^{i+1}_{\,|\,z_{i+1}=0}\end{aligned}\right\} \tag{7.26-1}$$

(2)层间光滑

$$\left.\begin{aligned}&\sigma^i_{z|\,z_i=h_i} = \sigma^{i+1}_{z\,|\,z_{i+1}=0} \\ &w^i_{\,|\,z_i=h_i} = w^{i+1}_{\,|\,z_{i+1}=0} \\ &\tau^i_{rz|\,z_i=h_i} = \tau^{i+1}_{rz\,|\,z_{i+1}=0} = \tau^i_{\theta z|\,z_i=h_i} = \tau^{i+1}_{\theta z|\,z_{i+1}=0} = 0\end{aligned}\right\} \tag{7.26-2}$$

必须指出,若层状结构表面有水平力作用,层间光滑状况不成立,它会使上结构层水平方向力无法平衡。

(3)层间半结合

$$\left.\begin{aligned}
&\sigma_{z|z_i=h_i}^{i} = \sigma_{z|z_{i+1}=0}^{i+1} \\
&w^{i}_{|z_i=h_i} = w^{i+1}_{|z_{i+1}=0} \\
&\tau_{rz|z_i=h_i}^{i} = \tau_{rz|z_{i+1}=0}^{i+1} = k_{u}^{i,i+1}\left(u_{r|z_{i+1}=0}^{i+1} - u_{r|z_i=h_i}^{i}\right) \\
&\tau_{\theta z|z_i=h_i}^{i} = \tau_{\theta z|z_{i+1}=0}^{i+1} = k_{u}^{i,i+1}\left(u_{\theta|z_{i+1}=0}^{i+1} - u_{\theta|z_i=h_i}^{i}\right)
\end{aligned}\right\} \tag{7.26-3}$$

(4)层间有双向弹性夹层

$$\left.\begin{aligned}
&\sigma_{z|z_i=h_i}^{i} = \sigma_{z|z_{i+1}=0}^{i+1} = k_{w}^{i,i+1}\left(w^{i+1}_{|z_{i+1}=0} - w^{i}_{|z_i=h_i}\right) \\
&\tau_{rz|z_i=h_i}^{i} = \tau_{rz|z_{i+1}=0}^{i+1} = k_{u}^{i,i+1}\left(u_{r|z_{i+1}=0}^{i+1} - u_{r|z_i=h_i}^{i}\right) \\
&\tau_{\theta z|z_i=h_i}^{i} = \tau_{\theta z|z_{i+1}=0}^{i+1} = k_{u}^{i,i+1}\left(u_{\theta|z_{i+1}=0}^{i+1} - u_{\theta|z_i=h_i}^{i}\right)
\end{aligned}\right\} \tag{7.26-4}$$

层状体的位移和应力中,σ_z、w 的汉克尔逆变换中含 $m(n)$ 阶贝塞尔函数项,而 u_r、u_θ、τ_{rz}、$\tau_{\theta z}$的汉克尔逆变换中含$(m+1)(n+1)$、$(m-1)(n-1)$阶贝塞尔函数项,而 U_{m-1}、T_{m-1}只含$(m-1)(n-1)$阶贝塞尔函数项,U_{m+1}、T_{m+1}只含$(m+1)(n+1)$阶贝塞尔函数项,为了处理方便,用 U_{m-1}、T_{m-1}、U_{m+1}、T_{m+1}替代 τ_{rzm}、$\tau_{\theta zm}$、u_{rm}、$u_{\theta m}$。

以下仅讨论 m 项外荷载的问题(n 项外荷载问题可类推)。将边界条件式(7.26)改写为:

(5)层状结构表面

$$\left.\begin{aligned}
&\sigma_{zm}^{1}\big|_{z_1=0} = q_{zm}(r) \\
&T_{m-1}^{1}\big|_{z_1=0} = q_{\theta m}(r) - q_{rm}(r) \\
&T_{m+1}^{1}\big|_{z_1=0} = q_{\theta m}(r) + q_{rm}(r)
\end{aligned}\right\} \tag{7.27}$$

(6)层间接触条件统一表示

$$\left.\begin{aligned}
&\sigma_{zm}^{i}\big|_{z_i=h_i} = \sigma_{zm}^{i+1}\big|_{z_{i+1}=0} \\
&T_{m-1}^{i}\big|_{z_i=h_i} = T_{m-1}^{i+1}\big|_{z_{i+1}=0} \\
&T_{m+1}^{i}\big|_{z_i=h_i} = T_{m+1}^{i+1}\big|_{z_{i+1}=0} \\
&k_{w}^{i,i+1} w_{m}^{i}\big|_{z_i=h_i} + k_{\sigma}^{i,i+1}\sigma_{zm}^{i}\big|_{z_i=h_i} = k_{w}^{i,i+1} w_{m}^{i+1}\big|_{z_{i+1}=0} \\
&k_{u}^{i,i+1} U_{m-1}^{i}\big|_{z_i=h_i} + k_{\tau}^{i,i+1} T_{m-1}^{i}\big|_{z_i=h_i} = k_{u}^{i,i+1} U_{m-1}^{i+1}\big|_{z_{i+1}=0} \\
&k_{u}^{i,i+1} U_{m+1}^{i}\big|_{z_i=h_i} + k_{\tau}^{i,i+1} T_{m+1}^{i}\big|_{z_i=h_i} = k_{u}^{i,i+1} U_{m+1}^{i+1}\big|_{z_{i+1}=0}
\end{aligned}\right\} \tag{7.28}$$

上式中,k_σ、k_τ取 0 或 1,层间连续时:k_σ、k_τ 取 0;层间光滑(只适用只有竖向力场合):$k_\sigma=0$,$k_u=0$;层间半结合:$k_\sigma=0$,$k_\tau=1$,$k_u\neq0$,k_u 为层间水平向结合系数;$k_\sigma=k_\tau=1$,则为层间有双向弹性夹层的情形,k_w、k_u 分别为夹层竖向、水平向的弹性系数。

7.4 横观各向同性半空间体

对于横观各方同性半空间体，由无限深处位移、应力收敛条件，位移函数 $\overline{\phi}_m$，$\frac{\partial \overline{\phi}_m}{\partial z}$ 中的 $zF_m=0$，$\overline{F}_m$，$\frac{\partial \overline{F}_m}{\partial z}$，$\frac{\partial^2 \overline{F}_m}{\partial z^2}$，$\frac{\partial^3 \overline{F}_m}{\partial z^3}$ 中的 $C_m = D_m = 0$。由此得到横观各方同性半空间体各应力分量和位移的计算式可简化为[81]：

$$
\left.
\begin{aligned}
\sigma_{zm} &= f_m(c_{13}-c_{33}\alpha, c_{33})\\
\sigma_{rm} &= f_m(c_{11}-\alpha c_{13}, c_{13}) - (c_{11}-c_{12})\frac{(m+1)U_{m+1}+(m-1)U_{m-1}}{2r}\\
\sigma_{\theta m} &= f_m(c_{12}-\alpha c_{13}, c_{13}) + (c_{11}-c_{12})\frac{(m+1)U_{m+1}+(m-1)U_{m-1}}{2r}\\
\tau_{r\theta m} &= c_{66}\left[-\int_0^\infty zE_m e^{-s_0\xi z}\mathrm{J}_m(\xi r)\xi^3\mathrm{d}\xi + \frac{(m-1)U_{m-1}}{r} - \frac{(m+1)U_{m+1}}{r}\right]\\
u_{\theta m} &= \frac{U_{m+1}+U_{m-1}}{2}, u_{rm} = \frac{U_{m+1}-U_{m-1}}{2}\\
\tau_{\theta zm} &= \frac{T_{m+1}+T_{m-1}}{2}, \tau_{rzm} = \frac{T_{m+1}-T_{m-1}}{2}\\
w_m &= W_m
\end{aligned}
\right\}
\tag{7.29}
$$

其中：$U_{m+1} = \widetilde{U}_{m+1} - U_{\phi m+1}$；

$$U_{m-1} = \widetilde{U}_{m-1} + U_{\phi m-1};$$

$$T_{m+1} = \widetilde{T}_{m+1} - T_{\phi m+1};$$

$$T_{m-1} = \widetilde{T}_{m-1} + T_{\phi m-1};$$

$$T_{\phi m+i} = c_{44}\int_0^\infty zE_m s_0\xi e^{-s_0\xi z}\mathrm{J}_{m+i}(\xi r)\xi^2\mathrm{d}\xi, U_{\phi m+1} = \int_0^\infty zE_m e^{-s_0\xi z}\mathrm{J}_{m+i}(\xi r)\xi^2\mathrm{d}\xi;$$

$$
\widetilde{U}_{m+i} = -\begin{cases}
\displaystyle\int_0^\infty (A_m s_1 e^{-s_1\xi z} + B_m s_2 e^{-s_2\xi z})\mathrm{J}_{m+i}(\xi r)\xi\mathrm{d}\xi & s_1 \neq s_2\\
\displaystyle\int_0^\infty [A_m + (s\xi z - 1)B_m] s e^{-s\xi z}\mathrm{J}_{m+i}(\xi r)\xi\mathrm{d}\xi & s_1 = s_2 = s
\end{cases};
$$

$$
\widetilde{T}_{m+i} = c_{44}\begin{cases}
\displaystyle\int_0^\infty \{[\alpha+(1-\beta)s_1^2]A_m e^{-s_1\xi z} + [\alpha+(1-\beta)s_2^2]B_m e^{-s_2\xi z}\}\mathrm{J}_{m+i}(\xi r)\xi^2\mathrm{d}\xi & s_1 \neq s_2\\
\displaystyle\int_0^\infty \left\{\begin{matrix}[\alpha+(1-\beta)s^2]A_m + \\ [(\alpha+(1-\beta)s^2)s\xi z - 2(1-\beta)s^2]B_m\end{matrix}\right\} e^{-s\xi z}\mathrm{J}_{m+i}(\xi r)\xi^2\mathrm{d}\xi & s_1 = s_2 = s
\end{cases};
$$

$$f_m(x,y)=-\begin{cases}\int_0^{\infty}[A_m(x+y\beta s_1^2)s_1\mathrm{e}^{-s_1\xi z}+B_m(x+y\beta s_2^2)s_2\mathrm{e}^{-s_2\xi z}]\xi^2\mathrm{J}_m(\xi r)\mathrm{d}\xi & s_1\neq s_2\\ \int_0^{\infty}[(x+y\beta s^2)sA_m+[(x+y\beta s^2)s\xi z-(x+3y\beta s^2)]sB_m]\mathrm{e}^{-s\xi z}\xi^2\mathrm{J}_m(\xi r)\mathrm{d}\xi & s_1=s_2=s\end{cases};$$

$$W_m=\begin{cases}\int_0^{\infty}[A_m(\beta s_1^2-\alpha)\mathrm{e}^{-s_1\xi z}+B_m(\beta s_2^2-\alpha)\mathrm{e}^{-s_2\xi z}]\mathrm{J}_m(\xi r)\xi\mathrm{d}\xi & s_1\neq s_2\\ \int_0^{\infty}\{(\beta s^2-\alpha)A_m+[(\beta s^2-\alpha)s\xi z-2\beta s^2]B_m\}\mathrm{e}^{-s\xi z}\mathrm{J}_m(\xi r)\xi\mathrm{d}\xi & s_1=s_2=s\end{cases}。$$

对于轴对称外荷载，只有 $m=0$ 项，$v=\tau_{r\theta}=\tau_{z\theta}=zE=0$，$U_1=-U_{-1}$，$T_1=-T_{-1}$。轴对称外荷载作用的半空体表面边界条件为：

$$\left.\begin{aligned}\bar{\sigma}_z|_{z=0}&=\bar{p}_z(\xi)\\ \bar{\tau}_{rz}|_{z=0}&=0\end{aligned}\right\}\tag{7.30}$$

式中：$\bar{p}_z(\xi)$——轴对称外荷载的零阶汉克尔变换。

将式(7.29)代入式(7.30)，解得待定系数 A、B 得：

$$\left.\begin{aligned}A&=\frac{\bar{p}_z}{\xi}\psi_A\\ B&=\frac{\bar{p}_z}{\xi}\psi_B\end{aligned}\right\}\tag{7.31}$$

式(7.31)的两系数 ψ_A、ψ_B 与材料弹性常数有关：

$$\left.\begin{aligned}\psi_A&=\begin{cases}-\dfrac{\alpha+(1-\beta)s_2^2}{\Delta_{12}} & s_1\neq s_2\\ \dfrac{2(1-\beta)s}{\Delta_0} & s_1=s_2=s\end{cases}\\ \psi_B&=\begin{cases}\dfrac{\alpha+(1-\beta)s_1^2}{\Delta_{12}} & s_1\neq s_2\\ \dfrac{\alpha+(1-\beta)s}{\Delta_0} & s_1=s_2=s\end{cases}\end{aligned}\right\}\tag{7.32}$$

其中：$\Delta_0=[\alpha+(1-\beta)s^2](c_{13}-c_{33}\alpha+3c_{33}\beta s^2)-2(1-\beta)s^2(c_{13}-c_{33}\alpha+c_{33}\beta s^2)$；

$\Delta_{12}=[\alpha+(1-\beta)s_2^2](c_{13}-c_{33}\alpha+c_{33}\beta s_1^2)s_1-[\alpha+(1-\beta)s_1^2](c_{13}-c_{33}\alpha+c_{33}\beta s_2^2)s_2$。

[例7.1] 求集中力 P 作用下的半空间体表面位移。

将集中力 P 汉克尔变换 $\bar{p}_z(\xi)=\dfrac{P}{2\pi}$ 代入式(7.29)，且由 $\int_0^{\infty}\mathrm{J}_n(\xi r)\mathrm{d}\xi=\dfrac{1}{r}$，整理得到：

$$w=\frac{P}{2\pi r}\varphi_w$$

$$u_r=-\frac{P}{2\pi r}\varphi_u$$

其中：$\varphi_w = \begin{cases}(\beta s_1^2-\alpha)\psi_A+(\beta s_2^2-\alpha)\psi_B & s_1\neq s_2\\(\beta s^2-\alpha)\psi_A-2s^2\psi_B & s_1=s_2=s\end{cases}$；

$$\varphi_u=\begin{cases}s_1\psi_A+s_2\psi_B & s_1\neq s_2\\(\psi_A+\psi_B)s & s_1=s_2=s\end{cases}$$。

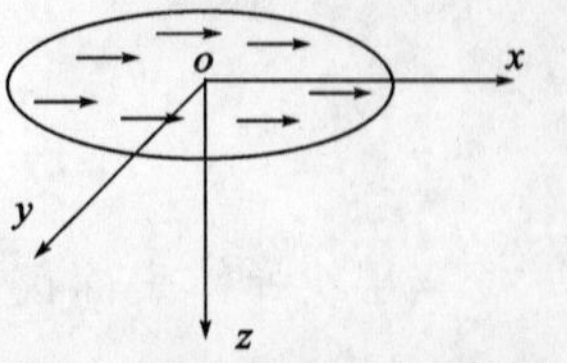

图 7.2　单向水平外荷载作用的半空间体

对于单向水平外荷载，只有 $m=1$ 项，如图 7.2 所示。半空间体表面边界条件为：

$$\left.\begin{aligned}\sigma_{z1}^1\big|_{z_1=0}&=0\\T_2^1\big|_{z_1=0}&=0\\T_0^1\big|_{z_1=0}&=2\bar{p}_{r-\theta}(\xi)\end{aligned}\right\}\tag{7.33}$$

式中：$\bar{p}_{r-\theta}(\xi)$——轴对称外荷载的零阶汉克尔变换。

将式(7.33)代入式(7.29)，解得待定系数 A、B 得：

$$\left.\begin{aligned}A&=\frac{\bar{p}_{r-\theta}}{\xi}\phi_A\\B&=\frac{\bar{p}_{r-\theta}}{\xi}\phi_B\\zE&=-\frac{\bar{p}_{r-\theta}}{c_{44}s_0\xi^2}\end{aligned}\right\}\tag{7.34}$$

式(7.34)的两系数 ϕ_A、ϕ_B 与材料弹性常数有关：

$$\left.\begin{aligned}\phi_A&=\begin{cases}-\dfrac{(c_{13}-c_{33}\alpha+c_{33}\beta s_2^2)s_2}{c_{44}\Delta_{12}} & s_1\neq s_2\\\dfrac{c_{13}-c_{33}\alpha+3c_{33}\beta s^2}{c_{44}\Delta_0} & s_1=s_2=s\end{cases}\\\phi_B&=\begin{cases}\dfrac{(c_{13}-c_{33}\alpha+c_{33}\beta s_1^2)s_1}{c_{44}\Delta_{12}} & s_1\neq s_2\\\dfrac{c_{13}-c_{33}\alpha+c_{33}\beta s^2}{c_{44}\Delta} & s_1=s_2=s\end{cases}\end{aligned}\right\}\tag{7.35}$$

［例 7.2］　求水平集中力 P 作用下的半空间体表面位移。

将水平集中力 Q 汉克尔变换 $\bar{p}_{r-\theta}(\xi)=\dfrac{Q}{2\pi}$ 代入式(7.29)，整理得到：

$$u_r\big|_{z=0}=-\frac{Q}{2\pi r}\frac{\cos\theta}{c_{44}s_0}$$

$$u_\theta\big|_{z=0}=-\frac{Q\sin\theta}{2\pi r}\begin{cases}\dfrac{c_{33}\beta(s_1^2-s_2^2)s_1s_2}{c_{44}\Delta_{12}r} & s_1\neq s_2\\\dfrac{2c_{33}\beta s^3}{c_{44}\Delta_0} & s_1=s_2=s\end{cases}$$

$$w\big|_{z=0}=\frac{Q\cos\theta}{2\pi r}\begin{cases}\phi_A(\beta s_1^2-\alpha)+\phi_B(\beta s_2^2-\alpha) & s_1\neq s_2\\(\beta s^2-\alpha)\phi_A-2\beta s^2\phi_B & s_1=s_2=s\end{cases}$$

7.5 竖向非轴对称荷载下的层状体

当层状弹体表面仅有竖向荷载时，即 $q_r = q_\theta = 0$ 时。可以证明，对于任何 m 项外荷载 $q_{zm}(r)$ 而言，$\phi_m(r,z) \equiv 0$。也就是说，在上述公式中撤去 ϕ 项即可适用于本问题。

对于各向同性层状体，应力分量和位移的表达式可简化为：

$$\left.\begin{aligned}
\sigma_{zm} &= \int_0^\infty \xi\{[A_m + (1-2\nu+\xi z)B_m]\mathrm{e}^{-\xi z} - [C_m - (1-2\nu-\xi z)D_m]\mathrm{e}^{\xi z}\}\mathrm{J}_m(\xi r)\mathrm{d}\xi \\
\sigma_{rm} &= -\int_0^\infty \xi\{[A_m - (1+2\nu-\xi z)B_m]\mathrm{e}^{-\xi z} - [C_m + (1+2\nu+\xi z)D_m]\mathrm{e}^{\xi z}\}\mathrm{J}_m(\xi r)\mathrm{d}\xi + \\
&\quad \frac{1}{2r}[(m+1)V_{m+1} + (m-1)V_{m-1}] \\
\sigma_{\theta m} &= 2\nu\int_0^\infty \xi(B_m\mathrm{e}^{-\xi z} + D_m\mathrm{e}^{\xi z})\mathrm{J}_m(\xi r)\mathrm{d}\xi - \frac{1}{2r}[(m+1)V_{m+1} + (m-1)V_{m-1}] \\
\tau_{r\theta m} &= \frac{1}{2r}[(m+1)V_{m+1} - (m-1)V_{m-1}] \\
\tau_{\theta zm} &= \frac{1}{2}(T_{m+1} + T_{m-1}),\ \tau_{rzk} = \frac{1}{2}(T_{m+1} - T_{m-1}) \\
u_{\theta m} &= -\frac{1+\nu}{2E}(V_{m+1} + V_{m-1}),\ u_{rm} = -\frac{1+\nu}{2E}(V_{m+1} - V_{m-1}) \\
w_m &= -\frac{1+\nu}{E}\int_0^\infty \{[A_m + (2-4\nu+\xi z)B_m]\mathrm{e}^{-\xi z} + [C_m - (2-4\nu-\xi z)D_m]\mathrm{e}^{\xi z}\}\mathrm{J}_m(\xi r)\mathrm{d}\xi
\end{aligned}\right\} \tag{7.36}$$

其中：$V_{m+i} = \int_0^\infty \{[A_m - (1-\xi z)B_m]\mathrm{e}^{-\xi z} - [C_m + (1+\xi z)D_m]\mathrm{e}^{\xi z}\}\mathrm{J}_{m+i}(\xi r)\mathrm{d}\xi$；

$T_{m+i} = \int_0^\infty \xi\{[A_m - (2\nu-\xi z)B_m]\mathrm{e}^{-\xi z} + [C_m + (2\nu+\xi z)D_m]\mathrm{e}^{\xi z}\}\mathrm{J}_{m+i}(\xi r)\mathrm{d}\xi$。

式(7.36)中 V_i 与横观各向同性体公式中 U_i 仅差一弹性常数 $2G$，此差值已包含在待定系数之中，不影响结果。为了顾及习惯，文中未作统一，请读者注意。

各向同性层状结构层表面的边界条件为：

$$\left.\begin{aligned}
&A_m^1 + (1-2\nu_1)B_m^1 - [C_m^1 - (1-2\nu_1)D_m^1] = -\bar{q}_{zm} \\
&A_m^1 - 2\nu_1 B_m^1 + C_m^1 + 2\nu_1 D_m^1 = 0
\end{aligned}\right\} \tag{7.37}$$

层间连续条件也退化为 4 个，其中：$V_{m-1}^i \big|_{z_i=h_i} = V_{m-1}^{i+1} \big|_{z_{i+1}=0}$ 与 $V_{m+1}^i \big|_{z_i=h_i} = V_{m+1}^{i+1} \big|_{z_{i+1}=0}$ 等价，$T_{m-1}^i \big|_{z_i=h_i} = T_{m-1}^{i+1} \big|_{z_{i+1}=0}$ 与 $T_{m+1}^i \big|_{z_i=h_i} = T_{m+1}^{i+1} \big|_{z_{i+1}=0}$ 等价，只需选其一即可，如：

$$\left.\begin{aligned}
&\sigma_{zm}^{i}\Big|_{z_i=h_i} = \sigma_{zm}^{i+1}\Big|_{z_{i+1}=0}\\
&T_{m-1}^{i}\Big|_{z_i=h_i} = T_{m-1}^{i+1}\Big|_{z_{i+1}=0}\\
&k_{\mathrm{w}}^{i,i+1}w_m^i\Big|_{z_i=h_i} + k_{\sigma}^{i,i+1}\sigma_{zm}^{i}\Big|_{z_i=h_i} = k_{\mathrm{w}}^{i,i+1}w_m^{i+1}\Big|_{z_{i+1}=0}\\
&k_{\mathrm{u}}^{i,i+1}U_{m-1}^{i}\Big|_{z_i=h_i} + k_{\tau}^{i,i+1}T_{m-1}^{i}\Big|_{z_i=h_i} = k_{\mathrm{u}}^{i,i+1}U_{m-1}^{i+1}\Big|_{z_{i+1}=0}
\end{aligned}\right\} \tag{7.38}$$

7.6 单向圆形水平荷载下的双层结构

对应单向水平荷载的层状体解只有 $m=1$ 一项，面层（$i=1$）和半空体（$i=2$）的各应力分量和位移的表达式为：

$$\left.\begin{aligned}
&\sigma_{z1}^{i} = \int_0^\infty \xi\left((c_{13}-c_{33}\alpha)\xi^2\frac{\partial \overline{F}_1^i}{\partial z} + c_{33}\beta\frac{\partial^3\overline{F}_1^i}{\partial z^3}\right)\mathrm{J}_1(\xi r)\mathrm{d}\xi\\
&\sigma_{r1}^{i} = \int_0^\infty \xi\left((c_{11}-c_{13}\alpha)\xi^2\frac{\partial \overline{F}_1^i}{\partial z} + c_{13}\beta\frac{\partial^3\overline{F}_1^i}{\partial z^3}\right)\mathrm{J}_1(\xi r)\mathrm{d}\xi + (c_{12}-c_{11})\frac{U_2^i}{r}\\
&\sigma_{\theta 1}^{i} = \int_0^\infty \xi\left((c_{12}-c_{13}\alpha)\xi^2\frac{\partial \overline{F}_1^i}{\partial z} + c_{13}\beta\frac{\partial^3\overline{F}_1^i}{\partial z^3}\right)\mathrm{J}_1(\xi r)\mathrm{d}\xi - (c_{12}-c_{11})\frac{U_2^i}{r}\\
&\tau_{r\theta 1}^{i} = -c_{66}\left(\int_0^\infty \overline{\phi}_1^i\mathrm{J}_1(\xi r)\xi^3\mathrm{d}\xi + \frac{2U_2^i}{r}\right)\\
&\tau_{\theta z1}^{i} = \frac{T_2^i + T_0^i}{2},\ \tau_{rz1}^{i} = \frac{T_2^i - T_0^i}{2}\\
&u_{\theta 1}^{i} = \frac{U_2^i + U_0^i}{2},\ u_{r1}^{i} = \frac{U_2^i - U_0^i}{2}\\
&w_1^i = \int_0^\infty \xi\left(-\alpha\xi^2\overline{F}_1^i + \beta\frac{\partial^2\overline{F}_1^i}{\partial z^2}\right)\mathrm{J}_1(\xi r)\mathrm{d}\xi
\end{aligned}\right\} \tag{7.39}$$

其中：$\overline{F}_1^1 = \dfrac{1}{\xi^2}\begin{cases} A_1^1\mathrm{e}^{-s_1\xi z} + C_1^1\mathrm{e}^{s_1\xi z} + B_1^1\mathrm{e}^{-s_2\xi z} + D_1^1\mathrm{e}^{s_2\xi z} & s_1 \neq s_2 \\ (A_1^1 + z\xi B_1^1)\mathrm{e}^{-\xi z} + (C_1^1 + z\xi D_1^1)\mathrm{e}^{\xi z} & s_1 = s_2 = s \end{cases}$；

$$\overline{F}_1^2 = \frac{1}{\xi^2}\begin{cases} A_1^2\mathrm{e}^{-s_1\xi z} + B_1^2\mathrm{e}^{-s_2\xi z} & s_1 \neq s_2 \\ (A_1^2 + z\xi B_1^2)\mathrm{e}^{-\xi z} & s_1 = s_2 = s \end{cases};$$

$$\overline{\phi}_1^1 = zE_1^1 e^{-\xi z} + zF_1^1 e^{\xi z};$$

$$\overline{\phi}_1^2 = zE_1^2 e^{-\xi z};$$

$$T_{1+n}^1 = c_{44}\int_0^{\infty}\left(\alpha\xi^2 \overline{F}_1^i + (1-\beta)\frac{\partial^2 \overline{F}_1^i}{\partial z^2} - n\frac{d\overline{\phi}_1^i}{dz}\right)J_{1+n}(\xi r)\xi^2 d\xi;$$

$$U_{1+n}^i = \int_0^{\infty}\left(\frac{\partial \overline{F}_1^i}{\partial z} - n\overline{\phi}_1^1\right)J_{1+n}(\xi r)\xi^2 d\xi 。$$

从式(7.39)可以看到,双层结构共有9个待定系数A_1^1、B_1^1、C_1^1、D_1^1、zE_1^1、zF_1^1、A_1^2、B_1^2、zE_1^2,这9个待定系数根据面层表面及面层与半空体的层间接触条件(三个面层表面边界条件如式(7.33)所示,6个面层与半空体的层间接触条件如式(7.28)所示联立解得。

对于各向同性层状体,应力分量和位移的表达式可简化为:

$$\left.\begin{aligned}
\sigma_{z1}^i &= \int_0^{\infty}\xi\{[A_1^i + (1-2\nu_i+\xi z)B_1^i]e^{-\xi z} - [C_1^i - (1-2\nu_i-\xi z)D_1^i]e^{\xi z}\}J_1(\xi r)d\xi \\
\sigma_{r1}^i &= -\int_0^{\infty}\xi\{[A_1^i - (1+2\nu_i-\xi z)B_1^i]e^{-\xi z} - [C_1^i + (1+2\nu_i+\xi z)D_1^i]e^{\xi z}\}J_1(\xi r)d\xi + \frac{U_2^i}{r} \\
\sigma_{\theta 1}^i &= 2v_i\int_0^{\infty}\xi(B_1^i e^{-\xi z} + D_1^i e^{\xi z})J_1(\xi r)d\xi - \frac{U_2^i}{r} \\
\tau_{r\theta 1}^i &= \int_0^{\infty}\xi(zE_1^i e^{-\xi z} + zF_1^i e^{\xi z})J_1(\xi r)d\xi + \frac{U_2^i}{r} \\
\tau_{zr1}^i &= \frac{T_0^i - T_2^i}{2} \\
\tau_{z\theta 1}^i &= \frac{T_0^i + T_2^i}{2} \\
u_{r1}^i &= -\frac{1+\nu_i}{2E_i}(V_2^i - V_0^i) \\
u_{\theta 1}^i &= -\frac{1+\nu_i}{2E_i}(V_2^i + V_0^i) \\
w_1^i &= -\frac{1+\nu_i}{E_i}\int_0^{\infty}\{[A_1^i + (2-4\nu_i+\xi z)B_1^i]e^{-\xi z} + [C_1^i - (2-4\nu_i-\xi z)D_1^i]e^{\xi z}\}J_1(\xi r)d\xi
\end{aligned}\right\} \tag{7.40}$$

其中：$V^{i}_{1+n}=\int_0^\infty \{[A_1^i-(1-\xi z)B_1^i-2nzE_1^i]e^{-\xi z}-[C_1^i+(1+\xi z)D_1^i+2nzF_1^i]e^{\xi z}\}J_{1+n}(\xi r)d\xi$；

$$T^{i}_{1+n}=\int_0^\infty \{[A_1^i-(2\nu_i-\xi z)B_1^i-nzE_1^i]e^{-\xi z}+[C_1^i+(2\nu_i+\xi z)D_1^i+nzF^{i}_1]e^{\xi z}\}J_{1+n}(\xi r)\xi d\xi\text{。}$$

半空间体的 $C^2=D^2=zF^2=0$。将式(7.40)代入面层与半空体的层间接触条件，整理得到：

$$\left.\begin{aligned}
&[A_1^1+(1-2\nu_1+\xi h_1)B_1^1]e^{-\xi h_1}-[C_1^1-(1-2\nu_1-\xi h_1)D_1^1]e^{\xi h_1}\\
&=A_1^2+(1-2\nu_2)B_1^2\\
&[A_1^1-(2\nu_1-\xi h_1)B_1^1-zE_1^1]e^{-\xi h_1}+[C_1^1+(2\nu_1+h_1 z)D_1^1+zF_1^1]e^{\xi h_1}\\
&=A_1^2-2\nu_2B_1^2-zE_1^2\\
&[A_1^1-(2\nu_1-\xi h_1)B_1^1+zE_1^1]e^{-\xi h_1}+[C_1^1+(2\nu_1+\xi h_1)D_1^1-zF_1^1]e^{\xi h_1}\\
&=A_1^2-2\nu_2B_1^2+zE_1^2\\
&[(k_w-\tilde{k}_\sigma)A_1^1+[k_w(2-4\nu_1+\xi h_1)-\tilde{k}_\sigma(1-2\nu_1+\xi h_1)]B_1^1]e^{-\xi h_1}+\\
&[(k_w+\tilde{k}_\sigma)C_1^1-[k_w(2-4\nu_1-\xi h_1)+\tilde{k}_\sigma(1-2\nu_1-\xi h_1)]D_1^1]e^{\xi h_1}\\
&=m[A_1^2+(2-4\nu_2)B_1^2]\\
&\{(k_u-\tilde{k}_\tau)A_1^1-[k_u(1-\xi h_1)-\tilde{k}_\tau(2\nu_1-\xi h_1)]B_1^1-(2k_u-\tilde{k}_\tau)zE_1^1\}e^{-\xi h_1}-\\
&\{(k_u+\tilde{k}_\tau)C_1^1+[k_u(1+\xi h_1)+\tilde{k}_\tau(2\nu_1+\xi h_1)]D_1^1+(2k_u+\tilde{k}_\tau)zF_1^1\}e^{\xi h_1}\\
&=k_u m(A_1^2-B_1^2-2zE_1^2)\\
&\{(k_u-\tilde{k}_\tau)A_1^1-[k_u(1-\xi h_1)-\tilde{k}_\tau(2\nu_1-\xi h_1)]B_1^1+(2k_u-\tilde{k}_\tau)zE_1^1\}e^{-\xi h_1}-\\
&\{(k_u+\tilde{k}_\tau)C_1^1+[k_u(1+\xi h_1)+\tilde{k}_\tau(2\nu_1+\xi h_1)]D_1^1-(2k_u+\tilde{k}_\tau)zF_1^1\}e^{\xi z}\\
&=k_u m(A_1^2-B_1^2+2zE_1^2)
\end{aligned}\right\}\tag{7.41}$$

其中，$m=\dfrac{(1+\nu_2)E_1}{E_2(1+\nu_1)}$，$\tilde{k}_\tau=\dfrac{k_\tau E_1\xi}{1+\nu_1}$，$\tilde{k}_\sigma=\dfrac{k_\sigma E_1\xi}{1+\nu_1}$。

联立面层表面界边条件和式(7.41)，整理得到两组相互独立的线性方程组：

$$\begin{bmatrix}
1 & -2\nu_1 & 1 & 2\nu_1 & 0 & 0\\
1 & (1-2\nu_1) & -1 & (1-2\nu_1) & 0 & 0\\
1 & (1-2\nu_1+\xi h_1) & -e^{2\xi h_1} & (1-2\nu_1-\xi h_1)e^{2\xi h_1} & -1 & -(1-2\nu_2)\\
1 & -(2\nu_1-\xi h_1) & e^{2\xi h_1} & (2\nu_1+h_1 z)e^{2\xi h_1} & -1 & 2\nu_2\\
(k_w-\tilde{k}_\sigma) & \begin{bmatrix}k_w(2-4\nu_1+\xi h_1)-\\ \tilde{k}_\sigma(1-2\nu_1+\xi h_1)\end{bmatrix} & (k_w+\tilde{k}_\sigma)e^{2\xi h_1} & -\begin{bmatrix}k_w(2-4\nu_1-\xi h_1)+\\ \tilde{k}_\sigma(1-2\nu_1-\xi h_1)\end{bmatrix}e^{2\xi h_1} & -m & -m(2-4\nu_2)\\
-(k_u-\tilde{k}_\tau) & \begin{bmatrix}k_u(1-\xi h_1)-\\ \tilde{k}_\tau(2v_1-\xi h_1)\end{bmatrix} & (k_u+\tilde{k}_\tau)e^{2\xi h_1} & \begin{bmatrix}k_u(1+\xi h_1)+\\ \tilde{k}_\tau(2\nu_1+\xi h_1)\end{bmatrix}e^{2\xi h_1} & k_u m & -k_u m
\end{bmatrix}\cdot\begin{bmatrix}A_1^1\\ B_1^1\\ C_1^1\\ D_1^1\\ A_1^2e^{\xi h_1}\\ B_1^2e^{\xi h_1}\end{bmatrix}$$

$$= \begin{bmatrix} \bar{p}_{r-\theta} \\ 0 \\ 0 \\ 0 \\ 0 \\ 0 \end{bmatrix} \tag{7.42-1}$$

$$\begin{bmatrix} 1 & -1 & 0 \\ 1 & -e^{2\xi h_1} & -1 \\ (k_u - \tilde{k}_\tau/2) & (k_u + \tilde{k}_\tau/2)e^{2\xi h_1} & -k_1 m \end{bmatrix} \begin{bmatrix} zE_1^1 \\ zF_1^1 \\ zE_1^2 e^{\xi h_1} \end{bmatrix} = \begin{bmatrix} \bar{p}_{r-\theta} \\ 0 \\ 0 \end{bmatrix} \tag{7.42-2}$$

由线性方程组(7.42-2)解得 zE_1、zF_1、zE_2 表达式为；

$$\left.\begin{aligned} zE_1^1 &= \frac{(k_u(1+m)+\tilde{k}_\tau/2)e^{2\xi h_1}}{[k_u(1-m)-\tilde{k}_\tau/2]+[k_u(1+m)+\tilde{k}_\tau/2]e^{2\xi h_1}}\bar{p}_{r-\theta} \\ zF_1^1 &= -\frac{(k_u(1-m)-\tilde{k}_\tau/2)}{[k_u(1-m)-\tilde{k}_\tau/2]+[k_u(1+m)+\tilde{k}_\tau/2]e^{2\xi h_1}}\bar{p}_{r-\theta} \\ zE_1^2 &= \frac{2k_u e^{\xi h_1}}{[k_u(1-m)-\tilde{k}_\tau/2]+[k_u(1+m)+\tilde{k}_\tau/2]e^{2\xi h_1}}\bar{p}_{r-\theta} \end{aligned}\right\} \tag{7.43}$$

当层间连续，$k_\sigma = k_\tau = 0$ 时，线性方程式(7.42-1)解得：

$$\left.\begin{aligned} A_1^1 &= \frac{\bar{s}_0}{2\Delta}\{[(1-4v_1+2\xi h_1)(1+2\xi h_1)M+L]e^{-2\xi h_1}-2(1-2\nu_1)\} \\ B_1^1 &= -\frac{\bar{s}_0}{\Delta}[(1+2\xi h_1)Me^{-2\xi h_1}-1] \\ C_1^1 &= \frac{\bar{s}_0 e^{-2\xi h_1}}{2\Delta}\{[(1-4\nu_1-2\xi h_1)(1-2\xi h_1)M+L]-2(1-2v_1)LMe^{-2\xi h_1}\} \\ D_1^1 &= \frac{\bar{s}_0 Me^{-2\xi h_1}}{\Delta}[(1-2\xi h_1)-Le^{-2\xi h_1}] \\ A_1^2 &= \frac{\bar{s}_0 e^{-\xi h_1}}{2\Delta}\{[(1-4\nu_2)(1+2\xi h_1)(1-L)M+L(1-M)]e^{-2\xi h_1}- \\ &\quad [(1-4\nu_2)(1-L)+(1-2\xi h_1)(1-M)]\} \\ B_1^2 &= -\frac{\bar{s}_0 e^{-\xi h_1}}{\Delta}(1-L)[(1+2\xi h_1)Me^{-2\xi h_1}-1] \end{aligned}\right\} \tag{7.44}$$

其中：$L=\dfrac{(3-4\nu_2)m-(3-4\nu_1)}{(3-4\nu_2)m+1}$；

$M=\dfrac{m-1}{m+(3-4\nu_1)}$；

$\Delta=4(\xi h_1)^2 Me^{-2\xi h_1}-(1-Le^{-2\xi h_1})(1-Me^{-2\xi h_1})$。

当层间光滑，$k_\sigma=0$，$k_u=0$，$k_\tau=1$ 时，线性方程式(7.42-1)解得：

$$\left.\begin{aligned}
A_1^1 &= \frac{\bar{p}_{r-\theta}}{\Delta}\{(1-2\nu_1)K_F - [(1-2\nu_1+\xi h_1-K_F)(1+\xi h_1)+(2\nu_1-\xi h_1)K_F]e^{-2\xi h_1}\}\\
B_1^1 &= -\frac{\bar{p}_{r-\theta}}{\Delta}[K_F-(1+\xi h_1-K_F)e^{-2\xi h_1}]\\
C_1^1 &= \frac{\bar{p}_{r-\theta}e^{-2\xi h_1}}{\Delta}[(2\nu_1+\xi h_1)(K_F-\xi h_1)-(1-\xi h_1)K_F-(1-2\nu_1)(K_F-1)e^{-2\xi h_1}]\\
D_1^1 &= -\frac{\bar{p}_{r-\theta}e^{-2\xi h_1}}{\Delta}[(K_F-\xi h_1)+(K_F-1)e^{-2\xi h_1}]\\
A_1^2 &= -\frac{\bar{p}_{r-\theta}e^{-\xi h_1}}{\Delta}2\nu_2(2K_F-1)(1-e^{-2\xi h_1})\xi h_1\\
B_1^2 &= -\frac{\bar{p}_{r-\theta}e^{-\xi h_1}}{\Delta}(2K_F-1)(1-e^{-2\xi h_1})\xi h_1
\end{aligned}\right\}\tag{7.45}$$

其中：$K_F = \dfrac{(1-\nu_1)}{2(1-\nu_2)m}+\dfrac{1}{2}$；

$\Delta = K_F + [2\xi h_1(2K_F-1)-(1+2(\xi h_1)^2)]e^{-2\xi h_1}-(K_F-1)e^{-4\xi h_1}$。

圆形单向均布水平荷载作用下的层间连续双层结构，在荷载圆中点的剪应力 τ_{rz} 的随深度的变化曲线如图7.3所示。从图7.3可以看到，随着面层与半空间体的广义模量比 λ_E 的增大，荷载圆中点的剪应力 τ_{rz} 随深度衰减的速率加快；随着面层厚度增加，面层与半空间体的广义模量比 λ_E 的影响减弱，在面层厚度 h 与均布荷载圆半径 a 之比 $h/a=2$ 时，λ_E 的影响已很小。

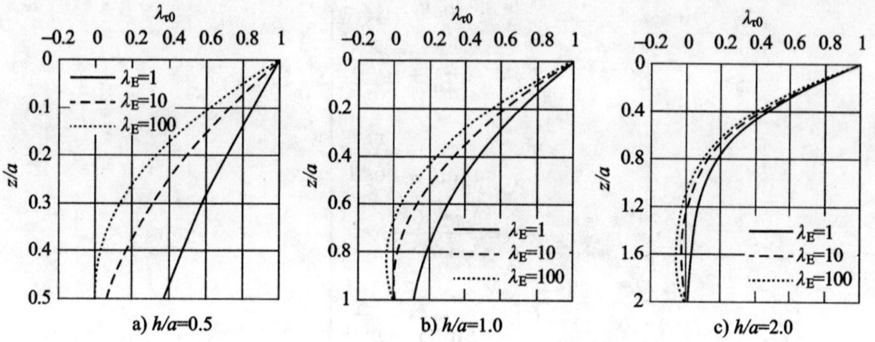

图7.3　荷载圆中点深度方向的剪应力分布

层间连续双层结构，面层与半空间体的广义模量比 $\lambda_E=10$ 条件下，均布荷载圆边缘点的最大剪应力系数 $\lambda\tau_a$、最大径向应力系数 $\lambda\sigma_{ra}$ 和最大切向应力系数 $\lambda\sigma_{\theta_a}$ 有相同面层厚度时随着相对深度 z/a 的衰减规律如图7.4所示。从图7.4可以发现，荷载圆边缘点应力随深度收敛速度快，且面层愈薄收敛速度愈快；荷载圆边缘点径向和切向应力在表面呈发散趋势，但收敛很快，在 $z/a=0.1$，径向应力系数 $\lambda\sigma_{r_a}$ 降至2.0以下，切向应力系数 $\lambda\sigma_{\theta_a}$ 降至0.5以下；在 $z/a<0.1$ 范围内，面层厚度对应力速度影响很小。

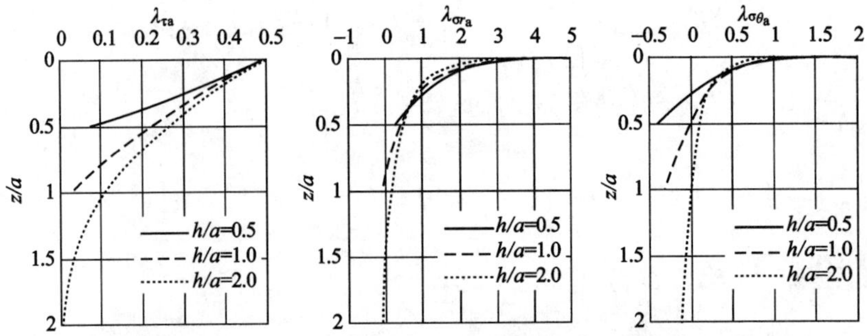

a) 剪应力 b) 径向应力 c) 切向应力

图 7.4 荷载圆边缘的面层应力沿深度分布

7.7 单向圆形水平荷载下的多层弹性体

对于承受单向圆形水平荷载的任一结构层，只要知道 6 个待定系数 A、B、C、D、zE、zF，就可通过汉克尔变换解得其任意点应力和位移。n 层结构的待定系数共有 $6n$ 个，需 $6n$ 个条件方程确定。n 层结构的表面边界条件 3 个，无限深边界条件 3 个，其他 $6(n-1)$ 个条件方程由层间接触条件确定。每个层间有 6 接触条件，层间接触的物理量有竖向压应力 σ_z、水平径向和切向剪应力 τ_{rz} 和 τ_{θ_z}、竖向位移 w、水平径向和切向位移 u_r 和 u_θ，为了处理方便，将这 6 个物理量重新组合，构成新的 6 个相互独立的物理量：

$$
\left.
\begin{aligned}
\sigma_{z1}^i &= \frac{\sigma_z^i}{\cos\theta} \\
T_2^i &= \frac{\tau_{\theta z}^i}{\sin\theta} + \frac{\tau_{rz}^i}{\cos\theta} \\
T_0^i &= \frac{\tau_{\theta z}^i}{\sin\theta} - \frac{\tau_{rz}^i}{\cos\theta} \\
w_1^i &= \frac{w^i}{\cos\theta} \\
U_0^i &= \frac{u_r^i}{\sin\theta} + \frac{u_\theta^i}{\cos\theta} \\
U_0^i &= \frac{u_r^i}{\sin\theta} - \frac{u_\theta^i}{\cos\theta}
\end{aligned}
\right\}
\tag{7.46}
$$

式(7.46)中 6 个相互独立物理量的汉克尔变换结果与待定系数之间关系可用矩阵表示：

$$\bar{\boldsymbol{\sigma}} = \boldsymbol{\Lambda} \cdot \boldsymbol{F} \tag{7.47}$$

其中，$\bar{\boldsymbol{\sigma}} = [\bar{\sigma}_{z1}^i, \bar{w}_1^i, \bar{T}_2^i, \bar{T}_0^i, \bar{U}_2^i, \bar{U}_0^i]^{\mathrm{T}}$，$\bar{\sigma}_{z1}^i$ 等 6 个汉克尔变换后物理量的下标 0、1、2 表示为汉克尔变换时贝塞尔函数的阶；$\boldsymbol{F} = [A^i, B^i, C^i, D^i, zE^i, zF^i]^{\mathrm{T}}$。

上式中的关系矩阵 $\boldsymbol{\Lambda}$ 是 6×6 矩阵，其元素为参数 ξ 的函数，可从式(7.18)～式(7.21)推出。考察式(7.47)可发现，它可进一步分解为两个相互独立的线性方程组，一个为关于 A_1、

B_1、C_1、D_1的四元一次线性方程组,另一个为zE_1、zF_1的二元一次线性方程组。

关于A_1、B_1、C_1、D_1的四元一次线性方程组,在$s_1 \neq s_2$时如式(7.48-1)所示,$s_1 = s_2 = s_0$时如式(7.48-2)所示。

$$\begin{bmatrix} \bar{w}_1^i \\ \bar{\sigma}_{z1}^i \\ \dfrac{\bar{U}_2^i + \bar{U}_0^i}{2} \\ \dfrac{\bar{T}_2^i + \bar{T}_0^i}{2c_{44}} \end{bmatrix} = \begin{bmatrix} a_{w1} & a_{w1} & a_{w2} & a_{w2} \\ -a_{z1}\xi & a_{z1}\xi & -a_{z2}\xi & a_{z2}\xi \\ -s_1 & s_1 & -s_2 & s_2 \\ a_{T1} & a_{T1} & a_{T2} & a_{T2} \end{bmatrix} \begin{bmatrix} A_1^i e^{-s_1\xi z} \\ C_1^i e^{s_1\xi z} \\ B_1^i e^{-s_2\xi z} \\ D_1^i e^{s_2\xi z} \end{bmatrix} \tag{7.48-1}$$

其中:$a_{w1} = \beta s_1^2 - \alpha$;

$a_{w2} = \beta s_2^2 - \alpha$;

$a_{z1} = s_1(c_{13} - c_{33}\alpha + c_{33}s_1^2\beta)$;

$a_{z2} = s_2(c_{13} - c_{33}\alpha + c_{33}s_2^2\beta)$;

$a_{T1} = s_1^2(1-\beta) + \alpha$;

$a_{T2} = s_2^2(1-\beta) + \alpha$。

$$\begin{bmatrix} \bar{w}_1 \\ \dfrac{\bar{\sigma}_{z1}}{\xi s} \\ \dfrac{\bar{U}_2 + \bar{U}_0}{2s} \\ \dfrac{\bar{T}_2 + \bar{T}_0}{2c_{44}} \end{bmatrix} = \begin{bmatrix} a_w & (a_w s\xi z - 2\beta s^2) & a_w & (a_w s\xi z + 2\beta s^2) \\ -a_z & -\begin{bmatrix} a_z(s\xi z - 1) - \\ 2c_{33}\beta s^2 \end{bmatrix} & a_z & \begin{bmatrix} a_z(s\xi z + 1) + \\ 2c_{33}\beta s^2 \end{bmatrix} \\ -1 & -(s\xi z - 1) & 1 & (s\xi z - 1) \\ a_T & \begin{bmatrix} a_T s\xi z - \\ 2(1-\beta)s^2 \end{bmatrix} & a_T & \begin{bmatrix} a_T s\xi z + \\ 2(1-\beta)s^2 \end{bmatrix} \end{bmatrix} \begin{bmatrix} A_1 e^{-s\xi z} \\ B_1 e^{-s\xi z} \\ C_1 e^{s\xi z} \\ D_1 e^{s\xi z} \end{bmatrix}$$

(7.48-2)

其中:$a_w = \beta s^2 - \alpha$;

$a_z = c_{13} - c_{33}\alpha + c_{33}\beta s^2$;

$a_T = \alpha + (1-\beta)s^2$。

关于zE_1、zF_1的二元一次线性方程组如式(7.49)所示:

$$\begin{bmatrix} \dfrac{\bar{U}_2 - \bar{U}_0}{2\xi} \\ \dfrac{\bar{T}_2 - \bar{T}_1}{2c_{44}s_0\xi^2} \end{bmatrix} = \begin{bmatrix} -1 & -1 \\ 1 & -1 \end{bmatrix} \begin{bmatrix} zE_1 e^{s_0\xi z} \\ zF_1 e^{s_0\xi z} \end{bmatrix} \tag{7.49}$$

对于各向同性层状体,式(7.46)改写为:

$$\left.\begin{aligned} \sigma_{z1}^{i} &= \frac{\sigma_{z}^{i}}{\cos\theta} \\ H_{2}^{i} &= \frac{\tau_{\theta z}^{i}}{\sin\theta} + \frac{\tau_{rz}^{i}}{\cos\theta} \\ H_{0}^{i} &= \frac{\tau_{\theta z}^{i}}{\sin\theta} - \frac{\tau_{rz}^{i}}{\cos\theta} \\ w_{1}^{i} &= \frac{w^{i}}{\cos\theta} \\ \frac{V_{2}^{i}}{2G} &= \frac{u_{r}^{i}}{\sin\theta} + \frac{u_{\theta}^{i}}{\cos\theta} \\ \frac{V_{0}^{i}}{2G} &= \frac{u_{r}^{i}}{\sin\theta} - \frac{u_{\theta}^{i}}{\cos\theta} \end{aligned}\right\} \tag{7.50}$$

它们的汉克尔变换与6个待定常数的关系如下式：

$$\begin{bmatrix} \overline{\sigma}_{z1}^{i} \\ \overline{w}_{1}^{i}(2\xi G_{i}) \\ \overline{T}_{2}^{i} \\ \overline{T}_{0}^{i} \\ \overline{V}_{2}^{i}(\xi G_{i}) \\ \overline{V}_{0}^{i}(\xi G_{i}) \end{bmatrix} = \begin{bmatrix} 1 & (1-2\nu_{i}+\xi z) & 0 & -1 & (1-2\nu_{i}-\xi z) & 0 \\ -1 & (2-4\nu_{i}+\xi z) & 0 & -1 & (2-4\nu_{i}-\xi z) & 0 \\ 1 & -(2\nu_{i}-\xi z) & -1 & 1 & (2\nu_{i}+\xi z) & 1 \\ 1 & -(2\nu_{i}-\xi z) & 1 & 1 & (2\nu_{i}+\xi z) & -1 \\ -1 & (1-\xi z) & 2 & 1 & (1+\xi z) & 2 \\ -1 & (1-\xi z) & -2 & 1 & (1+\xi z) & -2 \end{bmatrix} \begin{bmatrix} A_{1}^{i}e^{-\xi z} \\ B_{1}^{i}e^{-\xi z} \\ zE_{1}^{i}e^{-\xi z} \\ C_{1}^{i}e^{\xi z} \\ D_{1}^{i}e^{\xi z} \\ zF_{1}^{i}e^{\xi z} \end{bmatrix} \tag{7.51}$$

式(7.51)分解为2个相互独立的线性方程组，1个如式(7.52-1)所示是关于A、B、C、D四元一次线性方程组，1个如式(7.52-2)所示是关于zE、zF二元一次线性方程组。

$$\begin{bmatrix} \overline{\sigma}_{1z}^{i} \\ \overline{w}_{1}^{i}\xi \\ \psi_{\tau}^{i} \\ \psi_{u}^{i} \end{bmatrix} = \begin{bmatrix} 1 & (1-2\nu_{i}+\xi z) & -1 & (1-2\nu_{i}-\xi z) \\ -\frac{1}{2G_{i}} & \frac{(2-4\nu_{i}+\xi z)}{2G_{i}} & -\frac{1}{2G_{i}} & \frac{(2-4\nu_{i}-\xi z)}{2G_{i}} \\ 1 & -(2\nu_{i}-\xi z) & 1 & (2\nu_{i}+\xi z) \\ -\frac{1}{2G_{i}} & \frac{(1-\xi z)}{2G_{i}} & \frac{1}{2G_{i}} & \frac{(1+\xi z)}{2G_{i}} \end{bmatrix} \begin{bmatrix} A_{1}^{i}e^{-\xi z} \\ B_{1}^{i}e^{-\xi z} \\ C_{1}^{i}e^{\xi z} \\ D_{1}^{i}e^{\xi z} \end{bmatrix} \tag{7.52-1}$$

$$\begin{bmatrix} \phi_{\tau}^{i} \\ \phi_{u}^{i} \end{bmatrix} = \begin{bmatrix} -1 & 1 \\ \frac{1}{G_{i}} & \frac{1}{G_{i}} \end{bmatrix} \begin{bmatrix} zE_{1}^{i}e^{-\xi z} \\ zF_{1}^{i}e^{\xi z} \end{bmatrix} \tag{7.52-2}$$

其中，$\psi_{\tau}^{i} = \frac{\overline{T}_{2}^{i} + \overline{T}_{0}^{i}}{2}$，$\psi_{u}^{i} = \frac{\overline{V}_{2}^{i} + \overline{V}_{0}^{i}}{2}\xi$，$\phi_{\tau}^{i} = \frac{\overline{T}_{2}^{i} - \overline{T}_{0}^{i}}{2}$，$\phi_{u}^{i} = \frac{\overline{V}_{2}^{i} - \overline{V}_{0}^{i}}{2}\xi$。

层状弹性体表面的边界条件可表示为：

$$\left.\begin{aligned} \boldsymbol{E}_{1/2}^{+} \cdot \boldsymbol{F}_{1} &= \boldsymbol{Q}_{1} \\ \boldsymbol{H}_{1/2}^{+} \cdot \boldsymbol{I}_{1} &= [\overline{p}_{r-\theta}] \end{aligned}\right\} \tag{7.53}$$

其中：$\boldsymbol{E}_{1/2}^{+}=\begin{bmatrix}1 & 1-2\nu_1 & -1 & 1-2\nu_1\\ 1 & -2\nu_1 & 1 & 2\nu_1\end{bmatrix}$；

$\boldsymbol{F}_i=[A_1^i \quad B_1^i \quad C_1^i \quad D_1^i]^{\mathrm{T}}$；

$\boldsymbol{Q}_1=[0 \quad \bar{p}_{r-\theta}]^{\mathrm{T}}$；

$\boldsymbol{H}_{1/2}^{+}=[-1 \quad 1]$，$\boldsymbol{I}_i=[zE_1^i \quad zF_1^i]^{\mathrm{T}}$。

任一结构层上界面的6个物理量$\bar{\sigma}_{1z}^{i+}$、$k_{\mathrm{w}}^{i-1,i}\xi\bar{w}_1^{i+}$、$\psi_{\tau}^{i-1,i}$、$k_{\mathrm{u}}^{i-1,i}\psi_{\mathrm{u}}^{i+}$和$\phi_{\tau}^{i+}$、$k_{\mathrm{u}}^{i-1,i}\phi_{\mathrm{u}}^{i+}$，下界面的6个物理量$\bar{\sigma}_{1z}^{i-}$、$k_{\mathrm{w}}^{i,i+1}\xi\bar{w}_1^{i-}+k_{\mathrm{w}}^{i,i+1}\bar{\sigma}_{1z}^{i-}$、$\psi_{\tau}^{i-}$、$k_{\mathrm{u}}^{i,i+1}\psi_{\mathrm{u}}^{i-}+k_{\tau}^{i,i+1}\xi\psi_{\tau}^{i-}$和$\phi_{\tau}^{i-}$、$k_{\mathrm{u}}^{i-1,i}\phi_{\mathrm{u}}^{i-}+k_{\sigma}^{i-1,i}\phi_{\tau}^{i-}$分别可表示为：

$$\left.\begin{aligned}\boldsymbol{\sigma}_i^{+}&=\boldsymbol{E}_i^{+}\cdot\boldsymbol{F}_i\\ \boldsymbol{\sigma}_i^{-}&=\boldsymbol{E}_i^{-}\cdot\boldsymbol{F}_i\end{aligned}\right\}\tag{7.54-1}$$

$$\left.\begin{aligned}\boldsymbol{\Omega}_i^{+}&=\boldsymbol{H}_i^{+}\cdot\boldsymbol{I}_i^{+}\\ \boldsymbol{\Omega}_i^{-}&=\boldsymbol{H}_i^{-}\cdot\boldsymbol{I}_i^{-}\end{aligned}\right\}\tag{7.54-2}$$

其中：$\boldsymbol{\sigma}_i^{+}=[\bar{\sigma}_{1z}^{i+} \quad k_{\mathrm{w}}^{i-1,i}\xi\bar{w}_1^{i+} \quad \psi_{\tau}^{i+} \quad k_{\mathrm{u}}^{i-1,i}\psi_{\mathrm{u}}^{i+}]^{\mathrm{T}}$；

$\boldsymbol{\sigma}_i^{-}=-[\bar{\sigma}_{1z}^{i-} \quad k_{\mathrm{w}}^{i,i+1}\xi\bar{w}_1^{i-}+k_{\sigma}^{i,i+1}\bar{\sigma}_{1z}^{i-} \quad \psi_{\tau}^{i-} \quad k_{\mathrm{u}}^{i,i+1}\psi_{\mathrm{u}}^{i-}+k_{\tau}^{i,i+1}\xi\psi_{\tau}^{i-}]^{\mathrm{T}}$；

$$\boldsymbol{E}_i^{+}=\begin{bmatrix}1 & 1-2\nu_i & -1 & 1-2\nu_i\\ -\dfrac{k_{\mathrm{w}}^{i-1,i}}{2G_i} & \dfrac{k_{\mathrm{w}}^{i-1,i}(1-2\nu_i)}{G_i} & -\dfrac{k_{\mathrm{w}}^{i-1,i}}{2G_i} & \dfrac{k_{\mathrm{w}}^{i-1,i}(1-2\nu_i)}{G_i}\\ 1 & -2\nu_i & 1 & 2v_i\\ -\dfrac{k_{\mathrm{u}}^{i-1,i}}{2G_i} & \dfrac{k_{\mathrm{u}}^{i-1,i}}{2G_i} & \dfrac{k_{\mathrm{u}}^{i-1,i}}{2G_i} & \dfrac{k_{\mathrm{u}}^{i-1,i}}{2G_i}\end{bmatrix};$$

$$\boldsymbol{E}_i^{-}=\begin{bmatrix}\mathrm{e}^{-\xi h_i} & (1-2\nu_i+\xi h_i)\mathrm{e}^{-\xi h_i} & -\mathrm{e}^{\xi h_i} & (1-2\nu_i-\xi h_i)\mathrm{e}^{\xi h_i}\\ \begin{pmatrix}-\dfrac{k_{\mathrm{w}}^{i,i+1}}{2G_i}+\\ k_{\sigma}^{i,i+1}\xi\end{pmatrix}\mathrm{e}^{-\xi h_i} & \begin{bmatrix}\dfrac{k_{\mathrm{w}}^{i,i+1}}{2G_i}(2-4\nu_i+\xi h_i)+\\ k_{\sigma}^{i,i+1}\xi(1-2\nu_i+\xi h_i)\end{bmatrix}\mathrm{e}^{-\xi h_i} & \begin{pmatrix}-\dfrac{k_{\mathrm{w}}^{i,i+1}}{2G_i}-\\ k_{\sigma}^{i,i+1}\xi\end{pmatrix}\mathrm{e}^{\xi h_i} & \begin{bmatrix}\dfrac{k_{\mathrm{w}}^{i,i+1}}{2G_i}(2-4\nu_i-\xi h_i)+\\ k_{\sigma}^{i,i+1}\xi(1-2\nu_i-\xi h_i)\end{bmatrix}\mathrm{e}^{\xi h_i}\\ \mathrm{e}^{-\xi h_i} & -(2\nu_i-\xi h_i)\mathrm{e}^{-\xi h_i} & \mathrm{e}^{\xi h_i} & (2\nu_i+\xi h_i)\mathrm{e}^{\xi h_i}\\ \begin{pmatrix}-\dfrac{k_{\mathrm{u}}^{i,i+1}}{2G_i}+\\ k_{\tau}^{i,i+1}\xi\end{pmatrix}\mathrm{e}^{-\xi h_i} & \begin{pmatrix}\dfrac{k_{\mathrm{u}}^{i,i+1}(1-\xi h_i)}{2G_i}-\\ k_{\tau}^{i,i+1}\xi(2\nu_i-\xi h_i)\end{pmatrix}\mathrm{e}^{-\xi h_i} & \begin{pmatrix}\dfrac{k_{\mathrm{u}}^{i,i+1}}{2G_i}+\\ k_{\tau}^{i,i+1}\xi\end{pmatrix}\mathrm{e}^{\xi h_i} & \begin{pmatrix}\dfrac{k_{\mathrm{u}}^{i,i+1}(1+\xi h_i)}{2G_i}+\\ k_{\tau}^{i,i+1}\xi(2\nu_i+\xi h_i)\end{pmatrix}\mathrm{e}^{\xi h_i}\end{bmatrix};$$

$\boldsymbol{\Omega}_i^{+}=[\phi_{\tau}^{i+} \quad k_{\mathrm{u}}^{i-1,i}\phi_{\mathrm{u}}^{i+}]^{\mathrm{T}}$；

$\boldsymbol{\Omega}_i^{-}=-[\phi_{\tau}^{i-} \quad k_{\mathrm{u}}^{i,i+1}\phi_{\mathrm{u}}^{i-}+k_{\tau}\xi\phi_{\tau}^{i-}]^{\mathrm{T}}$；

$$\boldsymbol{H}_i^{+}=\begin{bmatrix}-1 & 1\\ \dfrac{k_{\mathrm{u}}^{i-1,i}}{G_i} & \dfrac{k_{\mathrm{u}}^{i-1,i}}{G_i}\end{bmatrix};$$

$$\boldsymbol{H}_i^{-}=-\begin{bmatrix}-\mathrm{e}^{-\xi h_i} & \mathrm{e}^{\xi h_i}\\ \left(\dfrac{k_{\mathrm{u}}^{i,i+1}}{G_i}-k_{\tau}^{i,i+1}\xi\right)\mathrm{e}^{-\xi h_i} & \left(\dfrac{k_{\mathrm{u}}^{i,i+1}}{G_i}+k_{\tau}^{i,i+1}\xi\right)\mathrm{e}^{\xi h_i}\end{bmatrix}。$$

第 n 结构层为弹性半空间体，由无限深处的位移、应力收敛条件，可推出 $C_1{}^n = D_1{}^n = F_1{}^n = 0$，因此 $\boldsymbol{E}_n^+$、$\boldsymbol{H}_n^+$、$\boldsymbol{F}_{n/2}^+$ 的表达式可简化为：

$$\boldsymbol{E}_n^+ = \begin{bmatrix} 1 & -\dfrac{1}{2G_n} & 1 & -\dfrac{k_{\mathrm{u}}^{n-1,n}}{2G_n} \\ 1-2v_n & \dfrac{(1-2v_n)}{G_n} & -2v_n & \dfrac{k_{\mathrm{u}}^{n-1,n}}{2G_n} \end{bmatrix}^{\mathrm{T}}$$

$$\boldsymbol{H}_n^+ = \begin{bmatrix} -1 \\ \dfrac{k_u^{n-1,n}}{G_n} \end{bmatrix}$$

$$\boldsymbol{F}_{n/2}^+ = [A_1^n \quad B_1^n \quad E_1^n]^{\mathrm{T}}$$

合并所有边界条件，可得到求解待定常数的线性方程组，其中，求解待定常数 $A_1{}^i$、$B_1{}^i$、$C_1{}^i$、$D_1{}^i$ 线性方程组为：

$$\begin{bmatrix} \boldsymbol{E}_{1/2}^+ & \boldsymbol{0} & \boldsymbol{0} & \cdots & \boldsymbol{0} & \boldsymbol{0} & \boldsymbol{0} \\ \boldsymbol{E}_1^- & \boldsymbol{E}_2^+ & \boldsymbol{0} & \cdots & \boldsymbol{0} & \boldsymbol{0} & \boldsymbol{0} \\ \boldsymbol{0} & \boldsymbol{E}_2^- & \boldsymbol{E}_3^+ & \cdots & \boldsymbol{0} & \boldsymbol{0} & \boldsymbol{0} \\ \vdots & \vdots & \vdots & & \vdots & \vdots & \vdots \\ \boldsymbol{0} & \boldsymbol{0} & \boldsymbol{0} & \cdots & \boldsymbol{E}_{n-2}^+ & \boldsymbol{0} & \boldsymbol{0} \\ \boldsymbol{0} & \boldsymbol{0} & \boldsymbol{0} & \cdots & \boldsymbol{E}_{n-2}^- & \boldsymbol{E}_{n-1}^+ & \boldsymbol{0} \\ \boldsymbol{0} & \boldsymbol{0} & \boldsymbol{0} & \cdots & \boldsymbol{0} & \boldsymbol{E}_{n-1}^- & \boldsymbol{E}_n^+ \end{bmatrix} \begin{bmatrix} \boldsymbol{F}_1 \\ \boldsymbol{F}_2 \\ \boldsymbol{F}_3 \\ \vdots \\ \boldsymbol{F}_{n-2} \\ \boldsymbol{F}_{n-1} \\ \boldsymbol{F}_{n/2} \end{bmatrix} = \begin{bmatrix} \boldsymbol{Q}_1 \\ \boldsymbol{0} \\ \boldsymbol{0} \\ \vdots \\ \boldsymbol{0} \\ \boldsymbol{0} \\ \boldsymbol{0} \end{bmatrix} \tag{7.55}$$

求解待定常数 $zE_1{}^i$、$zF_1{}^i$ 的线性方程组的形式同式(7.55)，只需将 E_i^+、E_i^-、F_i、Q_1 改为 H_i^+、H_i^-、I_i、$\bar{p}_{r-\theta}$ 即可。线性方程组可采用消去解或系数递推法求解。$A_1{}^i$、$B_1{}^i$、$C_1{}^i$、$D_1{}^i$ 系数递推式为：

$$\left.\begin{aligned} \boldsymbol{F}_i &= \boldsymbol{Z}_{i,i-m} \cdot \boldsymbol{F}_{i-m} \\ \boldsymbol{Z}_{i,i-m} &= \prod_{k=i-m}^{i-1} \boldsymbol{Z}_{k+1,k} \\ \boldsymbol{Z}_{k+1,k} &= -\boldsymbol{E}_{i-1}^- \cdot \boldsymbol{E}_i^{+\,-1} \end{aligned}\right\} \tag{7.56}$$

由于 H_i^+、H_i^- 较简单，可直接写出 $zE_1{}^i$、$zF_1{}^i$ 的递推关系：

$$\left.\begin{aligned} zE_1^i &= \frac{\mathrm{e}^{\xi h_i}}{2}\left[\left(1 + \frac{G_i k_\tau^{i,i+1}\xi}{k_{\mathrm{u}}^{i,i+1}} + \frac{G_i}{G_{i+1}}\right) zE_1^{i+1} - \left(1 + \frac{G_i k_\tau^{i,i+1}\xi}{k_{\mathrm{u}}^{i,i+1}} - \frac{G_i}{G_{i+1}}\right) zF_1^{i+1}\right] \\ zF_1^i &= \frac{\mathrm{e}^{-\xi h_i}}{2}\left[-\left(1 - \frac{G_i k_\tau^{i,i+1}\xi}{k_{\mathrm{u}}^{i,i+1}} - \frac{G_i}{G_{i+1}}\right) zE_1^{i+1} + \left(1 - \frac{G_i k_\tau^{i,i+1}\xi}{k_{\mathrm{u}}^{i,i+1}} + \frac{G_i}{G_{i+1}}\right) zF_1^{i+1}\right] \end{aligned}\right\} \tag{7.57}$$

8 黏弹性理论及应用

8.1 黏弹性模型

8.1.1 基本元件

黏弹性理论体系中基本元件有弹簧、黏壶以及滑块三种。

(1)弹簧

弹簧为理想弹性元件,见图 8.1a)。弹簧的参数为弹簧常数 k,它定义为两端受到的力 P 与拉伸量 Δu 之比,即:

$$k=\frac{P}{\Delta u} \tag{8.1}$$

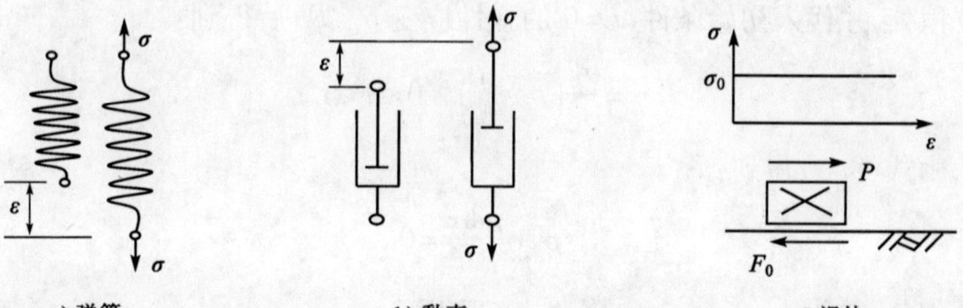

图 8.1 弹簧、黏壶以及滑块的图式

对杆等线弹性体,弹簧常数可用材料弹性模量 E 代替,此时,两端的力 P 改用应力 σ,拉伸量改为应变 ε,即:

$$\sigma=E\varepsilon \tag{8.2}$$

(2)黏壶

黏壶也称为阻尼器,见图 8.1b)。黏壶两端的拉伸速度$\frac{\mathrm{d}u}{\mathrm{d}t}$与两端所受的力 P 成正比,其比例常数的倒数称之为黏滞系数 η,即:

$$\frac{\mathrm{d}u}{\mathrm{d}t}=\frac{P}{\eta} \tag{8.3}$$

式(8.3)也可用应力应变表示:

$$\sigma=\eta\frac{\mathrm{d}\varepsilon}{\mathrm{d}t} \tag{8.4}$$

(3)滑块

滑块又称之为圣文南体，它是一理想塑性体。当外力 P 小于静摩擦力 F_0 时，滑块静止不动，当外力 $P=F_0$ 时，滑块产生无休止的滑动。

8.1.2 麦克斯韦尔模型和开尔文模型

(1)麦克斯韦尔(Maxwell)模型

麦克斯韦尔模型简称麦氏模型，如图 8.2 所示，弹簧与黏壶串联，系统外力相同，总应变 ε 为弹簧应变 ε_1 与黏壶应变 ε_2 之和，即：

$$\varepsilon=\varepsilon_1+\varepsilon_2 \tag{8.5}$$

对式(8.5)进行时间 t 微分，并将式(8.2)、式(8.4)代入，整理得到：

$$\sigma+\frac{\eta\mathrm{d}\sigma}{k\mathrm{d}t}=\eta\frac{\mathrm{d}\varepsilon}{\mathrm{d}t} \tag{8.6}$$

式(8.6)就是麦氏模型的本构方程。

[例 8.1] 在初始时刻突加恒值荷载 σ_0，从 $t=t_0$ 起，固定应变 $\varepsilon_0=\varepsilon(t_0)$，求解麦氏模型的应力应变。

由式(8.6)得到：

$$\sigma_0=\eta\frac{\mathrm{d}\varepsilon}{\mathrm{d}t} \tag{a}$$

对式(a)积分，并代入初始条件($t=0$ 的弹性应变 σ_0/E)后得到：

$$\varepsilon=\frac{\sigma_0}{\eta}\left(t+\frac{\eta}{E}\right)\quad 0\leqslant t\leqslant t_0 \tag{b}$$

$t\geqslant t_0$ 时，由式(8.6)得到：

$$\sigma+\frac{\eta\mathrm{d}\sigma}{k\mathrm{d}t}=0 \tag{c}$$

对式(c)积分，并代入 $\sigma|_{t=t_0}=\sigma_0$ 条件，整理得到：

$$\sigma=\sigma_0\mathrm{e}^{-\frac{E}{\eta}(t-t_0)}\quad t\geqslant t_0 \tag{d}$$

(2)开尔文(Kelvin)模型

开尔文模型简称开氏模型，如图 8.3 所示，弹簧与黏壶并联，系统应变 ε 相同，外力由弹簧与黏壶共同承担，即：

$$\sigma=\sigma_1+\sigma_2 \tag{8.7}$$

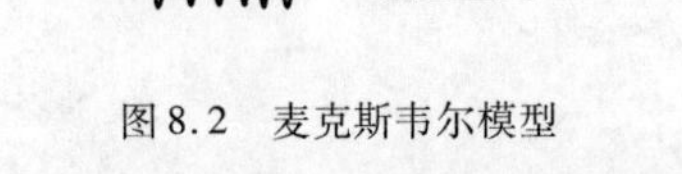

图 8.2 麦克斯韦尔模型

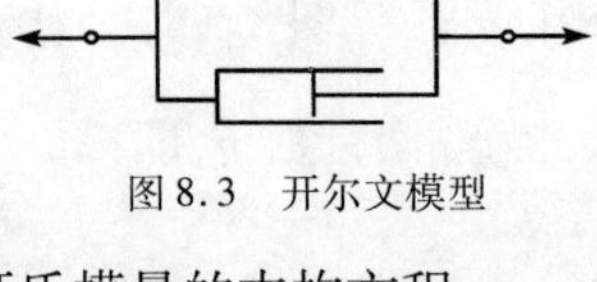

图 8.3 开尔文模型

将式(8.2)、式(8.4)代入式(8.7)整理可得到开氏模量的本构方程：

$$\sigma=E\varepsilon+\eta\frac{\mathrm{d}\varepsilon}{\mathrm{d}t} \tag{8.8}$$

[例 8.2] 求强制正弦应变条件下的应力。

将强制正弦应变 $\varepsilon=\varepsilon_0\sin\omega t$ 代入式(8.8),整理得到:

$$\left.\begin{aligned}\sigma&=\varepsilon_0\sqrt{E^2+(\eta\omega)^2}\sin(\omega t+\varphi)\\ \varphi&=\arctan\left(\frac{\eta\omega}{E}\right)\end{aligned}\right\}\tag{a}$$

式(a)中,$\sqrt{E^2+(\eta\omega)^2}$ 称为开氏模型的复数模量,φ 为滞后角。

8.1.3 其他常见线性黏弹性模型

除麦氏模型、开氏模型之外,还有一些三参数和四参数的黏弹性模型,以及开氏链模型和广义麦氏模型较为常见。

开氏链模型和广义麦氏模型的图式如图8.4所示,它们微分型本构方程具有如下形式:

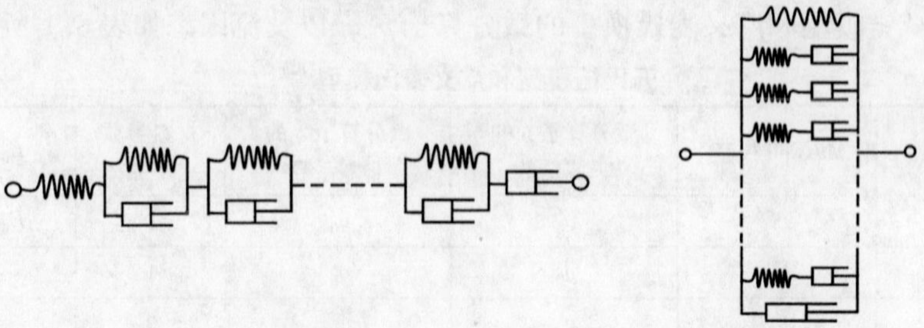

a) 开氏链模型 b) 广义麦氏模型

图8.4 开氏链模型和广义麦氏模型

$$\sum_0^m p_k\frac{\mathrm{d}^k\sigma}{\mathrm{d}t^k}=\sum_0^m q_k\frac{\mathrm{d}^k\varepsilon}{\mathrm{d}t^k}\tag{8.9}$$

对于整个开氏链,则有:

$$\left.\begin{aligned}\varepsilon&=\sum_{i=1}^n\varepsilon_i\\ \sigma&=E_i\varepsilon_i+\eta_i\frac{\mathrm{d}\varepsilon_i}{\mathrm{d}t}\end{aligned}\right\}\tag{8.10}$$

对式(8.10)进行 Laplace 变换并利用零初始条件:

$$\bar{\varepsilon}=\sum_{i=1}^n\bar{\varepsilon}_i=\bar{\sigma}\sum_{i=1}^n\frac{1}{E_i+\eta_i s}=\bar{\sigma}\frac{\sum\limits_{i=0}^m p_k s^i}{\sum\limits_{i=0}^n q_k s^i}=\bar{\sigma}\frac{P(s)}{Q(s)}\tag{8.11}$$

式(8.11)中,完整开氏链 $n=m+1$;$Q(s)=0$ 仅有实的非正的根,即 E_i、η_i 为正实数。可允许有一个零值的 E_i,此时,$q_0=0$,即有孤立黏壶,因此,q_k、p_k 有限制,需满足一些不等式;$n=m$,有孤立弹簧 $E=q_n/p_n$;$n<m$ 不代表线性黏弹性材料。

麦氏模型可视为一孤立黏壶和孤立弹簧系统,即:

$$\bar{\varepsilon}=\bar{\sigma}\left(\frac{1}{E}+\frac{1}{\eta s}\right)\tag{8.12}$$

广义麦氏模型则为:

$$\bar{\sigma} = \sum_{i=1}^{n} \bar{\sigma}_i = \bar{\varepsilon} \sum_{i=1}^{n} \left(\frac{\eta_i E_i s}{\eta_i s + E_i} \right) \tag{8.13}$$

有些黏弹性材料呈现瞬态弹性响应，有些却没有。有些材料在常应力下应变最终达到某一有限值，因而呈现出固体特性；另有些材料在常应力下却常应变率蠕变，因而呈现出流体性质。表 8.1 表示了这些是如何与非零系数相关联的。

（1）$q_0 > 0$ 固体，$q_0 = 0$ 流体：

$$E_{\infty} = \frac{\sigma(\infty)}{\varepsilon(\infty)} = q_0 \tag{8.14}$$

（2）材料对突变载荷的瞬态响应取决于冲击模量：

$$E_0 = \frac{\sigma(0^+)}{\varepsilon(0^+)} = \frac{q_n}{p_n} \tag{8.15}$$

常见的开式链模型和广义麦氏模型的微分算子 p、q，以及流固态如表 8.1 所示。

开氏链模型和广义麦氏模型[82]　　表 8.1

Kelvin 链	Maxwell 模型	微分算子 p 的非零系数	微分算子 q 的非零系数	材料参数个数	E_0	固体或流体
S（弹簧）	S	p_0	q_0	1	E_0	固体
d（黏壶）	d	p_0	q_0	1	—	流体
k（开氏模式）	S/d	p_0	q_0、q_1	2	—	流体
$S-d$	m（麦氏模式）	p_0、p_1	q_1	2	E_0	固体
$S-k$	S/m	p_0、p_1	q_0、q_1	3	E_0	固体
$d-k$	d/m	p_0、p_1	q_1、q_2	3	—	流体
$k-k$	$S/d/m$	p_0、p_1	q_0、q_1、q_2	4	—	流体
$S-d-k$	m/m	p_0、p_1、p_2	q_1、q_2	4	E_0	固体
$S-k-k$	$S/m/m$	p_0、p_1、p_2	q_0、q_1、q_2	5	E_0	固体
$d-k-k$	$d/m/m$	p_0、p_1、p_2	q_1、q_2、q_3	5	—	流体
$k-k-k$	$S/d/m/m$	p_0、p_1、p_2	q_0、q_1、q_2、q_3	6	—	流体
$S-d-k-k$	$m/m/m$	p_0、p_1、p_2、p_3	q_1、q_2、q_3	6	E_0	固体
$S-k-k-k$	$S/m/m/m$	p_0、p_1、p_2、p_3	q_0、q_1、q_2、q_3	7	E_0	固体

注：“-”表示串联，“/”表示并联。

8.2　松弛和蠕变

对材料施加阶跃应力 $\sigma = \sigma_0 H(t)$，此应力下的应变可表示为：

$$\varepsilon = \sigma_0 J(t) \tag{8.16}$$

函数 $J(t)$ 称之为蠕变柔量，它定义为单位应力产生的应变。$t<0, J(t) \equiv 0, t>0, J(t)$ 为单调递增函数。由式(8.11)可知：

$$\bar{J}(t) = \frac{\bar{\varepsilon}(t)}{\sigma_0} = \frac{P(s)}{sQ(s)} \tag{8.17}$$

对材料施加阶跃应变 $\varepsilon=\varepsilon_0 H(t)$，此应变下的应力可表示为：

$$\sigma=\varepsilon_0 Y(t) \tag{8.18}$$

函数 $Y(t)$ 称之为松弛模量，它定义为单位应变产生的应力。$Y(t)$ 是时间非增函数，它的 Laplace 变换式为：

$$\overline{Y}(t)=\frac{\overline{\sigma}(t)}{\varepsilon_0}=\frac{Q(s)}{sP(s)} \tag{8.19}$$

由式(8.17)和式(8.19)，可推出蠕变柔量 $J(t)$ 和松弛模量 $Y(t)$ 之间关系为：

$$\overline{J}(t)\cdot\overline{Y}(t)=s^{-2}\qquad t>0 \tag{8.20}$$

常见黏弹性模型的蠕变柔量和松弛模量如表 8.2 所示。

常见黏弹性模型的蠕变柔量和松弛模量[82] 表 8.2

名　称	模型图式	蠕变柔量 $J(t)$	松弛模量 $Y(t)$
弹性固体		$1/q_0$	q_0
黏性流体	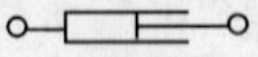	t/q_1	$q_1\delta(t)$
Kelvin 固体	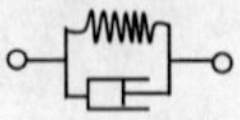	$\frac{1}{q_0}\left(1-e^{-\frac{q_0}{q_1}t}\right)$	$q_0+q_1\delta(t)$
Maxwell 流体	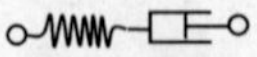	$\frac{p_1+t}{q_1}$	$\frac{q_1}{p_1}e^{-t/p_1}$
三参数固体	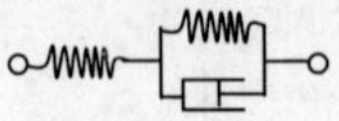	$\frac{p_1}{q_1}e^{-\frac{q_0}{q_1}t}+\frac{1}{q_0}\left(1-e^{-\frac{q_0}{q_1}t}\right)$	$\frac{q_1}{p_1}e^{-t/p_1}+q_0\left(1-e^{-t/p_1}\right)$
三参数流体	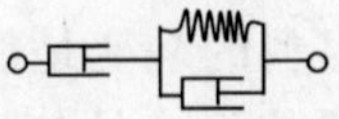	$\frac{t}{q_1}+\frac{p_1q_1-q_2}{q_1^2}\left(1-e^{-\frac{q_1}{q_2}t}\right)$	$\frac{q_1}{p_1}\delta(t)+\frac{1}{p_1}\left(q_1-\frac{q_1}{p_1}\right)e^{-t/p_1}$
四参数固体	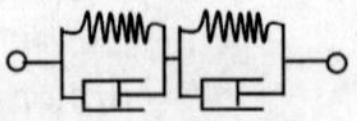	$\frac{1-p_1\lambda_1}{q_2\lambda_1(\lambda_2-\lambda_1)}\left(1-e^{-\lambda_1 t}\right)+\frac{1-p_1\lambda_2}{q_2\lambda_2(\lambda_1-\lambda_2)}\left(1-e^{-\lambda_2 t}\right)$ $\lambda_{1,2}\Leftarrow q_2\lambda^2+q_1\lambda+q_0=0$	$\frac{q_2}{p_1}\delta(t)+\frac{q_1p_1-q_2}{p_1^2}+\frac{1}{p_1^2}(q_1p_1-q_0p_1^2-q_2)\left(1-e^{-t/p_1}\right)$
四参数流体	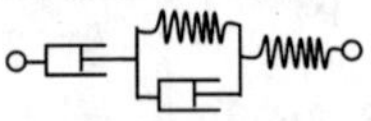	$\frac{t}{q_1}+\frac{p_1q_1-q_2}{q_1^2}\left(1-e^{-\frac{q_1}{q_2}t}\right)+\frac{p_2}{q_2}e^{-\frac{q_1}{q_2}t}$	$\frac{1}{\sqrt{p_1^2-4p_2}}\left[(q_1-\alpha q_2)e^{-\alpha t}-(q_1-\beta q_2)e^{-\beta t}\right]$ $\begin{matrix}\alpha\\\beta\end{matrix}=\frac{1}{2p_2}\left(p_1\pm\sqrt{p_1^2-4p_2}\right)$
开氏链	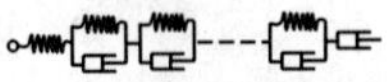	$\frac{1}{q_n}\sum_{i=1}^{n}\frac{a_i}{-\lambda_i}\left(1-e^{\lambda_i t}\right)$	—
广义麦氏模型	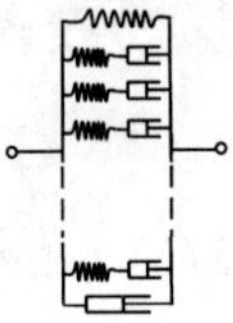	—	$\sum_{i=1}^{n}E_i\left(1-e^{\frac{E_i}{\eta_i}t}\right)$

8.3 卷积和线性叠加

若函数$f_1(t)$、$f_2(t)$在$t<0$时均为零,则式(C.28)改写为:

$$f_1(t)*f_2(t) = \int_0^{\infty} f_1(t)f_2(t-\tau)\mathrm{d}\tau \tag{8.21}$$

卷积的 Laplace 变换:

$$\left.\begin{aligned}&\mathcal{L}[f_1(t)*f_2(t)] = F_1(s)F_2(s)\\&\mathcal{L}[f_1(t)] = F_1(s),\mathcal{L}[f_2(t)] = F_2(s)\end{aligned}\right\} \tag{8.22}$$

设函数$f(t)$在$0\leqslant t<\infty$上连续,且当$t<0$时,$f(t)=0$;$g(t)$是定义于$-\infty<t<\infty$上的函数,且当$t\to-\infty$时,$g(t)\to 0$,斯蒂尔杰斯(Stieltjes)卷积$f*\mathrm{d}g$如下:

$$f*\mathrm{d}g = \int_{-\infty}^{t} f(t-\tau)\mathrm{d}g \tag{8.23}$$

若$f(t)$和$g(t)$在$0\leqslant t<\infty$上连续,而且当$t<0$时有$g(t)=0$,则式(8.23)可表示为:

$$\left.\begin{aligned}&f*\mathrm{d}g = f(t)g(0) + \int_0^t f(t-\tau)\frac{\partial g(\tau)}{\partial\tau}\mathrm{d}\tau\\&\mathcal{L}[f*\mathrm{d}g] = s\bar{f}(t)\bar{g}(t)\end{aligned}\right\} \tag{8.24}$$

玻尔兹曼(Boltzmann)线性叠加原理指出:线性黏弹性材料的蠕变是整个加载历史的函数,每一阶段施加的荷载对最终形变的贡献是独立的,因而,最终形变是各阶段荷载所引起的形变的线性叠加。如图8.5所示,应力曲线可分解为基本部分$\sigma_0 H(t)$和一系列无限小的增量$\mathrm{d}\sigma H(t-\tau)$,由此得到应变的计算式为:

$$\varepsilon(t) = \sigma_0 J(t) + \int_0^t J(t-\tau)\frac{\mathrm{d}\sigma(\tau)}{\mathrm{d}\tau}\mathrm{d}\tau \tag{8.25}$$

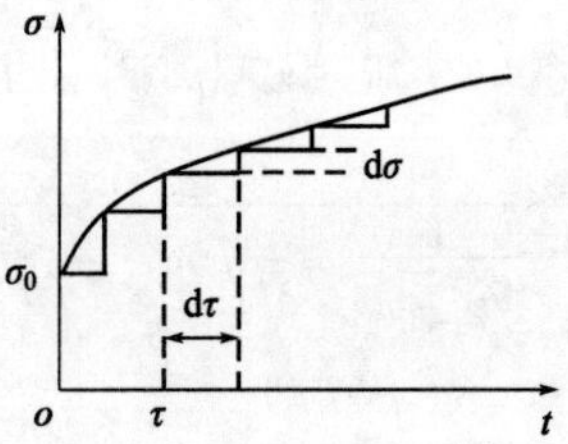

图8.5 黏弹性应变的遗传积分

式(8.25)的积分称作遗传积分,通过分部积分,可改写为:

$$\varepsilon(t) = \sigma(t)J(0) + \int_0^t \sigma(\tau)\frac{\mathrm{d}J(t-\tau)}{\mathrm{d}(t-\tau)}\mathrm{d}\tau \tag{8.26}$$

利用 Stieltjes 卷积符号,式(8.26)可写为:

$$\varepsilon(t) = J(t)*\mathrm{d}\sigma(t) \tag{8.27}$$

上述三式是蠕变型本构方程。松弛型本构方程的表达式:

$$\begin{aligned}\sigma(t) &= \varepsilon_0 Y(t) + \int_0^t Y(t-\tau)\frac{\mathrm{d}\varepsilon(\tau)}{\mathrm{d}\tau}\mathrm{d}\tau\\&=\varepsilon(t)Y(0) + \int_0^t \varepsilon(\tau)\frac{\mathrm{d}Y(t-\tau)}{\mathrm{d}(t-\tau)}\mathrm{d}\tau = Y(t)*\mathrm{d}\varepsilon(t)\end{aligned} \tag{8.28}$$

8.4 正弦交变应力与应变

应变 ε 随时间简谐变化时的复数形式可表示为:

$$\varepsilon(t)=\varepsilon_0 e^{\mathrm{i}\omega t}=\varepsilon_0(\cos\omega t+\mathbf{i}\sin\omega t) \tag{8.29}$$

将式(8.29)代入式(8.9),整理得到:

$$\left.\begin{aligned}&\sigma(t)=E(\mathbf{i}\omega)\varepsilon(t)\\&E(\mathbf{i}\omega)=\frac{Q(\mathbf{i}\omega)}{P(\mathbf{i}\omega)}\\&P(\mathbf{i}\omega)=\sum_0^m p_k(\mathbf{i}\omega)^k,Q(\mathbf{i}\omega)=\sum_0^m q_k(\mathbf{i}\omega)^k\end{aligned}\right\} \tag{8.30}$$

式(8.30)中的 $E(\mathbf{i}\omega)$ 称之为复模量,它依赖于频率而不依赖应力、应变幅度或时间。它可分拆为实部 E_1 和虚部 E_2:

$$E(\mathbf{i}\omega)=E_1(\omega)+\mathbf{i}E_2(\omega) \tag{8.31}$$

应力 σ 简谐交变时复数形式可表示为:

$$\sigma(t)=\sigma_0 e^{\mathrm{i}\omega t}=\sigma_0(\cos\omega t+\mathbf{i}\sin\omega t) \tag{8.32}$$

式(8.32)代入式(8.9),整理得到:

$$\left.\begin{aligned}&\varepsilon(t)=G(\mathbf{i}\omega)\sigma(t)\\&G(\mathbf{i}\omega)=\frac{P(\mathbf{i}\omega)}{Q(\mathbf{i}\omega)}=G_1(\omega)+\mathbf{i}G_2(\omega)\end{aligned}\right\} \tag{8.33}$$

式(8.33)中的 $G(\mathbf{i}\omega)$ 称之为复柔度,它与复模量 $E(\mathbf{i}\omega)$ 的关系:$G(\mathbf{i}\omega)=1/E(\mathbf{i}\omega)$。

常见黏弹性模型的本构方程及复柔度实部、虚部如表 8.3 所示。

常见黏弹性模型的复柔度实部和虚部[82] 表 8.3

名　称	本构方程	复柔度实部 $G_1(\omega)$	复柔度虚部 $G_2(\omega)$
弹性固体	$\sigma=q_0\varepsilon$	$1/q_0$	0
黏性流体	$\sigma=q_1\dfrac{d\varepsilon}{dt}$	0	$-\dfrac{1}{q_1\omega}$
Kelvin 固体	$\sigma=q_0\varepsilon+q_1\dfrac{d\varepsilon}{dt}$	$\dfrac{q_0}{q_0^2+q_1^2\omega}$	$-\dfrac{q_1\omega}{q_0^2+q_1^2\omega}$
Maxwell 流体	$\sigma+p_1\dfrac{d\sigma}{dt}=q_1\dfrac{d\varepsilon}{dt}$	$\dfrac{p_1}{q_1}$	$-\dfrac{1}{q_1\omega}$
三参数固体	$\sigma+p_1\dfrac{d\sigma}{dt}=q_0\varepsilon+q_1\dfrac{d\varepsilon}{dt}$ $(q_1>p_1q_0)$	$\dfrac{q_0+p_1q_1\omega^2}{q_0^2+q_1^2\omega^2}$	$-\dfrac{(q_1-p_1q_0)\omega}{q_0^2+q_1^2\omega^2}$
三参数流体	$\sigma+p_1\dfrac{d\sigma}{dt}=q_1\dfrac{d\varepsilon}{dt}+q_2\dfrac{d^2\varepsilon}{dt^2}$ $(p_1q_1<q_2)$	$\dfrac{p_1q_1-q_0}{q_1^2+q_2^2\omega^2}$	$-\dfrac{q_1+p_1q_2\omega^2}{(q_1^2+q_2^2\omega^2)\omega}$
四参数固体	$\sigma+p_1\dfrac{d\sigma}{dt}+p_2\dfrac{d^2\sigma}{dt^2}=q_1\dfrac{d\varepsilon}{dt}+q_2\dfrac{d^2\varepsilon}{dt^2}$ $(p_1^2>4p_2,p_1q_1q_2>p_2q_1^2+q_2^2)$	$\dfrac{(p_1q_1-q_2)+p_2q_2\omega^2}{q_1^2+q_2^2\omega^2}$	$-\dfrac{q_1+(p_1q_2-p_2q_1)\omega^2}{(q_1^2+q_2^2\omega^2)\omega}$

续上表

名　称	本构方程	复柔度实部 $G_1(\omega)$	复柔度虚部 $G_2(\omega)$
四参数流体	$\sigma + p_1 \frac{d\sigma}{dt} = q_0\varepsilon + q_1\frac{d\varepsilon}{dt} + q_2\frac{d^2\varepsilon}{dt^2}$ $(q_1^2 > 4q_0q_2, q_1p_1 > q_0p_1^2 + q_2)$	$\frac{q_0 + (p_1q_1 - q_2)\omega^2}{q_2^2 + (q_1^2 + 2q_0q_2)\omega^2 + q_2^2\omega^4}$	$-\frac{(q_1 - p_1q_0)\omega + p_1q_2\omega^3}{q_2^2 + (q_1^2 + 2q_0q_2)\omega^2 + q_2^2\omega^4}$

黏弹性材料的卸载后部分应变不可恢复,其变形能转变为热量而耗散。黏弹性材料的单位体积的变形功 w 为:

$$w = \int \sigma \frac{d\varepsilon}{dt} dt \tag{8.34}$$

简谐应力 $\sigma(t) = \sigma_0 \cos\omega t$ 作用下的一个周期中外力所作的功;

$$w = -\int_0^T \cos\omega t[\sigma_0\omega(G_1\cos\omega t + G_2\cos\omega t)]dt = -\pi\sigma_0^2 G_2 = \Delta E \tag{8.35}$$

从式(8.35)可以看到,耗能仅与 G_2 有关,而与 G_1 无关,因此,G_1 称之为储能柔量,而 G_2 称之为损耗柔度。由此对应的 E_1 称之为储能模量,E_2 称之为损耗模量。

耗能必须是非负的,$\Delta E \geqslant 0$,因此,$G_2 \leqslant 0$。表征黏弹性材料耗散能力的指标主要有:

(1)耗散率 D:单位时间内的耗散能;

(2)耗损比 Z:一个应力循环中耗散能与所贮弹性能最大值之比;

(3)品质因素 Q:$Q = 2\pi/Z = -G_1/G_2$;

(4)内摩擦角 δ:滞后幅度 $\tan\delta = E_1/E_2 = 1/Q$。

8.5 时—温等效问题

沥青等高聚物的黏弹性性质对温度具有强烈依赖性,如图 8.6 所示。在低温或高频时,高频物大多呈玻璃态,其杨氏模量在 $10^3 \sim 10^4$MPa,极限应变小于 5%;在高温或低频时,高频物可能呈橡胶态,模量在 1 ~ 10MPa,弹性应变可大于 100% 而无永久变形;当温度更高时,高聚物的行为像高黏度的液体。在玻璃态与橡胶态之间转变区,它兼有弹性固体和黏性流体的特性,且在应变时有能量损耗。

高聚物在不同的作用时间(或频率)下,或在不同温度下所呈现的力学松弛规律是十分相近的。时—温等效关系是指:只要改变时标,就可以使一个温度下的黏弹性行为与另一个温度下的黏弹性行为联系起来,这一现象称之为时—温等效。符合时—温等效关系的物质称为"热流度简单材料"。

改变时标通常可采用"平移"时间坐标的方法,如图 8.7 所示。材料的松弛模量、蠕变柔量以及复模量、复柔度满足如下关系:

$$\left.\begin{aligned}Y(T,t)&=Y\left(T_0,\frac{t}{a_T}\right)\\J(T,t)&=J\left(T_0,\frac{t}{a_T}\right)\\E_1&=(T,\omega)=E_1(T_0,a_T\omega)\\G_1(T,\omega)&=G_1(T_0,a_T\omega)\end{aligned}\right\}\tag{8.36}$$

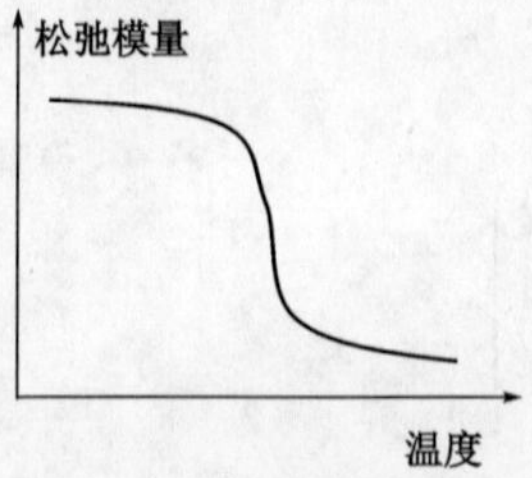

图8.6 高聚物的松弛模量—温度曲线

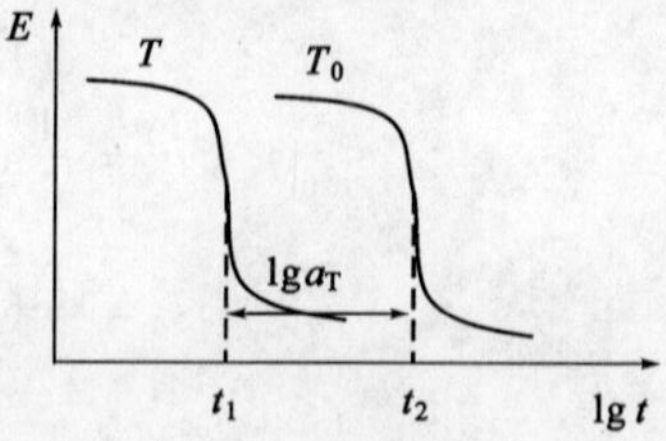

图8.7 温度由 T 变到 T_0 时平移因子 a_T 的示意图

威廉姆斯(Williams),兰德尔(Landel)和费利(Ferry)发现,非晶态高聚物的平移因子 a_T 与 $(T-T_g)$ 之间的关系可用同一个方程式表示,即WLF(威廉姆斯-兰德尔-费利)方程:

$$\lg a_T=-\frac{C_1(T-T_g)}{C_2+T-T_g}\tag{8.37}$$

式中:C_1、C_2、T_g——聚合物类型有关的参数,几种常见聚合物的WLF参数见表8.4。

聚合物的WLF参数[82]

表8.4

聚合物	C_1(℃)	C_2(℃)	T_g(℃)
聚异丁烯	16.6	104	-71
天然橡胶(巴西三叶胶)	16.7	53.6	-73
聚氨酯弹性体	15.6	32.6	-35
聚苯乙烯	14.5	50.4	100
聚甲基丙烯酸乙酯	17.6	65.5	62
"通用常数"	17.4	51.6	

对于开氏链模型和广义麦氏模型而言,"平移"时间坐标方法成立的前提有两个:弹性模量与温度无关;各黏壶系数 η_i 在两个不同温度时的之比为常数,即平移因子 a_T 为:

$$a_T=\frac{\eta_1(T_1)}{\eta_1(T_g)}=\frac{\eta_2(T_1)}{\eta_2(T_g)}=\cdots=\frac{\eta_n(T_1)}{\eta_n(T_g)}\tag{8.38}$$

沥青和沥青混合料不是单分子高聚物,非严格意义上的"热流度简单材料",上述两条件只有在温度较低(10°C或以下)时才较好满足。事实上,沥青品性、含量,集料性能和级配都影响着沥青混合料的黏弹性特征,包括WLF参数,盲目采用"通用常数"的WLF参数,用常温高频的试验结果推测沥青混合料的低温性能,或用常温低频的试验结果推测沥青混合料的高温性能可能包含较大的误差,应慎用。

8.6 黏弹性体本构关系

8.6.1 张量型本构方程

各向同性线弹性体的应力—应变本构关系的张量表达式为：

$$\left.\begin{aligned}\sigma &= 3Ke \\ S_{ij} &= 2Ge_{ij}\end{aligned}\right\} \tag{8.39-1}$$

$$\left.\begin{aligned}\sigma &= \frac{1}{3}(\sigma_x + \sigma_y + \sigma_z) \\ e &= \frac{1}{3}(\varepsilon_x + \varepsilon_y + \varepsilon_z)\end{aligned}\right\} \tag{8.39-2}$$

$$\left.\begin{aligned}S_{ij} &= \sigma_{ij} - \sigma\delta_{ij} \\ e_{ij} &= e_{ij} - e\delta_{ij} \\ \delta_{ij} &= \begin{cases}1 & i = j \\ 0 & i \neq j\end{cases}\end{aligned}\right\} \tag{8.39-3}$$

式中：K——体积模量；

G——剪切模量；

σ——应力球张量；

S_{ij}——应力偏斜张量；

e——应变球张量；

e_{ij}——应变偏斜张量；

δ_{ij}——Kronecker 符号。

体积模量 K、剪切模量 G 与虎克系数 E、ν 的关系为：

$$K = \frac{E}{3(1 - 2\nu)}$$

$$G = \frac{E}{2(1 + \nu)}$$

黏弹性材料的应力—应变本构关系的张量表达式为：

$$\left.\begin{aligned}P'S_{ij} &= Q'e_{ij} \\ P''\sigma &= Q''e\end{aligned}\right\} \tag{8.40-1}$$

$$\left.\begin{aligned}P' &= \sum_{k=0}^{m'} p'_k \frac{\mathrm{d}^k}{\mathrm{d}t^k} \\ P'' &= \sum_{k=0}^{m''} p''_k \frac{\mathrm{d}^k}{\mathrm{d}t^k} \\ Q' &= \sum_{k=0}^{m'} q'_k \frac{\mathrm{d}^k}{\mathrm{d}t^k} \\ Q'' &= \sum_{k=0}^{m''} q''_k \frac{\mathrm{d}^k}{\mathrm{d}t^k}\end{aligned}\right\} \tag{8.40-2}$$

对于一般黏弹性材料,体积变化是弹性,流变性质主要表现在剪切变形方面。因此,式(8.40-1)可改写为:

$$\left.\begin{aligned} P'S_{ij} &= Q'e_{ij} \\ \sigma &= 3Ke \end{aligned}\right\} \tag{8.41}$$

剪切变形服从麦氏模量时,偏量分量表达式为:

$$\frac{\mathrm{d}e_{ij}}{\mathrm{d}t} = \frac{1}{2G_m}\frac{\mathrm{d}S_{ij}}{\mathrm{d}t} + \frac{1}{2\eta_m}S_{ij} \tag{8.42}$$

剪切变形服从开氏模量时,偏量分量表达式为:

$$S_{ij} = 2G_k e_{ij} + 2\eta_k \frac{\mathrm{d}e_{ij}}{\mathrm{d}t} \tag{8.43}$$

8.6.2 蠕变型、松弛型本构方程

蠕变型本构方程:

$$\left.\begin{aligned} e_{ij} &= S_{ij}J'(0) + \int_0^t S_{ij}(\tau)\frac{\mathrm{d}J'(t-\tau)}{\mathrm{d}(t-\tau)}\mathrm{d}\tau = J' * \mathrm{d}S_{ij} \\ e &= \sigma J''(0) + \int_0^t \sigma \frac{\mathrm{d}J''(t-\tau)}{\mathrm{d}(t-\tau)}\mathrm{d}\tau = J'' * \mathrm{d}\sigma \end{aligned}\right\} \tag{8.44}$$

松弛型本构方程:

$$\left.\begin{aligned} S_{ij} &= e_{ij}Y'(0) + \int_0^t e_{ij}(\tau)\frac{\mathrm{d}Y'(t-\tau)}{\mathrm{d}(t-\tau)}\mathrm{d}\tau = Y' * \mathrm{d}e_{ij} \\ \sigma &= eY''(0) + \int_0^t e\frac{\mathrm{d}Y''(t-\tau)}{\mathrm{d}(t-\tau)}\mathrm{d}\tau = Y'' * \mathrm{d}e \end{aligned}\right\} \tag{8.45}$$

如果 $t<0$ 时,S_{ij}、e_{ij}、σ、e 为零,上述两个本构方程可简化为:

$$\left.\begin{aligned} e_{ij} &= \int_{-\infty}^t J'(t-\tau)\frac{\mathrm{d}S_{ij}(\tau)}{\mathrm{d}t}\mathrm{d}\tau \\ e &= \int_{-\infty}^t J''(t-\tau)\frac{\mathrm{d}\sigma(\tau)}{\mathrm{d}t}\mathrm{d}\tau \end{aligned}\right\} \tag{8.46-1}$$

$$\left.\begin{aligned} S_{ij} &= \int_{-\infty}^t Y'(t-\tau)\frac{\mathrm{d}e_{ij}(\tau)}{\mathrm{d}t}\mathrm{d}\tau \\ \sigma &= \int_{-\infty}^t Y''(t-\tau)\frac{\mathrm{d}e(\tau)}{\mathrm{d}t}\mathrm{d}\tau \end{aligned}\right\} \tag{8.46-2}$$

蠕变柔量 J 和松弛模量 Y 的 Laplace 变换与各微分算子间的关系为:

$$\bar{J}'(s) = \frac{\sum_{k=0}^{m'} p'_k s^k}{s\sum_{k=0}^{n'} q'_k s^k} \tag{8.47-1}$$

$$\bar{J}''(s)=\frac{\sum_{k=0}^{m''}p''_k s^k}{s\sum_{k=0}^{n''}q''_k s^k} \tag{8.47-2}$$

$$\bar{Y}'(s)=\frac{\sum_{k=0}^{m'}q'_k s^k}{s\sum_{k=0}^{n'}p'_k s^k} \tag{8.47-3}$$

$$\bar{Y}''(s)=\frac{\sum_{k=0}^{m''}q''_k s^k}{s\sum_{k=0}^{n''}p''_k s^k} \tag{8.47-4}$$

麦氏模型的蠕变柔量 J 和松弛模量 Y:

$$J'(t)=\frac{1}{2}\left(\frac{1}{G_m}+\frac{t}{\eta_m}\right)$$

$$J''(t)=\frac{1}{3K}$$

$$\bar{J}'(s)=\frac{1}{2G_m s}+\frac{1}{2\eta_m s^2}$$

$$\bar{J}''(t)=\frac{1}{3Ks}$$

$$Y'(t)=2G_m e^{-\frac{G_m}{\eta_m}t}$$

$$Y''(t)=3K$$

$$\bar{Y}'(t)=\frac{2G_m}{\frac{G_m}{\eta_m}+s}$$

$$\bar{Y}''(t)=\frac{3K}{s}$$

开氏模型的蠕变柔量 J 和松弛模量 Y:

$$J'(t)=\frac{1}{2G_k}(1-e^{-\frac{G_k}{\eta_k}t})H(t)$$

$$J''(t)=\frac{1}{3K}$$

$$\bar{J}'(t)=\frac{1}{2(G_k+\eta_k s)s}$$

$$\bar{J}''(t)=\frac{1}{3Ks}$$

$$Y'(t)=2[G_k H(t)+\eta_k\delta(t)]$$

$$Y''(t)=3K$$

$$\bar{Y}'(t)=2\left(\frac{G_k}{s}+\eta_k\right)$$

$$\bar{Y}''(t)=\frac{3K}{s}$$

三参数固体的蠕变柔量 J 和松弛模量 Y：

$$J'(t) = \left[\frac{1}{2G_1} + \frac{1}{2G_2}(1 - e^{-\frac{G_2}{\eta_2}t})\right]H(t)$$

$$J''(t) = \frac{1}{3K}$$

$$\bar{J}'(t) = \frac{1}{2sG_1} + \frac{1}{2s(s\eta_2 + G_2)}$$

$$\bar{J}''(t) = \frac{1}{3Ks}$$

$$Y'(t) = \frac{2G_1}{G_1 + G_2}[G_2 + G_1 e^{-\frac{G_2}{\eta_2}t}]H(t)$$

$$Y''(t) = 3K$$

$$\bar{Y}'(t) = \frac{2G_1}{s(G_1 + G_2)}[G_2 + G_1\frac{s\eta_2}{s\eta_2 + G_2}]$$

$$\bar{Y}''(t) = \frac{3K}{s}$$

8.6.3 弹性—黏弹性的对应原理

式(8.46)为黏弹性问题的基本方程的 Laplace 变换，式(8.47)为弹性问题的基本方程。

$$\left.\begin{aligned} &\bar{\varepsilon}_{ij} = \frac{1}{2}(\bar{u}_{ij} + \bar{u}_{ji}) \\ &\bar{\sigma}_{ijj} + \bar{F}_i = 0 \\ &\bar{\sigma}_{ij} = s\bar{\lambda}(s)\bar{\varepsilon}_{kk}\delta_{ij} + 2s\bar{\mu}(s)\bar{\varepsilon}_{ij} \\ &\left.\begin{aligned} &B_\sigma:\bar{\sigma}_{ij}n_j = \bar{S}_i \\ &B_u:\bar{u}_i = \bar{\Delta}_i \end{aligned}\right\} \end{aligned}\right\} \tag{8.48}$$

式中：λ、μ——材料的拉梅(Lame)系数。

$$\left.\begin{aligned} &\varepsilon_{ij} = \frac{1}{2}(u_{ij} + u_{ji}) \\ &\sigma_{ijj} + F_i = 0 \\ &\sigma_{ij} = \lambda\varepsilon_{kk}\delta_{ij} + 2\mu\varepsilon_{ij} \\ &\left.\begin{aligned} &B_\sigma:\sigma_{ij}n_j = S_i \\ &B_u:u_i = \Delta_i \end{aligned}\right\} \end{aligned}\right\} \tag{8.49}$$

拉梅系数 λ、μ 与虎克系数 E、ν 的关系为：

$$\lambda = \frac{E\nu}{(1 + \nu)(1 - 2\nu)}$$

$$\mu = \frac{E}{2(1 + \nu)}$$

对比式(8.46)和式(8.47)可以发现，作如表 8.5 所示的对应可使它们在数学形式上互相一致。

黏弹性—弹性对应关系 表 8.5

黏弹性	$\bar{\mu}_i$	$\bar{\varepsilon}_{ij}$	$\bar{\sigma}_{ij}$	$\bar{F}_i$	$\bar{S}_i$	$\bar{\Delta}_i$	$s\bar{\lambda}$	$s\bar{\mu}$
弹性	μ_i	ε_{ij}	σ_{ij}	F_i	S_i	Δ_i	λ	μ

若将弹性解的常数 λ 换成 $s\bar{\lambda}$,μ 换成 $s\bar{\mu}$,则可得到黏弹性解的变换,其后所要做的一切就是逆变换。若弹性解出现其他弹性常数,如杨氏模量 E、泊松比 v、体积模量 K,应先换成 λ、μ,然后再用 $s\bar{\lambda}$、$s\bar{\mu}$代替 λ、μ。

各种弹性常数的取代关系如表 8.6 所示。代换的黏弹性参数的表示式为:

$$\left.\begin{aligned}
\hat{\mu} &= s\bar{\mu}(s) = \frac{s}{2}\bar{Y}'(s) = \frac{1}{2s\bar{J}'(s)} \\
\hat{K} &= s\bar{K}(s) = \frac{s}{3}\bar{Y}''(s) = \frac{1}{3s\bar{J}''(s)} \\
\hat{E} &= \frac{3s\bar{Y}'(s)\bar{Y}''(s)}{2\bar{Y}''(s) + \bar{Y}'(s)} = \frac{3}{s[2\bar{J}'(s) + \bar{J}''(s)]} \\
\hat{\nu} &= \frac{\bar{Y}''(s) - \bar{Y}'(s)}{2\bar{Y}''(s) + \bar{Y}'(s)} = \frac{\bar{J}'(s) - \bar{J}''(s)}{2\bar{J}'(s) + \bar{J}''(s)} \\
\hat{\lambda} &= \frac{s}{3}[\bar{Y}''(s) - \bar{Y}'(s)] = \frac{1}{3s}\left[\frac{1}{\bar{J}''(s)} - \frac{1}{\bar{J}'(s)}\right]
\end{aligned}\right\} \tag{8.50}$$

弹性常数的取代关系 表 8.6

黏弹性	$\hat{\mu}$	$\hat{K}$	$\hat{E}$	$\hat{\nu}$	$\hat{\lambda}$
弹性	μ	K	E	ν	λ

黏弹性—弹性的对应原理只适用于准静态问题,若惯性效应不能忽略,上述对应关系不成立,式(8.48)和式(8.49)中的平衡方程将被运动方程所取代。

若惯性效应可忽略且材料泊松比不变,黏弹性问题存在分离变量解:

$$\left.\begin{aligned}
u_i(x_i,t) &= \tilde{u}_i(x_i)u(t) \\
\varepsilon_{ij}(x_i,t) &= \tilde{\varepsilon}_{ij}(x_i)u(t) \\
\sigma_{ij}(x_i,t) &= \tilde{\sigma}_{ij}(x_i)F(t)
\end{aligned}\right\} \tag{8.51}$$

在稳定简谐振动时,所有的位移、应力、应变场具有相同的时间依赖关系,有分离变量解,式(8.51)中的 $u(t) = F(t) = \mathrm{e}^{\mathrm{i}\omega t}$,黏弹性应力—应变关系可简化为:

$$\sigma_{ij} = \lambda(\mathbf{i}\omega)\varepsilon_{kk}\delta_{ij} + 2\mu(\mathbf{i}\omega)\varepsilon_{ij} \tag{8.52}$$

从式(8.52)中可以看到,黏弹性的应力—应变关系和弹性的应力—应变关系有完全一样的形式,只是弹性中材料常数被复材料常数取代了。在此问题中,不要求泊松比为常数,惯性力引入也无妨。考虑惯性力的问题会在第 10 章中详细论述。

8.7 圆柱管的扭转流动[82]

圆柱管一端固定，另一端受到 $M = M_0 e^{i\omega t}$ 的外力偶矩而发生扭转。这是一个轴对称问题，在圆柱坐标 r、θ 和 z 下有：$u_r = u_z = 0$、$\varepsilon_{zz} = \varepsilon_{rr} = \varepsilon_{\theta\theta} = \varepsilon_{zr} = 0$，非零位移、应变、应力为：

$$\left.\begin{aligned} u_\theta &= u_\theta(r,z,t) \\ \varepsilon_{r\theta} &= \frac{1}{2}\left(\frac{\partial u_\theta}{\partial r} - \frac{u_\theta}{r}\right) \\ \varepsilon_{\theta z} &= \frac{1}{2}\left(\frac{\partial u_\theta}{\partial z}\right) \\ \sigma_{r\theta} &= \mu\left(\frac{\partial u_\theta}{\partial r} - \frac{u_\theta}{r}\right) \\ \sigma_{\theta z} &= \mu\left(\frac{\partial u_\theta}{\partial z}\right) \end{aligned}\right\} \tag{8.53}$$

代入弹性圆柱管的运动方程，可得：

$$\frac{\partial^2 u_\theta}{\partial r^2} + \frac{\partial u_\theta}{r\partial r} + \frac{\partial^2 u_\theta}{\partial z^2} - \frac{u_\theta}{r^2} = -\frac{\rho}{\mu}\frac{\partial^2 u_\theta}{\partial t^2} \tag{8.54}$$

式中：ρ——密度。

相应的边界条件为：

$$\left.\begin{aligned} z &= 0: M = M_0 e^{i\omega t} \\ z &= h: u_\theta = 0 \end{aligned}\right\} \tag{8.55}$$

分离变量：$u_\theta(r,z,t) = rf(z)e^{i\omega t}$。应用式(8.53)得到：

$$\begin{aligned} \varepsilon_{r\theta} &= \sigma_{r\theta} = 0 \\ \varepsilon_{\theta z} &= \frac{1}{2}r\frac{df(z)}{dz}e^{i\omega t} \\ \sigma_{\theta z} &= \mu r\frac{df(z)}{dz}e^{i\omega t} \end{aligned} \tag{8.56}$$

通过在横截面上的积分，任意一截面上 t 时刻的扭矩：

$$M(z,t) = \int_a^b r\sigma_{\theta z}2\pi r dr = \mu I\frac{df}{dz}e^{i\omega t} \tag{8.57}$$

其中，$I = \frac{\pi(b^4 - a^4)}{2}$，$b$ 为圆柱管外径，a 为圆柱管内径。

将径向位移 u_θ 表达式代入弹性圆柱管的运动方程式(8.54)，得到：

$$\frac{d^2 f(z)}{dz^2} + \frac{\rho}{\mu}\omega^2 f(z) = 0 \tag{8.58}$$

求式(8.58)的解，并代入边界条件式(8.55)，整理得到：

$$f(z) = \frac{\Omega M_0}{I\rho\omega^2 h}\left[\sin\left(\frac{\Omega z}{h}\right) - \tan\Omega\cos\left(\frac{\Omega z}{h}\right)\right] \tag{8.59}$$

其中，$\Omega=\omega h\sqrt{\dfrac{\rho}{\mu}}$。

$z=0$ 端扭矩 M 与扭转角 $\dfrac{u_\theta}{r}=f(z)\mathrm{e}^{\mathrm{i}\omega t}$ 之比为：

$$\frac{M(z,t)}{f(z)\mathrm{e}^{\mathrm{i}\omega t}}=-\frac{\mu I}{h}\frac{\Omega}{\tan\Omega} \tag{8.60}$$

不计惯性力时，$\rho\to0$，$\dfrac{\Omega}{\tan\Omega}\to1$，用黏弹性复剪切模量 $\mu(\mathbf{i}\omega)$，则 $z=0$ 端扭矩 M 与扭转角比可表示为：

$$\frac{M(z,t)}{f(z)\mathrm{e}^{\mathrm{i}\omega t}}=-\mu(\mathbf{i}\omega)\frac{I}{h} \tag{8.61}$$

沥青黏度的圆盘试验就是圆柱管扭转问题。在给定的力偶矩 $M_0e^{\mathrm{i}\omega t}$ 作用下，测量 $z=0$ 处的扭转幅度和滞后角，从而获得沥青材料的复剪切模量 $\mu(\mathbf{i}\omega)$ 的数值。

8.8 分离变量法在求解黏弹性地基上梁、板的应用

通过两个例子说明分离变量法求解黏弹性地基上梁、板问题的步骤和要点。

[例 8.3] 开尔文地基上有限长简支梁中点突受集中力的挠度方程。

该问题的微分方程以及初、边条件可表示为：

$$\left.\begin{aligned}&D\frac{\partial^4 w}{\partial x^4}=\frac{P}{2}\delta(x)H(t)-kw(x)-\eta\frac{\partial w}{\partial t}\\&w|_{t=0}=0\\&w|_{x=\pm\frac{L}{2}}=\frac{\partial^2 w}{\partial^2 x}\Big|_{x=\pm\frac{L}{2}}=0\end{aligned}\right\} \tag{8.62}$$

先求解本问题的齐次解 $\overline{w}$，作分离变量 $\overline{w}=W(x)T(t)$，代入式(8.62)整理得到一组相互独立的常微分方程组：

$$\left.\begin{aligned}&\frac{\partial T}{\partial t}=-\frac{c^2}{\eta}T(t)\\&\frac{\mathrm{d}^4W}{\mathrm{d}x^4}=\left(\frac{c^2-k}{D}\right)W\end{aligned}\right\} \tag{a}$$

式中：c——待定常数。

解方程组(a)，并代入对称 x 轴原点条件，得到：

$$T=A\mathrm{e}^{-\frac{c^2}{\eta}t} \tag{b-1}$$

$$W=\begin{cases}A_1\cosh\alpha x+A_2\cos\beta x & c^2>k\\B_1\sinh\alpha x\sin\alpha x+B_2\cosh\alpha x\cos\alpha x & c^2<k\end{cases} \tag{b-2}$$

其中，$\alpha=\sqrt[4]{\dfrac{k-c^2}{4D}}$，$\beta=\sqrt[4]{\dfrac{c^2-k}{D}}$；$A_1$、$A_2$、$B_1$、$B_2$ 为与边界条件有关的系数。

代入梁端边界条件，得到两组关于 A_1、A_2 和 B_1、B_2 线性方程组：

$$\left.\begin{aligned}A_1\cosh\frac{\beta L}{2}+A_2\cos\frac{\beta L}{2}&=0\\A_1\cosh\frac{\beta L}{2}-A_2\cos\frac{\beta L}{2}&=0\end{aligned}\right\}\tag{c-1}$$

$$\left.\begin{aligned}B_1\sinh\frac{\alpha L}{2}\sin\frac{\alpha L}{2}+\frac{\alpha L}{2}\cosh\frac{\alpha L}{2}\cos\frac{\alpha L}{2}&=0\\B_1\cosh\frac{\alpha L}{2}\cos\frac{\alpha L}{2}-\frac{\alpha L}{2}\sinh\frac{\alpha L}{2}\sin\frac{\alpha L}{2}&=0\end{aligned}\right\}\tag{c-2}$$

线性方程组式(c-2)无零解。线性方程组式(8.62)的非零解为:$A_1=0,\cos\frac{\beta L}{2}=0$。由此得到特征值:

$$\beta_n=\frac{(2n+1)\pi}{L}\quad n=1,2,\cdots$$

问题的齐次解可表示为:

$$\bar{w}=\sum_{n=1}^{\infty}A_n\cos\left(\omega_n\frac{x}{l}\right)\mathrm{e}^{-\frac{k}{\eta}(4\omega_n^4+1)t}\tag{d}$$

其中,$\omega_n=\dfrac{\pi(2n+1)}{\beta L},\dfrac{c^2}{\eta}=\dfrac{k}{\eta}(4\omega_n^4+1),l\sqrt[4]{\dfrac{4D}{k}}$。

问题的特解表示为:

$$\tilde{w}=\sum_{n=1}^{\infty}q_n(t)\cos\left(\omega_n\frac{x}{l}\right)\tag{e}$$

将式(e)代入式(8.62)中的微分方程,得到:

$$\sum_{n=1}^{\infty}\left\{(4\omega_n^4+1)q_n(t)+\frac{\eta}{k}\frac{\mathrm{d}q_n(t)}{\mathrm{d}t}\right\}\cos\left(\omega_n\frac{x}{l}\right)=\frac{P}{2k}\delta(x)H(t)\tag{f}$$

对式(f)乘上特征函数$\cos\left(\omega_n\frac{x}{l}\right)$并对板长积分,且利用特征函数的正交性,得到:

$$q_n(t)=\frac{P}{kL}\frac{H(t)}{4\omega_n^4+1}$$

由此得到通解:

$$w=\bar{w}+\tilde{w}=\sum_{n=1}^{\infty}\left(A_n\mathrm{e}^{-\frac{k}{\eta}(4\omega_n^4+1)t}+\frac{P}{kL}\frac{H(t)}{4\omega_n^4+1}\right)\cos\left(\omega_n\frac{x}{l}\right)\tag{g}$$

代入初始条件$w|_{t=0}=0$,得到待定常数A_n:

$$A_n=-\frac{P}{kL(4\omega_n^4+1)}$$

开尔文地基上有限长简支梁中点突受集中力作用的解为:

$$w(x,t)=\frac{P}{kL}\sum_{n=1}^{\infty}\left(\frac{1-\mathrm{e}^{-\frac{k}{\eta}(4\omega_n^4+1)t}}{4\omega_n^4+1}\right)\cos\left(\omega_n\frac{x}{l}\right)\tag{8.63}$$

梁中点的挠度w_0与弯矩M_0为:

$$\left.\begin{aligned}w_0&=\frac{P}{2Kl}\varphi_{\mathrm{w0}}\\M_0&=\frac{Pl}{4}\varphi_{\mathrm{M_0}}\end{aligned}\right\}$$

$$\left.\begin{aligned}\varphi_{w_0} &= \frac{2}{L}\sum_{n=0}^{\infty}\frac{1-e^{-\frac{k}{\eta}(4\omega_n^4+1)t}}{4\omega_n^4+1}\\ \varphi_{M_0} &= \frac{4}{L}\sum_{n=0}^{\infty}\frac{1-e^{-\frac{k}{\eta}(4\omega_n^4+1)t}}{4\omega_n^4+1}\omega_n^2\end{aligned}\right\}\tag{h}$$

式中：$\varphi_{\omega 0}$、φ_{M0}——板中点挠度系数、弯矩系数。

若采用地基松弛模量法来求解此问题，则梁中点挠度系数 $\tilde{\phi}_{w_0}$ 与弯矩系数 $\tilde{\phi}_{M_0}$ 为：

$$\begin{aligned}\tilde{\varphi}_{\bar{w}_0} &= \frac{1}{2}(1-e^{-\frac{k}{\eta}t})^{-\frac{5}{4}}\left(\frac{e^{4\tilde{\rho}}-2\sin(2\tilde{\rho})\,e^{2\tilde{\rho}}-1}{e^{4\tilde{\rho}}+2\cos(2\tilde{\rho})\,e^{2\tilde{\rho}}+1}\right)\\ \tilde{\varphi}_{\bar{M}_0} &= \frac{1}{2}(1-e^{-\frac{k}{\eta}t})^{-\frac{1}{4}}\left(\frac{e^{4\tilde{\rho}}+2\sin(2\tilde{\rho})\,e^{2\tilde{\rho}}-1}{e^{4\tilde{\rho}}+2\cos(2\tilde{\rho})\,e^{2\tilde{\rho}}+1}\right)\end{aligned}\tag{i}$$

其中，$\tilde{k}=\dfrac{k}{1-e^{-\frac{k}{\eta}t}}$，$\tilde{\beta}=\dfrac{\beta}{\sqrt[4]{1-e^{-\frac{k}{\eta}t}}}$，$\tilde{\rho}=\dfrac{\tilde{\beta}L}{2}$。

图8.8给出了梁中点挠度、弯矩的松弛模量 k 近似解 $\varphi_{\omega 0}$、φ_{M0} 与精确解 $\tilde{\varphi}_{w_0}$、$\tilde{\varphi}_{M_0}$ 的随时间 t 的变化曲线。从图8.8可以看到，松弛模量近似法的挠度解 $\tilde{w}_0$ 精度较高；对于松弛模量近似法的弯矩解 $\tilde{M}_0$ 计算结果在 $t<1.5\eta/k$ 时稍偏大。在精度要求不高的情况下，开尔文地基梁突加荷载的问题，可以采用松弛模量近似法进行求解。

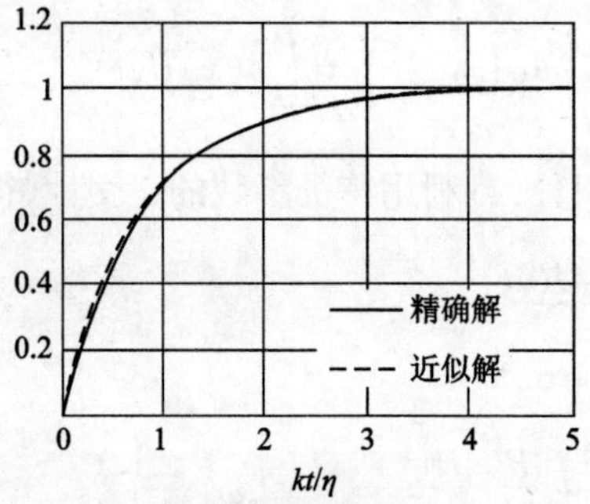

a) 梁中点挠度

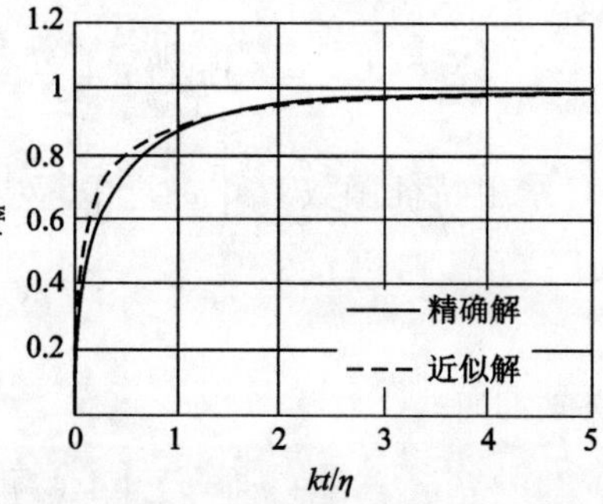

b) 梁中点弯矩

图8.8 松弛模量近以解的偏差

[例8.4] 开尔文地基上圆形薄板中点突受轴对称荷载的挠曲方程。

开尔文地基上圆形薄板的微分方程为：

$$D\nabla^4 w(r,t)+kw(r,t)=-\eta\frac{\partial w(r,t)}{\partial t}+P(r)H(t)\tag{8.64}$$

先求齐次解 $\bar{w}$，作分离变量 $\bar{w}(r,t)=W(r)T(t)$，代入式(8.64)整理得到一组相互独立的常微分方程组：

$$\left.\begin{aligned}\frac{dT(t)}{dt} &= -\frac{c^2}{\eta}T(t)\\ \nabla^4 W(r)-\left(\frac{c^2-k}{D}\right)W(r) &= 0\end{aligned}\right\}\tag{a}$$

解式(a)得到：

$$T = Be^{-\frac{c^2}{\eta}t} \tag{b-1}$$

$$W = \begin{cases} A_1 J_0(\alpha r) + A_2 Y_0(\alpha r) + A_3 I_0(\alpha r) + A_4 K_0(\alpha r) & c^2 > k \\ B_1 \mathrm{ber}(\alpha r) + B_2 \mathrm{bei}(\alpha r) + B_3 \mathrm{ker}(\alpha r) + B_4 \mathrm{kei}(\alpha r) & c^2 < k \end{cases} \tag{b-2}$$

其中，$\alpha = \sqrt[4]{\frac{c^2 - k}{D}}$。

式(b-2)中 $c^2 < k$ 无非零解；$c^2 > k$ 时，$x \to 0$，$Y_0(x) \to \infty$，$K_0(x) \to \infty$，当板中无孔时，$A_2 = A_4 = 0$。根据圆板外边缘($r = R_a$)的边界条件，建立包含待定常数 A_1、A_3和 c^2的线性方程组，由非零解条件确定一系列 c_n^2，$n = 1,2,3\cdots$，及 A_1与 A_3之比 λ。例如，圆板外边缘简支时，振型函数代入边界条件，并据非零解条件，得到求解板固有频率方程和 A_1与 A_3之比 λ_{13}如下：

$$\left[-J_0(\phi) + (1-v)\frac{J_1(\phi)}{\phi}\right] + \lambda\left[I_0(\phi) - (1-v)\frac{I_1(\phi)}{\phi}\right] = 0$$

$$\lambda = -\frac{J_0(\phi)}{I_0(\phi)} = \frac{A_3}{A_1} \tag{c}$$

其中，$\phi = \alpha R_a$。

式(m)可求得一系列的 ϕ_n 和 λ_n，$n = 1,2,3,\cdots$；其中前 10 个列于表 8.7。对应于 ϕ_n 的 α_n，c_n^2：

$$\alpha_n = \frac{\phi_n}{R_a}, c_n^2 = k + D\alpha_n^2 \tag{d}$$

简支圆板的振动特征值($v = 0.15$)　　表 8.7

n	1	2	3	4	5	6	7	8	9	10
ϕ_n	2.168	5.435	8.602	11.754	14.902	18.047	21.191	24.335	27.478	30.621
λ_n	-5.0×10^{-2}	7.2×10^{-4}	-1.9×10^{-5}	5.8×10^{-7}	-2.0×10^{-8}	7.0×10^{-10}	-2.5×10^{-11}	9.6×10^{-13}	-3.6×10^{-14}	1.4×10^{-15}

齐次解则为：

$$\overline{w}(r,t) = \sum_{n=0}^{\infty} A_n[J_0(\alpha_n r) + \lambda_n I_0(\alpha_n r)]e^{-\frac{D\alpha_n^4 + k}{\eta}t} \tag{e}$$

再解问题的特解 $\tilde{w}(r,t)$，它表示为：

$$\tilde{w}(r,t) = \sum_{n=0}^{\infty} q_n(t)[J_0(\alpha_n r) + \lambda_n I_0(\alpha_n r)] \tag{f}$$

将式(f)代入式(8.64)，则得到：

$$\sum_{n=0}^{\infty}\{(D\alpha_n^4 + k)q_n + \eta q'_n\}[J_0(\alpha_n r) + \lambda_n I_0(\alpha_n r)] = P(r)H(t) \tag{g}$$

将 $P(r)$展开正交的特征函数$[J_0(\alpha_n r) + \lambda_n I_0(\alpha_n r)]$：

$$\left.\begin{aligned} P(r) &= \sum_{n=0}^{\infty} p_n[J_0(\alpha_n r) + \lambda_n I_0(\alpha_n r)] \\ p_n &= \frac{1}{M_n}\int^{R_a} P(r)[J_0(\alpha_n r) + \lambda_n I_0(\alpha_n r)]r\mathrm{d}r \end{aligned}\right\} \tag{h}$$

其中，$M_n = \int_0^{R_a}[J_0(\alpha_n r) + \lambda_n I_0(\alpha_n r)]^2 r\mathrm{d}r = \frac{R_a^2}{2}[J_1(\phi_n) + \lambda_n I_1(\phi_n)]^2$。

式(g)中的 q_n 的解为：

$$q_n = \frac{p_n}{D\alpha_n^4 + k}\left(1 - e^{-\frac{(D\alpha_n^4+k)}{\eta}t}\right) \tag{i}$$

合并齐次解和特解，代入初始条件 $w(x,0)=0$，则得到开尔文地基上圆形薄板中点突受轴对称荷载的挠曲方程的解：

$$\overline{w}(r,t) = \sum_{n=0}^{\infty}\frac{p_n}{D\alpha_n^4 + k}\left(1 - e^{-\frac{(D\alpha_n^4+k)}{\eta}t}\right)[J_0(\alpha_n r) + \lambda_n I_0(\alpha_n r)] \tag{8.65}$$

对于无限大板($R_a\to\infty$)，α_n 由间断变为连续，$\lambda_n\to 0$，则上式改写为：

$$p_n \overset{r=R_a t}{=} \lim_{R_a\to\infty}\frac{2}{[J_1(\varphi_n)]^2}\int_0^1 P(R_a t)J_0(\varphi_n t)t\mathrm{d}t$$

$$\lim_{n\to\infty}\varphi_n = \left(n + \frac{1}{2}\right)\pi$$

$$w(r,t) = \frac{1}{lk}\int_0^{\infty}\frac{p}{u^4+1}\left(1 - e^{-\frac{k}{\eta}(u^4+1)t}\right)J_0(\rho u)\mathrm{d}u$$

其中，$u=\alpha l$，$\rho = r/l$。

8.9 准静态解的应用

从第3章可知，弹性半空间体在竖向和水平圆形均布荷载作用下，应力和位移可统一表示为：

$$\left.\begin{aligned} S_i &= \overline{S}_i + \nu\widetilde{S}_i \\ u_i &= \frac{1}{\mu}(\overline{u}_i + \nu\widetilde{u}_i) \end{aligned}\right\} \tag{8.66}$$

式(8.66)中的 $\overline{S}_i,\widetilde{S}_i,\overline{u}_i,\widetilde{u}_i$ 均与材料弹性常数无关，例如，竖向轴对称问题时有：

$$\overline{\sigma}_r = -\int_0^{\infty}\xi(1-\xi z)e^{-\xi z}\overline{q}(\xi)J_0(\xi r)\mathrm{d}\xi + \frac{1}{r}\overline{U} \qquad \widetilde{\sigma}_r = \frac{1}{r}\widetilde{U}$$

$$\overline{\sigma}_\theta = -\frac{1}{r}\overline{U} \qquad \widetilde{\sigma}_\theta = -2\int_0^{\infty}\xi e^{-\xi z}\overline{q}(\xi)J_0(\xi r)\mathrm{d}\xi - \frac{1}{r}\widetilde{U}$$

$$\overline{\sigma}_z = -\int_0^{\infty}\xi(1+\xi z)e^{-\xi z}\overline{q}(\xi)J_0(\xi r)\mathrm{d}\xi \qquad \widetilde{\sigma}_z = 0$$

$$\overline{\tau}_{rz} = -\int_0^{\infty}\xi^2 z e^{-\xi z}\overline{q}(\xi)J_1(\xi r)\mathrm{d}\xi \qquad \widetilde{\tau}_{rz} = 0$$

$$\overline{u}_r = -\frac{\overline{U}}{2} \qquad \widetilde{u}_r = -\frac{\widetilde{U}}{2}$$

$$\overline{w} = \int_0^{\infty}\left(1 + \frac{\xi z}{2}\right)e^{-\xi z}\overline{q}(\xi)J_0(\xi r)\mathrm{d}\xi \qquad \widetilde{w} = -\int_0^{\infty}e^{-\xi z}\overline{q}(\xi)J_0(\xi r)\mathrm{d}\xi$$

其中，$\overline{U}=\int_0^\infty(1-\xi z)\mathrm{e}^{-\xi z}\overline{q}(\xi)\mathrm{J}_1(\xi r)\mathrm{d}\xi$，$\widetilde{U}=-2\int_0^\infty \mathrm{e}^{-\xi z}\overline{q}(\xi)\mathrm{J}_1(\xi r)\mathrm{d}\xi$。

集中力 P 作用时，上式可简化为：

$$\overline{\sigma}_r=\frac{P}{2\pi R^2}\left(\frac{R}{R+z}-\frac{3r^2z}{R^3}\right)$$

$$\overline{\sigma}_\theta=\frac{P}{2\pi R^2}\left(\frac{z}{R}-\frac{R}{R+z}\right)$$

$$\overline{\sigma}_z=-\frac{3Pz^3}{2\pi R^5}$$

$$\overline{\tau}_{zr}=-\frac{3Prz^2}{2\pi R^5}$$

$$\overline{u}_r=\frac{P}{4\pi R}\left(\frac{rz}{R^2}-\frac{r}{R+z}\right)$$

$$\widetilde{w}=\frac{P}{4\pi R}\left(2-\frac{z^2}{R^2}\right)$$

$$\widetilde{\sigma}_r=\frac{-P}{\pi R(R+z)}$$

$$\widetilde{\sigma}_\theta=-\frac{P}{\pi R^2}\left[\frac{z}{R}-\frac{R}{R+z}\right]$$

$$\widetilde{\sigma}_z=0$$

$$\widetilde{\tau}_{zr}=0$$

$$\widetilde{u}_r=\frac{Pr}{2\pi R(R+z)}$$

$$\widetilde{w}=-\frac{P}{2\pi R}$$

从上式中的 $\widetilde{\sigma}_z=\widetilde{\tau}_{rz}=0$ 可知，竖向轴对称荷载作用下的黏弹性半空体的竖向压应力 σ_z 和剪应力 τ_{zr} 与材料的黏性无关，而其他结构响应均与材料黏性相关。材料弹性参数 ν、$1/\mu$ 和 ν/μ 换变为黏弹性参数 $\hat{\nu}$，$1/\hat{\mu}$，$\hat{\nu}/\hat{\mu}$ 可分为下列两种情况：

1）剪切变形具有黏性，体积变化弹性

麦氏、开氏等模型的泊松比、剪切模量倒数的黏弹性参数 $\hat{\nu}$，$1/\hat{\mu}$ 均可表示：

$$\hat{x}=c_1+\frac{c_2}{c_3+s}\tag{8.67}$$

式中：c_1、c_2、c_3——与黏弹性系数有关参数，如表 8.8 所示。

$\hat{\nu}$，$1/\hat{\mu}$ 的参数 c_1、c_2、c_3 表 8.8

参数		c_1	c_2	c_3
$\hat{\nu}$	麦氏模型	$\frac{3K-2\mu_m}{2(3K+\mu_m)}$	$\frac{9K\mu_m^2}{2\eta_m(3K+\mu_m)^2}$	$\frac{3K\mu_m}{\eta_m(3K+\mu_m)}$
	开氏模型	-1	$\frac{9K_k}{2\eta_k}$	$\frac{3K+\mu_k}{\eta_k}$
$\frac{1}{\hat{\mu}}$	麦氏模型	$\frac{1}{\mu_m}$	$\frac{1}{\eta_m}$	0
	开氏模型	0	$\frac{1}{\eta_k}$	$\frac{\mu_k}{\eta_k}$

泊松比、剪切模量倒数的黏弹性参数之积 $\hat{\nu}/\hat{\mu}$ 可表示为：

$$\frac{\hat{\nu}}{\hat{\mu}}=b_1+\frac{b_2}{(c_{3\nu}+s)}+\frac{b_3}{(c_{3G}+s)}\tag{8.68}$$

其中，$b_1=c_{1\nu}c_{1G}$；$b_2=c_{2G}\left(c_{1\nu}+\dfrac{c_{2\nu}}{c_{3G}-c_{3\nu}}\right)$，$b_3=c_{2\nu}\left(c_{1G}-\dfrac{c_{2G}}{c_{3G}-c_{3\nu}}\right)$；$c_{1\nu}$，$c_{2\nu}$，$c_{3\nu}$为表 8.8 中 $\hat{\nu}$ 的对应项；c_{1G}，c_{2G}，c_{3G}为表 8.8 中 $1/\hat{\mu}$ 的对应项。

2)泊松比为常数

麦氏、开氏等模型的黏弹性参数 $1/\hat{\mu}$ 如表 8.8 所示。

对于突加荷载 $P(r)\mathrm{H}(t)$的，只需求解拉普拉斯逆变换$\mathscr{L}^{-1}\left[\dfrac{\hat{\nu}}{s}\right]$、$\mathscr{L}^{-1}\left[\dfrac{1}{\hat{\mu}s}\right]$、$\mathscr{L}^{-1}\left[\dfrac{\hat{\nu}}{\hat{\mu}s}\right]$。

$$\mathscr{L}^{-1}\left[\frac{c_1}{s}+\frac{c_2}{(c_3+s)s}\right]=c_1\mathrm{H}(t)+\frac{c_2}{c_3}(1-e^{-c_3t})$$

$$\mathscr{L}^{-1}\left[b_1+\frac{b_2}{(c_{3\nu}+s)}+\frac{b_3}{(c_{3G}+s)}\right]=b_1\mathrm{H}(t)+\frac{b_2}{c_{3\nu}}(1-e^{-c_{3\nu}t})+\frac{b_3}{c_{3G}}(1-e^{-c_{3G}t})$$

半空间体黏弹性解则为：

$$S_i=\bar{S}_i+\mathscr{L}^{-1}\left[\frac{\hat{\nu}}{s}\right]\tilde{S}_i,u_i=\mathscr{L}^{-1}\left[\frac{1}{\hat{\mu}s}\right]\bar{\mu i}+\mathscr{L}^{-1}\left[\frac{\hat{\nu}}{\hat{\mu}s}\right]\tilde{\mu i} \tag{8.69}$$

层状体系的黏弹性问题可按上述方法求解。用准静态法求黏弹性地基上梁、板的弯曲问题不太简便，因为地基梁相对柔度β、板相对刚度半径 l 中均包含了材料弹性常数。例如，弹性地基上无限长梁上作用集中力的挠度方程为：

$$w(x)=\frac{P\beta}{2k}\mathrm{e}^{-\beta x}(\sin\beta x+\cos\beta x)$$

突加荷载 $P\mathrm{H}(t)$的黏弹性地基梁的解为；

$$w(x)=\frac{P}{2}\mathscr{L}^{-1}\left[\frac{\lambda\beta}{ks}\mathrm{e}^{-\lambda\beta x}[\sin(\lambda\beta x)+\cos(\lambda\beta x)]\right]$$

其中，λ 为地基梁相对柔度 β 对应的黏弹性参数 $\hat{\beta}$ 之比，$\lambda=\hat{\beta}/\beta$，麦氏模型地基：$\lambda=\sqrt[4]{\dfrac{s}{k/\eta+s}}$，开氏模型地基：$\lambda=\sqrt[4]{1+\dfrac{\eta s}{k}}$。

对于无限大地基板的轴对称问题，无限大地基板挠度方程可表示：

$$w(r)=\frac{l^2}{D}\int_0^\infty F(t)\bar{q}\left(\frac{a}{l}t\right)\mathrm{J}_0\left(\frac{r}{l}t\right)\mathrm{d}t$$

式中：$F(t)$——与板理论与地基模型有关，见第四章；

$\bar{q}$——轴对称荷载的零阶汉克尔变换结果。

用$\hat{l}=\dfrac{l}{\lambda}$代替 l，突加荷载 $P\mathrm{H}(t)$的黏弹性地基板解则为：

$$w(r)=\frac{l^2}{D}\int_0^\infty\mathscr{L}^{-1}\left[\frac{1}{\lambda^2s}\bar{q}\left(\frac{a}{l}\lambda t\right)J_0\left(\frac{r}{l}\lambda t\right)\right]F(t)\,\mathrm{d}t \tag{8.70}$$

[例 8.5] 求开尔文地基上无限大薄板在集中力下的挠度方程。

弹性地基上无限大薄板在集中力下的挠度方程为：

$$w = \frac{P}{2\pi k}\int_0^{\infty} \frac{\xi J_0(r\xi)}{1 + l^4\xi^4} d\xi$$

开尔文地基上无限大薄板在集中力下的挠度方程则为：

$$w = \frac{P}{2\pi}\int_0^{\infty} \mathscr{L}^{-1}\left[\frac{1}{(\eta s + k + D\xi^4)s}\right]\xi J_0(r\xi)\,d\xi = \frac{P}{2\pi k l^2}\int_0^{\infty} \frac{t}{(1 + t^4)}\left(1 - e^{-\frac{k}{\eta}(1+t^4)\tau}\right) J_0(\rho t)\,dt \tag{8.71}$$

9 塑性理论及应用

9.1 塑性力学基本概念

9.1.1 单向拉伸的应力—应变关系[83]

低碳钢某些低合金钢等材料的单向拉伸实验的典型应力—应变曲线如图9.1a)所示;中碳钢、铸铁和等高强度合金钢的单向拉伸实验的典型应力—应变曲线如图9.2b)所示;混凝土、岩石等材料的单向拉伸实验的典型应力—应变曲线如图9.1c)所示。

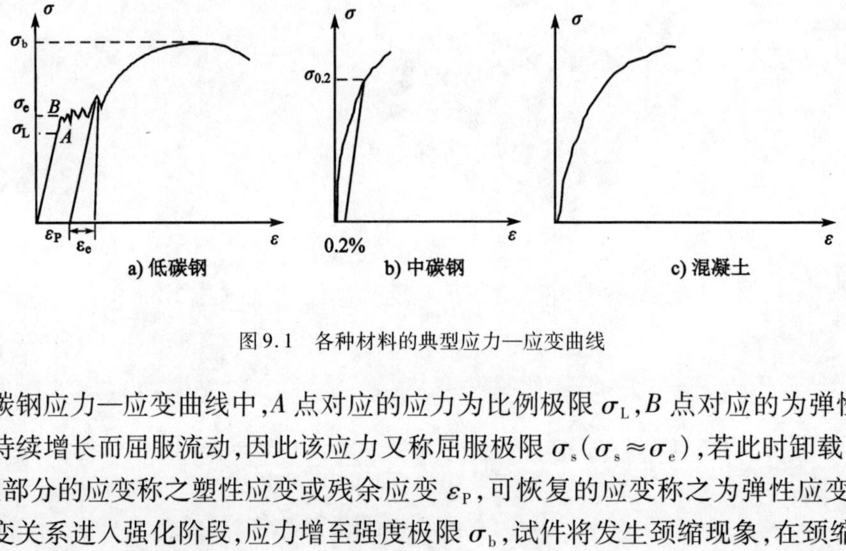

图9.1 各种材料的典型应力—应变曲线

在低碳钢应力—应变曲线中,A点对应的应力为比例极限σ_L,B点对应的为弹性极限σ_e,之后应变持续增长而屈服流动,因此该应力又称屈服极限σ_s($\sigma_s \approx \sigma_e$),若此时卸载,应变不恢复至零,这部分的应变称之塑性应变或残余应变ε_P,可恢复的应变称之为弹性应变ε_e。之后应力—应变关系进入强化阶段,应力增至强度极限σ_b,试件将发生颈缩现象,在颈缩部分的真实应力仍在增长,直至破坏。

中碳钢应力—应变关系没有明显屈服阶段,规定具有0.2%的残余应变对应的应力为条件屈服极限($\sigma_{0.2}$),或割线模量$E_s = 0.7E$(初始模量)所对应的应力为条件屈服极限σ_e。

混凝土、岩石等非金属材料大多为脆性材料,应变很小时试件即发生断裂,拉伸和压缩强度差异很大,抗拉强度只有抗压强度的1/5~1/10。随着围压增大,材料脆性减弱,韧性逐渐呈现。

9.1.2 应力—应变的简化模型[84]

(1)理想弹塑性模型[图9.2a)]

理想弹塑性模型如图9.2a)所示,应力—应变关系方程为:

$$\sigma = \begin{cases} E\varepsilon & \varepsilon \leqslant \varepsilon_e \\ \sigma_0 = E\varepsilon_e & \varepsilon > \varepsilon_e \end{cases} \tag{9.1}$$

(2)理想刚塑性模型

如图9.2b)所示,将理想弹塑性模型中的弹性变形忽略不计,其应力—应变关系方程为:

$$\varepsilon = \begin{cases} 0 & \sigma < \sigma_y \\ \text{任意} & \sigma = \sigma_y \end{cases} \tag{9.2}$$

(3)线性强化弹塑性模型

采用两段折线描述 $\sigma \sim \varepsilon$ 曲线,如图9.2c)所示。应力—应变关系方程为:

$$\sigma = \begin{cases} E\varepsilon & \varepsilon \leqslant \varepsilon_e \\ \sigma_s + E_1(\varepsilon - \varepsilon_e) & \varepsilon > \varepsilon_e \end{cases} \tag{9.3}$$

式(9.3)中,$E_1 = 0$ 退化为理想弹塑性模型;$E_1 = 0$ 且 $\varepsilon_e = 0$ 则退化为刚塑性模型。

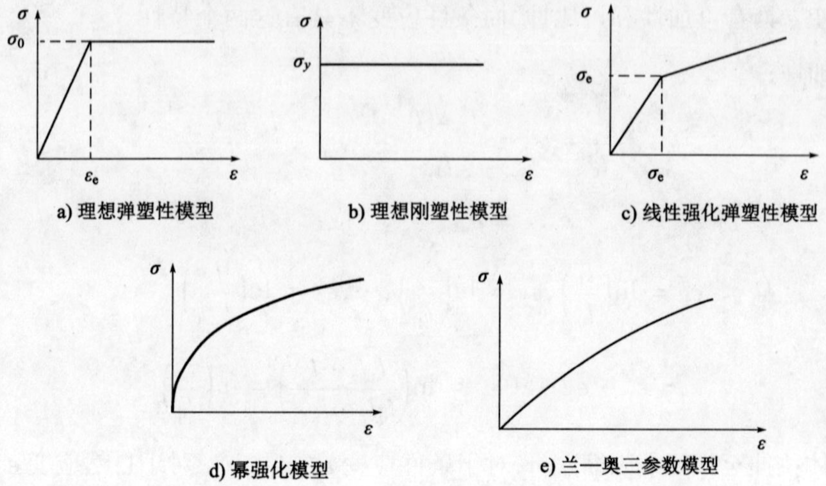

图9.2 应力—应变的简化模型

(4)幂强化模型[图9.2d)]

幂强化模型的应力—应变关系式为:

$$\sigma = A\varepsilon^n \tag{9.4}$$

式中:n——强度等级,$0 \leqslant n \leqslant 1$,$n = 0$ 为刚塑性模型,$n = 1$ 为弹性模型。

该模型的初始模量趋于无穷大,与实际情况不符,其优点是统一式,而前三个模型的应力—应变关系需用不同解析式表示。

(5)兰—奥三参数模型[图9.2e)]

它是幂强化模型的改进型,其应力—应变关系方程为:

$$\varepsilon = \frac{\sigma}{E}\left[1 + \left(\frac{\sigma}{\sigma_y}\right)^m\right] \qquad m > 1 \tag{9.5}$$

当 $\sigma \ll \sigma_y$ 时,上式括号内的第二项可以忽略不计,为弹性阶段。当 σ 较大时,第一项可忽略,接近幂强化规律。

卸载时,可认为应力—应变之间成线性关系,其斜率与杨氏模量相同。

9.1.3 自然应变与真实应力

自然应变 ϵ 又称之为对数应变,或称之为可变应变,它定义为:

$$\epsilon = \ln\left(\frac{l}{l_0}\right) \tag{9.6}$$

自然应变 ϵ 与常用条件应变 ε 的关系为:

$$\epsilon = \ln\left(\frac{l}{l_0}\right) = \ln\left(\frac{l_0 + \Delta l}{l_0}\right) = \ln(1 + \varepsilon) = \varepsilon - \frac{\varepsilon^2}{2} + \frac{\varepsilon^3}{3} - \frac{\varepsilon^4}{4} + \cdots \tag{9.7}$$

自然应变 ϵ 具有可加性和可比性,而条件应变不具有这两个特性。

对于可加性:

$$\varepsilon_1 = \frac{l_1 - l_0}{l_0}, \varepsilon_2 = \frac{l_2 - l_1}{l_1}, \cdots, \varepsilon_n = \frac{l_n - l_{n-1}}{l_{n-1}}$$

$$\varepsilon_1 \neq \varepsilon_1 + \varepsilon_2 + \cdots \varepsilon_n$$

$$\epsilon_1 = \ln\left(\frac{l_1}{l_0}\right), \epsilon_2 = \ln\left(\frac{l_2}{l_1}\right), \cdots, \epsilon_n = \ln\left(\frac{l_n}{l_{n-1}}\right)$$

$$\epsilon = \epsilon_1 + \epsilon_2 + \cdots \epsilon_n = \ln\left(\frac{l_1 l_2 \cdots l_n}{l_0 l_1 \cdots l_{n-1}}\right) = \ln\left(\frac{l_n}{l_0}\right)$$

同一物体拉伸至 al_0,或压缩 l_0/a,对于条件应变 $\varepsilon^+ \neq -\varepsilon^-$,对于自然应变 $\epsilon^+ = -\epsilon^-$。

$$\varepsilon^+ = \frac{al_0 - l_0}{l_0} = a - 1$$

$$\varepsilon^- = \frac{l_0/a - l_0}{l_0} = \frac{1}{a} - 1$$

$$\epsilon^+ = \ln\left(\frac{al_0}{l_0}\right) = \ln a$$

$$\epsilon^- = \ln\left(\frac{l_0}{al_0}\right) = -\ln a$$

在低碳钢拉伸试验的应力—应变关系曲线[图 9.1a)]中,应力采用原截面面积 A_0 计算的,它不计试件截面积减小,其应力 σ 称之为名义应力或条件应力。当塑性变形较大时,不计试件截面积减小会误差过大。计入截面积变化的真实应力 σ_T 可表示为:

$$\sigma_T = \frac{P}{A} \tag{9.8}$$

在塑性阶段，体积变形很小，真实应力 σ_T 与名义应力 σ 的关系为：

$$\left.\begin{aligned}\sigma_T &= \sigma(1+\varepsilon)\\ \frac{d\sigma_T}{d\varepsilon} &= (1+\varepsilon)\frac{d\sigma}{d\varepsilon}+\sigma\end{aligned}\right\}\tag{9.9}$$

如用截面收缩率 $\psi = 1+\dfrac{A}{A_0}$ 表示，真实应力 $\sigma_T = \dfrac{\sigma}{1-\psi}$。

9.1.4 罗地参数与强度

弹性力学中应力—应变关系的张量表达式：

$$\sigma_{ij} = \sigma_0\delta_{ij} + S_{ij}\tag{9.10}$$

其中，$\sigma_0 = \dfrac{1}{3}(\sigma_1+\sigma_2+\sigma_3) = \dfrac{I_1}{3}$，又称为平均应力。

图 9.3 表示一点应力状态的三维应力圆。过该点的任意斜截面上的应力均可由阴影区（两个小圆之外、大圆之内）内一点的坐标来表示。

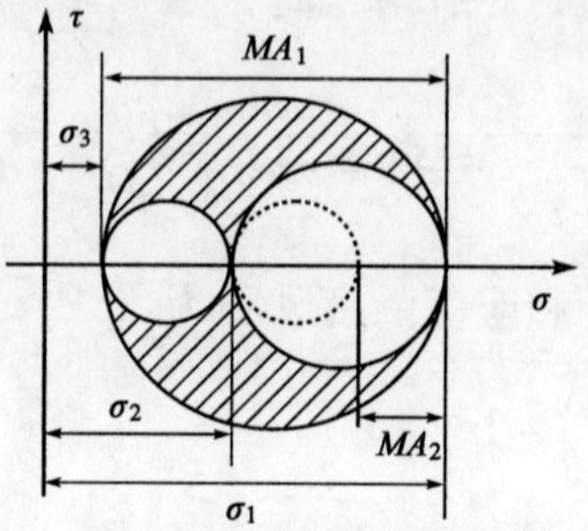

图 9.3 三维应力圆

平均应力以大圆为圆心，三个应力圆与横坐标交点的值正好是应力偏差的三个主值：

$$\left.\begin{aligned}S_1 &= \sigma_1 - \sigma_0\\ S_2 &= \sigma_2 - \sigma_0\\ S_3 &= \sigma_3 - \sigma_0\end{aligned}\right\}\tag{9.11}$$

对材料塑性变形起作用的是应力圆的大小及形状，而与应力圆位移无关，为此，罗地引入了一个表征应力圆形状的参数（罗地参数）μ_σ，它定义为：

$$\mu_\sigma = \frac{2\sigma_2-\sigma_1-\sigma_3}{\sigma_1-\sigma_3} = 2\left(\frac{\sigma_2-\sigma_3}{\sigma_1-\sigma_3}\right)-1\tag{9.12}$$

罗地参数 μ_σ 变化范围在 $-1\sim1$ 之间，在三维应力圆图中，罗地参数 μ_σ 为 MA_2 与 MA_1 之比。几种典型的应力状态的 μ_σ 值如表 9.1。

几种典型的应力状态的μ_σ值[85] 表9.1

罗地参数μ_σ	应力状态	主应力
-1	单向拉伸	$\sigma_1=\sigma,\sigma_2=\sigma_3=0$
1	双向等压	$\sigma_1=\sigma_2=\sigma,\sigma_3=0$
0	纯剪	$\sigma_1=\sigma,\sigma_2=0,\sigma_3=-\sigma$
1	单向压缩	$\sigma_1=\sigma_2=0,\sigma_3=-\sigma$
-1	双向等拉	$\sigma_1=0,\sigma_2=\sigma_3=-\sigma,$

应力偏量的第一不变量$J_1=0$,第二不变量J_2的表达式:

$$J_2=\frac{1}{6}[(\sigma_1-\sigma_2)^2+(\sigma_1-\sigma_3)^2+(\sigma_2-\sigma_3)^2]=\frac{1}{2}S_{ij}\cdot S_{ij}=\frac{1}{2\mu}W_f=\frac{3}{2}\tau_8^2 \tag{9.13}$$

式中:W_f——形状改变应变能密度;

τ_8——八面体上剪应力。

伊留辛定义$\frac{3}{\sqrt{2}}\tau_8$为应力强度,记作$\bar{\sigma}$,即:

$$\bar{\sigma}=\frac{1}{\sqrt{2}}\sqrt{(\sigma_1-\sigma_2)^2+(\sigma_1-\sigma_3)^2+(\sigma_2-\sigma_3)^2} \tag{9.14}$$

对于应变张量,罗地参数μ_ε和应变强度$\bar{\varepsilon}$则为:

$$\left.\begin{aligned}\mu_\varepsilon&=2\left(\frac{\varepsilon_2-\varepsilon_3}{\varepsilon_1-\varepsilon_3}\right)-1\\ \bar{\varepsilon}&=\frac{1}{\sqrt{2}(1+\nu)}\sqrt{(\varepsilon_1-\varepsilon_2)^2+(\varepsilon_1-\varepsilon_3)^2+(\varepsilon_2-\varepsilon_3)^2}\end{aligned}\right\} \tag{9.15}$$

在塑性阶段,体积变形很小,$\nu\approx0.5$,应变强度$\bar{\varepsilon}$则为:

$$\bar{\varepsilon}=\frac{\sqrt{2}}{3}\sqrt{(\varepsilon_1-\varepsilon_2)^2+(\varepsilon_1-\varepsilon_3)^2+(\varepsilon_2-\varepsilon_3)^2} \tag{9.16}$$

对于单向拉伸,$\bar{\sigma}=\sigma_1$,$\bar{\varepsilon}=\varepsilon_1$。

9.2 屈服条件

9.2.1 应力空间和屈服条件

由三个主应力为坐标构成的三维直角坐标系称之为应力空间。应力空间中$\sigma_1+\sigma_2+\sigma_3=C$($C$为常量)构成的平面称之为等倾面,等倾面的法线方程为:$\sigma_1=\sigma_2=\sigma_3$,它与三坐

标的夹角 θ_i 均为 54°44"（$\cos\theta_i = 1/\sqrt{3}$），$C = 0$ 的等倾面称之为 π 平面，见图 9.4。

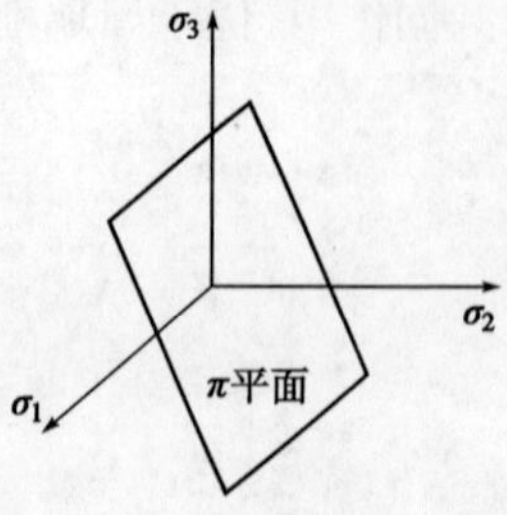

图 9.4　应力空间与 π 平面

在 π 平面上取 xoy 坐标系，令 y 轴与 σ_2 轴投影重合，应力空间任一点在 π 平面投影点的坐标为：

$$\left.\begin{aligned} x &= \frac{\sqrt{2}}{2}(\sigma_1 - \sigma_3) = \frac{\sqrt{2}}{2}(S_1 - S_3) \\ y &= \frac{2\sigma_2 - \sigma_1 - \sigma_3}{\sqrt{6}} = \frac{2S_2 - S_1 - S_3}{\sqrt{6}} \end{aligned}\right\} \tag{9.17}$$

在 π 平面上引入极坐标系（r_π, θ_π）：

$$\left.\begin{aligned} r_\pi &= \sqrt{x^2 + y^2} = \sqrt{2J_2} = \sqrt{3}\tau_0 = \sqrt{\frac{2}{3}}\bar{\sigma} \\ \tan\theta_\pi &= \frac{y}{x} = \frac{1}{\sqrt{3}}\left(\frac{2\sigma_2 - \sigma_1 - \sigma_3}{\sigma_1 - \sigma_3}\right) = \frac{\mu_\sigma}{\sqrt{3}} \end{aligned}\right\} \tag{9.18}$$

材料从弹性变形转为塑性变形的应力状态需满足的条件称为塑性条件或屈服条件，其函数式：

$$f(\sigma_{ij}) = 0 \tag{9.19-1}$$

或

$$f(\sigma_1, \sigma_2, \sigma_3) = 0 \tag{9.19-2}$$

9.2.2　屈瑞斯卡屈服条件

屈瑞斯卡（Tresca）于 1864 年提出最大剪应力屈服准则，后人称之为屈瑞斯卡屈服条件：

$$\left.\begin{aligned} |\sigma_1 - \sigma_2| &= 2\tau_s \\ |\sigma_1 - \sigma_3| &= 2\tau_s \\ |\sigma_3 - \sigma_2| &= 2\tau_s \end{aligned}\right\} \tag{9.20}$$

屈瑞斯卡屈服条件在应力空间中为一个正六面柱体，在 π 平面上为一正六角形，在 $\sigma_3 = 0$ 的 $\sigma_1 \sim \sigma_2$ 平面上为棱形六角形，如图 9.5 所示。

9.2.3　米赛斯屈服条件

米赛斯（Von Mises）于 1913 年提出用 π 平面上的正六角形的外接圆来代替屈瑞斯卡塑性条件。后人称之为米赛斯屈服条件，在应力空间中为一个圆柱体，在 π 平面上为圆形，在 $\sigma_3 = 0$ 的 $\sigma_1 \sim \sigma_2$ 平面上为椭圆，如图 9.5 所示。

米赛斯屈服条件可表示为：

$$J_2 = \frac{1}{6}[(\sigma_1 - \sigma_2)^2 + (\sigma_1 - \sigma_3)^2 + (\sigma_3 - \sigma_2)^2] = k^2 \tag{9.21-1}$$

或

$$2J_2 = \frac{W_f}{\mu} = 3\tau_8^2 = \frac{2}{3}\bar{\sigma}^2 \tag{9.21-2}$$

米赛斯屈服条件称之为畸变能塑性条件或八面体剪应力塑性条件，它考虑到三个主应力的共同作用,优于屈瑞斯卡塑性条件,使用也较为方便。

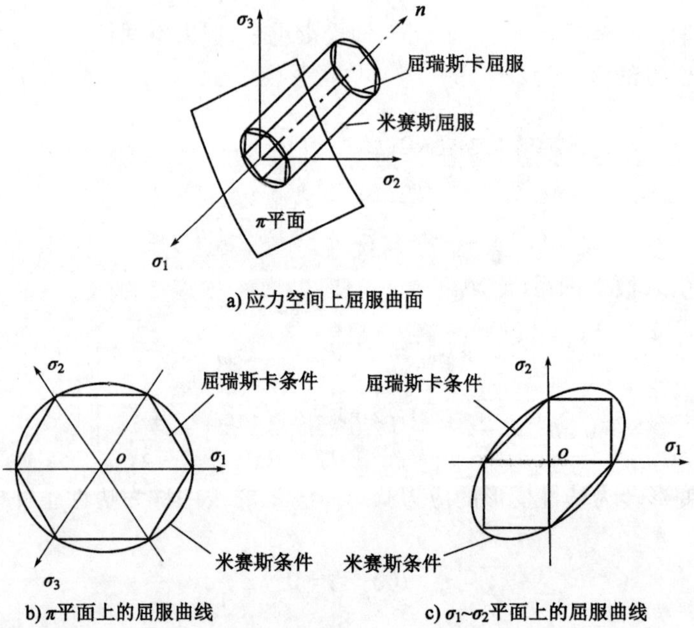

图 9.5　屈瑞斯卡和米赛斯屈服条件

对于岩土材料,结构静水压力(平均正应力)的影响需纳入,式(9.20)改写为:

$$\alpha p + J_2^{1/2} = k \tag{9.22}$$

式中:p——结构平均正应力 $p = \frac{1}{3}(\sigma_1 + \sigma_2 + \sigma_3)$;

α——材料常数。

式(9.22)称之为广义米赛斯屈服条件,当 $\alpha = 0$ 则退化为普通的米赛斯屈服条件。在平面应变条件下,若令:

$$\alpha = \frac{3\tan\varphi}{\sqrt{9 + 12\tan^2\varphi}}$$

$$k = \frac{3c}{\sqrt{9 + 12\tan^2\varphi}}$$

则广义米赛斯屈服条件即简化为库仑屈服条件。

9.2.4　加载与卸载

对于单向拉伸:$d\sigma > 0$ 为加载,$d\sigma < 0$ 为卸载;对于单向压缩:$d\sigma < 0$ 为加载,$d\sigma > 0$ 为卸载。对于复杂应力状态,判断加载或卸载条件为:

加载:

$$\frac{\partial f}{\partial \sigma_{ij}} d\sigma_{ij} > 0 \tag{9.23-1}$$

卸载:

$$\frac{\partial f}{\partial \sigma_{ij}} \mathrm{d}\sigma_{ij} < 0 \qquad (9.23\text{-}2)$$

其中，$f(\sigma_{ij})=0$ 为屈服函数，对于广义米赛斯屈服条件，$f=\alpha p+J_2^{1/2}-k=0$。

加载、卸载的几何图示如图 9.6 所示。从图 9.6 可以看到，投影在 π 平面上的应力增量 $\mathrm{d}\sigma$ 指向圆心为卸载，$\mathrm{d}\sigma$ 指向圆外为加载。

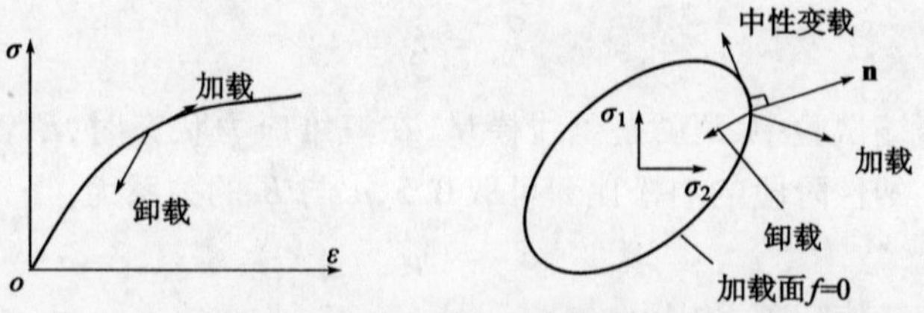

图 9.6　加载、卸载的几何图示

9.3　塑性状态本构关系

9.3.1　全量理论

在弹性阶段，应力—应变关系可表示为：

$$\left.\begin{aligned} \sigma_{ij} &= \lambda\theta\delta_{ij} + 2\mu\varepsilon_{ij} \\ \sigma_0 &= 3K\varepsilon_0 \\ S_{ij} &= 2\mu\epsilon_{ij} \end{aligned}\right\} \qquad (9.24)$$

式中：λ、μ——材料拉梅常数；

K——体积模量。

由式(9.24)可推出，应力—应变关系还可表示为：

$$\sigma_{ii} - \sigma_0 = 2\mu(\varepsilon_{ii} - \varepsilon_0) \qquad i = 1,2,3 \qquad (9.25\text{-}1)$$

或

$$\left.\begin{aligned} \sigma_1 - \sigma_2 &= 2\mu(\varepsilon_1 - \varepsilon_2) \\ \sigma_1 - \sigma_3 &= 2\mu(\varepsilon_1 - \varepsilon_3) \\ \sigma_2 - \sigma_3 &= 2\mu(\varepsilon_2 - \varepsilon_3) \end{aligned}\right\} \qquad (9.25\text{-}2)$$

从莫尔圆来看，$(\sigma_1-\sigma_2)$、$(\sigma_1-\sigma_3)$、$(\sigma_2-\sigma_3)$分别为三维应力圆中三个圆的直径；而$(\varepsilon_1-\varepsilon_2)$、$(\varepsilon_1-\varepsilon_3)$、$(\varepsilon_2-\varepsilon_3)$分别为三维应变圆中三个圆的直径。式(9.25)指出应力圆与应变圆相似，其比例系数恒为 2μ。

应力强度与应变强度之间关系为：

$$\bar{\sigma} = E\bar{\varepsilon} \qquad (9.26)$$

全量理论的基本假设：

(1)应力张量与应变张量的主方向一致，即为各向同性假设；

(2)体积变形始终是弹性的，体积变形 θ 与平均应力 σ_0成正比，即 $\sigma_0=K\theta=3K\varepsilon_0$；

(3)应力圆与应变圆的形状相似，即 $\mu_\sigma=\mu_\varepsilon$；

(4)单一曲线假设,应力强度 $\bar{\sigma}$ 恒为应变强度 $\bar{\varepsilon}$ 的函数,即 $\bar{\sigma}=f(\bar{\varepsilon})$。

由假设3、4,可推出应力偏量 S_{ij} 与塑性应变偏量 ϵ_{ij}、应力强度 $\bar{\sigma}$ 与应变强度 $\bar{\varepsilon}$ 之间有如下关系,但它们的比例系数不是常数,而是应变状态的函数。

$$\frac{S_{ij}}{\epsilon_{ij}} = 2\mu'$$

$$\frac{\bar{\sigma}}{\bar{\varepsilon}} = E' \tag{9.27}$$

在单向拉伸或压缩试验中,E'就是割线模量,在三维应力状态时,E'就是应力强度和应变强度的割线模量。在塑性阶段的泊松比 v' 可取0.5,μ'与E'的关系为:

$$E' = 3\mu' \tag{9.28}$$

全量理论的应力—应变关系式为:

$$\sigma_{ij} = 2\mu'\varepsilon_{ij} + 3\varepsilon_0\delta_{ij}\left(K - \frac{2}{3}\mu'\right) \tag{9.29-1}$$

或

$$\sigma_{ij} = \frac{2}{3}\frac{\bar{\sigma}}{\bar{\varepsilon}}\varepsilon_{ij} + 3\varepsilon_0\delta_{ij}\left(K - \frac{2}{9}\frac{\bar{\sigma}}{\bar{\varepsilon}}\right) \tag{9.29-2}$$

用应力表示应变的关系式为:

$$\varepsilon_{ij} = \frac{3}{2}\frac{\bar{\varepsilon}}{\bar{\sigma}}(\sigma_{ij} - \sigma_0\delta_{ij}) + \frac{\sigma_0\delta_{ij}}{3K} \tag{9.30}$$

(1)线性硬化模型

$$E' = \frac{\bar{\sigma}}{\bar{\varepsilon}} = E_1\varepsilon_e + E_2(\bar{\varepsilon} - \varepsilon_e)$$

(2)幂强化模型

$$E' = \frac{\bar{\sigma}}{\bar{\varepsilon}} = A\bar{\varepsilon}^{(n-1)}$$

(3)一般条件下的依留辛函数

$$E' = \frac{\bar{\sigma}}{\bar{\varepsilon}} = E[1 - \omega(\varepsilon)]$$

式中:$\omega(\varepsilon)$——依留辛函数,它表示应力—应变关系偏离线性规律的程度。

全量理论的应力—应变关系式还有几种形式:

(1)汉盖理论

汉盖认为体积变形按弹性规律,总应变偏量等于弹性偏量与塑性偏量之和,并假设塑性应变偏量分量与应力偏量成比例,

$$\varepsilon_{ij} = \epsilon_{ij}^{e} + \epsilon_{ij}^{p} + \varepsilon_0\delta_{ij} = \frac{S_{ij}}{2\mu} + \frac{\phi}{2\mu}S_{ij} + K\sigma_0\delta_{ij} = \frac{1+\phi}{2\mu}\left[\sigma_{ij} - \frac{\phi + \frac{3\nu}{1+\nu}}{1+\phi}\varepsilon_0\delta_{ij}\right] \tag{9.31}$$

比例因子 ϕ 为非负标量因子,泊松比取0.5时,

$$\phi = \frac{\mu}{\mu'} + 1 = \frac{3\mu\bar{\varepsilon}}{\bar{\sigma}} - 1 = 3\mu\frac{\bar{\varepsilon}^{p}}{\bar{\sigma}} \tag{9.32}$$

不计体积变形时,式(9.32)可改写为:

$$2\mu = \frac{1}{\phi} = \frac{2\mu}{1+\phi} \tag{9.33}$$

(2)纳达依方程

纳达依认为八面体剪应力 τ_8 可表征材料进入塑性状态的准则,而八面体正应力 σ_8 对屈服没有影响。材料强化条件可用下式表示:

$$\tau_8 = f(\overline{\gamma}_8)$$

$$\overline{\gamma}_8 = \frac{2}{3}\sqrt{(\varepsilon_1 - \varepsilon_2)^2 + (\varepsilon_2 - \varepsilon_3)^2 + (\varepsilon_1 - \varepsilon_3)^2} \tag{9.34}$$

大应变情况下应力—应变方程为:

$$\left.\begin{aligned} \varepsilon_x &= \Phi\left[\sigma_x - \frac{1}{2}(\sigma_y + \sigma_z)\right], \gamma_{xy} = 3\Phi\tau_{xy} \\ \varepsilon_y &= \Phi\left[\sigma_y - \frac{1}{2}(\sigma_x + \sigma_z)\right], \gamma_{xz} = 3\Phi\tau_{xz} \\ \varepsilon_z &= \Phi\left[\sigma_z - \frac{1}{2}(\sigma_x + \sigma_y)\right], \gamma_{yz} = 3\Phi\tau_{yz} \end{aligned}\right\} \tag{9.35}$$

(3)依留辛简单加载定理

简单加载条件:

①小变形,塑性变形和弹性变形属同一量级;

②材料不可压缩,泊松比为0.5;

③荷载(包括体力)按比例单调增长,零位移边界;

④材料的 σ-ε 曲线为幂函数。

当外荷载按比例 a 增加时,变形按比例 b 增加,则增加后的各应力分量、应变分量和位移分量分别为:

$$\left.\begin{aligned} \sigma_{ij} &= a\sigma_{ij}^* \\ S_{ij} &= aS_{ij}^* \\ \overline{\sigma} &= a\overline{\sigma}^* \\ \varepsilon_{ij} &= b\varepsilon_{ij}^* \\ u_i &= bu_i^* \\ \overline{\varepsilon} &= b\overline{\varepsilon} \end{aligned}\right\} \tag{9.36}$$

9.3.2 增量理论

增量理论的基本假设:

(1)体积变形是弹性变形;

(2)应力增量张量的主方向与应变增量张量的主方向一致;

(3)塑性应变增量张量与应力偏量成比例;

(4)应变增量强度是应力强度函数。

1)利维—米赛斯理论

米赛斯在利维研究基础上,增加了两点简化:

(1)在塑性范围内弹性应变可略去不计。由此推出:

$$d\varepsilon_{ij}=d\varepsilon_{ij}^{e}+d\varepsilon_{ij}^{p}\approx d\varepsilon_{ij}^{p}$$

$$d\theta=0$$

上述两点等价于 $K\to\infty$,$\nu=0.5$。

(2)材料为理想塑性材料,应力强度 $\overline{\sigma}$ 或 J_2 为常数。

由上述四个假设和两点简化,可推出利维—米赛斯理论关系如下:

$$\frac{d\varepsilon_{ij}^{p}}{S_{ij}}=d\lambda \tag{9.37}$$

式中:$d\epsilon_{ij}^{p}$ ——塑性应变偏量的增量;

$d\lambda$——比例因子,它与应变强度增量 $d\overline{\varepsilon}$ 和屈服强度 σ_y 有关,$d\lambda=\frac{3}{2}\frac{d\overline{\varepsilon}}{\sigma_y}$。

因此,利维—米赛斯理论关系式为:

$$d\varepsilon_{ij}=\frac{3}{2}\frac{d\overline{\varepsilon}}{\sigma_y}S_{ij} \tag{9.38-1}$$

或

$$\left.\begin{aligned}d\varepsilon_{11}&=\frac{3}{2}\frac{d\overline{\varepsilon}}{\sigma_y}(\sigma_{11}-\sigma_0),d\varepsilon_{21}=\frac{3}{2}\frac{d\overline{\varepsilon}}{\sigma_y}\sigma_{21}\\d\varepsilon_{22}&=\frac{3}{2}\frac{d\overline{\varepsilon}}{\sigma_y}(\sigma_{22}-\sigma_0),d\varepsilon_{23}=\frac{3}{2}\frac{d\overline{\varepsilon}}{\sigma_y}\sigma_{23}\\d\varepsilon_{33}&=\frac{3}{2}\frac{d\overline{\varepsilon}}{\sigma_y}(\sigma_{33}-\sigma_0),d\varepsilon_{31}=\frac{3}{2}\frac{d\overline{\varepsilon}}{\sigma_y}\sigma_{31}\end{aligned}\right\} \tag{9.38-2}$$

2)普朗特尔—劳埃斯理论

普朗特、劳埃斯认为弹性应变不可忽略,应加以考虑。因此,总应变偏量增量为:

$$\left.\begin{aligned}d\varepsilon_{ij}&=d\varepsilon_0+d\epsilon_{ij}\\d\varepsilon_0&=\frac{d\sigma_0}{3K}\\d\epsilon_{ij}&=d\epsilon_{ij}^{e}+d\epsilon_{ij}^{p}\end{aligned}\right\} \tag{9.39}$$

弹性应变增量偏量 $d\epsilon_{ij}^{e}$ 符合胡克定律,塑性部分的应变增量偏量 $d\epsilon_{ij}^{p}$ 符合利维—米赛斯关系,因此,普朗特、劳埃斯理论关系如下:

$$\left.\begin{aligned}d\epsilon_{ij}&=\frac{1}{2\mu}dS_{ij}+S_{ij}d\lambda\\d\epsilon_{ij}^{e}&=\frac{1}{2\mu}dS_{ij}\\d\epsilon_{ij}^{p}&=S_{ij}d\lambda\end{aligned}\right\} \tag{9.40}$$

3)应变增量的流动法则

应力增量矢量$\mathbf{d}\boldsymbol{\sigma}_{ij}$与塑性应变矢量$\mathbf{d}\boldsymbol{\varepsilon}_{ij}^{\mathbf{p}}$之间夹角 θ 小于 $\pi/2$,塑性应变增量的矢量垂直于屈服曲面,其数学形式为:

$$\mathbf{d}\boldsymbol{\varepsilon}_{ij}^{\mathbf{p}}=d\lambda\frac{\partial f}{\partial\sigma_{ij}} \tag{9.41}$$

对于理想塑性材料,加载时,$\mathbf{d}\boldsymbol{\sigma}_{ij}$不能指向屈服面外法线,只能沿屈服面流动,卸载时,$\mathbf{d}\boldsymbol{\varepsilon}_{ij}^{\mathbf{p}}=0$,因此,不论加载或卸载,$\mathbf{d}\boldsymbol{\sigma}_{ij}\cdot\mathbf{d}\boldsymbol{\varepsilon}_{ij}^{\mathbf{p}}=0$。

9.3.3 卸载问题

卸载与加载的应力—应变关系不相同是塑性特征，是与非线性弹性材料的根本差别。单向拉伸时，当试件加载至应力 σ_1^* 大于弹性极限 σ_e（$\sigma_1^* > \sigma_e$）后卸载至 $\sigma^f = \sigma_1^* - \Delta\sigma$，应变恢复量 $\Delta\varepsilon = \Delta\sigma/E$（杨氏模量），$\Delta\sigma = \sigma_1^*$ 即完全卸载，残余应变为 oc，见图 9.7。

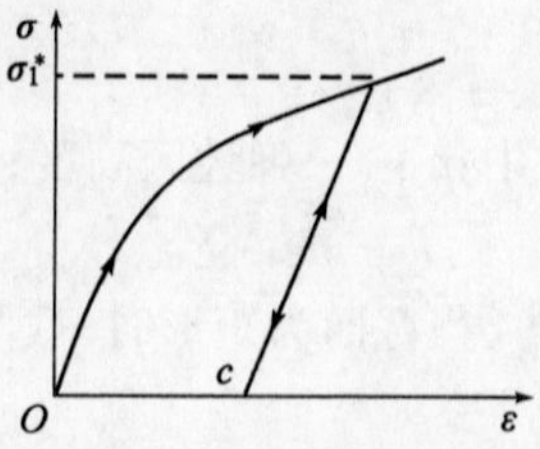

图 9.7 加载与卸载

复杂应力状态下的卸载问题，卸载时的应力 σ_{ij}^*，与之对应的应变为 ε_{ij}^*。σ_{ij}^*—ε_{ij}^* 关系：

$$\varepsilon_{ij}^* = \frac{3}{2}\frac{\bar{\varepsilon}^*}{\bar{\sigma}^*}(\sigma_{ij}^* - \sigma_0^*\delta_{ij}) \tag{9.42}$$

假如应力从应力状态 σ_{ij}^* 减小量为 $\Delta\sigma_{ij}$，则相应的应变减小量为 $\Delta\varepsilon_{ij}$，$\Delta\sigma_{ij} - \Delta\varepsilon_{ij}$ 关系为：

$$\Delta\varepsilon_{ij} = \frac{\Delta\sigma_{ij}}{2\mu} - \frac{3\nu}{E}\Delta\sigma_0\delta_{ij} \tag{9.43}$$

卸载 $\Delta\sigma_{ij}$ 的应变 $\varepsilon_{ij}^f = \varepsilon_{ij}^* - \Delta\varepsilon_{ij}$。对于整个结构而言，不是任一点均可卸载归零，即 $\Delta\sigma_{ij} = \sigma_{ij}^*$，对于由体力 F^*、面力 T^* 引起的结构应力 $\sigma_{ij}^*(x_i)$、应变 $\varepsilon_{ij}^*(x_i)$，在撤去体力、面力之后，结构应力 σ_{ij}^f、应变 ε_{ij}^f 为：

$$\left.\begin{aligned}\sigma_{ij}^f(x_i) &= \sigma_{ij}^* - \Delta\sigma_{ij}\\ \varepsilon_{ij}^f(x_i) &= \varepsilon_{ij}^* - \Delta\varepsilon_{ij}\end{aligned}\right\} \tag{9.44}$$

弹性时 $\sigma_{ij}^f(x_i) = \varepsilon_{ij}^f(x_i) = 0$，进入塑性阶段后 $\sigma_{ij}^f(x_i)$、$\varepsilon_{ij}^f(x_i)$ 一般不等于零，它们分别称之为残余应力和残余应变。

9.4 梁的弹塑性弯曲

9.4.1 截面弯矩和曲率关系

(1)理想弹塑性材料

在平截面假设条件下，梁横截面的应力分布如图 9.8 所示。梁截面弯矩计算式如下：

$$M = \int_0^h \sigma(z)b(z)(z - h_0)\,\mathrm{d}z \tag{9.45}$$

式中：$b(z)$——梁截面宽度；

h_0——中性轴位置。

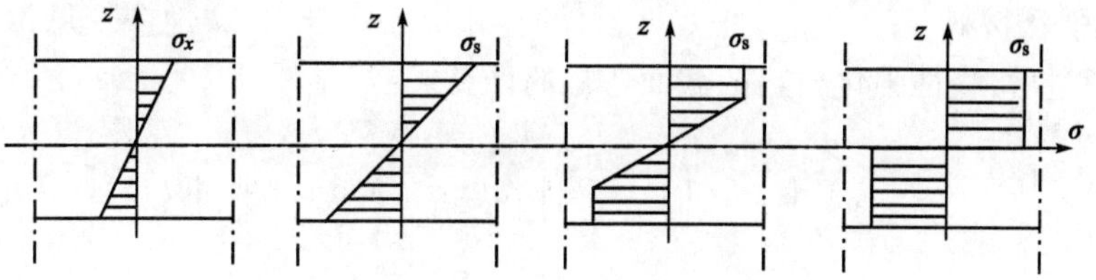

图 9.8 梁横截面的应力分布

当截面上下对称时，中性轴位置不变，则截面应力 σ 可表示为：

$$\sigma(z)=\begin{cases}\dfrac{z-h_0}{h_e}\sigma_s & 0\leqslant|z-h_0|\leqslant h_e\\ \sigma_s & h_e\leqslant|z-h_0|\leqslant\dfrac{h}{2}\end{cases}\tag{9.46}$$

式中：h_e——弹性区高度；

h——梁高。

当截面为矩形时，截面弯矩 M 为：

$$\left.\begin{aligned}M(\zeta)&=\sigma_s\frac{bh^2}{4}\left(1-\frac{1}{3}\zeta^2\right)\\ M_e&=\sigma_s\frac{bh^2}{6}\\ M_s&=\sigma_s\frac{bh^2}{4}\end{aligned}\right\}\tag{9.47}$$

其中，$\zeta=\dfrac{2h_e}{h}$。

进入全塑性时的截面弯矩 M_e 与进入塑性阶段时截面弯矩 M_s 之比 η，称之为截面形状系数，在矩形截面时 $\eta=1.5$，圆形截面时 $\eta=1.7$。

弹性区高度 h_e 取决于截面曲率 ρ 和材料弹性模量 E：

$$h_e=\frac{\sigma_s}{E\rho}\tag{9.48}$$

将截面进入塑性阶段时截面曲率记作 ρ_e。在塑性阶段，截面曲率 ρ 与 ρ_e 之比 $k_\rho(\rho/\rho_e)$，截面弯矩 $M(\zeta)$ 与 M_e 之比 m 之间的相互关系为：

$$m=\frac{M(\zeta)}{M_e}=\frac{1}{2}\left(3-\frac{1}{k_\rho^2}\right)\tag{9.49}$$

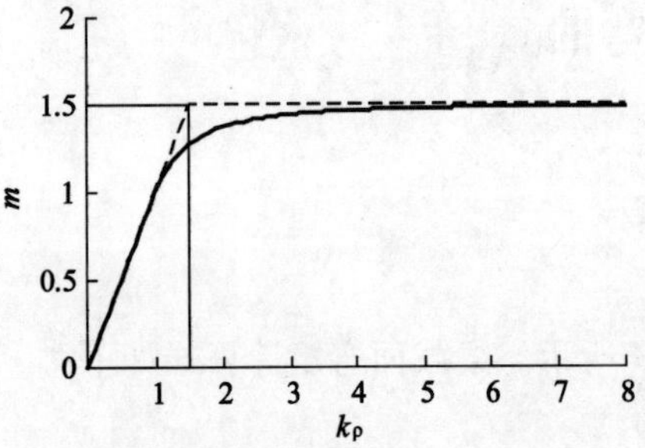

图 9.9 理想弹塑性梁的 m—k_ρ 曲线

综合弹性和塑性二阶段，m—k_ρ 关系方程为：

$$m=\begin{cases}k_\rho & k\leqslant 1\\ \dfrac{1}{2}\left(3-\dfrac{1}{k_\rho^2}\right) & k>1\end{cases}\tag{9.50}$$

图 9.9 绘出了 m—k_ρ 关系曲线，从中可见，$m=m_s=1.5$ 为渐近线，尽管是理想弹塑性材料，在 $k_\rho>1$ 时，$m-k_\rho$ 仍是曲线，计算仍不太方便。因此，在精度要求不太高时，或可将 m—k_ρ 图简化为图中虚线 OBC。

(2)线性强化材料

当应力超过后，线性强化材料的截面弯矩的计算式：

$$M=\frac{\sigma_s}{h_e}\int_0^h b(z)(z-h_0)^2\mathrm{d}z+\sigma_s\left(1-\frac{E_1}{E}\right)\left[\int_0^{h_e}b(z)(z-h_0)\mathrm{d}z+\int_{h_0+h_e}^{h}b(z)(z-h_0)\mathrm{d}z\right]\tag{9.51}$$

对于矩形截面，则有：

$$M = \frac{\sigma_s b}{12}\left[(3h^2 - 4h_e^2) + \frac{E_1}{h_e E}(h^3 + h_e(4h_e^2 - 3h^2))\right] \tag{9.52}$$

截面弯矩比 m 与截面曲率比 k_ρ 之间的相互关系为(图 9.10):

$$m = \begin{cases} k_\rho & k_\rho \leqslant 1 \\ \frac{1}{2}\left[3 - \frac{1}{k_\rho^2} + \frac{E_1}{E}\left(2k_\rho + \frac{1}{k_\rho^2} - 3\right)\right] & k_\rho > 1 \end{cases} \tag{9.53}$$

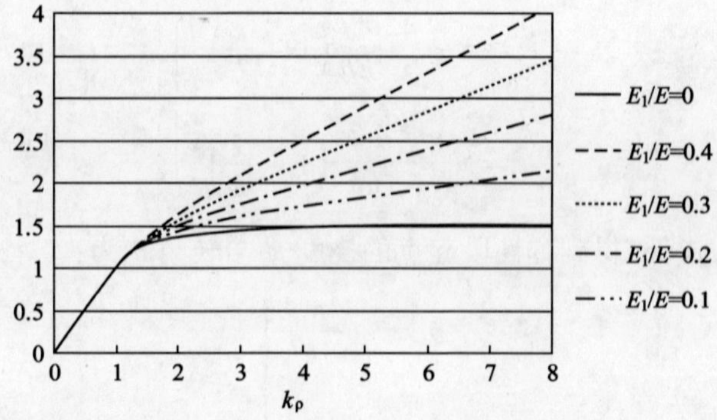

图 9.10 线性强化梁的 m—k_ρ 曲线

9.4.2 悬臂梁的弹塑性弯曲

端部作用集中力 P 的悬臂梁,如图 9.11 所示。梁为理想弹塑性材料构成,截面矩形,求解:①悬臂梁的极限承载力 P_{max}、及相应的梁端挠度 w_{max};②加载至极限承载力后完全卸载,梁内的残余应力 σ_f 和梁端残余挠度 w_f。

9.11 端部作用集中力 P 的悬臂梁

悬臂梁是静定结构,截面弯矩 $M = -Px$,固定端弯矩为 M_s,屈服弯矩 M_e 位于 $x_0 = 2L/3$。在 $x < 2L/3$ 段,梁处于弹性状态,梁挠度方程为:

$$\frac{d^2 w}{dx^2} = -\frac{Px}{D} \tag{a}$$

在 $2L/3 < x < L$ 段,梁处于弹塑性状态,截面弯矩比 m:

$$m = \frac{M}{M_e} = \frac{3x}{2L} = \frac{1}{2}\left(3 - \frac{1}{k_\rho^2}\right) \tag{b}$$

截面曲率比 k_ρ 的表达式为:

$$k_\rho = \frac{\dfrac{d^2w}{dx^2}}{\left(\dfrac{2\sigma_s}{Eh}\right)} \tag{c}$$

将式(c)代入式(b),整理得:

$$\frac{d^2w}{dx^2} = \frac{2}{\sqrt{3}}\frac{\sigma_s}{Eh}\left(1 - \frac{x}{L}\right)^{-\frac{1}{2}} \tag{d}$$

对式(d)积分,并代入固定端边界条件 $w|_{x=L} = dw/dx|_{x=L} = 0$,得到:

$$\left.\begin{aligned} \frac{dw}{dx} &= -\frac{4}{\sqrt{3}}\frac{\sigma_s L}{Eh}\left(1 - \frac{x}{L}\right)^{\frac{1}{2}} \\ w &= \frac{8}{3\sqrt{3}}\frac{\sigma_s L^2}{hE}\left(1 - \frac{x}{L}\right)^{\frac{3}{2}} \end{aligned}\right\} \tag{e}$$

在 $x = 2L/3$ 代入式(e)得到弹性段起点的挠度 w_e 与转角 θ_e 为:

$$\left.\begin{aligned} \theta_e &= -\frac{4\sigma_s L}{3Eh} \\ w_e &= \frac{8\sigma_s L^2}{27Eh} \end{aligned}\right\} \tag{f}$$

弹性段的挠度方程及悬臂端的转角 θ_{s0} 与挠度 w_{s0} 为:

$$\left.\begin{aligned} \frac{dw}{dx} &= \frac{2\sigma_s L}{Eh}\left[\frac{3}{4}\left(\frac{x}{L}\right)^2 - 1\right] \\ w &= \frac{2\sigma_s L^2}{Eh}\left[\frac{1}{4}\left(\frac{x}{L}\right)^3 - \frac{x}{L} + \frac{20}{27}\right] \\ \theta_{s0} &= -\frac{2\sigma_s L}{Eh} \\ w_{s0} &= \frac{40\sigma_s L^2}{27Eh} \end{aligned}\right\} \tag{g}$$

如果固定端弯矩为 M_e,即全梁处于弹性阶段,悬臂梁的挠度方程及悬臂端的挠度 w_{s0} 与转角 θ_{s0} 为:

$$\left.\begin{aligned} w &= \frac{\sigma_s L^2}{3Eh}\left[\left(\frac{x}{L}\right)^3 - 3\left(\frac{x}{L}\right) + 2\right] \\ w_{es} &= \frac{2\sigma_s L^2}{3Eh} \\ \theta_{es} &= \frac{\sigma_s L}{Eh} \end{aligned}\right\} \tag{h}$$

固定端完全屈服时的悬臂端极限集中力 P_s、挠度 w_{s0} 与转角 θ_{s0} 与全梁处于弹性阶段的悬臂端极限集中力 P_e、挠度 w_{s0} 与转角 θ_{s0} 之比为:

$$\frac{P_s}{P_e} = 1.5$$

$$\frac{\theta_{s0}}{\theta_{e0}} = 2.0$$

$$\frac{w_{s0}}{w_{e0}} = 2.22 \tag{i}$$

固定端达到完全屈服立刻卸载至零，则截面弯矩为零，则梁弹性段的变形完全恢复，在弹塑性段，梁存在残余变形，端部截面残余应力分布如图 9.12 所示。悬臂梁加载挠度和卸载残余挠度如图 9.13 所示，梁端残余挠度为 $w_{f0} = \frac{13\sigma_s L^2}{54\ Eh}$，为受荷时挠度的 32.5%。

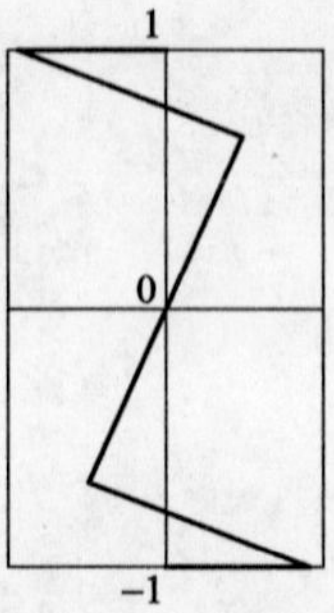

图 9.12　端部截面残余应力分布

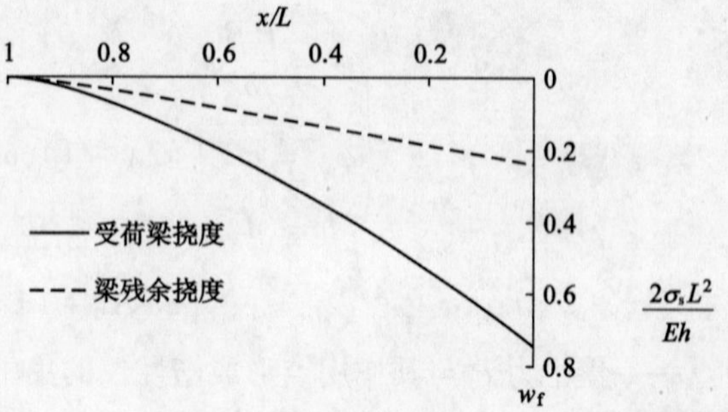

图 9.13　残余挠度

9.4.3　弹性地基梁的弹塑性弯曲

［例 9.1］　文克勒地基上无限长梁在集中力 P 作用下，如图 9.14a）所示。梁截面矩形，梁的 $m—k_\rho$ 关系采用图 9.9 中虚线 OBC。求解：①集中力作用点的挠度 w_0 与集中力 P 的相互关系；②结构承受极限承载力 P_{max} 时梁挠度和截面弯矩曲线。

由简化的 $m—k_\rho$ 关系得到梁截面弯矩与曲率的关系为：

$$M = \begin{cases} -D\rho & \rho \leqslant \frac{3\sigma_s}{Eh} \\ M_s & \rho > \frac{3\sigma_s}{Eh} \end{cases} \tag{a}$$

式中：M_s——$m = 1.5$ 时的屈服弯矩，$M_s = \frac{h^2\sigma_s}{4}$。

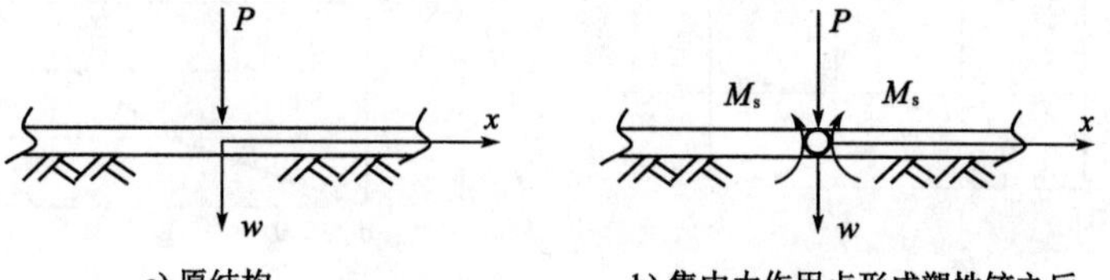

图 9.14　无限长地基梁作用集中力

由 2.2 节可知，当梁最大弯矩（位于集中力点）$M_0 \leqslant M_s$ 时，集中力作用点的梁挠度 w_0、弯矩 M_0 的表达式为：

$$\left.\begin{aligned} w_0 &= \frac{P\beta}{2bk} \\ M_0 &= \frac{P}{4b\beta} \end{aligned}\right\} \tag{b}$$

式中：b——梁宽。

弯矩 M_0 到达屈服弯矩 M_s 所对应的屈服集中力 $P_s = \frac{2}{3}bh^2\sigma_s\beta$，当集中力达到 P_s，集中力作用点形成一塑性铰，弯矩恒为 M_s，结构转变了半无限长梁端部作用集中力 $P/2$ 和弯矩 M_s 的情况。地基梁的挠曲方程和截面弯矩方程为：

$$\left.\begin{aligned} w &= \frac{P_s\beta}{2bk}\varphi_w \\ \varphi_w &= e^{-\beta x}[(2\lambda - 1)\cos\beta x + \sin\beta x] \\ M &= M_s\varphi_M \\ \varphi_M &= e^{-\beta x}[\cos\beta x + (1 - 2\lambda)\sin\beta x] \end{aligned}\right\} \tag{c}$$

式中：λ——集中力 P 与其作用点形成塑性铰的集中力 P_s 之比（P/P_s）。

梁弯矩最大值发生位置 x_0 满足如下方程：

$$\tan\beta x_0 = \frac{3\lambda - 1}{\lambda - 1} \tag{d}$$

当梁顶 $M_{max} = M_s$ 时，整个结构转变为机动结构，由此条件得到方程：

$$\lambda = \frac{1}{2} + \frac{e^{\beta x_0} + \cos\beta x_0}{2\sin\beta x_0} \tag{e}$$

图 9.15 给出方程（c）和方程（d）的两条 $\lambda - \beta x$ 关系曲线，两条曲线的交点同时满足两方程，该交点为 $\beta x_0 = 0.982$、$\lambda = 2.44$，即极限承载力 $P_{max} = 2.44P_s$。也就是说，当集中力增至 $2.44P_s$ 时，在集中力两侧相距 $0.982/\beta$ 处又形成两个塑性铰，地基梁丧失继续承载能力，集中力 P 与作用点挠度系数 φ_{w0} 的关系如图 9.16 所示；地基梁转为机动前的梁挠度系数 φ_w 和弯矩系数 φ_M 曲线如图 9.17 所示。

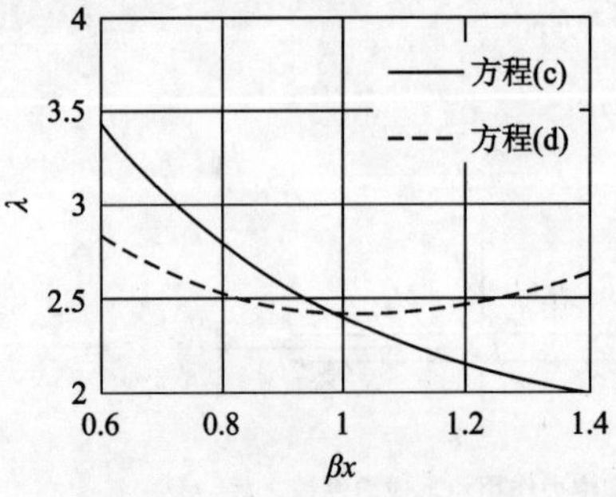

图 9.15　$\lambda - \beta x$ 关系曲线

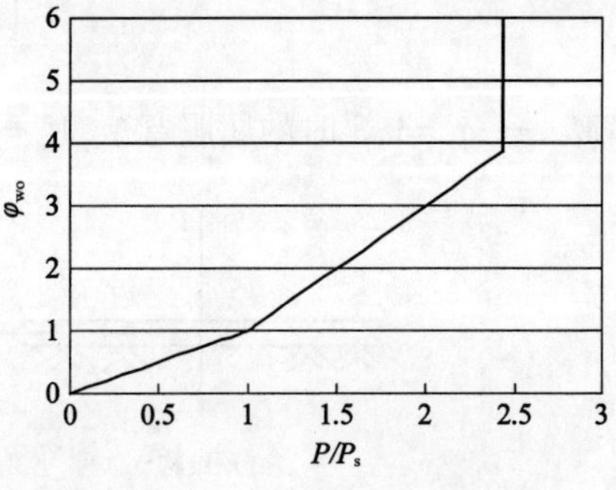

图 9.16　$P/P_s - \varphi_{w0}$ 关系曲线

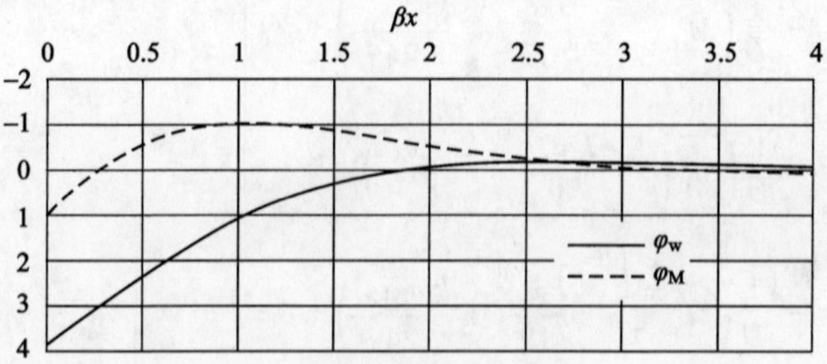

图 9.17　梁挠度系数 φ_w 和弯矩系数 φ_M 曲线

9.4.4　弹塑性地基梁的弹塑性弯曲

集中力作用下的无限长地基梁,梁截面矩形,梁的 $m—k_\rho$ 关系采用图 9.9 中虚线 OBC。地基为理想弹塑性的文克勒地基,即地基反力方程为:

$$q = \begin{cases} kw & w \leqslant w_e \\ kw_e & w > w_e \end{cases} \tag{a}$$

式中:w_e——地基变形屈服限。

无限长地基梁划分为地基弹性区和塑性区两部分,地基塑性区宽度记作 $2x_d$。在地基塑性区,由静力平衡方程得到梁弯矩 M 和剪力 Q 的计算式为:

$$\left.\begin{aligned} M(x) &= M_0 - \frac{Px - kw_e x^2}{2} \\ Q(x) &= \frac{P}{2} - kw_e x \end{aligned}\right\} \quad x \leqslant x_d \tag{b}$$

式中:M_0——集中力作用点弯矩。

由式(b)可推出地基塑性区梁挠度表达式为:

$$w = -\frac{1}{D}\left(M_0 \frac{x^2}{2} - \frac{Px^3}{12} + \frac{kw_e x^4}{24}\right) + \theta_0 x + w_0 \tag{c}$$

式中:w_0、θ_0——分别为集中力作用点的挠度和转角。

在地基弹性区 $x \geqslant d_k$,梁挠度解为:

$$w = \frac{2\beta}{k} e^{-\beta(x-x_d)} \{Q_d \cos\beta(x - x_d) - \beta M_d [\cos\beta(x - x_d) - \sin\beta(x - x_d)]\} \tag{d}$$

式中:Q_d、M_d——$x = x_d$ 的梁截面剪力和弯矩,可按式(b)计算。

式(c)有两个未知量,集中力作用点挠度 w_0,弯矩 M_0($M_0 < M_s$,$\theta_0 = 0$)或 θ_0($M_0 = M_s$),在地基塑性边缘的梁挠度 $w_d = w_e$、转角 θ_d 可表示为:

$$
\left.\begin{array}{l}
\left.\begin{array}{l}
w_e = -\dfrac{1}{D}\left(M_0\dfrac{x_d^{\ 2}}{2} - \dfrac{Px_d^{\ 3}}{12} + \dfrac{kw_e x_d^{\ 4}}{24}\right) + w_0 \\
\theta_d = -\dfrac{1}{D}\left(M_0 x_d - \dfrac{Px_d^{\ 2}}{4} + \dfrac{kw_e x_d^{\ 3}}{6}\right)
\end{array}\right\} M_0 < M_s \\
\left.\begin{array}{l}
w_e = -\dfrac{1}{D}\left(M_s\dfrac{x_d^{\ 2}}{2} - \dfrac{Px_d^{\ 3}}{12} + \dfrac{kw_e x_d^{\ 4}}{24}\right) + \theta_0 x_d + w_0 \\
\theta_d = -\dfrac{1}{D}\left(M_s x_d - \dfrac{Px_d^{\ 2}}{4} + \dfrac{kw_e x_d^{\ 3}}{6}\right) + \theta_0
\end{array}\right\} M_0 = M_s
\end{array}\right\} \tag{e}
$$

由 Q_d、M_d引起的梁弹性端挠度、转角为：

$$
\left.\begin{array}{l}
w_e = \dfrac{2\beta}{k}(Q_d - \beta M_d) \\
\theta_d = -\dfrac{2\beta^2}{k}(Q_d - 2\beta M_d)
\end{array}\right\} \tag{f}
$$

利用地基弹、塑边界连续条件整理得到：

$M_0 < M_s$时

$$
\left.\begin{array}{l}
\lambda_w\left(1 + \dfrac{\beta_d^{\ 4}}{6}\right) + \dfrac{M_0}{M_s}\beta_d^{\ 2} - \dfrac{2}{3}\varphi_p\beta_d^{\ 3} = \varphi_w \\
\lambda_w(1 + \beta_d)^2 + \dfrac{M_0}{M_s} - 2\varphi_p(1 + \beta_d) = 0 \\
\lambda_w\beta_d\left(1 + \beta_d + \dfrac{\beta_d^{\ 2}}{3}\right) + \dfrac{M_0}{M_s}(1 + \beta_d) - \varphi_p(1 + \beta_d)^2 = 0
\end{array}\right\} \tag{g-1}
$$

$M_0 = M_s$时

$$
\left.\begin{array}{l}
\varphi_p = \dfrac{\lambda_w(1 + \beta_d)^2 + 1}{2(1 + \beta_d)} \\
\varphi_\theta = \lambda_w\beta_d\left(1 + \lambda_w\beta_d + \dfrac{\beta_d^{\ 2}}{3}\right) + 1 + \beta_d - \varphi_p\beta_d(1 + \beta_d)^2 \\
\varphi_w = \lambda_w\left(1 + \dfrac{\beta_d^{\ 4}}{6}\right) + \beta_d(\beta_d - 2\varphi_\theta) - \dfrac{2}{3}\varphi_p\beta_d^{\ 3}
\end{array}\right\} \tag{g-2}
$$

其中，$\beta_d = \beta x_d$，$\lambda_w = \dfrac{kw_e}{2\beta^2 M_s}$，$\varphi_p = \dfrac{P}{4\beta M_s}$，$\varphi_w = \dfrac{kw_0}{2\beta^2 M_s}$，$\varphi_\theta = \dfrac{k\theta_0}{4M_s\beta^3}$。

上式中，系数 λ_w可称为地基屈服系数，$\lambda_w < 1$ 为地基先于梁达到屈服阶段，反之亦然，$\lambda_w = 1$则集中力作用点梁弯矩达到屈服的同时，地基也开始进入屈服阶段；系数 φ_P、φ_w、φ_θ可分别称之为集中力系数、集中力作用点的挠度系数和转角系数，它们的物理意义是实际集中力、

集中力作用点的挠度和转角，与地基无屈服限时集中力作用点梁弯矩达到屈服弯矩所对应的集中力、挠度、转角之比。

当荷载持续增加，弹性区域的梁弯矩有可能达到屈服限，结构转为机动而丧失承载能力。弹性区梁最大弯矩 $M_{m2}=-M_s$ 时的出现点坐标 x_M 以及相应集中力系数 φ_{PM} 可由下式求得：

$$\left.\begin{aligned}&e^{-\beta x_M}\left[2(\varphi_{pM}-\lambda_w\beta_M)\sin\beta_M-(1-2\varphi_{pM}\beta_M+\lambda_w{\beta_M}^2)(\cos\beta_M+\sin\beta_M)\right]=1\\&\tan(\beta_M)=\frac{\varphi_{pM}-\lambda_w\beta_d}{\varphi_{pM}(1+2\beta_d)-\lambda_w\beta_d(1+\beta_d)-1}\end{aligned}\right\}\tag{h}$$

其中，$\beta_M=\beta(x_M-x_d)$。

图 9.18 给出了梁极限承载力系数 φ_P 与地基屈服系数 λ_w 的关系曲线，从中可看到，φ_P 随着 λ_w 的增大而增大，其极限为 2.44，对应于 $\lambda_w=3.868$。也就是说，当 $\lambda_w\geqslant3.868$，梁变为机动结构前地基始终处于弹性阶段。图 9.19 给出了梁出现第二屈服弯矩的位置距地基屈服区边缘的相对距离 β_M 与地基屈服系数 λ_w 的关系曲线，从中可知，当 $\lambda_w<1$ 时梁第二屈服弯矩位于地基屈服区边缘，后渐渐远离，极限为 1.045。图 9.20 绘出了不同地基塑性区宽度 βx_d 条件下，集中力作用点挠度系数 φ_w 与地基屈服系数 λ_w 的关系曲线，其上方的点划线为梁变为机动结构的屈服限，φ_w-λ_w 关系近似一组折线，φ_w 随着 λ_w 增大和塑性区宽度 βx_d 减小而减小，在 $\beta x_d\leqslant1$ 时，φ_w 的极限值相差不太大。

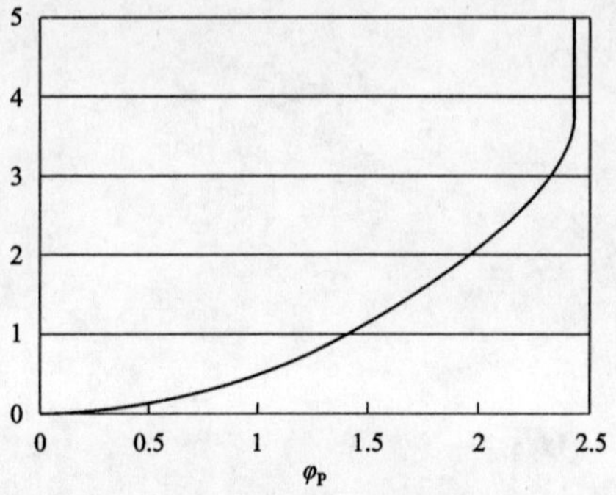

图 9.18　φ_P—λ_w 关系曲线

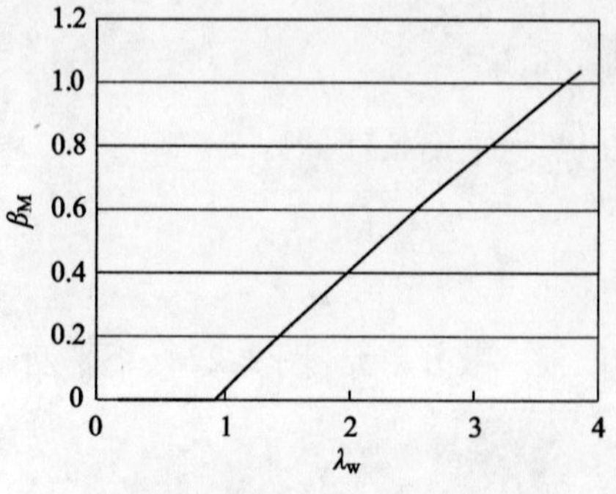

图 9.19　$\beta(x_M-x_d)$—λ_w 关系曲线

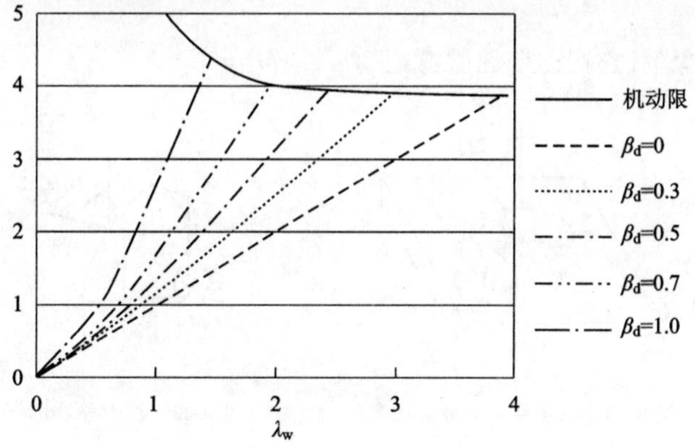

图 9.20　φ_w—λ_w 关系曲线

9.5 弹性地基板的极限承载力

文克勒地基上无限大板在板中作用圆形均布荷载情况下，板的工作状态可分四个阶段：

(1)弹性阶段：当荷载较小时，板处于弹性状态。

(2)屈服阶段：随着荷载增大，荷载圆中心点的板底弯拉应力达到板的抗弯强度，板开始进入屈服阶段，此时的荷载量称之为屈服荷载，记作 P_e，随着荷载继续增加，从荷载圆中心为起点的径向裂缝开始萌生。

(3)环状裂缝形成：随着荷载继续增大，径向裂缝进一步扩展、伸长，直到距离面板中心某一半径 b 处的最大负弯矩所产生的弯拉应力达到板的抗弯强度，从而在板顶部出现环形裂缝，此时的荷载称为极限荷载，记作 P_s。

(4)冲剪破坏：板顶出现环形裂缝后，荷载尚可有所增加，但挠度将大幅度增大，板随之出现冲剪被坏。

根据刚塑性理论，板达到极限状态如图 9.21 所示。

如图 9.21 所示，在 $r<b$ 范围的板挠度方程为：

$$w = \left(1 - \frac{r}{b}\right)w_0 \tag{9.54}$$

由静力平衡条件，得：

$$P = \frac{\pi b^2}{3}kw_0 \tag{9.55}$$

取板一微分单元(图 9.22)，板平衡微分方程为：

$$\left.\begin{aligned} \frac{\mathrm{d}}{\mathrm{d}r}(rM_r) &= M_\theta - rQ_r \\ \frac{\mathrm{d}}{\mathrm{d}r}(rQ_r) &= pr \end{aligned}\right\} \tag{9.56}$$

式中：M_θ——切向弯矩，它均达了屈服弯矩 M_θ，即：$M_\theta = M_e$。

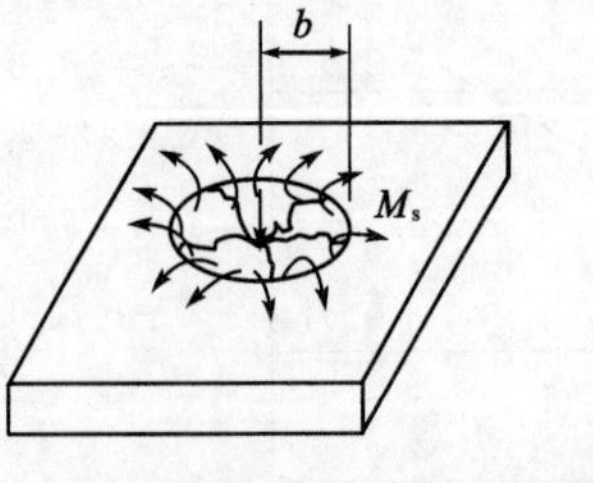

图 9.21 板中受荷的极限状态

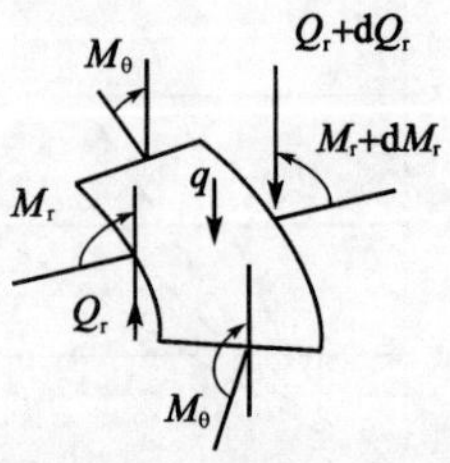

图 9.22 板微分单元

解式(9.56)得到：

$$Q_r = -\frac{P}{r}\begin{cases}\dfrac{3r^2}{2\pi b^2}\left(1-\dfrac{2r}{3b}\right)-\dfrac{r^2}{2\pi a^2} & 0\leqslant r\leqslant a\\ \dfrac{3r^2}{2\pi b^2}\left(1-\dfrac{2r}{3b}\right)-\dfrac{1}{2\pi} & a<r\leqslant b\end{cases}$$

$$M_r = M_e + P\begin{cases}\dfrac{r^2}{2\pi b^2}\left(1-\dfrac{r}{2b}\right)-\dfrac{r^2}{6\pi a^2} & 0\leqslant r\leqslant a\\ \dfrac{r^2}{2\pi b^2}\left(1-\dfrac{r}{2b}\right)-\dfrac{1}{2\pi}\left(1-\dfrac{2a}{3r}\right) & a<r\leqslant b\end{cases} \tag{9.57}$$

式中:a——均布荷载圆半径。

$r=b$ 时,剪力 $Q(b)=0$,径向弯矩达到板限弯矩 $M_r(b)=-M_s$,由此得到:

$$P_s = \frac{4\pi M_s(1+\lambda_e)}{1-\dfrac{4a}{3b}} \tag{9.58}$$

式中:λ_e——板屈服弯矩与极限弯矩之比。

圆形均布荷载作用在无限大板板边边缘时,板的工作状态有如同板中受荷那样有四个阶段,其极限状态如图9.23a)所示。圆形均布荷载作用在无限大板板角时,板的工作状态只有弹性和屈服断裂两个阶段,其极限状态如图9.23b)所示。

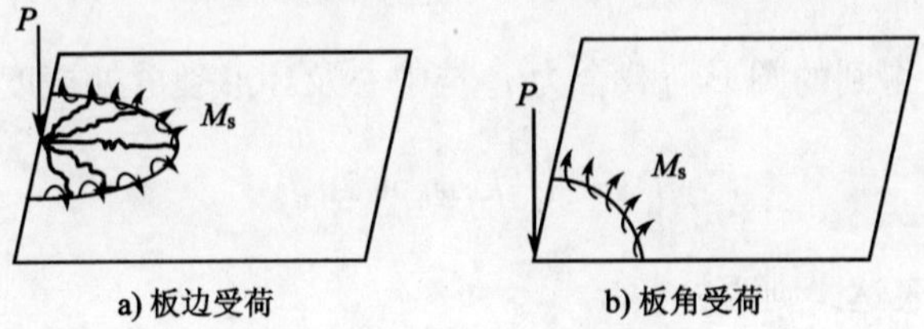

图9.23 板边、角受荷的极限状态

板边、板角受荷的极限荷载可按照上述方法导出,其中,板边极限荷载的计算式如式(9.59)所示,板角极限荷载的计算式如式(9.60)所示。

$$P_s = \frac{(\pi+2)M_s(1+\lambda_e)}{1-\dfrac{4\sqrt{2}a}{3b}} \tag{9.59}$$

$$P_s = \frac{4M_s}{1-\dfrac{8a}{3b}} \tag{9.60}$$

在上述三种荷位的文克勒地基上无限大板极限承载力公式中,环形裂缝半径 b 仍为未知量,也就是说若已知 b 值就可利用相应公式求出圆形均布荷载位于板中、板边和角隅的极限承载力。但由于 P_s—b 之间关系是单调,因此,无法求出 P_s 极值。梅依尔霍夫(G. G. Meyerhof)的研究认为,板中受荷,荷载圆半径 a 与环形裂缝半径 b 之比 a/b 在0.05~0.75范围时,$b=3.9l$;板边受荷,a/b 在0.05~0.75范围时,$b=2.9l$;板角受荷,a/b 在0.05~0.375范围时,

$b = 2.7l$。

对于板中受荷,宜考虑环形裂缝外侧($r \geqslant b$)的板变形的影响。在环形裂缝外侧($r \geqslant b$),地基板始终处于弹性状态,其挠度方程和边界条件为:

$$\left.\begin{aligned} w\left(\frac{r}{l}\right) &= \frac{M_s l^2}{D}\left[B_1 \mathrm{ker}\left(\frac{r}{l}\right) + B_2 \mathrm{kei}\left(\frac{r}{l}\right)\right] \\ M_r|_{r=b} &= -M_s \\ Q_r|_{r=b} &= 0 \end{aligned}\right\} \tag{9.61}$$

解式(9.59)得到B_1、B_2的表达式:

$$B_1 = \frac{\mathrm{ker}'(\rho_b)}{[\mathrm{ker}(\rho_b)\mathrm{kei}'(\rho_b) - \mathrm{ker}'(\rho_b)\mathrm{kei}(\rho_b)] - \frac{1-\nu}{\rho_b}\{[\mathrm{ker}'(\rho_b)]^2 + [\mathrm{kei}'(\rho_b)]^2\}}$$

$$B_2 = \frac{\mathrm{kei}'(\rho_b)}{[\mathrm{ker}(\rho_b)\mathrm{kei}'(\rho_b) - \mathrm{ker}'(\rho_b)\mathrm{kei}(\rho_b)] - \frac{1-\nu}{\rho_b}\{[\mathrm{ker}'(\rho_b)]^2 + [\mathrm{kei}'(\rho_b)]^2\}}$$

其中,$\rho_b = b/l$。

对于环形裂缝内侧,板挠度、径向剪力、径向弯矩的表达式形式同式(9.54)和式(9.57),只需将b改为b_0即可。

由静力平衡条件,得到的圆形荷载合力P与中心及环形裂缝处挠度w_0、w_b的关系为:

$$P = \frac{\pi b^2}{3}k(w_0 + 2w_b) \tag{9.62}$$

极限承载力P_s的表达式则为:

$$P_s = \frac{4\pi M_s(1+\lambda_e)}{1 - \frac{4a}{3b}}\left[1 - \frac{\rho_b^2}{12(1+\lambda_e)}\xi_b\right] \tag{9.63}$$

其中,$\xi_b = \dfrac{w(p_b)kl^2}{Ms}$。

对极限承载力P_s作b的导数,并由$\dfrac{\mathrm{d}P_s}{\mathrm{d}b} = 0$条件,得到板极限承载力的极值条件为:

$$(4\rho_a - 3\rho_b)\rho_b\frac{\mathrm{d}\xi_b}{\mathrm{d}\rho_b} + 6(2\rho_a - \rho_b)\xi_b - 48(1+\lambda_e)\frac{\rho_a}{\rho_b^2} = 0 \tag{9.64}$$

其中,$\rho_a = a/l$,$\rho_b = b/l$。

上式是非常系数微分方程,应用数值解求得如图9.24所示ρ_a—ρ_b关系图,其中,材料泊松比ν,屈服弯矩比λ_e的影响可忽略。从图9.24中可以看到,出现屈服环的位置ρ_b随着荷载圆半径ρ_a的加大而增大,在均布荷载圆半径很小时,ρ_b稍小于2,当均布荷载圆半径大于4以上,ρ_b与ρ_a的关系近似线性,两者之比ρ_b/ρ_a为1.25。

在出现环状面时的地基板挠曲形状如图9.25示意，此时挠度零点 $w(c)=0$ 距 b 点距离 $(c-b)$ 随荷载圆半径增大略有减小，变化在 $1.32l \sim 1.16l$ 之间。对应梅氏给出 $b=3.9l$ 的荷载圆半径的 $0.7l$。

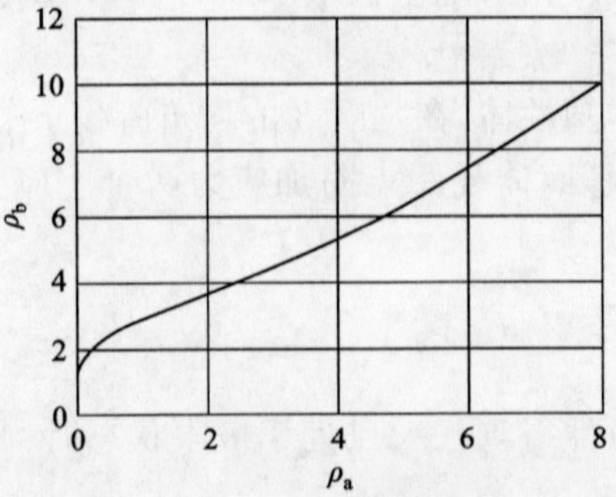

图9.24 ρ_a—ρ_b 关系曲线

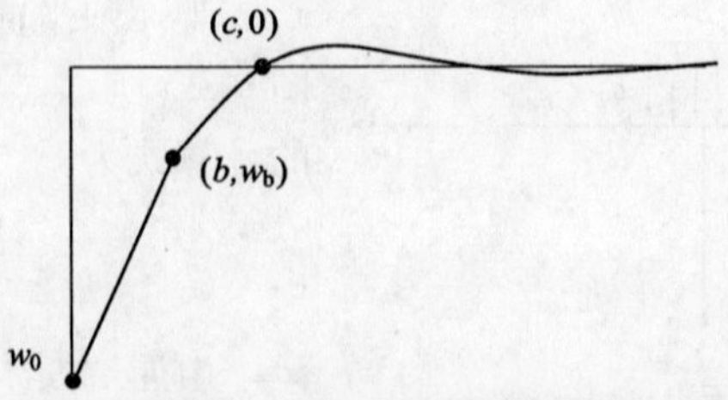

图9.25 地基板挠曲示意图

为了比较梅氏解和弹塑解的混凝土铺面极限承载力，将混凝土铺面极限承载力 P_s 表示为：

$$P_s = 4\pi M_s(1+\lambda_e)\varphi_i \tag{9.65}$$

式中：φ_i——极限承载力系数，梅氏解对应 $i=M$，弹塑性解对应 $i=E$。

$$\left.\begin{aligned} \xi_M &= \frac{1}{1-\dfrac{4\rho_a}{3\rho_b}} \\ \xi_E &= \frac{1-\dfrac{\varphi_b}{12(1+\lambda_e)}\rho_b^2}{1-\dfrac{4\rho_a}{3\rho_b}} \end{aligned}\right\} \tag{9.66}$$

不同荷载圆相比半径 ρ_a 时的 ξ_M、ξ_E 见图9.26，其中，梅氏解在 $\rho_a=2.925$ 时趋向无穷；在 ρ_a 很小时 ξ_M 偏大5%，$\rho_a=0.8$ 时 ξ_M 偏大10%。

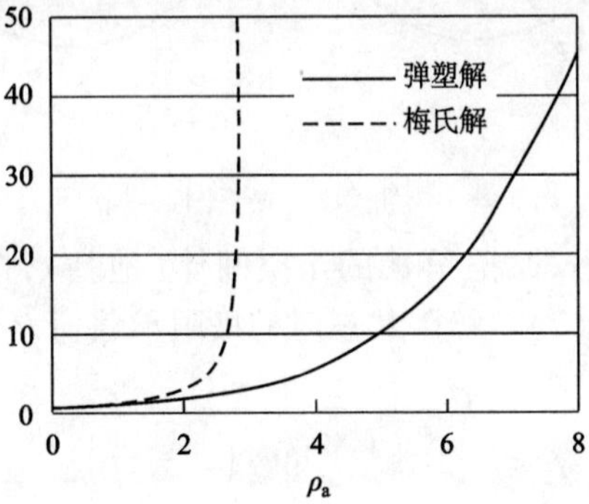

图9.26 混凝土铺面极限承载力系数 ξ

9.6 压模贯入问题

平面应变状态的压模问题是塑性力学中的经典问题,地基极限承载力、CBR 试验方法均为该问题的拓展。

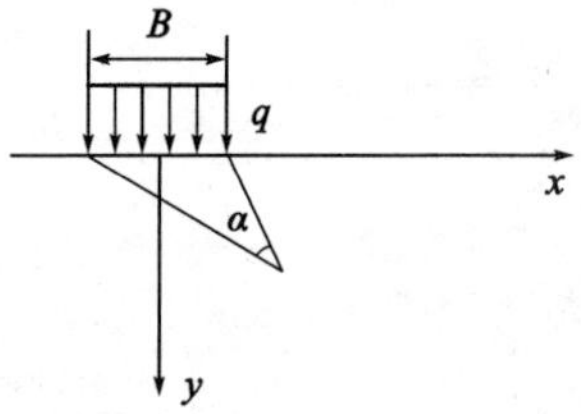

图 9.27 局部均布荷载作用下的半平面体

半无限平面理想弹塑性体,在宽度 B 的均布荷载 q 作用下,如图 9.27 所示。半无限平面体任一点附加应力两个主应力 σ_1、σ_3 的计算式为:

$$\begin{matrix}\sigma_1\\ \sigma_3\end{matrix} = \frac{q}{\pi}(2\alpha \pm \sin 2\alpha) \tag{9.67}$$

由屈瑞斯卡屈服条件得到任一点处于极限状态时,其主应力 σ_1、σ_3 满足如下条件:

$$\sigma_1 - \sigma_3 = \frac{2q}{\pi}\sin 2\alpha = 2k \tag{9.68}$$

当均布荷载 q 达到 πk 时,半平面体内形成以荷载宽度 B 为直径的半圆弧屈服面,结构将随之失稳,因此,半无限平面体的结构极限承载力 P_s 为:

$$P_s = \pi k B \tag{9.69}$$

半无限平面理想弹塑性体,在宽度 B 的刚性压模压入作用下(模压与半空间体之间光滑接触),半无限平面体在压模角点先进入屈服,逐渐扩展,直至屈服区连成一片,承载力达到极限,此时的屈服滑移区如图 9.28 所示。由滑移功原理求出极限承载力 P_s 的表达式为:

$$P_s = (2 + \pi)kB \tag{9.70}$$

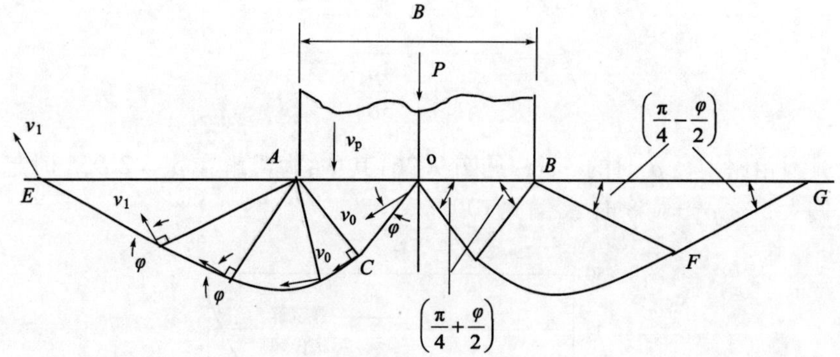

图 9.28 刚性模压下的半平面体屈服滑移区

对于岩土等具有黏结力 c,摩擦角 φ 的半空间体(地基),在宽度 B 的均布条形荷载作用时,附加应力计算式同式(9.67)。极限状态时的极限承载力 P_s 为:

$$P_s = \frac{\pi B}{1 + \tan\varphi\left(\varphi - \frac{\pi}{2}\right)}c \tag{9.71}$$

若条形荷载外有均布荷载 q_0 和计入地基自重 γ 影响(自重应力场假定为静水应力场),则极限状态的极限承载力 P_s 为:

$$\frac{P_s}{B}=\frac{\pi\tan\varphi}{1+\tan\varphi\left(\varphi-\frac{\pi}{2}\right)}\gamma z_{max}+\frac{1+\tan\varphi\left(\varphi+\frac{\pi}{2}\right)}{1+\tan\varphi\left(\varphi-\frac{\pi}{2}\right)}q_0+\frac{\pi}{1+\tan\varphi\left(\varphi-\frac{\pi}{2}\right)}c \tag{9.72}$$

式中：z_{max}——塑性区最大深度。

在基础工程中，$z_{max}=0$ 的荷载集度称之为临塑荷载，记作 q_{cr}；$z_{max}=B/4$ 荷载集度称之为临界荷载，记作 $q_{1/4}$。当内摩阻角 $\varphi=0$ 时，临塑荷载 q_{cr} 与临界荷载 $q_{1/4}$ 相同：

$$q_{cr}=q_{1/4}=q_0+\pi c \tag{9.73}$$

当条形基础刚性时，地基整体屈服时的屈服滑移区如图 9.29 所示。刚性基础与地基层间光滑时，地基极限承载力 P_s 计算式为：

$$\frac{P_s}{B}=cN_c+q_0N_q \tag{9.74}$$

式中：N_c、N_q——地基承载力因数：

$$\left.\begin{aligned}N_c&=\frac{c}{\tan\varphi}\left[e^{\pi\tan\varphi}\tan^2\left(\frac{\pi}{4}+\frac{\varphi}{2}\right)-1\right]\\N_q&=e^{\pi\tan\varphi}\tan^2\left(\frac{\pi}{4}+\frac{\varphi}{2}\right)\end{aligned}\right\} \tag{9.75}$$

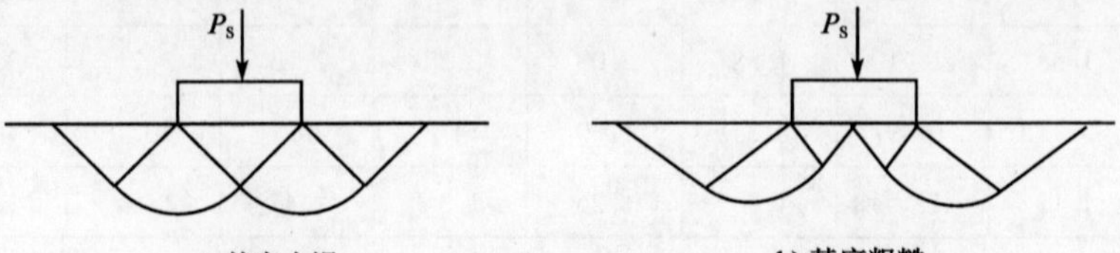

图 9.29 地基的屈服滑移区

刚性基础与地基之间的摩阻角与地基内摩角相等时，地基极限承载力 P_s 计算式中的因数 N_c、N_q 为：

$$\left.\begin{aligned}N_c&=\frac{1}{\tan\varphi}\left[\frac{e^{(1.5\pi-\varphi)\tan\varphi}}{2\cos^2\left(\frac{\pi}{4}+\frac{\varphi}{2}\right)}-1\right]\\N_q&=\frac{e^{(1.5\pi-\varphi)\tan\varphi}}{2\cos^2\left(\frac{\pi}{4}+\frac{\varphi}{2}\right)}\end{aligned}\right\} \tag{9.76}$$

图 9.30 给出了上述两种基底条件下的承载力因数 N_c、N_q 与内摩角 φ 之间的关系。

当圆形基础时，太沙基提出的地基极限承载力 P_s 经验式为：

$$\frac{P_s}{\pi a^2}=1.2cN_c+q_0N_q \tag{9.77}$$

Shield 等人于 1955 年和 1960 年应用滑移线法研究了纯黏性半空体上作用平头刚性作用下的承载力问题，研究指出，在基底光滑接触条件下，承载力平均集度 $\frac{P_s}{\pi a^2}=5.69c$，破裂面至

圆心的距离为 $L=1.58a$（图 9.31）；基底粗糙时，承载力平均集度 $P_s/\pi a^2 = 6.05c$，破裂面至圆心的距离为 $L=1.88a$。

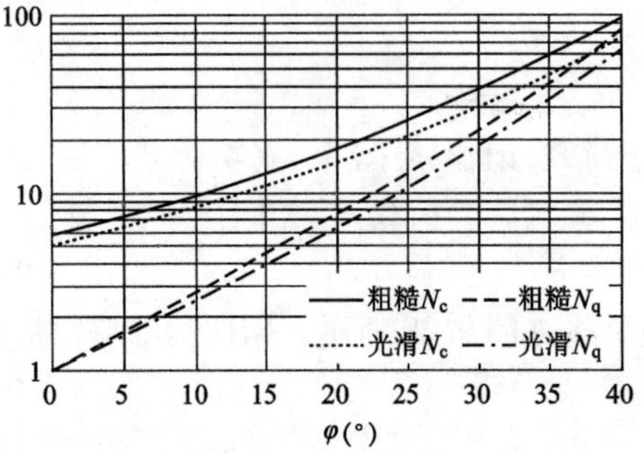

图 9.30 承载力因数 N_c、N_q 与内摩角 φ 的关系

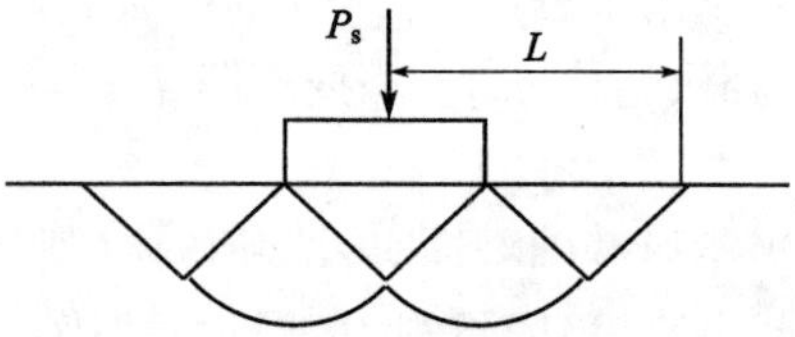

图 9.31 圆形基础的地基屈服滑移区

考虑材料内摩角的承载力问题由 Cox 等人用滑移线法求得，基底光滑时的承载力平均集度比 q/c（N_c）、破裂面距离比为 L/a 如表 9.2 所示。

圆形基础极限承载力的参数(1)[86]　　表 9.2

φ(°)	0	5	10	15	20	25	30	35	40
$N_c=q/c$	5.69	7.44	9.98	13.9	20.1	30.5	49.3	85.5	164
L/a	1.58	1.71	1.88	2.09	2.37	2.73	3.21	3.89	4.84
条形 N'_c	5.14	6.49	8.34	11.0	14.8	20.7	30.1	46.1	75.3
N_c/N'_c	1.11	1.15	1.20	1.26	1.36	1.47	1.64	1.85	2.18

从表 9.2 的 N_c/N'_c 数值可发现，在 $\varphi>10°$ 时，太沙基公式偏保守。

Cox 等人求得的圆形基础承载力是一下限值。Berezancev 按轴对称问题求解得到的圆形基础承载力计算式为：

$$\frac{P_s}{\pi a^2} = cN_c + q_0 N_q \tag{9.78}$$

式中：N_c、N_q——φ 的函数，如表 9.3 所示。

圆形基础极限承载力的参数(2)[86]　　表 9.3

φ(°)	16	18	20	22	24	26	28	30	32	34	36	38	40
N_q	4.5	6.5	8.5	10.8	14.6	18.6	24.8	32.8	45.5	64	87.6	127	185
N_c	12.8	16.8	20.9	24.6	29.7	36.4	45	55.4	71.5	93.6	120	161	219
L/a	1.44	1.50	1.58	1.65	1.73	1.82	1.91	1.99	2.11	2.22	2.34	2.45	2.61

无黏的粒料上作用平头刚性作用下的承载力可表示为：

$$\frac{P_s}{\pi a^2} = \lambda_t \frac{\gamma B}{2} N_r + \lambda_t \gamma D N_q \tag{9.79}$$

上式中的 N_γ、N_q 为条形基础的承载力系数；λ_γ、λ_q 为圆形基础形状系数，$\varphi=30°$ 时，$\lambda_\gamma=0.94$、$\lambda_q=0.91$，$\varphi=40°$ 时，$\lambda_\gamma=1.18$、$\lambda_q=1.23$。

9.7 劈裂和双冲模试验

9.7.1 试验方法

劈裂试验是测定道路材料，如水泥混凝土、沥青混凝土和无机结合料稳定粒料的拉伸强度的常用方法，劈裂试验常用分裂圆柱方案，如图 9.32 所示。

双冲模试验是二十世纪七十年代提出的，目前在水泥混凝土、岩石和土壤强度测定得到较广的应用。双冲模试验将圆柱试件竖直放置在两加载平板之间，通过圆柱上下表面中心处的两个钢冲模施加压力(图 9.33)。

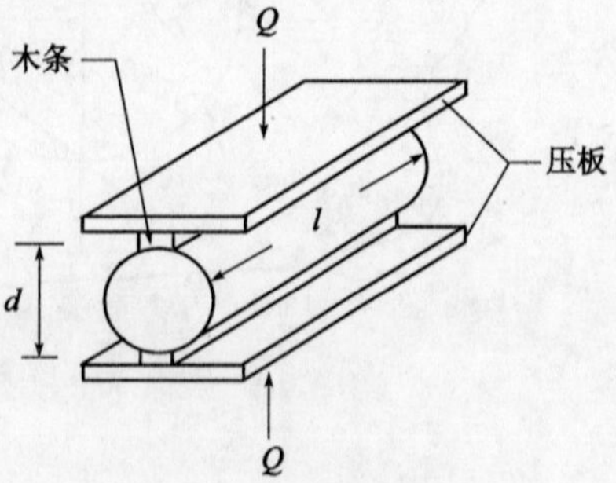

图 9.32 分裂圆柱的劈裂试验

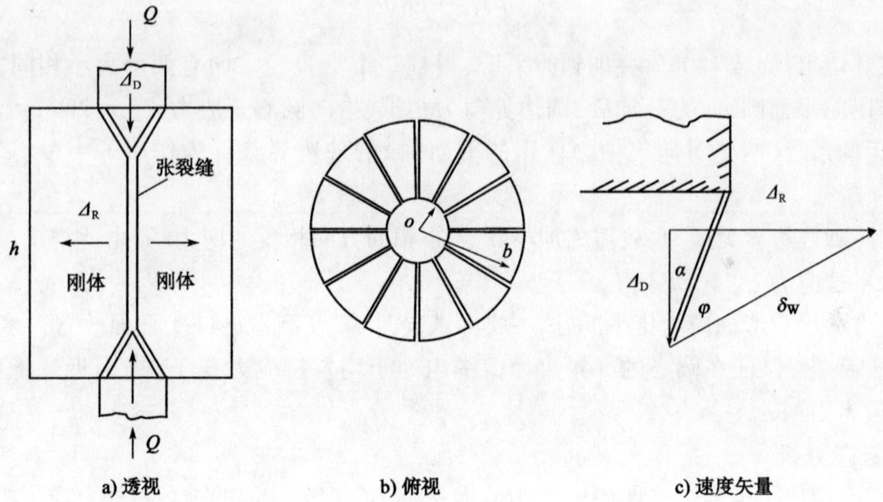

图 9.33 双冲模试验

9.7.2 劈裂试验的应力分析

(1)弹性分析

平面应变的半平面体在竖向分布集中力 P 作用下[图 9.34a)]，距集中力作用点 r 处的应力如式(3.42)所示，即：

$$\sigma_r=\frac{2P}{\pi r}\cos\theta,\sigma_\theta=0,\tau_{r\theta}=0$$

取直径 d 且与集中力作用点 A 相切的圆，对于圆上任一点 D，有 $d\cos\theta=r$。因此，上式中径向应力 σ_r 表示为：

$$\sigma_{\mathrm{r}} = \frac{2P}{\pi d} \tag{9.80}$$

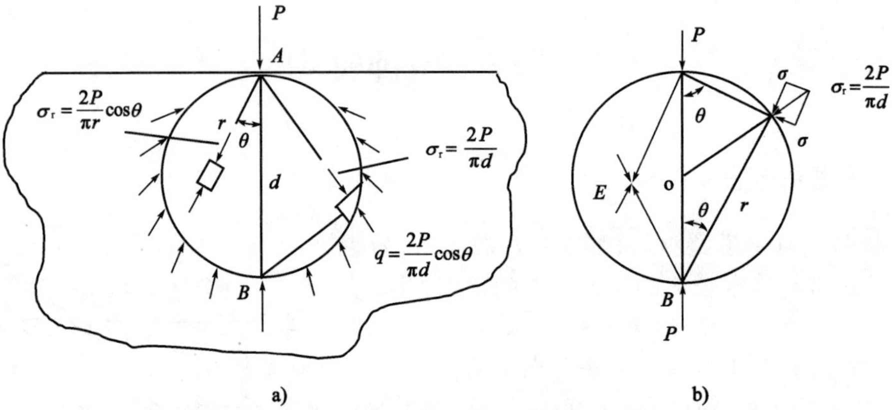

图 9.34　圆板内的应力

对于 D 点的圆弧处的指向圆心的应力 q 则为：

$$q = \frac{2P}{\pi d}\cos\theta \tag{9.81}$$

将该圆切出，旋转 180°后叠加到原系统，得到一个沿直径方向有两个大小相同方向相反集中力作用的平面圆，应力叠加后，圆边界剪力相抵，指向圆心正应力 $\sigma_{\mathrm{d}} = 2P/\pi d$ 。也就是说，叠加后的系统（两个对向集中力作用的平面圆）的外边界条件为作用了一个均匀径向压力 σ_{d}。

但实际圆柱边界无应力，故需施加与 σ_{d}大小相同方向相反的应力场，由此推出，竖直直径方向的水平拉应力 $\sigma_{\theta} = 2P/\pi d$ 。

上述方法没有考虑应力集中问题，在实际试验时，需在圆柱试件上下面放置一宽度 $2a < 1/12d$ 的垫条，可保证在圆心的 3/4 直径范围内处于均匀拉应力 σ_{θ}，垫条附近处于压应力状态，最大值为力 $18\sigma_{\theta}$。

（2）极限分析

图 9.35 示出了由两个刚性楔形区 ABC 及裂缝 CC 相连构成的被坏机构。应用机构内、外能量相等的原理得到：

$$P = \frac{\alpha}{\sin\alpha}\left\{\frac{f_{\mathrm{c}}(1-\sin\phi)}{\cos(\alpha+\phi)} - f_{1}\left[2\cos\alpha\tan(\alpha+\phi) - d\tan(\alpha+\phi)\right]\right\} \tag{9.82}$$

当 α 满足下列条件时，得到竖向分布集中力 P 最小值。

$$\cot\alpha_{\min} = \tan\phi + \sec\phi\sqrt{1-\left(\frac{d}{a}\right)\frac{f_{\mathrm{t}}\cos\phi}{f_{\mathrm{c}}(1-\sin\phi)-2f_{\mathrm{t}}\sin\phi}} \tag{9.83}$$

将上式的 $\alpha_{\min}$ 值代入式（9.82）就可得到承载力 P 的上限解，即劈裂强度的下限解。对于水泥混凝土标准化劈裂试验（ASTM-C649-62T）而言，$2a = 1/12d$，$f_{\mathrm{c}}/f_{\mathrm{t}} = 10$，$\phi = 30°$时，$\alpha_{\min} = 16.1$，则劈裂强度的下限解：$f_{\mathrm{t}} \geqslant 0.548P/d$。另外，有劈裂强度的上限解：$f_{\mathrm{t}} \leqslant 0.71P/d$。

9.7.3 双冲模试验的应力分析

(1)极限分析

图9.33给出了圆柱试件的双冲模试验的假想破坏机构，它由多条径向张开和冲模正下方的两锥形破裂面组成。锥形作刚体运动时，周围材料产生横向水平位移。由外荷载功与内耗损率相等原则，得到外荷载上限值：

$$\frac{P}{\pi a^2}=\frac{f_c(1-\sin\phi)}{2\sin\alpha\cos(\alpha+\phi)}+f_t\tan(\alpha+\phi)\left(\frac{hb}{a^2}-\cot\alpha\right) \tag{9.84}$$

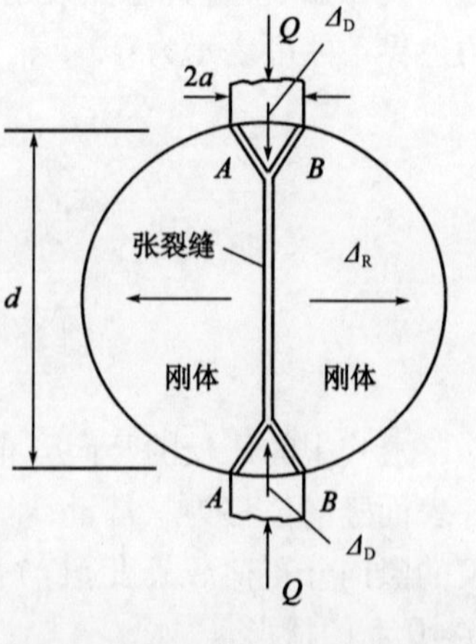

图9.35 圆柱劈裂的极限状态

式中：α——未知锥角；

a——冲模半径；

b、h——试件半径与高；

ϕ——锥体表面与破裂面接触点的相对速度倾角。

当α满足$\frac{\partial P}{\partial \alpha}=0$，即式(9.85)时，外荷载得到最小值。

$$\left.\begin{aligned}&\cot\alpha_{\min}=\tan\phi+\sec\phi\sqrt{1-\frac{bh}{a^2}\cdot\frac{2f_t\cos\phi}{f_c(1-\sin\phi)-2f_t\sin\phi}}\\&\tan\alpha\geqslant\frac{2a}{h}\end{aligned}\right\} \tag{9.85}$$

式(9.84)可简化为：

$$\frac{P}{\pi a^2}=f_t\left[\frac{hb}{\alpha^2}\tan(2\alpha+\phi)-1\right] \tag{9.86}$$

由此得到双冲模试件的拉伸强度计算式为：

$$f_t=\frac{P}{\pi(khb-a^2)} \tag{9.87}$$

系数k值对双冲模试验所用试件和压模尺寸不太敏感，对于$f_c/f_t=10$，$\phi=30°$的典型值，且假设$2a=38.0\text{mm}$，$2b=150.0\text{mm}$，$h=200\text{mm}$，得到$a_{\min}=10°$，$k=1.19$。必须指出，当$b/a>5$或$h/2a>5$时，锥体顶部裂缝下穿扩展将起主导作用。因此，对于比值$b/a>5$或$h/2a>5$的情况，采用式(9.87)时应用极限值$b=5a$或$h=10a$代替。

在测试混凝土强度时，建议试件尺寸$2a=38.0\text{mm}$、$2b=150\text{mm}$、$h=150\text{mm}$，k取1.20；测试岩石强度时，$b/h=1$，$a/b=1/4$，k取1.20；测试土体强度时，可用CBR试件，k取1.0。

双冲模试验与普通圆柱劈裂试验相比，有三个主要优点：①试验较简单；②可以采用低吨位试验机；③可得到较真实的拉伸强度，在分裂圆柱试验中，试件破裂面可予先确定的，而双冲模试验的破坏面不是予先确定的，因此，最弱面便是破坏面，这说明由双冲模试验得到的强度，总是低于分裂圆柱试验的强度。

(2)弹性分析

双冲模试件的弹性状态属轴对称柱体问题，可采用第三章轴对称柱体的乐甫位移函数式

(3.31)求解,柱坐标原点设于双冲模试件中点,在不计压模与试件间水平摩阻条件下,该问题的边界条件可表示为:

$$\left.\begin{aligned}&\tau_{zr}\big|_{z=0}=w\big|_{z=0}=0\\&\tau_{zr}\big|_{z=\frac{h}{2}}=0\\&\sigma_z\big|_{z=\frac{h}{2}}=\begin{cases}-p(r) & r\leqslant a\\ 0 & r>a\end{cases}\\&\tau_{zr}\big|_{r=R}=\sigma_r\big|_{r=R}=0\end{aligned}\right\}\tag{9.88}$$

上式中的压模的竖向分布荷载集度 $p(r)$ 需通过试算确定,试算条件为在 $r\leqslant a$ 范围内,试件表面竖向位移为一常量,即:$w(h/2,r)=w_0$,根据试算发现,在 $a/R\leqslant 1/3$、$h/R\leqslant 2$ 条件下,压模的竖向分布荷载集度 $p(r)$ 与半空体上作用刚性承载板的情况十分相近,即如式(3.41)中 $m=0.5$ 的情形。

试件截面的最大拉应力位于 $r=0$ 的中心轴,在材料泊松比 $v=0.25$ 和试件高径比 $h/R=1.5$ 条件下,三种 a/R 值时的拉应力系数 $\xi\ [\sigma(0,z)\pi R^2/P]$ 分布如图 9.36 所示。从图 9.36 可看到,当 a/R 值较小时,试件轴线拉应力最大值出现在靠近压头下方,随着压模半径 a 的增大,试件轴线拉应力最大值有所下降,出现位置逐渐移至试件中点,且试件中段较大范围内拉应力值基本不变。为了避免在给定点破坏,似乎以试件中部拉应力为最大控制设计较合理。试件轴线拉应力最大值从压头下方移至试件中点的临界 (a/R) 值随着试件高径比 h/R 缩小或材料泊松比 v 增大而增大,如图 9.37 所示。

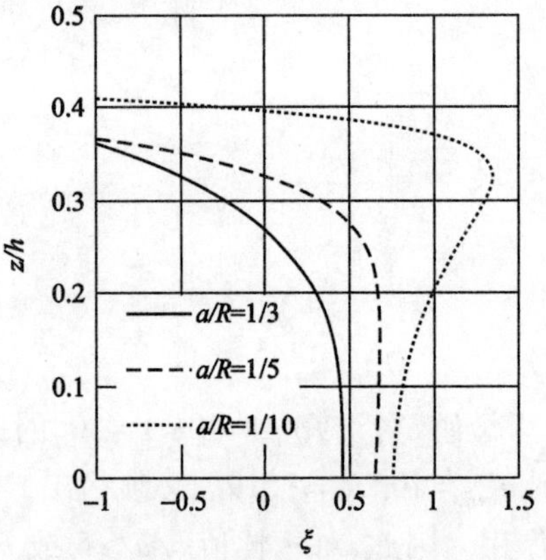

图 9.36 拉应力系数 ξ 分布图

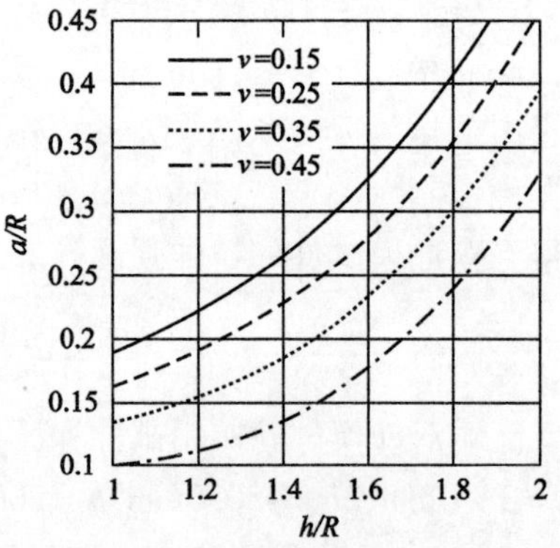

图 9.37 $\sigma(0,z)$ 最大值出现位置的分界图

图 9.38 给出了上述测试混凝土和岩石强度的推荐条件(试件尺寸、压头尺寸)下,最大和中点拉应力系数 ξ_m、ξ_0 与泊松比 ν 的两条关系曲线,及按代入式(9.87)求得的两个拉应力系数 ξ 值(混凝土:0.428,岩石:0.879)。从图 9.38 可以看到:对于混凝土试件而言,最大拉应力位于压模下方,而对岩石的试件而言,最大拉应力位于试件中点;两试件的最大拉应力系数均随着材料泊松比的增大而言,由于式(9.87)不含材料泊松比参数,因此,其适用范围有限;其中,式(9.87)混凝土拉应力系数 $\xi_c=0.428$ 为泊松比 $\nu=0.25$ 的弹性解结果,而式(9.87)岩石拉应力系数 $\xi_r=0.879$ 仅为泊松比 $v=0.18$ 的弹性解结果。

在 $a/R=0.2\sim0.5$,$h/R=1\sim2$ 范围内,试件中点拉应力系数 ξ_0 与 a/R、h/R 及 ν 的近似关

系式为：

$$
\left.\begin{aligned}
\xi_0 &= \left[1 + A\left(1 - \frac{\nu}{0.25}\right)\right]\xi_{0.25} \\
\xi_{0.25} &= B - C\left(\frac{a}{R}\right) \\
A &= 0.176\left(\frac{h}{R}\right)^2 - 0.862\left(\frac{h}{R}\right) + 1.21 \\
B &= 0.410\left(\frac{h}{R}\right)^2 - 2.25\left(\frac{h}{R}\right) + 3.38 \\
C &= 1.37\left(\frac{h}{R}\right)^2 - 6.26\left(\frac{h}{R}\right) + 7.70
\end{aligned}\right\} \tag{9.89}
$$

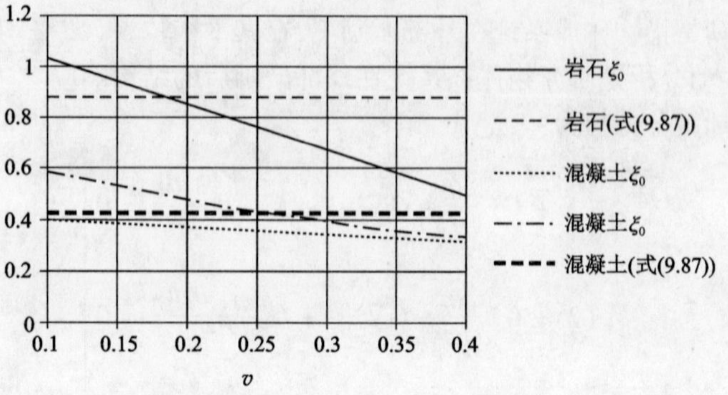

图 9.38　两种典型条件下的拉应力系数 ξ

单冲模时的试件受力状态较双冲模试件的受力状态更复杂，需考虑单冲模试件底面与加载基座之间的摩阻影响。若单冲模试件底面与加载基座光滑无摩阻，则单冲模时的试件受力状态与 $h/2$ 高度的双冲模试件的受力状态相同。

10 动态问题

10.1 概　　述[87,88]

在静态或准静态问题中，材料惯性是被忽略的，结构的材料惯性不能忽略的问题称之为动态问题。结构的动态问题可分为波的传播和振动两大问题。波传播主要研究应力波、应变波的传播速度。振动是指物体或系统在外部激励下，在其平衡位置（或平均位移）附近作来回往复的振荡运动，振动分析是研究物体或系统在外部激励后的结构响应。

弹性体的运动微分方程为：

$$\left.\begin{aligned}(\lambda+G)\frac{\partial\theta}{\partial x}+G\nabla^2u_x+f_x-\rho\frac{\partial^2u_x}{\partial t^2}=0\\(\lambda+G)\frac{\partial\theta}{\partial y}+G\nabla^2u_y+f_y-\rho\frac{\partial^2u_y}{\partial t^2}=0\\(\lambda+G)\frac{\partial\theta}{\partial z}+G\nabla^2w+f_z-\rho\frac{\partial^2w}{\partial t^2}=0\end{aligned}\right\}\tag{10.1}$$

式中：θ——体应变，$\theta=\frac{\partial u_x}{\partial x}+\frac{\partial u_y}{\partial y}+\frac{\partial w}{\partial z}$；

ρ——材料密度；

f_x、f_y、f_z——体力分量。

对于黏弹性材料，材料参数 λ、G 均与时间有关，故与其乘积项变为其增量的卷积项。式(10.1)则改写为：

$$\left.\begin{aligned}\left[\lambda(t)+G(t)\right]*\mathrm{d}\left(\frac{\partial\theta}{\partial x}\right)+G(t)*\mathrm{d}\nabla^2u_x+f_x-\rho\frac{\partial^2u_x}{\partial t^2}=0\\\left[\lambda(t)+G(t)\right]*\mathrm{d}\left(\frac{\partial\theta}{\partial y}\right)+G(t)*\mathrm{d}\nabla^2u_y+f_y-\rho\frac{\partial^2u_y}{\partial t^2}=0\\\left[\lambda(t)+G(t)\right]*\mathrm{d}\left(\frac{\partial\theta}{\partial z}\right)+G(t)*\mathrm{d}\nabla^2w+f_z-\rho\frac{\partial^2w}{\partial t^2}=0\end{aligned}\right\}\tag{10.2}$$

式中：$*$——卷积符，$f_1(t)*f_2(t)=\int_0^t f_1(t-\tau)f_2(t)\mathrm{d}\tau$。

振动系统可分为离散系统和连续系统两大类。离散系统由集中参数元件组成，集中元件有质量、弹簧、阻尼器 3 种，其中，质量元件只具有惯性，弹簧元件只有弹性，阻尼器是耗能元件，离散系统的运动在数学上用常微分方程描述。连续系统是由质量不可集中的杆、梁、板、壳等构件组成，其运动须用偏微分方程描述。

根据激励类型，振动可分为自由振动、强迫振动、自激振动和参数振动四类，后两种振动在土木工程中不常见。自由振动是指振动系统对初始激励（初始位移、初始速度等）的响应；强迫振动是指系统承受持续激励时的系统响应。

建立振动系统的运动方程有两种，一是基于牛顿第二定律的动静法，另一种是基于能量描述和变分法的拉格朗日方程和哈密顿原理方法。

动静法就是根据牛顿第二定律，在质点上所有力（弹性恢复力、阻力、约束反力、给定的外载荷等）的矢量和等于其惯性质量与其加速度矢量之积，即：

$$\sum_i F_i = ma \tag{10.3}$$

对于具有完整约束的质点系，拉格朗日第二类方程为：

$$\left.\begin{aligned} &\frac{\mathrm{d}}{\mathrm{d}t}\left(\frac{\partial T}{\partial \dot{q}_j}\right) - \frac{\partial T}{\partial q_j} = Q_j \qquad j = 1,2,\cdots n \\ &\dot{q} = \frac{\partial q}{\partial t} \end{aligned}\right\} \tag{10.4}$$

式中：q_j——系统的第 j 个广义坐标；

T——系统的动能，对于常定的完整约束，动能是速度分量的二次齐次函数，与位移无关；

Q_j——作用于系统的所有主动力关于广义坐标 q_j 的广义力。当主动力为有势力时，广义力可表示为：

$$Q_j = -\frac{\partial U}{\partial q_j} \quad j = 1,2,\cdots,n \tag{10.5}$$

系统的动能与势能之差可称之为拉格朗日函数：$L = T - U$。考虑到势能与速度无关，因此，式(10.4)改写为：

$$\frac{\mathrm{d}}{\mathrm{d}t}\left(\frac{\partial L}{\partial \dot{q}_j}\right) - \frac{\partial L}{\partial q_j} = 0 \qquad j = 1,2,\cdots,n \tag{10.6}$$

哈密顿原理指出：对于保守系统而言，系统在给定初始和最终运动状态之间的真正运动，它和运动学上许可的运动的区别在于，对于真正的运动来说，哈密顿作用量的变分等于零。也就是说，真正运动的哈密顿作用量有极值，即：

$$\delta\int_{t_1}^{t_2} L\mathrm{d}t = 0 \tag{10.7}$$

哈密顿原理常用于建立连续弹性体的运动微分方程，拉格朗日方程主要用于建立离散系统的运动微分方程。

10.2 波的传播

10.2.1 无旋波与等容波

如弹性体的位移有势，位移 u_x、u_y、w 可表示为：

$$\left.\begin{aligned} u_x &= \frac{\partial\psi}{\partial x} \\ u_y &= \frac{\partial\psi}{\partial y} \\ w &= \frac{\partial\psi}{\partial z} \end{aligned}\right\} \tag{10.8}$$

式中：ψ——位移势函数，$\psi=\psi(x,y,z)$这种位移称为无旋位移，因为：$\theta_z=\frac{1}{2}\left(\frac{\partial u_y}{\partial x}-\frac{\partial u_x}{\partial y}\right)=0$，

$\theta_x=\frac{1}{2}\left(\frac{\partial w}{\partial y}-\frac{\partial u_y}{\partial z}\right)=0$，$\theta_y=\frac{1}{2}\left(\frac{\partial u_x}{\partial z}-\frac{\partial w}{\partial x}\right)=0$。

在无旋位移状态下，体应变则为：

$$\theta=\frac{\partial u_x}{\partial x}+\frac{\partial u_y}{\partial y}+\frac{\partial w}{\partial z}=\nabla^2\psi$$

从而有：

$$\frac{\partial\theta}{\partial x}=\frac{\partial}{\partial x}\nabla^2\psi=\nabla^2u_x,\frac{\partial\theta}{\partial y}=\nabla^2u_y,\frac{\partial\theta}{\partial z}=\nabla^2w$$

在不计体力情况下，将上式代入式(10.1)，整理得到无旋波的波动方程：

$$\left.\begin{aligned} \frac{\partial^2u_x}{\partial t^2} &= c_1^2\,\nabla^2u_x \\ \frac{\partial^2u_y}{\partial t^2} &= c_1^2\,\nabla^2u_y \\ \frac{\partial^2w}{\partial t^2} &= c_1^2\,\nabla^2w \end{aligned}\right\} \tag{10.9}$$

其中，$c_1=\sqrt{\frac{E(1-\nu)}{(1+\nu)(1-2\nu)\rho}}=\sqrt{\frac{\lambda+2\mu}{\rho}}$。

若弹性体的体应变为零($\theta=0$)，这种位移称之为等容位移，相应于该状态的弹性波称之为等容波。等容波的波动方程则为：

$$\left.\begin{aligned} \frac{\partial^2u_x}{\partial t^2} &= c_2^2\,\nabla^2u_x \\ \frac{\partial^2u_y}{\partial t^2} &= c_2^2\,\nabla^2u_y \\ \frac{\partial^2w}{\partial t^2} &= c_2^2\,\nabla^2w \end{aligned}\right\} \tag{10.10}$$

其中，$c_2=\sqrt{\frac{\mu}{\rho}}$。

可以证明，c_1就是无旋波的传播速度，而c_2是等容波的传播速度。

10.2.2 弹性波传播速度

长杆右端受到突加轴向力ΔN，波速增量$\Delta\left(\frac{\partial u_x}{\partial t}\right)$，从而产生冲量$-\Delta N\mathrm{d}t$，该冲量导致微量

增加量为$(\rho A\mathrm{d}x)\Delta\left(\frac{\partial u_x}{\partial t}\right)$。由冲量—动量守恒定理：

$$(\rho A\mathrm{d}x)\Delta\left(\frac{\partial u_x}{\partial t}\right) = -\Delta N\mathrm{d}t \tag{10.11}$$

上式中，波的传播速度 $\mathrm{d}x/\mathrm{d}t$，记作 c。对于质点位移速度增量 $\Delta\left(\frac{\partial u_x}{\partial t}\right)$与应变的关系为：

$$\Delta\left(\frac{\partial u_x}{\partial t}\right) = -c\Delta\varepsilon \tag{10.12}$$

联立上述二式得到弹性波在长杆中的传播速度为：

$$c = \sqrt{\frac{\Delta N}{\rho A\Delta\varepsilon}} = \sqrt{\frac{\Delta\sigma}{\rho\Delta\varepsilon}} = \sqrt{\frac{E}{\rho}} \tag{10.13}$$

平面弹性波有纵波和横波两种传播方式，纵波是指弹性体的质点运动方向平行于弹性波传播的方向；横波是指弹性体的质点运动方向垂直于弹性波传播的方向。

取 x 轴为纵波的传播方向，弹性体的位移分量可表示为：

$$\left.\begin{aligned} u_x &= u_x(x,t) \\ u_y &= 0 \\ w &= 0 \end{aligned}\right\} \tag{10.14}$$

由此可得到：

$$\left.\begin{aligned} \theta &= \frac{\partial u_x}{\partial x} \\ \frac{\partial\theta}{\partial x} &= \frac{\partial^2 u_x}{\partial x} \\ \frac{\partial\theta}{\partial y} &= 0 \\ \frac{\partial\theta}{\partial z} &= 0 \end{aligned}\right\}$$

$$\left.\begin{aligned} \nabla^2 u_x &= \frac{\partial^2 u_x}{\partial x^2} \\ \nabla^2 u_y &= 0 \\ \nabla^2 w &= 0 \end{aligned}\right\}$$

代入运动微分方程，则有：

$$\frac{\partial^2 u_x}{\partial t^2} = c_1^2\frac{\partial^2 u_x}{\partial x^2} \tag{10.15}$$

微分方程式(10.12)的通解为：

$$u_x = f_1(x - c_1 t) + f_2(x - c_1 t) \tag{10.16}$$

式中：f_1，f_2——任意函数。

现讨论横波，仍以 x 轴作波传播方向，y 轴作质点运动方向，则位移分量 u_x、u_y、w 可表示为：

$$\left.\begin{aligned} u_x &= 0 \\ u_y &= u_y(x,t) \\ w &= 0 \end{aligned}\right\} \tag{10.17}$$

由此可得到：

$$\theta = 0$$

$$\nabla^2 u_x = 0$$

$$\nabla^2 u_y = \frac{\partial^2 u_y}{\partial x^2} = 0$$

$$\nabla^2 w = 0$$

代入运动微分方程，则有：

$$\frac{\partial^2 u_y}{\partial t^2} = c_2^2 \frac{\partial^2 u_y}{\partial x^2} \tag{10.18}$$

微分方程式(10.18)的通解为：

$$u_y = f_1(x - c_2 t) + f_2(x - c_2 t) \tag{10.19}$$

式中：f_1，f_2——任意函数。

当弹性体有自由边界时，在距自由边界较近处的波传播会受到自由边界的影响，此问题最早由瑞利解得，故称之为瑞利波或表面波。由于自由边界的影响，表面波的传播速度 c_3 小于平面纵波传播速度 c_1 和横波传播速度 c_2，表面波的传播速度 c_3 可按下式确定：

$$\left(\frac{c_3}{c_2}\right)^6 - 8\left(\frac{c_3}{c_2}\right)^4 + 8\left(\frac{2-\nu}{1-\nu}\right)\left(\frac{c_3}{c_2}\right)\frac{8}{1-\nu} = 0 \tag{10.20}$$

式(10.20)的解可近似为：

$$c_3 = (0.8741 + 0.1994\nu - 0.0733\nu^2)c_2$$

由式(10.13)、式(10.15)、式(10.18)和式(10.20)可知，长杆弹性波为材料弹性模量 E 和密度 ρ 的函数，而平面纵、横波和表面波的传播速度为弹性模量 E、泊松比 ν 和材料密度 ρ 的函数，其中，E、ρ 的影响是相同的，唯有 ν 的影响各不相同。图 10.1 给出了泊松比 ν 对四种传播速度的影响图。从图 10.1 可以看到，平面纵波速度 c_1 最大，长杆弹性波速度 c 次之，横波速度 c_2 居其三，表面波速度 c_3 最小；随着泊松比 ν 的增大，c 不变，c_1 随之增大且增长速率越来越快，而 c_2、c_3 随之渐渐减小。

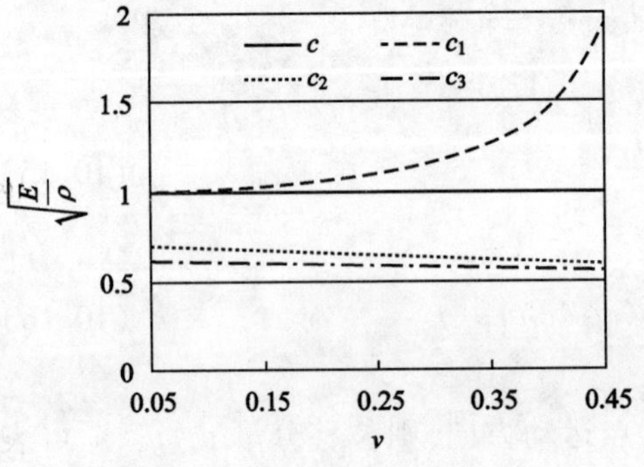

图 10.1 泊松比对四种传播速度的影响

表 10.1 给出了土基和常用铺面材料的纵波波速 c_1、横波波速 c_2 和表面波波速 c_3，从中可以看到，纵波波速与横波波速之比 c_2/c_1 在 0.4 ~ 0.65 之间，纵波波速与横波波速之比 c_2/c_1 在 0.90 ~ 0.94 之间；铺面材料的纵波波速均高达数千米每秒，土基材料的纵波波速为每秒一二百米，横波和表面波只有数十米。道路上行驶车辆的速度为数十米每秒，因此，对于铺面材料而言，车速对弹性波的影响可忽略，但对于土基材料而言，车辆行驶速度的影响可能需计入。

土基和常用铺面材料的纵波、横波及表面波的波速 表 10.1

材料		土基材料			半刚性材料	沥青混凝土	水泥混凝土
密度 ρ (kg/m^3)		1 600	1 800	1 800	2 200	2 400	2 400
弹性模量 E (MPa)		10	20	40	3 000	5 000	30 000
泊松比 ν		0.4	0.35	0.35	0.25	0.35	0.15
波速(m/s)	纵波 c_1	116	134	189	1 279	1 829	3 633
	横波 c_2	47	64	91	739	878	2 331
	表面波 c_3	44	60	85	679	821	2 103
$\frac{c_2}{c_1}=\sqrt{\frac{1-2\nu}{2(1-\nu)}}$		0.41	0.48	0.48	0.58	0.48	0.64
c_3/c_2		0.94	0.93	0.93	0.92	0.93	0.90

10.2.3 黏性影响

黏性对长杆弹性波、平面纵、横波和表面波的传播速度无影响,但对波强度(波幅)有明显的衰减作用。

[例 10.1] 麦氏材料长杆左端突加冲击轴向力 N,求应力波在传播过程中衰减规律。

麦氏材料长杆的本构方程为:$\sigma+\eta\mathrm{d}\sigma/k\mathrm{d}t=\eta\mathrm{d}\varepsilon/\mathrm{d}t$。波的传播速度 $c=\sqrt{k/\rho}$。

在波迹面上两个相邻二点的应力、应变增量 $\Delta\sigma$、$\Delta\varepsilon$ 的关系为:

$$\frac{\eta}{k}\Delta\left(\frac{\mathrm{d}\sigma}{\mathrm{d}t}\right)=-\Delta\sigma+\eta\Delta\left(\frac{\mathrm{d}\varepsilon}{\mathrm{d}t}\right) \tag{a}$$

长杆的动力学相容关系式如式(b)所示,运动方程如式(c)所示。

$$\Delta\dot{u}_x=-\frac{1}{\rho c}\Delta\sigma \tag{b}$$

$$\frac{\partial\sigma}{\partial x}=\rho\frac{\partial^2 u_x}{\partial t^2} \tag{c}$$

将式(b)代入式(a),并应用应变位移关系,则得:

$$\frac{\eta}{k}\Delta\dot{\sigma}=\rho c\Delta\dot{u}_x+\eta\frac{\partial\Delta\dot{u}_x}{\partial x} \tag{d}$$

对动力学相容方程取,对 x 全微分

$$\frac{\mathrm{D}}{\mathrm{D}x}(\Delta\dot{u}_x)=-\frac{1}{\rho c}\frac{\mathrm{D}}{\mathrm{D}x}(\Delta\sigma)=-\frac{1}{\rho c}\left(\frac{\partial\Delta\sigma}{\partial x}+\frac{\partial\Delta\sigma}{\partial t}\frac{\mathrm{d}t}{\mathrm{d}x}\right) \tag{e}$$

式(e)中,$\mathrm{d}x/\mathrm{d}t$ 为波速 c,将式(c)代入,则得:

$$\Delta\dot{\sigma}=-\rho c^2\left(\Delta\frac{\mathrm{D}\dot{u}_x}{\mathrm{D}x}+\frac{1}{c}\Delta\ddot{u}_x\right) \tag{f}$$

将式(f)代入式(d),注意到$\frac{\partial}{\partial x}(\Delta\dot{u}_x)+\frac{1}{c}(\Delta\ddot{u}_x)=\frac{\mathrm{D}\Delta\dot{u}_x}{\mathrm{D}x}$,整理得到长杆波阵面传播时速度阶跃的微分方程:

$$2\frac{\mathrm{D}}{\mathrm{D}_x}(\Delta\dot{u}_x)+\frac{k}{\eta c}\Delta\dot{u}_x=0 \tag{g}$$

方程(g)的解为:

$$\Delta\dot{u}_x=B\mathrm{e}^{\left(-\frac{k}{2\eta c}x\right)} \tag{h}$$

轴向应力 σ 的阶跃为:

$$\sigma=\frac{N}{A}\mathrm{e}^{\left(-\frac{k}{2\eta c}x\right)} \tag{i}$$

强制简谐挠动的相位传播速度大于弹性波传播速度,且随着简谐频率的增加而不断加快。对于长杆,其相位传播速度 D 为:

$$D=\frac{1}{\sqrt{\rho[G_1(\omega)+\mathbf{i}G_2(\omega)]}} \tag{10.21}$$

式中:$G_1(\omega)$、$G_2(\omega)$——材料复柔度实部和虚部,见第8章表8.3。

对于平面波来说,纵波的相位传播速度 D_1、横波的相位传播速度 D_2 分别为:

$$\left.\begin{aligned}D_1&=\mathrm{Re}\sqrt{\frac{\lambda(\mathbf{i}\omega)+2\mu(\mathbf{i}\omega)}{\rho}}\\D_2&=\mathrm{Re}\sqrt{\frac{\mu(\mathbf{i}\omega)}{\rho}}\end{aligned}\right\} \tag{10.22}$$

10.3 离散系统的振动

10.3.1 振动方程一般解

离散系统只有有限个自由度数,而连续系统具有无限多个自由度数。自由度定义为:完全描述一个振动系统运动所需要的独立坐标的个数。

离散系统振动方程的一般形式如下:

$$[m][\ddot{u}]+[c][\dot{u}]+[k][u]=[F] \tag{10.23}$$

其中,$[m]$为质量矩阵、$[c]$为阻尼矩阵、$[k]$为刚度矩阵,它们为对称阵,且质量矩阵为对角阵,它们的维数与系统自由度数相同。$[u]$为广义坐标的位移向量,$[m][\ddot{u}]$为惯性力项,$[c][\dot{u}]$为阻尼力项,$[k][u]$为弹性力项,$[F]$为外力项。

当无阻尼且无外力时,振动方程则简化为:

$$[m][\ddot{u}]+[k][u]=0 \tag{10.24}$$

对于任一自由度,均为简谐振动,其频率 ω 满足下式:

$$[k]-\omega^2[m]=0 \tag{10.25}$$

式(10.25)也可改写为:

$$\Delta(\omega^2)\begin{vmatrix} k_{11}-\omega^2 m_1 & k_{12} & \cdots & k_{1n} \\ k_{21} & k_{22}-\omega^2 m_2 & \cdots & k_{2n} \\ \vdots & \vdots & & \vdots \\ k_{n1} & k_{n2} & \cdots & k_{nn}-\omega^2 m_n \end{vmatrix}=0 \tag{10.26}$$

方程(10.26)是关于 ω^2 的 n 次方程,称为系统的频率方程。求出刚度矩阵 $[k]$ 的特征值 λ_i,则系统的固有频率 $\omega_i=\sqrt{\lambda_i/m_i}$。固有频率从小到大排列 $\omega_1\leqslant\omega_2\leqslant\cdots\leqslant\omega_n$,其中,最低的频率 ω_1 称为基本频率,是系统最重要频率。

若存在一线性无关的矩阵 $[x]$,满足下列两条件,则 $[x]$ 称之为正规化模态矩阵。正规化模态矩阵求法见矩阵论。

$$\begin{aligned}[x]^{\mathrm{T}}[m][x]&=[I]\\ [x]^{\mathrm{T}}[k][x]&=[\omega^2]\end{aligned} \tag{10.27}$$

其中,$[I]$ 为单位阵。

无阻尼线性系统在外力作用下的振动问题,首先需求解其齐次状态(无外力)的特征值问题的固有频率对角阵 $[\omega^2]$ 和正规化模态矩阵 $[x]$,然后进行线性变换:

$$[u]=[x][\psi],[\ddot{u}]=[x][\ddot{\psi}],[N]=[x]^{\mathrm{T}}[F] \tag{10.28}$$

广义正规坐标 $[\eta]$ 的运动微分方程的改写为:

$$[x]^{T}[m][x][\ddot{\psi}]+[x]^{\mathrm{T}}[k][x][\psi]=[N] \tag{10.29}$$

由此得到一组 n 个互不相关的独立方程:

$$\ddot{\psi}_i(t)+\omega^2\psi_i(t)=N_i(t) \qquad i=1,2,\cdots,n \tag{10.30}$$

运动微分方程在广义正规坐标 $[\eta]$ 下的通解:

$$\psi_i(t)=\frac{1}{\omega_i}\int_0^t N_i(\tau)\sin\omega_i(t-\tau)\mathrm{d}\tau+\psi_i(0)\cos\omega_i t+\frac{\psi_i(0)}{\omega_i}\sin\omega_i t \qquad i=1,2,\cdots,n \tag{10.31}$$

其中,$[\varphi_i(0)]=[x]^{-1}[u(0)]$。

原坐标下的完整响应为:

$$[u(t)]=[x][\psi(t)]=\sum_{i=1}^{n}\{u\}_i\psi_i(t) \tag{10.32}$$

对有阻尼的运动微分方程进行正规化线性变换:

$$[\ddot{\psi}]+[C][\dot{\psi}]+[\omega^2]^{T}[\psi]=[N] \tag{10.33}$$

其中,$[C]=[x]^{-1}[c][x]$。

当 $[C]$ 为对角阵时,方程(10.33)可简化为一组独立的方程。此外,还有某些特殊情况也可用模态分析法,例如:

$$[c]=\alpha[m]+\beta[k] \tag{10.34}$$

广义正规坐标 $[\eta]$ 的阻尼矩阵则为:

$$[C]=[x]^{\mathrm{T}}(\alpha[m]+\beta[k])[x]=\alpha[I]+\beta[\omega^2] \tag{10.35}$$

10.3.2 自由振动

先讨论单自由度系统的振动问题。单自由度系统的运动微分方程为：

$$m\ddot{x}(t) + \eta\dot{x}(t) + kx(t) = 0 \tag{10.36}$$

微分方程(10.36)解为：

$$x(t) = e^{-\zeta\omega t}[A_1 e^{\sqrt{\zeta^2-1}\omega t} + A_2 e^{\sqrt{\zeta^2-1}\omega t}] \tag{10.37}$$

其中，$\zeta = \frac{\eta}{2m\omega}, \omega = \sqrt{\frac{k}{m}}$。

符号ζ称之为黏性阻尼因子，当$\zeta > 1$，系统被称为过阻尼系统，系统无振动运动，在结构工程不常见；$\zeta < 1$称为欠阻尼系统，其运动微分方程的通解为：

$$x(t) = e^{-\zeta\omega t}(A_1\cos\omega_d t + A_2\sin\omega_d t) = Ae^{-\zeta\omega t}\cos(\omega_d t - \phi) \tag{10.38}$$

其中，$\omega_d = \sqrt{1-\zeta^2}\omega$。

振动位移在相距一周期T的衰减率为$e^{\zeta\omega T}$，其对数$\zeta\omega T$称之为对数衰减率。

系统阻尼除了上述的方向与速度相反，大小与速度成正比的黏壶之外，还有一种可描述物体界面之摩擦的库仑阻尼，它方向与速度相反，大小与速度无关。

[例 10.2] 如图 10.2 所示，有一质量为m的物体放置在粗糙基面上，物体与基层的静摩擦系数为μ_s，动摩擦系数为μ_d，弹簧力为零的物体位置为坐标原点，求在初始位移x_0 ($kx_0 > \mu_s mg$)条件的物体振动规律。

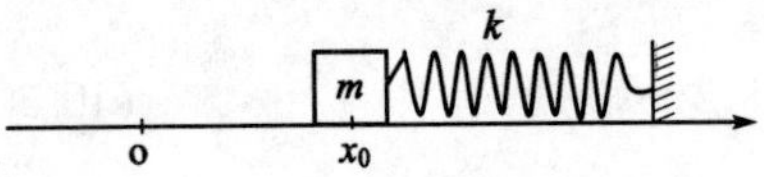

图 10.2 干摩阻条件下的振动

根据动静力平衡条件，物体的振动微分方程：

$$\frac{d^2m}{dt^2} + F_d\text{sgn}\left(\frac{dm}{dt}\right) + kx = 0 \tag{a}$$

式(a)可分解为两个线性方程：

$$\frac{d^2m}{dt^2} + kx = -F_d \qquad \frac{dm}{dt} > 0 \tag{b}$$

$$\frac{d^2m}{dt^2} + kx = F_d \qquad \frac{dm}{dt} < 0 \tag{c}$$

其中：$F_d = \mu_d mg$。

在$t[0,\pi/\omega]$时间段，运动方程如式(b)，其解为：

$$x(t) = (x_0 - f_d)\cos\omega t + f_d \tag{d}$$

其中，$f_d = F_d/k, \omega = \sqrt{k/m}$。

当$t = \pi/\omega$时，$x(\pi/\omega) = -x_0 + 2f_d$，物体速度为零。在$t[\pi/\omega, 2\pi/\omega]$时间段，运动方程如式(c)所示，其解为：

$$x(t) = (x_0 - 3f_d)\cos\omega t - f_d \tag{e}$$

此后每半个周期运动方程在式(b)和式(d)重复交替，通过引入一个取整函数，将物体振动解统一表示为：

$$x(t) = [x_0 - (2n-1)f_d]\cos\omega t + (-1)^n f_d \tag{f}$$

其中：$n = \text{INT}\left(\frac{\omega t}{\pi}\right)$，INT(*)表示取整。

图 10.3 给出了上述干摩擦的振动全过程曲线。当振动处于半周期时，振动速度为零，此时的弹性力若小于静摩擦力，运动将不再继续；当静摩擦系数 μ_s 小于动摩擦系数 μ_d 的 2 倍时 ($\mu_s<2\mu_d$)，运动有可能在非半周期时停止。

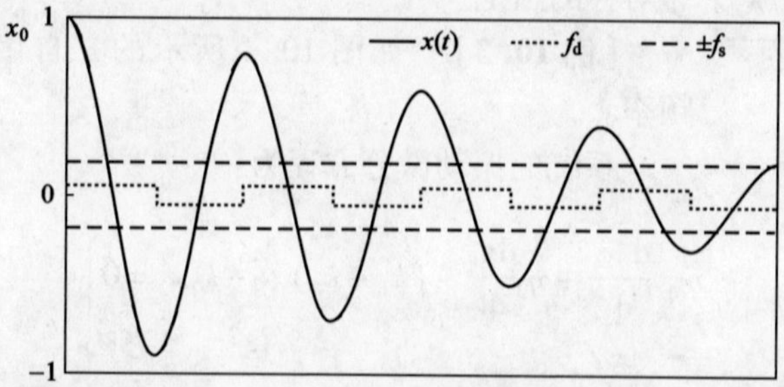

图 10.3　干摩阻的振动曲线

无阻尼的二自由度运动微分方程的一般式为：

$$\left.\begin{aligned} m_1\frac{d^2x_1}{dt^2}+k_1x_1+k_{12}x_2=0 \\ m_2\frac{d^2x_2}{dt^2}+k_{12}x_1+k_2x_2=0 \end{aligned}\right\} \tag{10.39}$$

微分方程组(10.39)的求解，可采用上节中论述的矩阵特征值和正规化模态矩阵的方法。但对于自由度较少或结构相对简单的微分方程组，也可用直接消元法求解。

对微分方程组(10.39)的第一式进行对 t 的二次微分，得：

$$m_1\frac{d^4x_1}{dt^4}+k_1\frac{d^2x_1}{dt^2}+k_{12}\frac{d^2x_2}{dt^2}=0 \tag{10.40}$$

联立式(10.39)和式(10.40)，消去 x_2 和 $\frac{d^2x_2}{dt^2}$，整理得到关于 x_1 的四阶微分方程：

$$\frac{d^4x_1}{dt^4}+\left(\frac{k_1}{m_1}+\frac{k_2}{m_2}\right)\frac{d^2x_1}{dt^2}+\frac{k_2k_1-k_{12}^2}{m_1m_2}x_1=0 \tag{10.41}$$

式(10.41)的特征方程为：

$$\lambda^4+a\lambda^2+b=0 \tag{10.42}$$

其中，$a=\frac{k_1}{m_1}+\frac{k_2}{m_2}$，$b=\frac{k_2k_1-k_{12}^2}{m_1m_2}$。

解特征方程(10.42)，得到两对共轭虚根：

$$\left.\begin{aligned} \lambda_{1,2}&=\pm\mathbf{i}\omega_1 \\ \lambda_{3,4}&=\pm\mathbf{i}\omega_2 \\ \omega_{1,2}&=\sqrt{\frac{a}{2}}\sqrt{1\pm\sqrt{1-\frac{4b}{a^2}}} \end{aligned}\right\} \tag{10.43}$$

由此得到，二自由度振动方程解为：

$$\left.\begin{aligned} x_1(t)&=A_1\cos\omega_1t+A_2\sin\omega_1t+A_3\cos\omega_2t+A_4\sin\omega_2t \\ x_2(t)&=r_1(A_1\cos\omega_1t+A_2\sin\omega_1t)+r_2(A_3\cos\omega_2t+A_4\sin\omega_2t) \end{aligned}\right\} \tag{10.44}$$

其中，$r_1=\dfrac{k_1-\omega_1^2m_1}{k_{12}}$，$r_2=\dfrac{k_1-\omega_2^2m_1}{k_{12}}$。

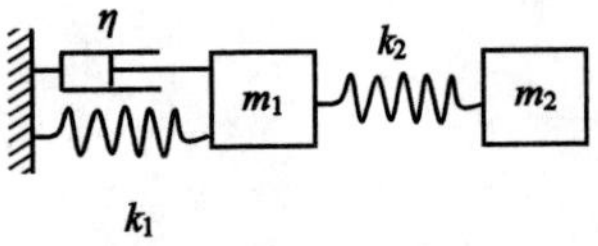

图 10.4　有阻尼的二自由度系统

有阻尼的二自由度运动微分方程也可采用消元法求解，即便非对称的阻尼。

[例 10.3]　如图 10.4 所示的二自由度系统，求系数固有频率。

系统的振动微分方程为：

$$\left.\begin{aligned}&m_1\frac{\mathrm{d}^2x_1}{\mathrm{d}^t}+\eta\frac{\mathrm{d}x_1}{\mathrm{d}t}+(k_1+k_2)x_1-k_2x_2=0\\&m_2\frac{\mathrm{d}^2x_2}{\mathrm{d}t^2}-k_2x_1+k_2x_2=0\end{aligned}\right\}\tag{a}$$

对式(a)的第一项进行对 t 的二次微分，得：

$$m_1\frac{\mathrm{d}^4x_1}{\mathrm{d}t^4}+\eta\frac{\mathrm{d}^3x_1}{\mathrm{d}t^3}+(k_1+k_2)\frac{\mathrm{d}^2x_1}{\mathrm{d}t^2}-k_2\frac{\mathrm{d}^2x_2}{\mathrm{d}t^2}=0\tag{b}$$

联立式(a)和式(b)，消去 x_2 和 $\dfrac{\mathrm{d}^2x_2}{\mathrm{d}t^2}$，整理得到关于 x_1 的四阶微分方程：

$$\frac{\mathrm{d}^4x_1}{\mathrm{d}t^4}+\frac{\eta}{m_1}\frac{\mathrm{d}^3x_1}{\mathrm{d}t^3}+\left[\left(\frac{k_1+k_2}{m_1}\right)+\frac{k_2}{m_2}\right]\frac{\mathrm{d}^2x_1}{\mathrm{d}t^2}+\frac{\eta k_2}{m_1m_2}\frac{\mathrm{d}x_1}{\mathrm{d}t}+\frac{k_1k_2}{m_1m_2}x_1=0\tag{c}$$

式(c)的特征方程为：

$$\lambda^4+a\lambda^3+b\lambda^2+c\lambda+d=0\tag{d}$$

其中，$a=\dfrac{\eta}{m_1}$，$b=\dfrac{k_1+k_2}{m_1}+\dfrac{k_2}{m_2}$，$c=\dfrac{\eta k_2}{m_1m_2}$，$d=\dfrac{k_1k_2}{m_1m_2}$。

一元四次方程(d)有两对共轭复根，$-\gamma_1\pm\omega_1\mathbf{i}$，$-\gamma_2\pm\omega_2\mathbf{i}$。系统的固有频率为复根的虚部。

10.3.3　简谐强迫振动

强迫振动的激励分为周期性和非周期性两大类，其中，周期性激励在线性系统中可视多个简谐激励的叠加，非周期激励主要有跃迁、脉冲激励两种。

先考察单自由度系统在简谐激励作用的振动规律。简谐激振作用下，系统有自由振动和简谐激振的强迫振动两部分组成，若系统有阻尼，系统的自由振动逐渐衰减而消失，而剩下稳态的强迫振动。不失一般性，设原系统静止，在 $t=0$ 时刻突加简谐力 $P\sin\theta t$，系统运动微分方程为：

$$m\ddot{x}(t)+\eta\dot{x}(t)+kx(t)=P\sin\theta t\tag{10.45}$$

方程(10.45)的齐次解为：

$$x(t)=\mathrm{e}^{-\zeta\omega t}(A_1\cos\omega_\mathrm{d}t+A_2\sin\omega_\mathrm{d}t)\tag{a}$$

其中，$\omega_d=\sqrt{1-\zeta^2}\,\omega,\zeta=\dfrac{\eta}{2m\omega},\omega=\sqrt{\dfrac{k}{m}}$。

方程(10.45)的特解取：

$$x(t)=A\sin(\theta t+\alpha) \tag{b}$$

将式(b)代入式(10.45)，整理得到特解二待定常数 A、α 为：

$$\left.\begin{aligned}
&A=\beta y_{st}\\
&\alpha=\arctan\frac{2\zeta\gamma}{1-\gamma^2}\\
&\beta=\frac{1}{\sqrt{(1-\gamma^2)^2+(2\xi\gamma)^2}}\\
&y_{st}=\frac{P}{k}\\
&\gamma=\frac{\theta}{\omega}\\
&\zeta=\frac{\eta}{2\sqrt{mk}}
\end{aligned}\right\} \tag{c}$$

其中，y_{st} 为静态时 P 引起的位移量；γ 为激励力频率与无阻尼时系统固有频率之比，简称频率比；ζ 为黏性阻尼因子，简称阻尼比；β 称为动力系数。

动力系数 β 是表征强迫振动振幅大小的参数，当频率比 γ 很小时，激励力变化很慢，接近于静荷，β 近似为 1；当激励力变化太快，系统来不及响应，几乎不动，$\beta \to 0$；$\gamma=1$ 时，β 达到最大值，这一现象称之共振，共振时的动力系数 $\beta=\dfrac{1}{2\zeta}$，如图 10.5 所示。

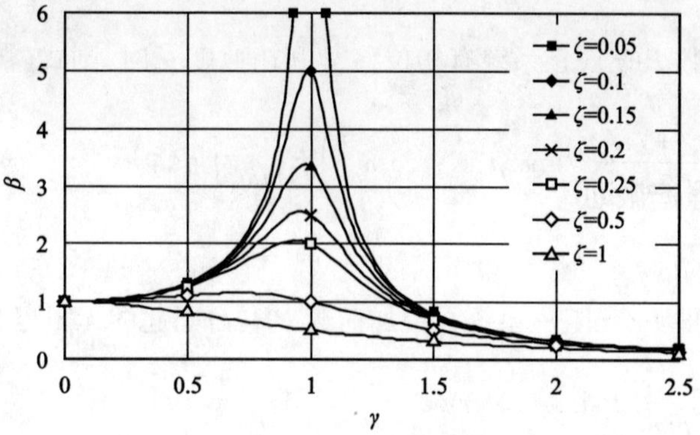

图 10.5　幅频特性曲线

滞后相位角 α 与频率比 γ、阻尼比 ζ 的关系如图 10.6 所示。从图 10.6 可以看到，相位角 α 随着频率比的增大而增大，在 $\gamma=1$ 时，$\alpha=90°$；当阻尼比越小，相位角 α 越趋近 0°或 180°，在频率比 $\gamma=1$ 处间断跳跃。

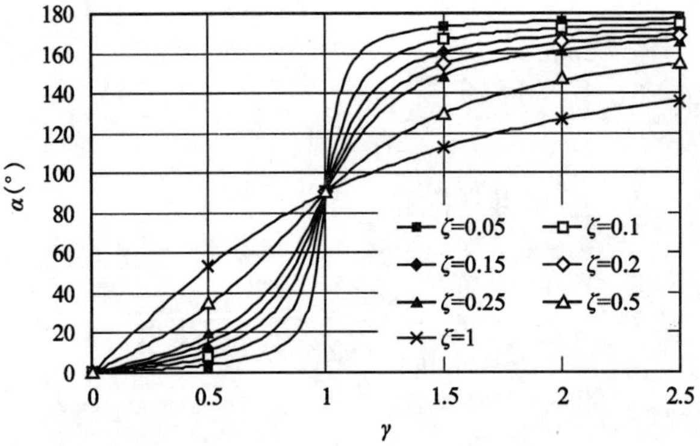

图 10.6　相频特征曲线

10.3.4　一般激励强迫振动

把任意激励分解为一系列微冲量的连续作用，分别求出系统对每个微冲量的响应，然后根据线性系统的叠加原理，就可得到系统对任意激励的响应。

冲量的作用时间极短，系统获得一个初速度 v_0，而无位移。$t=0$ 瞬时的冲量 S 引起的有阻尼自由振动，可表示为：

$$y(t)=\frac{v_0}{\omega_T}e^{-\zeta\omega t}\sin\omega_T t=\frac{S}{m\omega_T}e^{-\zeta\omega t}\sin\omega_T t \tag{10.46}$$

在 τ 时刻的冲量 S 引起的位移，在 $t(t>\tau)$ 时刻的位移仍可用上式计算，只需将 t 改写 $t-\tau$ 即可。

若有 n 冲量，出现时刻按前后为 τ_1、τ_2、…、τ_n，$t>\tau_n$ 的位移计算式为：

$$y(t)=\frac{1}{m\omega_T}\sum_{i=1}^{n}S_i e^{-\zeta\omega(t-\tau_i)}\sin\omega_T(t-\tau_i) \tag{10.47}$$

若冲量是连续函数 $P(\tau)$，且系统有初位移 y_0 和初速度 ν_0 时，则式(10.47)改写为：

$$y(t)=e^{-\zeta\omega t}\left(\frac{\nu_0+\zeta\omega_T y_0}{\omega_T}\sin\omega_T t+y_0\cos\omega_T t\right)+\frac{1}{m\omega_T}\int_0^t P(\tau)e^{-\zeta\omega(t-\tau_i)}\sin\omega_T(t-\tau_i)\,d\tau \tag{10.48}$$

初始条件为零条件下，无阻尼系统在突加荷载 $PH(t)$ 引起的无阻尼系统的位移为：

$$y(t)=\frac{1}{m\omega}\int_0^t P\sin\omega(t-\tau)\,d\tau=\frac{P}{m\omega}(1-\cos\omega t)=y_{st}(1-\cos\omega t)$$

式中：y_{st}——结构在静态荷载作用下的位移量。

10.4　弦、杆、轴的振动

弦、杆、轴是工程中基本构件，属一维连续系统，弦的横向振动、杆的纵向振动和轴的扭转振动的运动微分方程具有如下相同的形式：

$$\frac{\partial^2 y}{\partial t^2}=a^2\frac{\partial^2 y}{\partial x^2} \tag{10.49}$$

式(10.49)是二阶偏微分方程，在数学上称之为波动方程，常数 a 的物理意义就是本章第二节中讨论的弹性波的传播速度，由于位置坐标 y 在上述三种情况的物理量并不相同，因此，弹性波的传播速度 a 的物理意义也有差别，对于弦振动，y 是横向位移，a 是横波传播速度；对于杆的纵向振动，y 是纵向位移，a 是纵波传播速度；而对于轴扭转，y 是扭转角，a 是剪切横波传播速度。

式(10.49)通常可采用分离变量法求解，系统的振动固有频率主要取决于系数的边界条件，而各振型的振幅取决于初始条件。

函数 $y(x,t)$ 分解为空间函数与时间函数的乘积，即：

$$y(x,t)=Y(x)T(t) \tag{10.50}$$

将式(10.50)代入式(10.49)得到：

$$\frac{a^2}{Y(x)}\frac{\mathrm{d}^2Y(x)}{\mathrm{d}x^2}=\frac{1}{T(t)}\frac{\mathrm{d}^2T(t)}{\mathrm{d}t^2} \tag{10.51}$$

式(10.51)的等式左边与 t 无关，而右边与 x 无关，因此，两边必等于同一常数 $-\omega^2$，由此得到两个二阶常微分方程：

$$\left.\begin{aligned}\frac{\mathrm{d}^2Y(x)}{\mathrm{d}x^2}+\frac{\omega^2}{a^2}Y(x)=0\\ \frac{\mathrm{d}^2T(t)}{\mathrm{d}t^2}+\omega^2T(t)=0\end{aligned}\right\} \tag{10.52}$$

式(10.52)的解为：

$$\left.\begin{aligned}T(t)&=c_1\sin\omega t+c_2\cos\omega t\\ Y(x)&=c_3\sin\frac{\omega}{a}x+c_4\cos\frac{\omega}{a}x\end{aligned}\right\} \tag{10.53}$$

满足两端边界条件非零解的 ω 即为系统的固有频率。例如两端固定，其边界条件为 $Y(0)=Y(L)=0$，则有：

$$Y(0)=c_4=0,\ Y(L)=c_3\sin\frac{\omega L}{a}=0$$

由非零解的条件得到 $\sin\frac{\omega L}{a}=0$，由此推得固有频率 ω 为：

$$\omega=\frac{n\pi a}{L}\qquad n=1,2,\cdots \tag{10.54}$$

表 10.2 给出弦横向振动、杆纵向振动和轴扭转振动三种情况的参数和一般解。其他一维连续系统的振动均可按上述方法求解。

弦、杆、轴振动方程和一般解[89]　　表 10.2

名称	弦振动	杆的纵向振动	轴的扭转振动
物理参数	T-弦的张力 ρ-弦线密度	E-弹性模量 A-截面积 ρ-密度	G-剪切弹性模量 I_{p}-截面惯性矩 ρ-密度
x 截面处位移 y	横向位移	纵向	转角
单位长度质量 （或转动惯量）	ρ	ρA	ρI_{p}
x 截面处力（或扭矩）	$T\dfrac{\mathrm{d}y}{\mathrm{d}x}$	$EA\dfrac{\partial y}{\partial x}$	$GL_{\mathrm{p}}\dfrac{\partial y}{\partial x}$
波速 a	$\sqrt{T/\rho}$	$\sqrt{E/\rho}$	$\sqrt{G/\rho}$
运动微分方程	$\dfrac{\partial^2 y}{\partial x^2} = a^2\dfrac{\partial^2 y}{\partial t^2}$		
通解	$y(x,t) = \sum\limits_{n=1}^{\infty}\left(A_n\sin\dfrac{\omega_n}{a}x + B_n\cos\dfrac{\omega_n}{a}x\right)\sin(\omega_n t + \theta_n)$		
典型边界条件	两端固定	两端自由	一端固定、一端自由
	$Y(0) = Y(l) = 0$	$Y'(0) = Y'(l) = 0$	$Y(0) = Y'(l) = 0$
固有频率	$\omega_n = \dfrac{n\pi a}{l}$ $(n = 1,2\cdots)$	$\omega_n = \dfrac{n\pi a}{l}$ $(n = 0,1,2)$	$\omega_n = \dfrac{(2n-1)\pi a}{2l}$ $(n = 1,2\cdots)$
振型函数	$Y_n(x) = \sin\dfrac{n\pi x}{l}$	$Y_n(x) = \cos\dfrac{n\pi x}{l}$	$Y_n(x) = \cos\dfrac{(2n-1)\pi x}{2l}$

[例 10.4]　有一等截面杆，左端固定，右端与一弹簧相连，弹簧刚度 k，初始时刻，右端有一 Δ 压缩位移，初速度为零。求杆的纵向自由振动。

杆纵向自由振动方程为：

$$u(x,t) = \sum_{n=1}^{\infty}U_n(x)T_n(t) = \sum_{n=1}^{\infty}\left(c_{1n}\sin\frac{\omega_n}{a}x + c_{2n}\cos\frac{\omega_n}{a}x\right)\sin(\omega_n t + \varphi_n) \tag{a}$$

杆左、右端的边界条件为：可 $u(0) = 0$、$ku(L) = EA\dfrac{\mathrm{d}u(L)}{\mathrm{d}x}$，代入式(a)，得到 $c_{2n} = 0$ 及杆纵向自由振动固有频率方程：

$$\tan\left(\frac{\omega L}{a}\right) = \frac{\omega EA}{ak} = \frac{EA}{KL}\left(\frac{\omega L}{a}\right) \tag{b}$$

方程(b)是一个超越方程，取 $\lambda = \dfrac{EA}{KL}$，$y = \dfrac{\omega L}{a}$，其解为图 10.7 所示各交点。

应用初始条件：

$$\left.\begin{aligned} u(L,0) &= \sum_{n=1}^{\infty}c_{1n}\sin\frac{\omega_n L}{a}\sin(\varphi_n) = -\Delta \\ u(x,0) &= \sum_{n=1}^{\infty}c_{1n}\sin\frac{\omega_n}{a}x\omega_n\cos(\varphi_n) = 0 \end{aligned}\right\} \tag{c}$$

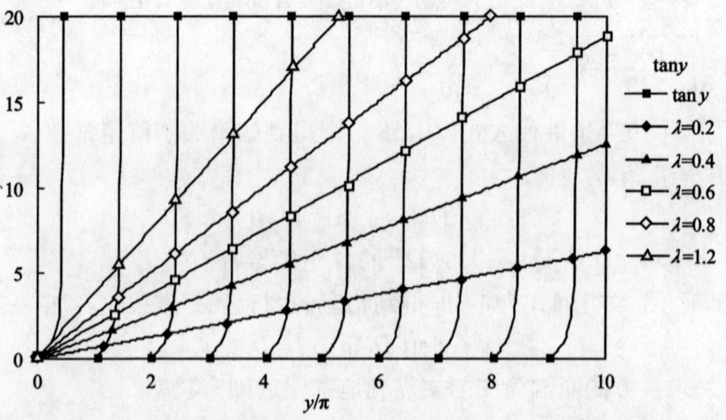

图 10.7　tan(y)和 λ_y 图

解式(c)并应用振型函数正交性质,得到:

$$\varphi_n = \frac{\pi}{2}$$

$$c_{1n} = -\frac{\Delta\int_0^L \sin\frac{\omega_n x}{a}\mathrm{d}x}{\int_0^L \sin^2\left(\frac{\omega_n x}{a}\right)\mathrm{d}x} = -\frac{2a\Delta}{\omega_n L}\left[1 - \cos\left(\frac{\omega_n L}{a}\right)\right] \tag{d}$$

由此得到杆的纵向自由振动方程解为:

$$u(x,t) = -\frac{2\Delta a}{L}\sum_{n=1}^{\infty}\frac{1}{\omega_n}\left[1 - \cos\left(\frac{\omega_n L}{a}\right)\right]\sin\left(\frac{\omega_n}{a}x\right)\cos(\omega_n t) \tag{e}$$

10.5　地基梁的振动

10.5.1　地基梁固有频率

无外荷载的自由振动的文克勒地基上梁的运动微分方程为:

$$D\frac{\partial^4 w}{\partial x^4} + kw = -\rho A\frac{\partial^2 w}{\partial^2 t} \tag{10.55}$$

梁挠度 w 可表示为:

$$w(x,t) = \tilde{w}(x)\mathrm{e}^{i\omega t} \tag{10.56}$$

将式(10.56)代入式(10.55)得:

$$\frac{\mathrm{d}^4\tilde{w}}{\mathrm{d}x^4} - \left(\frac{\rho A\omega^2 - k}{D}\right)\tilde{w} = 0 \tag{10.57}$$

$\omega < \sqrt{\frac{k}{\rho A}}$ 无振动解,$\omega > \sqrt{\frac{k}{\rho A}}$ 的解为:

$$\tilde{w} = A_1\sinh\beta x + A_2\cosh\beta x + A_3\sin\beta x + A_4\cos\beta x \tag{10.58}$$

其中，$\beta = \sqrt[4]{\dfrac{\rho A\omega^2 - k}{D}}$。

将梁两端的四个边界条件代入式(10.58)，则得到四个关于待定常数 A_1、A_2、A_3、A_4 和 ω 的线性齐次代数方程组，记为：

$$[\Omega(\omega)]\{\delta\} = \{0\} \tag{10.59}$$

其中，$\{\delta\} = [A_1, A_2, A_3, A_4]^{\mathrm{T}}$，$[\Omega]$ 的各元素与 ω 有关。

令式(10.59)的系数行列式为零，即得到相应的固有频率方程：

$$\det[\Omega(\omega)] = 0 \tag{10.60}$$

[例 10.5] 求长 L 的两端简支的文克勒地基梁的固有频率。

将两端简支边界条件：$w\Big|_{x=0} = \dfrac{\partial^2 w}{\partial x^2}\Big|_{x=0} = w\Big|_{x=L} = \dfrac{\partial^2 w}{\partial x^2}\Big|_{x=L} = 0$ 代入式(10.58)得到文克勒地基梁固有频率必须满足如下行列式等于零。

$$\begin{vmatrix} 0 & 1 & 0 & 1 \\ 0 & 1 & 0 & -1 \\ \sinh\beta L & \cosh\beta L & \sin\beta L & \cos\beta L \\ \sinh\beta L & \cosh\beta L & -\sin\beta L & -\cos\beta L \end{vmatrix} = 0 \tag{a}$$

由此推出：$\sin\beta L = 0$，梁固有频率则为：

$$\left.\begin{aligned} \beta_n &= \frac{n\pi}{L} \\ \omega_n &= \sqrt{\frac{k}{\rho A}}\sqrt{\frac{1}{4}\left(\frac{n\pi}{\alpha L}\right)^4 + 1} \end{aligned}\right\} \quad n = 1,2,3,\cdots \tag{b}$$

文克勒地基上铁木辛柯梁的静力微分方程如式(2.74)所示。计入惯性量的文克勒地基上铁木辛柯梁自由振动的微分方程为：

$$\left.\begin{aligned} \theta^2 GA\left(\frac{\partial\psi}{\partial x} + \frac{\partial^2 w}{\partial x^2}\right) - kw &= \rho A\frac{\partial^2 w}{\partial^2 t} \\ D\frac{\partial^2\psi}{\partial x^2} - \theta^2 GA\left(\psi + \frac{\partial w}{\partial x}\right) &= \rho I\frac{\partial^2\psi}{\partial^2 t} \end{aligned}\right\} \tag{10.61}$$

对于自由振动，梁位移 w 和截面平均转角 ψ 可表示为：

$$\left.\begin{aligned} w(x,t) &= \tilde{w}(x)\mathrm{e}^{iwt} \\ \psi(x,t) &= \tilde{\psi}(x)\mathrm{e}^{iwt} \end{aligned}\right\} \tag{10.62}$$

将式(10.62)代入式(10.61)，整理得到：

$$\left.\begin{aligned} \theta^2 GA\left(\frac{\mathrm{d}\tilde{\psi}}{\mathrm{d}x} + \frac{\mathrm{d}^2\tilde{w}}{\mathrm{d}x^2}\right) - k\tilde{w} &= -\rho A\tilde{w}\omega^2 \\ D\frac{\mathrm{d}^2\tilde{\psi}}{\mathrm{d}x^2} - \theta^2 GA\left(\tilde{\psi} + \frac{\mathrm{d}\tilde{w}}{\mathrm{d}x}\right) &= -\rho I\tilde{\psi}\omega^2 \end{aligned}\right\} \tag{10.63}$$

解其联立方程组，得到函数 $\tilde{w}$，$\tilde{\psi}$ 的特征方程：

$$\lambda^4 + b\lambda^2 + c = 0 \tag{10.64}$$

其中，$b=\left(\frac{1}{\theta^2 G}+\frac{1}{E}\right)\rho\omega^2-\frac{k}{\theta^2 GA}$，$c=\left(\frac{\rho I\omega^2}{\theta^2 GA}-1\right)\left(\frac{\rho A\omega^2-k}{D}\right)$。

特征方程(10.64)的根为：$\lambda_{1,2,3,4}=\pm\sqrt{\frac{b}{2}\pm\sqrt{\frac{b^2}{4}-c}}$。$\frac{b^2}{4}-c<0$时无振动解，因此，四个根为两个实根和一对共轭虚根。故函数 $\tilde{w}$、$\tilde{\psi}$ 的解为：

$$\left.\begin{aligned}\tilde{w}&=A_1\sinh\alpha x+A_2\cosh\alpha x+A_3\sin\beta x+A_4\cos\beta x\\ \tilde{\psi}&=B_1\sinh\alpha x+B_2\cosh\alpha x+B_3\sin\beta x+B_4\cos\beta x\end{aligned}\right\}\tag{10.65}$$

其中：$B_1=-\left(\frac{C+\alpha^2}{\alpha}\right)A_2$；

$B_2=-\left(\frac{C+\alpha^2}{\alpha}\right)A_1$；

$B_3=-\left(\frac{C-\beta^2}{\beta}\right)A_4$；

$B_4=\left(\frac{C-\beta^2}{\beta}\right)A_3$；

$\alpha=\sqrt{\frac{b}{2}}\sqrt{1+\sqrt{1-\frac{4c}{b^2}}}$；

$\beta=\sqrt{\frac{b}{2}}\sqrt{\sqrt{1-\frac{4c}{b^2}}-1}$；

$C=\frac{\rho A\omega^2-k}{\theta^2 GA}$。

由梁两端的四个边界条件得到四个关于待定常数 A_1、A_2、A_3、A_4 和 ω 的线性齐次代数方程组，求其非零解可得到如式(10.60)所示的固有频率方程。

10.5.2 黏性影响

开尔文地基上梁的运动微分方程为：

$$D\frac{\partial^4 w}{\partial x^4}+\eta\frac{\partial w}{\partial t}+kw=-\rho A\frac{\partial^2 w}{\partial^2 t}\tag{10.66}$$

分离变量 $w(x,t)=W(x)T(t)$，代入式(10.66)整理得到一组相互独立的常微分方程组：

$$\left.\begin{aligned}&\frac{\mathrm{d}^2 T}{\mathrm{d}^2 t}+\frac{\eta}{\rho A}\frac{\mathrm{d}T}{\mathrm{d}t}+\frac{C^2}{\rho A}T=0\\ &\frac{\mathrm{d}^4 W}{\mathrm{d}x^4}-\left(\frac{C^2-k}{D}\right)W=0\end{aligned}\right\}\tag{10.67}$$

式中：C——待定常数。

解方程组(10.67)得到：

$$\left.\begin{aligned}T&=\mathrm{e}^{-\frac{\eta}{2\rho A}t}(A_1\sin\omega t+A_2\cos\omega t)\\ W&=B_1\sinh\beta x+B_2\cosh\beta x+B_3\sin\beta x+B_4\cos\beta x\end{aligned}\right\}\tag{10.68}$$

其中，$\beta=\sqrt[4]{\frac{C^2-k}{D}}$，$\omega=\sqrt{\frac{C^2}{\rho A}-\left(\frac{\eta}{2\rho A}\right)^2}$。

[**例 10.6**] 求两端简支的开尔文地基上梁,撤去中点静集中力后的自由振动。

梁长 x 轴坐标原点设于梁中点,结构受荷的对称性条件,可推得 $B_1 = B_3 = 0$,将 $x = L/2$ 的简支条件代入式(10.66),得到:

$$\left.\begin{aligned} W|_{x=L/2} &= B_2\cosh\frac{\beta L}{2} + B_4\cos\frac{\beta L}{2} = 0 \\ W''|_{x=L/2} &= \beta^2\left(B_2\cosh\frac{\beta L}{2} - B_4\cos\frac{\beta L}{2}\right) = 0 \end{aligned}\right\} \tag{a}$$

由非零解条件得到 $\cos\frac{\beta L}{2} = 0$,梁的固有频率则为:

$$\beta_n = \frac{(2n-1)\pi}{L}$$

$$\omega_n = \sqrt{\frac{k}{\rho A}}\sqrt{\frac{1}{4}\left(\frac{(2n-1)\pi}{\alpha L}\right)^4 + 1 - \frac{\eta^2}{4\rho A k}}$$

其中,$\alpha = \sqrt[4]{\frac{k}{4D}}$。

由此得到梁自由振动方程为:

$$w = \sum_{n=1}^{\infty}\cos\beta_n x(A_{n1}\sin\omega_n t + A_{n2}\cos\omega_n t)\mathrm{e}^{-\frac{\eta}{2\rho A}t} \tag{b}$$

初始状态时的梁挠曲方程为:

$$w_0(x) = \frac{P}{8\alpha^3 D}\left[\mathrm{e}^{\alpha x}(C_1\sin\alpha x + C_2\cos\alpha x) + \mathrm{e}^{-\alpha x}(C_3\sin\alpha x + C_4\cos\alpha x)\right] \tag{c}$$

式(c)中的待定常数 C_1、C_2、C_3、C_4 为如下列线性方程组的解:

$$\begin{bmatrix} 1 & -1 & 1 & 1 \\ 1 & 1 & 1 & -1 \\ \tan\rho & 1 & \mathrm{e}^{-2\rho}\tan\rho & \mathrm{e}^{-2\rho} \\ 1 & -\tan\rho & -\mathrm{e}^{-2\rho} & \mathrm{e}^{-2\rho}\tan\rho \end{bmatrix}\begin{bmatrix} C_1 \\ C_2 \\ C_3 \\ C_4 \end{bmatrix} = \begin{bmatrix} 1 \\ 0 \\ 0 \\ 0 \end{bmatrix} \tag{d}$$

其中,$\rho = \frac{\alpha L}{2}$。

$$\left.\begin{aligned} C_1 &= 1 - C_3 \\ C_2 &= -1 + C_4 \\ C_3 &= \frac{(1-\tan\rho)(\mathrm{e}^{-2\rho}-1)\tan\rho + (1+\tan\rho)(\mathrm{e}^{-2\rho}+1)}{(\mathrm{e}^{-2\rho}-1)^2\tan^2\rho + (\mathrm{e}^{-2\rho}+1)^2} \\ C_4 &= \frac{(1+\tan\rho)(\mathrm{e}^{-2\rho}-1) + \tan\rho(1-\tan\rho)(\mathrm{e}^{-2\rho}+1)}{(\mathrm{e}^{-2\rho}-1)^2\tan^2\rho + (\mathrm{e}^{-2\rho}+1)^2} \end{aligned}\right\}$$

初始条件可表示为:

$$w(x,0) = w_0(x)$$

$$\frac{\partial w(x,0)}{\partial t} = 0$$

由初始条件可得到待定常数 A_{n1}、A_{n2} 表达式:

$$\left.\begin{aligned} A_{n2} &= \frac{2\beta_n}{L}\int_0^{L/2} w_0(x)\cos\beta_n x\mathrm{d}x \\ A_{n1} &= \frac{\eta}{2\rho A}A_{n2} \end{aligned}\right\} \tag{e}$$

当梁材料具有黏性时，梁横截面上存在着与应变速率成比例的分布阻尼力 σ_{d}：

$$\sigma_{\mathrm{d}} = -c_{\mathrm{s}}\frac{\partial \varepsilon}{\partial t} \tag{10.69}$$

梁横截的应变 $\varepsilon = z\dfrac{\partial^2 w}{\partial t^2}$，因此，分布阻尼力 σ_{d} 形成的截面弯矩 M_{d}：

$$M_{\mathrm{d}} = \int_A \sigma_{\mathrm{b}}\mathrm{d}x = -c_{\mathrm{s}}\frac{\partial^2 \varepsilon}{\partial x^2 \partial t}\int_A z^2\mathrm{d}x - c_{\mathrm{s}}I\frac{\partial^3 \varepsilon}{\partial x^2 \partial t} \tag{10.70}$$

计入梁黏性阻尼的地基梁的自由振动微分方程为：

$$D\frac{\partial^4 w}{\partial x^4} + c_{\mathrm{s}}I\frac{\partial^5 w}{\partial x^4 \partial t} + \rho A\frac{\partial^2 w}{\partial t^2} + kw = 0 \tag{10.71}$$

分离变量 $w(x,t) = W(x)T(t)$ 得到一组相互独立的常微分方程组：

$$\left.\begin{aligned} &\frac{\mathrm{d}^2 T(t)}{\mathrm{d}t^2} + a\frac{\mathrm{d}T(t)}{\mathrm{d}t} + bT(t) = 0 \\ &\frac{\mathrm{d}^4 W(x)}{\mathrm{d}x^4} - c^2 W(x) = 0 \end{aligned}\right\} \tag{10.72}$$

其中：$a = \dfrac{c^2 c_{\mathrm{s}} I}{\rho A}$，$b = \dfrac{k + c^2 D}{\rho A}$。

式(10.72)在形式上与式(10.67)相似，解法相同。先由梁边界条件列出四个包含待定常数和 c^2 的线性方程组，利用待定常数的系数行列式等于零条件确定 c^2，进而得到梁固有频率等参数，再由初始条件得到整个方程。

10.5.3 地基梁强迫振动

以开尔文地基梁为例，说明强迫振动的一般解法。开尔文地基梁的运动微分方程为：

$$D\frac{\partial^4 w}{\partial x^4} + \rho A\frac{\partial^2 w}{\partial t^2} + \eta\frac{\partial w}{\partial t} + kw = p(x,t) \tag{10.73}$$

梁的挠度 w 可表示为：

$$w = \sum_{n=1}^{\infty} W_n(x)T_n(t) \tag{10.74}$$

将式(10.74)代入式(10.73)，并应用振型函数基本性质 $\dfrac{\mathrm{d}^4 W}{\mathrm{d}x^4} = \beta^4 W$，则有：

$$\sum_{n=1}^{\infty}(D\beta_n^4 + k)W_n T_n + \sum_{n=1}^{\infty}\left(\rho A\frac{\mathrm{d}^2 T_n}{\mathrm{d}t^2} + \eta\frac{\mathrm{d}T_n}{\mathrm{d}t}\right)W_n = p(x,t) \tag{10.75}$$

对式(10.75)两边乘 W_j，并对梁全长积分，再利用振型函数正交性，得：

$$\rho A\frac{\mathrm{d}^2 T_j}{\mathrm{d}t^2} + \eta\frac{\mathrm{d}T_j}{dt} + (D\beta_j^4 + k)T_j = \frac{\tilde{p}_j(t)}{M_j} \tag{10.76}$$

其中，$M_j = \int_0^L W_j^2 \mathrm{d}x, \tilde{p}_j(t) \int_0^L p(x,t) W_j \mathrm{d}x$。

求出二阶常微分方程(10.76)即得到了开尔文地基梁的强迫振动解。其中，对应的初始条件为：

$$\left.\begin{aligned} T_j\Big|_{t=0} &= \frac{\int_0^L W_j(x) w(x,0)\,\mathrm{d}x}{M_j} \\ \frac{\mathrm{d}T_j}{\mathrm{d}t}\Big|_{t=0} &= \frac{\int_0^L W_j(x)\,\dfrac{\partial w(x,0)}{\partial t}\mathrm{d}x}{M_j} \end{aligned}\right\} \tag{10.77}$$

[例 10.7] 两端自由的开尔文地基梁，梁中点在 $t=0$ 时刻突加集中力的解。

该问题具有对称性，取梁长坐标原点设于板中点，振型函数为：

$$W = B_1 \cosh \beta x + B_2 \cos \beta x \tag{a}$$

代入梁端自由边界条件，得到线性方程组为：

$$\left.\begin{aligned} W''\Big|_{x=\frac{L}{2}} &= \beta^2\left(B_1 \cosh \frac{\beta L}{2} - B_2 \cos \frac{\beta L}{2}\right) = 0 \\ W'''\Big|_{x=\frac{L}{2}} &= \beta^3\left(B_1 \sinh \frac{\beta L}{2} + B_2 \sin \frac{\beta L}{2}\right) = 0 \end{aligned}\right\} \tag{b}$$

式(b)有非零解的条件为：

$$\tanh \frac{\beta L}{2} = -\tan \frac{\beta L}{2} \tag{c}$$

式(c)是超越方程，$\frac{\beta L}{2}$数值解为：2.365，5.497，8.639，11.781，14.923，18.064，…，当 n 大于 6，$\frac{\beta_{n+1} L}{2} - \frac{\beta_n L}{2} \approx \pi$。由此得到振型函数为：

$$W_n = \cos \frac{\beta_n L}{2} \cosh \beta_n x + \cosh \frac{\beta_n L}{2} \cos \beta_n x \qquad n = 1,2,3,\cdots \tag{10.78}$$

强迫荷载可表示为：$p(x,t) = P\mathrm{H}(t)$，对应各振型的荷载项为：

$$\tilde{p}_j(t) = \int_0^L p(x,t) W_j \mathrm{d}x = \frac{2P}{\beta_n}\left(\sinh \frac{\beta_n L}{2} \cos \frac{\beta_n L}{2} + \cosh \frac{\beta_n L}{2} \sin \frac{\beta_n L}{2}\right) \mathrm{H}(t) \tag{a}$$

振动权函数 T_j 为：

$$T_j = \mathrm{e}^{-\frac{\eta}{2\rho A}}(A_{j1} \sin \omega_j t + A_{j2} \cos \omega_j t) + PB_j \mathrm{H}(t) \tag{b}$$

其中：$B_j = \dfrac{2}{\beta_j (D\beta_j^4 + k) M_j}\left(\sinh \dfrac{\beta_j L}{2} \cos \dfrac{\beta_j L}{2} + \cosh \dfrac{\beta_j L}{2} \sin \dfrac{\beta_j L}{2}\right)$；

$$M_j = 2\int_0^{L/2}\left(\cos \frac{\beta_j L}{2} \cosh \beta_j x + \cosh \frac{\beta_j L}{2} \cos \beta_j x\right)^2 \mathrm{d}x。$$

将地基梁的初始条件：$w(x,0) = w'(x,0) = 0$，代入式(g)，得到振动权函数 T_j 的两待定常数 A_{1j}、A_{2j} 为：

$$A_{j1} = -\frac{P\eta}{2\rho A\omega_j}B_j$$

$$A_{j2} = -PB_j$$

合并振型函数和振动权函数，得到本问题的解：

$$w = P\sum_{n=1}^{\infty}B_j\left(\cos\frac{\beta_n L}{2}\cosh\beta_n x + \cosh\frac{\beta_n L}{2}\cos\beta_n x\right)\cdot$$

$$\left[1 - e^{\frac{\eta}{2\rho A}t}\left(\frac{1}{2\rho A\omega_n}\sin\omega_n t + \cos\omega_n t\right)\right] \tag{10.79}$$

若在 t_0时刻撤去集中力，则振动解为：

$$w_1 = P\sum_{n=1}^{\infty}B_j\left\{\left(\cos\frac{\beta_n L}{2}\cosh\beta_n x + \cosh\frac{\beta_n L}{2}\cos\beta_n x\right)e^{-\frac{\eta}{2\rho A}(t_0-t)}\cdot\right.$$

$$\left.\left[A_{n1}\sin\omega_n(t_0-t) + A_{n2}\cos\omega_n(t_0-t)\right]\right\} \tag{10.80}$$

其中：$A_{n1} = \frac{1}{\omega_n} + \frac{\eta}{2\rho A\omega_n} + e^{-\frac{\eta}{2\rho A}t_0}\left(\sin\omega_n t_0 - \frac{\eta}{2\rho A\omega_n}\cos\omega_n t_0\right)$；

$A_{n2} = 1 - e^{-\frac{\eta}{2\rho A}t_0}\left(\frac{1}{2\rho A\omega_n}\sin\omega_n t_0 + \cos\omega_n t_0\right)$。

表 10.3 给出了七种典型工况地基梁的前 5 个本征频率值 ω_n（$n = 1 \sim 5$）（七种典型工况编号①~⑦，其中 $\alpha = \sqrt[4]{k/4D}$ 为静态地基梁的柔度系数，②~⑦工况是在基准工况的某一参数值增大一倍或减少一半的情况）。从表 10.3 中可知，地基梁本征频率 ω_n 随着地基阻尼系数 η 的增大而减小，随着地基梁相对长度 αL 的缩短而加大，随着梁高 h 的增高而减小，随着地基反应模量的增大而增大，其中，影响最显著的是地基反应模量和梁高，地基梁相对长度对低阶振频影响较小，对高阶振频影响十分显著。

七种典型工况地基梁前 5 个本征频率 ω_n（rad · s^{-1}） 表 10.3

n	典型工况						
	①	②	③	④	⑤	⑥	⑦
参数		$\eta = 0$	$\eta = 0.6\eta_0$	$k = 80\text{MPa/m}^2$	$h = 0.5\text{m}$	$\alpha L = 5$	$\alpha L = 20$
1	60.7	63.6	50.9	85.8	42.9	66.1	60.3
2	71.4	73.9	63.2	100.9	50.5	164.1	61.0
3	111.9	113.6	107.0	158.4	79.2	382.1	64.7
4	185.5	186.5	182.6	262.4	131.2	704.4	74.6
5	287.9	288.5	286.0	407.2	203.6	1 127.7	92.7

注：基准工况：$E = 27.8\text{GPa}$，$h = 0.25\text{m}$，$k = 40\text{MPa/m}^2$，$\eta = 0.3\eta_0$，$\alpha L = 10$，$\rho = 2500\text{kg/m}^2$，$b = 4\text{m}$。

图 10.8 给出了上述七种典型工况地基梁中点承受相同冲击能冲击作用条件下，梁中点挠度比 λ_w（梁中点最大挠度 w 与瞬时（$t_0 \to 0$）冲击的最大挠度 w 的比值）与冲击时间比 λ_t（冲击时间 t_0与梁的第一振频周期的比值）之间的关系曲线。从图 10.8 中可以看出，随着冲击时间 t_0的增长，梁中点挠度总体趋于减小，当阻尼或梁长较小时曲线存在波动，其中，阻尼系数影响

最大，梁长次之，工况①④⑤对应的曲线基本重合，只存在微小的差别，说明地基模量以及梁高的影响相对较小。

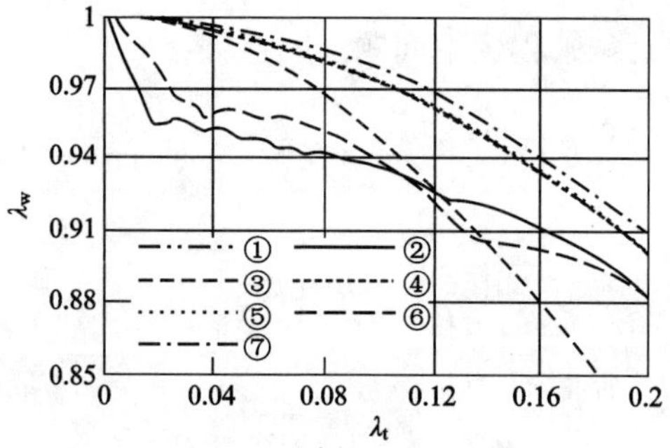

图 10.8　梁中点挠度与冲击时间的关系图

10.5.4　无限长地基梁振动

随着梁长 L 的增加，相邻阶的梁固有频率的间隔 $\omega_{n+1}-\omega_n$ 不断缩小，当 $L\to\infty$，$\omega_{n+1}-\omega_n\to 0$，$\omega$ 已是大于某一低限 ω_0 的连续变量，失去了固有频率的物理意义，因此，方程的解不再是各振型的叠加，而应表示为积分形式，即：

$$w = \int_{w_0}^{\infty} W(\omega)\left[A_1(\omega)\sin\omega t + A_2(\omega)\cos\omega t\right]\mathrm{d}\omega \tag{10.81}$$

［例 10.8］　求一端自由的文克勒地基半无限长梁，在撤去端部集中力后的振动方程。

分离变量 $w(x,t)=W(x)T(t)$，得到：

$$\left.\begin{aligned} W &= A_1\sinh\beta x + A_2\cosh\beta x + A_3\sin\beta x + A_4\cos\beta x \\ T &= B_1\sin\omega t + B_2\cos\omega t \end{aligned}\right\} \tag{a}$$

其中，$\beta=\sqrt[4]{\dfrac{\rho A\omega^2-k}{D}}$。

为了方便，将式(10.81)改写对 β 的无穷积分，并应用无限远收敛条件，因此，自由振动解可表示为：

$$w = \int_0^{\infty}(A_3\sin\beta x + A_4\cos\beta x)(B_1\sin\omega t + B_2\cos\omega t)\mathrm{d}\beta \tag{b}$$

初始状态方程为：

$$w_0 = P\frac{2\alpha}{k}\mathrm{e}^{-\alpha x}\cos\alpha x \tag{c}$$

其中，$\alpha=\sqrt[4]{\dfrac{k}{4D}}$。

应用初始条件，则得到：

$$\left.\begin{aligned} w\Big|_{t=0} &= \int_0^{\infty}(A_3\sin\beta x + A_4\cos\beta x)B_2\mathrm{d}\beta = P\frac{2\alpha}{k}\mathrm{e}^{-\alpha x}\cos\alpha x \\ \frac{\partial w}{\partial t}\Big|_{t=0} &= \int_0^{\infty}(A_3\sin\beta x + A_4\cos\beta x)B_1\mathrm{d}\beta = 0 \Rightarrow B_1 = 0 \end{aligned}\right\} \tag{d}$$

将等式右端进行傅里叶变换：

$$e^{-\alpha x}\cos\alpha x = \frac{2}{\pi}\int_0^{\infty}\left[\begin{array}{l}\int_0^{\infty} e^{-tx}\cos tx\sin\beta t\mathrm{d}t\sin\beta x + \\ \int_0^{\infty} e^{-tx}\cos tx\cos\beta t\mathrm{d}t\cos\beta x\end{array}\right]\mathrm{d}\beta \tag{e}$$

将式(f)代入式(e)，整理得到：

$$\left.\begin{aligned} A_3B_2 &= P\frac{4\alpha}{\pi k}\int_0^{\infty} e^{-tx}\cos tx\sin\beta t\mathrm{d}t \\ A_4B_2 &= P\frac{4\alpha}{\pi k}\int_0^{\infty} e^{-tx}\cos tx\cos\beta t\mathrm{d}t \end{aligned}\right\} \tag{f}$$

由此得到方程的解为：

$$w = P\frac{4\alpha}{\pi k}\int_0^{\infty}\beta(\sin\beta x - \cos\beta x)\cos\omega t\mathrm{d}\beta \tag{g}$$

上述求解方法，过程较复杂。下面以开尔文地基上的无限长梁为例，介绍采用傅里叶和拉普拉斯变换的求解方法。

开尔文地基上的无限长梁的一般动力微分方程为：

$$\left.\begin{aligned} & D\frac{\partial^4 w}{\partial x^4} + \eta\frac{\partial w}{\partial t} + kw = q(x,t) - \rho A\frac{\partial^2 w}{\partial t^2} \\ & w(x,t)\Big|_{t=0} = f(x) \\ & \frac{\partial w(x,t)}{\partial t}\Big|_{t=0} = g(x) \\ & \lim_{x\to\pm\infty}\frac{\partial w^n(x,t)}{\partial x^n} = 0 \qquad n = 0,1,2,3 \end{aligned}\right\} \tag{10.82}$$

对式(10.82)进行傅里叶变换，得到：

$$\left.\begin{aligned} & \rho A\frac{\partial^2 W}{\partial t^2} + \eta\frac{\partial W}{\partial t} + (D\xi^4 + k)W = Q(\xi,t) \\ & W(\xi,t)\Big|_{t=0} = F(\xi) \\ & \frac{\partial W(\xi,t)}{\partial t}\Big|_{t=0} = G(\xi) \end{aligned}\right\} \tag{10.83}$$

式中：W、Q、F、G——依次为函数 w、q、f、g 的傅里叶变换，即：

$$W(\xi,t) = \int_{-\infty}^{\infty} w(x,t)e^{i\xi x}\mathrm{d}x$$

$$Q(\xi,t) = \int_{-\infty}^{\infty} q(x,t)e^{i\xi x}\mathrm{d}x$$

$$F(\xi) = \int_{-\infty}^{\infty} f(x)e^{i\xi x}\mathrm{d}x$$

$$G(\xi) = \int_{-\infty}^{\infty} g(x,t)\mathrm{e}^{i\xi x}\mathrm{d}x$$

再对式(10.83)中时间变量 t 作拉普拉斯变换,得到:

$$\overline{W} = \frac{\overline{Q}(\xi,s)/\rho A + sF + G + 2aF}{(s+a)^2 + b(\xi)^2} \tag{10.84}$$

其中,$a = \frac{\eta}{2\rho A}, b(\xi) = \sqrt{\frac{D\xi^4 + k}{\rho A} - a^2}$。

对上式作拉普拉斯逆换,得到:

$$W(\xi,t) = \mathrm{e}^{-at}\left\{F(\xi)\cos bt + [aF(\xi) + G(\xi)]\frac{\sin bt}{b}\right\} + \frac{1}{\rho A}\int_0^t Q(\xi,\tau)\mathrm{e}^{[-a(t-\tau)]}\sin b(t-\tau)\mathrm{d}\tau \tag{10.85}$$

再对上式通过傅里叶逆变换,得到:

$$w(x,t) = \mathrm{e}^{-at}\int_{-\infty}^{\infty} Q\left\{f(r)\frac{\partial R(x-r,t)}{\partial t} + [af(r) + g(r)]R(x-r,t)\right\}\mathrm{d}r + \frac{1}{\rho A}\int_{-\infty}^{\infty}\left[\int_0^t q(r,\tau)\mathrm{e}^{-a\tau}R(x-r,t-\tau)\mathrm{d}\tau\right]\mathrm{d}r \tag{10.86}$$

其中:

$$R(r,t) = \begin{cases} \frac{1}{\pi}\int_0^{\infty}\frac{1}{b(\xi)}\cos\xi r\sin bt\mathrm{d}\xi & \eta^2 \leqslant 4k\rho A \\ \frac{1}{\pi}\left[\int_0^{\xi_0}\frac{1}{b_1(\xi)}\cos\xi r\sinh b_1 t\mathrm{d}\xi + \int_{\xi_0}^{\infty}\frac{1}{b(\xi)}\cos\xi r\sin bt\mathrm{d}\xi\right] & \eta^2 > 4k\rho A \end{cases};$$

$$\xi_0 = \sqrt[4]{\frac{\eta^2 - 4k\rho A}{4D}};$$

$$b_1 = \sqrt{a^2 - \frac{D\xi^4 + k}{\rho A}}。$$

地基梁自由振动时,$q(x,t)=0$,则式(10.86)简化为:

$$w(x,t) = \mathrm{e}^{-at}\int_{-\infty}^{\infty}\left\{f(r)\frac{\partial R(x-r,t)}{\partial t} + [af(r) + g(r)]R(x-r,t)\right\}\mathrm{d}r$$

平衡状况受脉冲激励,$f(x)=g(x)=0$, $q(x,t)=P\delta(x)\ \delta(t)$,则式(10.86)进一步简化为:

$$w(x,t) = \frac{P}{\pi\rho A}\mathrm{e}^{-at}\int_0^{\infty}\frac{1}{b(\xi)}\cos\xi x\sin[b(\xi)t]\mathrm{d}\xi$$

[例 10.9] 在 t=0 时刻,有一集中力作用坐标原点,并匀速向右移动。求梁原点在不同

阻尼比条件的振动规律。

外荷载可表示为：$q(x,t) = P\delta(x-\nu t)$。初始位移和速度函数均为零，即$f=g=0$。应用式(10.86)得到：

$$w(x,t) = \frac{P}{\rho A}\exp(-at)\int_0^t \exp(-a\tau)R(x-\nu\tau, t-\tau)\mathrm{d}\tau$$

10.6 地基板的振动

10.6.1 轴对称圆板振动

文克勒地基上圆板的轴对称问题的运动微分方程为：

$$D\nabla^4 w(r,t) + kw(r,t) + \rho h\frac{\partial^2 w(r,t)}{\partial t^2} = p(r,t) \tag{10.87}$$

对于运动微分方程式(10.87)的齐次解，作分离变量$w(r,t)=W(r)T(t)$后整理得到：

$$\frac{\nabla^4 W(r) + \dfrac{k}{D}W(r)}{W(r)} = -\frac{\rho h}{DT}\frac{\partial^2 T(t)}{\partial t^2} \tag{10.88}$$

式(10.88)的等式两边相互独立，必等于一常数，记作c^2，解得函数$T(t)$、$W(r)$为：

$$\left.\begin{aligned} T &= B_1\sin\omega t + B_2\sin\omega t \\ W &= A_1\mathrm{J}_0(\alpha r) + A_2\mathrm{Y}_0(\alpha r) + A_3\mathrm{I}_0(\alpha r) + A_4\mathrm{K}_0(\alpha r)\end{aligned}\right\} \tag{10.89}$$

其中，$\omega = c\sqrt{\dfrac{D}{\rho h}}$，$\alpha = \sqrt[4]{c^2 - \dfrac{k}{D}}$。

$\mathrm{Y}_0(0)\to\infty$、$\mathrm{K}_0(0)\to\infty$，当板中无孔时，$A_2 = A_4 = 0$。根据圆板外边缘($r=a$)的边界条件，建立包含待定常数A_1、A_3和c^2的线性方程组，由非零解条件确定一系列$c_n(n=1,2,3\cdots)$，及A_1与A_3之比λ，进而确定一系列固有频率$\omega_n(n=1,2,3\cdots)$，及$\alpha_n(n=1,2,3\cdots)$。例如，圆板外边缘固支时，振型函数代入边界条件后的线性方程组为：

$$\left.\begin{aligned} W|_{r=0} &= A_1\mathrm{J}_0(\phi) + A_3\mathrm{I}_0(\phi) \\ W'|_{r=0} &= A_1\mathrm{J}'_0(\phi) + A_3\mathrm{I}'_0(\phi)\end{aligned}\right\} \tag{a}$$

其中，$\phi=\alpha a$。

根据非零解条件，解得板固有频率方程和A_1与A_3之比λ如下：

$$\left.\begin{aligned} &\mathrm{J}'_0(\phi)\mathrm{I}_0(\phi) - \mathrm{J}_0(\phi)\mathrm{I}'_0(\phi) = 0 \\ &\lambda = -\frac{\mathrm{J}_0(\phi)}{\mathrm{I}_0(\phi)}\end{aligned}\right\} \tag{b}$$

式(b)可求得一系列的ϕ_n和$\lambda_n(n=1,2,3,\cdots)$；其中前8个列于表10.4。对应于$\phi_n$的板固有频率计算式：

$$\omega_n = \sqrt{\left[\left(\frac{\phi_n}{a}\right)^4 + \frac{k}{D}\right]\frac{\rho h}{D}} \tag{c}$$

固支圆板的固有频率和待定常数比　　表 10.4

n	1	2	3	4	5	6	7	8
ϕ_n	3.20	6.31	9.44	12.58	15.72	18.86	22.00	25.14
λ_n	5.57×10^{-2}	-2.53×10^{-3}	1.11×10^{-4}	-4.83×10^{-6}	2.10×10^{-7}	-9.09×10^{-9}	3.93×10^{-10}	-1.70×10^{-11}

由此解得轴对称问题的文克勒地基上圆板的振动方程为:

$$w=\sum_{n=1}^{\infty}[J_0(\alpha_n r)+\lambda_n I_0(\alpha_n r)](B_{1n}\sin\omega_n t+B_{2n}\cos\omega_n t) \tag{10.90}$$

对于初始状态$[w|_{t=0}=f(x)$、$\frac{\partial w}{\partial t}|_{t=0}=g(x)]$引起板自由振动,式(10.90)中的待定常数利用振型函数正交性确定:

$$\left.\begin{aligned}w|_{t=0}&=\sum_{n=1}^{\infty}[J_0(\alpha_n r)+\lambda_n I_0(\alpha_n r)]B_{2n}=f(r)\\ \frac{\partial w}{\partial t}|_{t=0}&=\sum_{n=1}^{\infty}[J_0(\alpha_n r)+\lambda_n I_0(\alpha_n r)]B_{1n}\omega_n=g(r)\end{aligned}\right\} \tag{10.91}$$

其中:$B_{1n}=\frac{1}{M_n\omega_n}\sum_{n=1}^{\infty}\int_0^a g(r)[J_0(\alpha_n r)+\lambda_n I_0(\alpha_n r)]r\mathrm{d}r$;

$B_{2n}=\frac{1}{M_n}\sum_{n=1}^{\infty}\int_0^a f(r)[J_0(\alpha_n r)+\lambda_n I_0(\alpha_n r)]r\mathrm{d}r$;

$M_n=\int_0^a f(r)[J_0(\alpha_n r)+\lambda_n I_0(\alpha_n r)]^2 r\mathrm{d}r$。

对于强迫振动$p(r,t)$,将其展开为:

$$p(r,t)=\sum_{n=1}^{\infty}W_n(r)\tilde{p}_n(t) \tag{10.92}$$

$$\tilde{p}_n(t)=\frac{1}{M_n}\int_0^{\infty}p(r,t)[J_0(\alpha_n r)+\lambda_n I_0(\alpha_n r)]r\mathrm{d}r \tag{10.93}$$

则运动微分方程式(10.87)的特解方程为:

$$\frac{\mathrm{d}^2T_n^*}{\mathrm{d}t^2}+\omega_n^2T_n^*=\frac{1}{\rho h}\tilde{P}_n(t) \tag{10.94}$$

文克勒地基上圆板的强迫振动通解为:

$$w=\sum_{n=1}^{\infty}[J_0(\alpha_n r)+\lambda_n I_0(\alpha_n r)](B_{1n}\sin\omega_n t+B_{2n}\cos\omega_n t+T_n^*) \tag{10.95}$$

对于无限大板,α是大于零的连续变量,而ω为大于$\omega_0=\sqrt{\frac{k}{\rho h}}$的连续变量,失去振阶意义,且因$I_0(x\to\infty)\to\infty$,可推得$\lambda_n=0$,因此,式(10.95)改写为:

$$w=\int_0^{\infty}J_0(\alpha r)(B_1\sin\omega t+B_2\cos\omega t+T_n^*)\mathrm{d}\alpha \tag{10.96}$$

对强迫振动函数$p(r,t)$,板初始状态函数$f(r)$、$g(r)$进行零阶汉克尔变换,得到:

$$
\left.\begin{aligned}
p(r,t) &= \int_0^\infty \alpha J_0(\alpha r)\bar{p}(\alpha,t)\,d\alpha \\
\bar{p}(\alpha,t) &= \int_0^\infty r J_0(\alpha r) f(r,t)\,dr \\
f(r) &= \int_0^\infty \alpha J_0(\alpha r) f(\alpha)\,d\alpha \\
\bar{f}(\alpha) &= \int_0^\infty r J_0(\alpha r) f(r)\,dr \\
g(r) &= \int_0^\infty \alpha J_0(\alpha r)\bar{g}(\alpha)\,d\alpha \\
\bar{g}(\alpha) &= \int_0^\infty r J_0(\alpha r) g(r)\,dr
\end{aligned}\right\} \tag{10.97}
$$

从而得到地基板运动微分方程的特解方程为：

$$
\frac{d^2 T^*}{dt^2} + \omega^2 T^* = \frac{\alpha}{\rho h}\bar{p}(\alpha,t) \tag{10.98}
$$

再利用初始条件，得到两待定常数的表达式：

$$
\left.\begin{aligned}
B_1 &= \frac{\alpha}{\omega}\bar{g}(\alpha) - \frac{\partial T^*(0)}{\partial t} \\
B_2 &= \alpha \bar{f}(\alpha) - T^*(0)
\end{aligned}\right\} \tag{10.99}
$$

10.6.2 矩形板振动

开尔文地基上矩形板的运动微分方程为：

$$
D\nabla^4 w + kw + \eta\frac{\partial w}{\partial t} + \rho h\frac{\partial^2 w}{\partial t^2} = p(x,y,t) \tag{10.100}
$$

对于式(10.100)的齐次解，作分离变量 $w(x,y,t) = W(x,y)T(t)$ 后整理得到：

$$
\frac{\nabla^4 W + \frac{k}{D}W}{W} = -\frac{1}{DT}\left(\rho h\frac{\partial^2 T}{\partial t^2} + \eta\frac{\partial T}{\partial t}\right) \tag{10.101}
$$

式(10.101)的等式两边相互独立，必等于一常数，记作 c^2，解得函数 $T(t)$ 为：

$$
T(x) = e^{-\frac{\eta}{2\rho h}t}(A_1 \sin\omega t + A_2\cos\omega t) \tag{10.102}
$$

其中，$\omega = \sqrt{\frac{Dc^2}{\rho h} - \left(\frac{\eta}{2\rho h}\right)^2}$。

振型函数 $W(x,y)$ 的方程为：

$$
\nabla^4 W(x,y) - \left(c^2 - \frac{k}{D}\right)W(x,y) = 0 \tag{10.103}
$$

当 $c \leqslant \sqrt{\frac{k}{D}}$ 时，板无振动解；$c > \sqrt{\frac{k}{D}}$ 的板振动解，先由边界条件建立包含振型函数四个

待定常数和 c 的线性方程组；其次，根据非零解条件确定一系列 $c_{nm}(n=1,2,3,\cdots;m=1,2,3,\cdots)$，从而求得板固有频率 ω_{nm}；然后叠加得到板振动解；最后，根据初始条件确定式(10.97)中的待定常数 A_{1n}、A_{2n}。

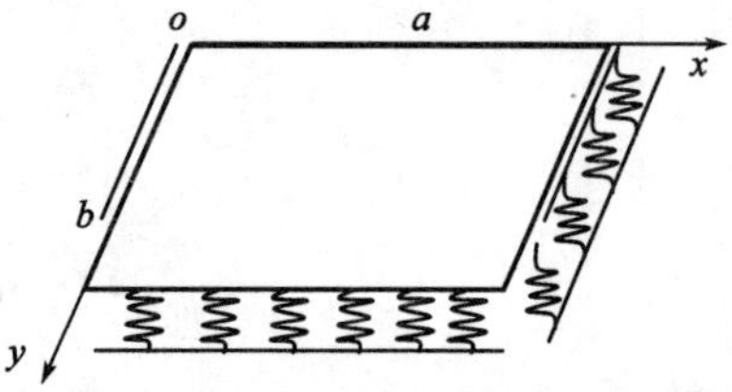

图 10.9 一对边简支、另一对边自由的文克勒地基板

[**例 10.10**] 求一对边简支、另一对边自由的文克勒地基板的固有频率。

如图 10.9 所示，xy 坐标系的原点设在板一角点，$x=0$ 和 $x=a$ 两边简支，$y=0$ 和 $y=b$ 两边自由。振型函数 $W(x,y)$ 可表示为：

$$W(x,y)=\sum_{m=1}^{\infty}Y_m(y)\sin\frac{m\pi}{a}x \tag{a}$$

将式(a)代入式(10.103)得到 y 轴方向振型函数方程为：

$$Y_m^{(4)}(y)-2\left(\frac{m\pi}{a}\right)^2Y_m^{(2)}(y)+\left[\left(\frac{m\pi}{a}\right)^4-c_m^2+\frac{k}{D}\right]Y_m(y)=0 \tag{b}$$

式(b)的四个特征根为：$\pm\sqrt{\left(\frac{m\pi}{a}\right)^2\pm\sqrt{c_m^2-\frac{k}{D}}}$。$c_m^2<\frac{k}{D}$ 无振动解，$c_m^2>\frac{k}{D}$ 时的式(c)的解为：

$$Y_m=A_1\sinh\varphi_m y+A_2\cosh\varphi_m y+A_3\Phi_1(y)+A_4\Phi_2(y) \tag{c}$$

$$\Phi_1(y)=\begin{cases}\sin\phi_m y & \Delta<0\\ \sinh\phi_m y & \Delta>0\end{cases},\quad \Phi_2(y)=\begin{cases}\cos\phi_m y & \Delta<0\\ \cosh\phi_m y & \Delta>0\end{cases}$$

其中，$\Delta=\left(\frac{m\pi}{a}\right)^2-\sqrt{c_m^2-\frac{k}{D}}$，$\varphi_m=\sqrt{\left(\frac{m\pi}{a}\right)^2+\sqrt{c_m^2-\frac{k}{D}}}$，$\phi_m=\sqrt{|\Delta|}$。

将两端自由边的边界条件 $\left.\frac{d^2Y_m}{dy^2}\right|_{y=0}=\left.\frac{d^2Y_m}{dy^2}\right|_{y=b}=\left.\frac{d^3Y_m}{dy^3}\right|_{y=0}=\left.\frac{d^3Y_m}{dy^3}\right|_{y=b}=0$ 代入式(c)，得到为零的行列式为：

$\Delta<0$：

$$\det\begin{vmatrix}\varphi_m^2 & \varphi_m^2 & 0 & -\phi_m^2\\ \varphi_m^3 & \varphi_m^3 & -\phi_m^3 & 0\\ \varphi_m^2\sinh\varphi_m b & \varphi_m^2\cosh\varphi_m b & -\phi_m^2\sin\phi_m b & -\phi_m^2\cos\phi_m b\\ \varphi_m^3\cosh\varphi_m b & \varphi_m^3\sinh\varphi_m b & -\phi_m^3\cos\phi_m b & -\phi_m^3\sin\phi_m b\end{vmatrix}=0 \tag{d-1}$$

$\Delta>0$：

$$\det\begin{vmatrix}\varphi_m^2 & \varphi_m^2 & \phi_m^2 & -\phi_m^2\\ \varphi_m^3 & \varphi_m^3 & \phi_m^3 & -\phi_m^3\\ \varphi_m^2\sinh\varphi_m b & \varphi_m^2\cosh\varphi_m b & +\phi_m^2\sinh\phi_m b & \phi_m^2\cosh\phi_m b\\ \varphi_m^3\cosh\varphi_m b & \varphi_m^3\sinh\varphi_m b & \phi_m^3\cosh\phi_m b & \phi_m^3\sinh\phi_m b\end{vmatrix}=0 \tag{d-2}$$

$\Delta<0$，$\det=0$ 无非零解；$\Delta>0$，行列式非零解为 c_m，进而按下式求得板固有频率：

$$\omega_m=c_m\sqrt{\frac{D}{\rho h}} \tag{e}$$

[**例 10.11**]　四边简支的文克勒地基板。求板中点突加集中力的振动方程。

x、y 坐标系的原点设在板中点，x 轴为板长方向，y 轴为板宽方向。振型函数 $W(x,y)$ 可表示为：

$$W(x,y)=\sum_{m=1}^{\infty}\sum_{n=1}^{\infty}A_{mn}\cos\frac{(2m-1)\pi x}{a}\cos\frac{(2n-1)\pi y}{b} \tag{f}$$

式中：a、b——分别为板长和板宽。

将式(f)代入式(10.103)，求得板固有频率 c_{mn} 为：

$$c_{mn}=\sqrt{\left[\left(\frac{2m-1}{a}\right)^2+\left(\frac{2n-1}{b}\right)^2\right]^2\pi^4+\frac{k}{D}} \tag{g}$$

板的特解方程为：

$$D\nabla^4\tilde{w}+k\tilde{w}+\rho h\frac{\partial^2\tilde{w}}{\partial t^2}=P\delta(x,y)H(t) \tag{h}$$

板的特解可表示为：

$$\tilde{w}(x,y)=\sum_{m=1}^{\infty}\sum_{n=1}^{\infty}\cos\frac{(2m-1)\pi x}{a}\cos\frac{(2n-1)\pi y}{b}\tilde{T}_{mn}(t) \tag{i}$$

将式(i)代入(h)，并函数 $\delta(x,y)$ 展开为振型函数形式：

$$\delta(x,y)=\frac{4}{ab}\sum_{m=1}^{\infty}\sum_{n=1}^{\infty}\cos\frac{(2m-1)\pi x}{a}\cos\frac{(2n-1)\pi y}{b} \tag{j}$$

则得到 $\tilde{T}_{mn}=\dfrac{4P}{abc_{mn}^2D}\mathrm{H}(t)$，再根据板初始静止状态的条件确定两个待定常数，由此得到本问题的解为：

$$w(x,y)=\frac{4P}{Dab}\sum_{m=1}^{\infty}\sum_{n=1}^{\infty}\frac{\cos\frac{(2m-1)\pi x}{a}\cos\frac{(2n-1)\pi y}{b}}{\left[\left(\frac{2m-1}{a}\right)^2+\left(\frac{2n-1}{b}\right)^2\right]^2\pi^4+\frac{k}{D}}(1-\sin\omega_n t)$$

附录 A　含参数的积分[90,91]

在铺面力学中,伽马函数、贝塔函数、超几何函数经常用到,这三个函数具有一共同特征,它们均可表示为含参数积分形式,其一般式和导数表达为:

$$\left.\begin{aligned} F(z) &= \int_a^b f(t,z)\,\mathrm{d}t \\ F'(z) &= \int_a^b \frac{\partial f(t,z)}{\partial z}\mathrm{d}t \end{aligned}\right\} \tag{A.1}$$

A.1　伽马 Γ 函数

伽马函数的定义为:

$$\Gamma(z) = \int_0^\infty \mathrm{e}^{-t} t^{z-1}\,\mathrm{d}t \qquad \mathrm{Re}(z) > 0 \tag{A.2}$$

伽马函数满足下列递推关系:

$$\left.\begin{aligned} &\Gamma(z+1) = z\Gamma(z) \\ &\Gamma(z+n) = (z+n-1)(z+n-2)\cdots z\Gamma(z) \end{aligned}\right\} \tag{A.3}$$

由式(A.3),令 $z=1$,得:

$$\left.\begin{aligned} &\Gamma(1) = 0! = \int_0^\infty \mathrm{e}^{-t}\,\mathrm{d}t = 1 \\ &\Gamma(n+1) = n(n-1)(n-2)\cdots 2\times 1 = n! \end{aligned}\right\} \tag{A.4}$$

伽马函数在有限区域内存在一阶极点 $z=1,-1,-2,\cdots$,但没有零点,如图 A.1 所示。

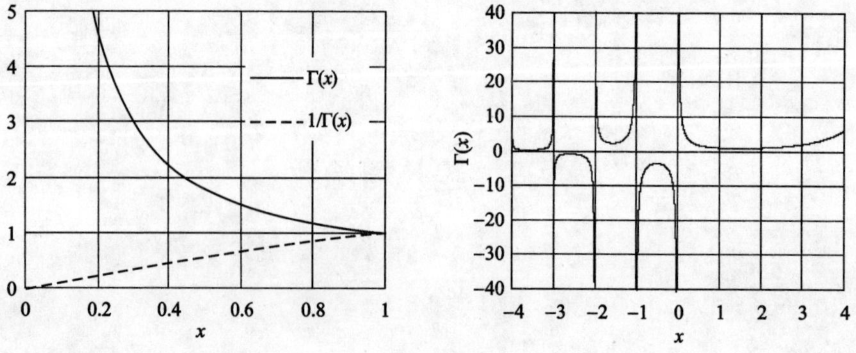

图 A.1　伽马函数图

伽马函数与三角函数的联系

$$\left.\begin{aligned}&\Gamma(z)\Gamma(1-z)=\frac{\pi}{\sin\pi z}\\&\Gamma\left(\frac{1}{2}\right)=\sqrt{\pi}\\&\sqrt{\pi}\Gamma(2z)=2^{2z-1}\Gamma(z)\Gamma\left(z+\frac{1}{2}\right)\end{aligned}\right\}\tag{A.5}$$

Γ 函数的对数微商 $\psi(z)$：

$$\psi(z)=\frac{\mathrm{d}}{\mathrm{d}z}\ln\Gamma(z)=\frac{\Gamma'(z)}{\Gamma(z)}\tag{A.6}$$

$$\left.\begin{aligned}&\psi(1)=\Gamma'(1)=-\gamma\\&\gamma=\lim_{n\to\infty}\left\{\sum_{m=1}^{n}\frac{1}{m}-\ln m\right\}=0.577\,215\,664\,901\,532\,860\,606\,51\cdots\end{aligned}\right\}\tag{A.7}$$

其中，γ 为欧拉常数。

对式(A.3)取对数微商，得：

$$\psi(z+1)=\psi(z)+\frac{1}{z}\tag{A.8}$$

对式(A.5)取对数微商，得：

$$\psi(1-z)=\psi(z)+\pi\cot(\pi z)\tag{A.9}$$

A.2 贝塔 B 函数

贝塔函数 $\mathrm{B}(p,q)$ 的定义式为：

$$\mathrm{B}(p,q)=\int_0^1 x^{p-1}(1-x)^{q-1}\mathrm{d}x\qquad \mathrm{Re}(q)>0,\mathrm{Re}(p)>0\tag{A.10}$$

作变换 $x=1-t$，可证明 $\mathrm{B}(p,q)$ 对于两自变量 q,p 是对称的：

$$\mathrm{B}(p,q)=\mathrm{B}(q,p)\tag{A.11}$$

$\mathrm{B}(p,q)$ 可以用 Γ 函数表示：

$$\mathrm{B}(p,q)=\frac{\Gamma(q)\Gamma(p)}{\Gamma(q+p)}\tag{A.12}$$

A.3 超几何函数

式(A.13)的二阶线性常微分方程称之为超几何方程，它有三个正则奇点：$z=0,1,\infty$。

$$z(1-z)\frac{\mathrm{d}^2w}{\mathrm{d}z^2}+[\gamma-(\alpha+\beta+1)z]\frac{\mathrm{d}w}{\mathrm{d}z}-\alpha\beta w(z)=0\tag{A.13}$$

式(A.13)的级数解称之为超几何级数，常用下面的符号来表达；

$$\mathrm{F}(\alpha,\beta,\gamma,z)=\sum_{n=0}^{\infty}\frac{(\alpha)_n(\beta)_n}{n!\ (\gamma)_n}z^n \qquad |z|<1 \tag{A.14}$$

其中：

$$\left.\begin{aligned}&(\lambda)_0=1\\&(\lambda)_0=\lambda(\lambda+1)\cdots(\lambda+n-1)=\frac{\Gamma(\lambda+n)}{\Gamma(\lambda)}(n\geqslant1)\end{aligned}\right\} \tag{A.15}$$

由式(A.14)、式(A.15)可以推出：

$$\mathrm{F}(\alpha,\beta,\gamma,0)=1$$

$$\mathrm{F}(\alpha,\beta,\gamma,z)=F(\beta,\alpha,\gamma,z) \tag{A.16}$$

除去 $z=1$ 和 $z=\infty$，级数(A.14)开拓到全 z 平面的解析函数称为超几何函数。

许多初等函数可以用超几何函数表示：

$$\left.\begin{aligned}&(1+z)^{\alpha}=\mathrm{F}(-\alpha,\beta,\beta,-z)\\&\ln(1+z)=z\mathrm{F}(1,1,2,-z)\\&\arcsin z=z\mathrm{F}\left(\frac{1}{2},\frac{1}{2},\frac{3}{2},z^2\right)\\&\arctan z=z\mathrm{F}\left(\frac{1}{2},1,\frac{3}{2},-z^2\right)\end{aligned}\right\} \tag{A.17}$$

l,m,n 是任意整数，则函数 $\mathrm{F}(\alpha+l,\beta+m,\gamma+n,z)$ 称之为 $\mathrm{F}(\alpha,\beta,\gamma,z)$ 的邻次函数。任何三个邻次函数 F_1、F_2、F_3 之间有如下关系：

$$A_1\mathrm{F}_1+A_2\mathrm{F}_2+A_3\mathrm{F}_3=0 \tag{A.18}$$

式中：A_1、A_2、A_3——z 的有理函数。

$$\left.\begin{aligned}&\frac{\mathrm{d}}{\mathrm{d}z}\mathrm{F}(\alpha,\beta,\gamma,z)=\frac{\alpha\beta}{\gamma}\mathrm{F}(\alpha+1,\beta+1,\gamma+1,z)\\&\frac{\mathrm{d}^m}{\mathrm{d}z^m}\mathrm{F}(\alpha,\beta,\gamma,z)=\frac{\alpha\beta}{\gamma}F(\alpha+m,\beta+m,\gamma+m,z)\end{aligned}\right\} \tag{A.19}$$

在 $|z|<1$ 范围，超几何函数的级数形式：

$$\mathrm{F}(\alpha,\beta,\gamma,z)=\frac{\Gamma(\gamma)}{\Gamma(\alpha)\Gamma(\beta)}\sum_{n=0}^{\infty}\frac{\Gamma(\alpha+n)\Gamma(\beta+n)}{\Gamma(\gamma+n)}\frac{z^n}{n!} \tag{A.20}$$

超几何函数的积分级数形式：

$$\left.\begin{aligned}&\mathrm{F}(\alpha,\beta,\gamma,z)=\frac{\Gamma(\gamma)}{\Gamma(\alpha)\Gamma(\gamma-\beta)}\int_0^1 t^{\beta-1}(1-t)^{\gamma-\beta-1}(1-zt)^{-\alpha}\mathrm{d}t\\&\mathrm{Re}(\gamma)>\mathrm{Re}(\beta)>0\end{aligned}\right\} \tag{A.21}$$

将 $z=1$ 代入式(A.21)得到：

$$\mathrm{F}(\alpha,\beta,\gamma,1)=\frac{\Gamma(\gamma)\Gamma(\gamma-\alpha-\beta)}{\Gamma(\gamma-\alpha)\Gamma(\gamma-\beta)} \tag{A.22}$$

广义超几何级数的定义为：

$${}_p\mathrm{F}_q(\alpha_1,\alpha_2\cdots\alpha_p;\gamma_1,\gamma_2\cdots\gamma_q;z)=\sum_{n=0}^{\infty}\frac{(\alpha_1)_n(\alpha_2)_n\cdots(\alpha_p)_n}{n!(\gamma_1)_n(\gamma_2)_n\cdots(\gamma_q)_n}z^n \tag{A.23}$$

当 $p \leqslant q$ 时，此级数对于任何 z 值都是收敛的；当 $p>(q+1)$ 时；此级数除 $z=0$ 以外均发散。当 $p=(q+1)$ 时，级数在 $|z|<1$ 中是收敛的；如果 $\mathrm{Re}\left(\sum\gamma-\sum\alpha\right)>0$，则它在 $z=1$ 处也收敛。

超几何函数 $F(\alpha,\beta,\gamma,z)$ 是式(A.23)的特殊情形，常记作 $F_1(\alpha,\beta,\gamma,z)$。

$p=1,q=1$ 广义超几何级数 $F(\alpha,\gamma,z)$ 称之为合流超几何方程或库末函数，它是下列二阶微分方程或称库末方程的解：

$$z\frac{\mathrm{d}^2y}{\mathrm{d}x^2}+(\gamma-z)\frac{\mathrm{d}y}{\mathrm{d}x}-\alpha y=0 \tag{A.24}$$

合流超几何方程 $F(\alpha,\gamma,z)$ 是超几何函数 $F(\alpha,\beta,\gamma,z)$ 通过把 z 换成 z/β，然后令 $\beta\to\infty$ 而得到的。

附录 B　贝塞尔(Bessel)函数

在铺面力学中,贝塞尔函数是最重要的一个特殊函数。贝塞尔函数是下列贝塞尔方程的解:

$$x^2\frac{d^2y}{dx^2}+x\frac{dy}{dx}+(x^2-p^2)y=0 \tag{B.1}$$

式中:p——常数,称为方程的阶或其解的阶,它可以是任何实数或复数。

B.1　第一类贝塞尔函数

贝塞尔方程(B.1)的级数解:

$$y=\sum_{k=0}^{\infty}a_k x^{c+k}\qquad a_k\neq 0 \tag{B.2}$$

将式(B.2)代入式(B.1),且 $p\neq$ 整数时,得到两个级数解:

$$J_{\pm p}(x)=\sum_{k=0}^{\infty}\frac{(-1)^k}{k!\Gamma(\pm p+k+1)}\left(\frac{x}{2}\right)^{p+2k} \tag{B.3}$$

$J_{\pm p}(x)$ 称之为 p 阶第一类贝塞尔函数,或简称为 p 阶贝塞尔函数。当 $p=n(n=1,2,\cdots)$ 时,因 $\Gamma(-n+k+1)\to\infty\ (k<n)$,有 $J_{-n}(x)=(-1)^n J_n(x)$,这说明 $J_n(x)$,$J_{-n}(x)$ 是线性相关的。

贝塞尔函数的递推关系:

$$\left.\begin{aligned}
&\frac{d}{dx}\left(\frac{J_p(x)}{x^p}\right)=-\frac{J_{p+1}(x)}{x^p}\\
&\frac{d}{dx}[x^pJ_p(x)]=x^pJ_{p-1}(x)\\
&J_{p-1}(x)+J_{p+1}(x)=\frac{2pJ_p(x)}{x}\\
&J_{p-1}(x)-J_{p+1}(x)=2J'_p(x)
\end{aligned}\right\} \tag{B.4}$$

$J_p(x)$ 还可用积分表示:

$$J_p(x)=\frac{(x/2)^p}{\sqrt{\pi}\Gamma(p+1/2)}\int_0^{\pi}\cos(z\cos\theta)\sin^{2p}\theta d\theta\quad \mathrm{Re}(p)>\frac{1}{2} \tag{B.5}$$

$$J_p(x)=\frac{(x/2)^p}{2\pi i}\int_{-\infty}^{(0+)}e^{t-\frac{x^2}{4t}}t^{-p-1}dt\quad |\arg t|<\pi \tag{B.6}$$

B.2 整数阶、半奇数阶贝塞尔函数

整数阶贝塞尔函数 $J_n(x)$ 的级数表达式如式(B.7)所示,其中 J_0、J_1、J_2 如图 B.1 所示。

$$J_n(x) = \sum_{k=0}^{\infty} \frac{(-1)^k}{k!(n+k)!}\left(\frac{x}{2}\right)^{n+2k} \tag{B.7}$$

整数阶贝塞尔函数 $J_n(x)$ 的递推关系同上,它的积分表达式为:

$$J_n(x) = \frac{1}{2\pi}\int_{-\pi}^{\pi}\cos(nx - z\sin\theta)\,d\theta \tag{B.8}$$

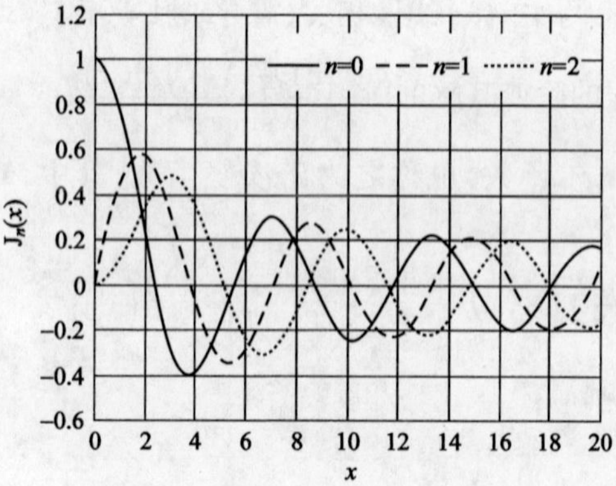

图 B.1 整数阶贝塞尔函数 $J_n(x)$ 图

半奇数阶贝塞尔函数 $J_{1/2}$、$J_{3/2}$、$J_{5/2}$ 如图 B.2 所示。半奇数阶贝塞尔函数 $J_{n+1/2}(x)$,$(n=0, \pm1, \pm2, \cdots)$的一个重要特点是可用初等函数表达:

$$\left.\begin{aligned} J_{n+1/2}(x) &= (-1)^n\sqrt{\frac{2}{\pi x}}x^{n+1}\left(\frac{d}{x\,dx}\right)^n\left\{\frac{\sin x}{x}\right\} \quad n = 0,1,2,\cdots \\ J_{(-n-1)/2}(x) &= \sqrt{\frac{2}{\pi x}}x^{n+1}\left(\frac{d}{x\,dx}\right)^n\left\{\frac{\cos x}{x}\right\} \quad n = 0,1,2,\cdots \end{aligned}\right\} \tag{B.9}$$

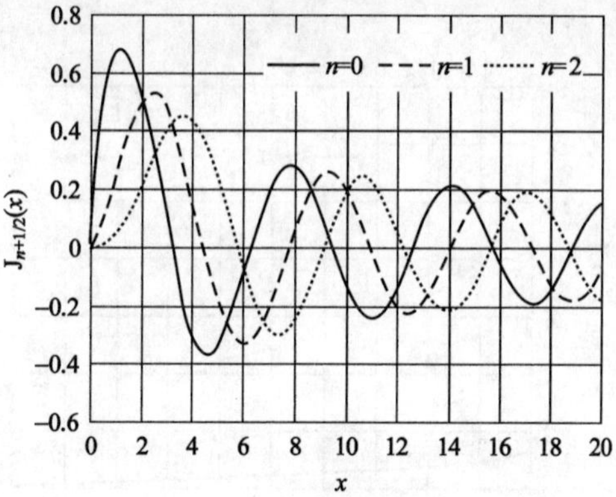

图 B.2 半奇数阶贝塞尔函数 $J_{n+1/2}(x)$ 图

在 $n=0$ 时,式(B.9)简化为:

$$\left.\begin{aligned} J_{1/2}(x) &= \sqrt{\frac{2}{\pi x}}\sin x \\ J_{-1/2}(x) &= \sqrt{\frac{2}{\pi x}}\cos x \end{aligned}\right\} \tag{B.10}$$

B.3 第二类贝塞尔函数(诺埃曼 Neumann 函数)

当 p 是整数 n 时,$J_n(x)$ 与 $J_{-n}(x)$ 线性相关,需寻求独立于 $J_n(x)$ 的第二解。它可定义为:

$$Y_p(x) = \frac{\cos p\pi J_p(x) - J_{-p}(x)}{\sin p\pi} \tag{B.11}$$

$Y_p(x)$ 称为第二类贝塞尔函数,也称之为诺埃曼函数,其中,Y_0、Y_1、Y_2 如图 B.3 所示。$Y_p(x)$ 的级数表示为:

$$Y_n(x) = \frac{2}{\pi}\left[\gamma + \ln\left(\frac{x}{2}\right)\right]J_n(x) - \frac{1}{\pi}\sum_{k=0}^{n-1}\frac{(n-k-1)!}{k!}\left(\frac{x}{2}\right)^{-n+2k} - \frac{1}{\pi}\sum_{k=0}^{\infty}\frac{(-1)^k\left(\frac{x}{2}\right)^{n+2k}}{k!(n+k)!}\left(1+\frac{1}{2}+\cdots+\frac{1}{k}+1+\frac{1}{2}+\cdots+\frac{1}{n+k}\right) \tag{B.12}$$

$J_p(x)$ 的递推关系也适用于 $Y_p(x)$。为了引用方便,下面给出这些关系;

$$\frac{d}{dx}\left(\frac{Z_p}{x^p}\right) = -\frac{Z_{p+1}}{x^p} \qquad \frac{d}{dx}[x^p Z_p] = x^p Z_{p-1} \tag{B.13}$$

$$Z_{p-1} + Z_{p+1} = \frac{2p}{x}Z_p \quad Z_{p-1} - Z_{p+1} = 2Z'_p \tag{B.14}$$

其中:$Z_p(x)$ 代表 $J_p(x)$ 或者 $Y_p(x)$。

满足递推关系式(B.13)[或者等价的式(B.14)]的函数称为柱函数,用 $Z_p(x)$ 表示。柱函数 $Z_p(x)$ 必满足贝塞尔函数。

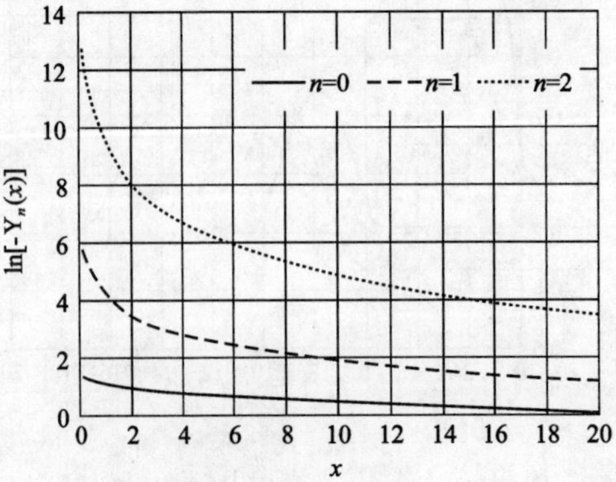

图 B.3 第二类贝塞尔函数 $Y_n(x)$ 图

B.4 第三类贝塞尔函数(汉克尔 Hankel 函数)

第三类贝塞尔函数(汉克尔 Hankel 函数)定义为:

$$\left.\begin{aligned} H_p^{(1)}(x) &= J_p(x) + \mathbf{i}Y_p(x) \\ H_p^{(2)}(x) &= J_p(x) - \mathbf{i}Y_p(x) \end{aligned}\right\} \tag{B.15}$$

$H_p^{(1)}(x)$、$H_p^{(2)}(x)$又分别称之为第一类和第二类汉克尔函数。$J_p(x)$、$Y_p(x)$、$H_p^{(1)}(x)$、$H_p^{(2)}(x)$中的任意两个都是贝塞尔方程的基本解。

汉克尔函数的递推关系同$J_p(x)$的式(B.13~B.14)。

B.5 变形贝塞尔函数(变形汉克尔 Hankel 函数)

在一些边值问题中会遇到如下微分方程:

$$x^2\frac{d^2y}{dx^2}+x\frac{dy}{dx}+(x^2+p^2)y=0 \tag{B.16}$$

令$x=\mathbf{i}z$,方程(B.16)即化为p阶贝塞尔方程。因此,方程(B.16)称之为虚宗量贝塞尔方程。为此,引进一个称为第一类变形(或虚宗量)贝塞尔函数$I_p(x)$表示此方程解:

$$I_p(x)=\mathbf{i}^{-p}J_p(\mathbf{i}x)=\sum_{k=0}^{\infty}\frac{1}{k!\Gamma(p+k+1)}\left(\frac{x}{2}\right)^{p+2k} \tag{B.17}$$

I_0、I_1、I_2如图B.4所示。当p为非整数时,$I_{-p}(x)$、$I_p(x)$是该方程二个线性无关的解。当p为整数n时,由式(B.17)可以看出:

$$I_{-n}(x)=I_n(x) \tag{B.18}$$

因此,需引入另一个与$I_p(x)$线性无关解,类似$Y_p(x)$定义,令:

$$K_p(x)=\frac{\pi}{2\sin p\pi}[I_{-p}(x)-I_p(x)] \tag{B.19}$$

$K_p(x)$称之为第二类贝塞尔变形函数,其中,K_0、K_1、K_2如图B.5所示。当p为整数n时,其级数形式为:

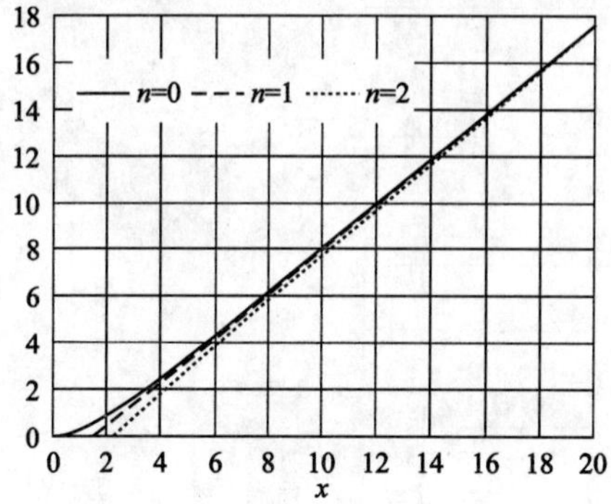

图B.4 变形贝塞尔函数$I_n(x)$图

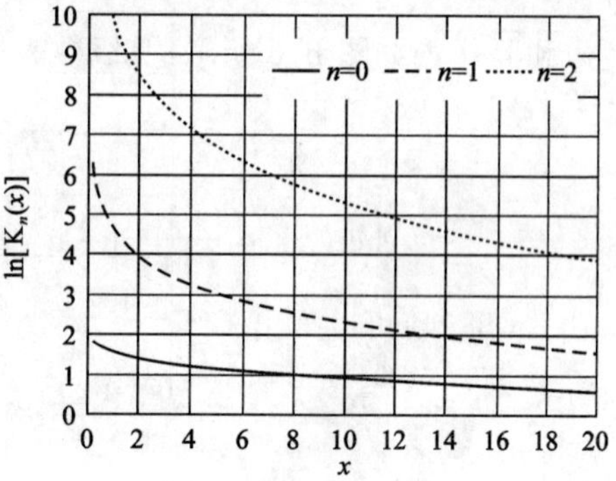

图B.5 变形贝塞尔函数$K_n(x)$图

$$K_n(x)=(-1)^{n+1}\left[\gamma+\ln\left(\frac{x}{2}\right)\right]I_n(x)+\frac{1}{2}\sum_{k=0}^{n-1}\frac{(-1)^k(n-k-1)!}{k!}\left(\frac{2}{x}\right)^{n-2k}+$$

$$\frac{(-1)^n}{2}\sum_{k=0}^{\infty}\frac{1}{k!(n+k)!}\left(\frac{x}{2}\right)^{n+2k}\left(1+\frac{1}{2}+\cdots+\frac{1}{k}+1+\frac{1}{2}+\cdots+\frac{1}{n+k}\right)\quad(B.20)$$

$I_p(x)$，$K_p(x)$的递推关系分别为：

$$\left.\begin{aligned}I_{p-1}(x)-I_{p+1}(x)&=\frac{2pI_p(x)}{x}\\J_{p+1}(x)+J_{p-1}(x)&=2I'_p(x)\\I'_p(x)+p\frac{I_p(x)}{x}&=I_{p-1}(x)\\I'_p(x)-p\frac{I_p(x)}{x}&=I_{p+1}(x)\end{aligned}\right\}\quad(B.21)$$

$$\left.\begin{aligned}K_{p-1}(x)-K_{p+1}(x)&=\frac{-2pK_p(x)}{x}\\K_{p+1}(x)+K_{p-1}(x)&=-2K'_p(x)\\K'_p(x)+p\frac{K_p(x)}{x}&=-K_{p-1}(x)\\K'_p(x)-p\frac{K_p(x)}{x}&=-K_{p+1}(x)\end{aligned}\right\}\quad(B.22)$$

B.6 开尔文(Kelvin)函数

开尔文(Kelvin)函数是由汤姆孙(Thomson)为解决某些电学问题提出的，因此也称为汤姆孙(Thomson)函数，其对应的微分方程为：

$$x^2\frac{d^2y}{dx^2}+x\frac{dy}{dx}+(\mathbf{i}p^2+x^2)y=0\quad(B.23)$$

式(B.23)实质上是虚宗量的辐角为 $\pm\pi/4$ 或者 $\pm3\pi/4$ 的贝塞尔函数。

$ber(x)$和 $bei(x)$分别为变型贝塞尔函数的实部和虚部。

$$ber(x)+\mathbf{i}\cdot bei(x)=I_0(x\sqrt{\mathbf{i}})=J_0(x\mathbf{i}^{3/4})\quad(B.24)$$

$ber(x)$和 $bei(x)$如图 B.6 所示，其级数表达式为：

$$ber(x)=1-\frac{1}{(2!)^2}\left(\frac{x}{2}\right)^4+\frac{1}{(4!)^2}\left(\frac{x}{2}\right)^8-\cdots\quad(B.25)$$

$$bei(x)=\frac{1}{(1!)^2}\left(\frac{x}{2}\right)^2-\frac{1}{(3!)^2}\left(\frac{x}{2}\right)^6+\frac{1}{(5!)^2}\left(\frac{x}{2}\right)^{10}-\cdots\quad(B.26)$$

由式(B.24)可以推出，

$$\left.\begin{aligned}\frac{ber'(x)}{x}&=-\frac{bei(x)+bei_2(x)}{2}\\\frac{bei'(x)}{x}&=\frac{ber(x)+ber_2(x)}{2}\end{aligned}\right\}\quad(B.27\text{-}1)$$

$$\left.\begin{aligned} \mathrm{ber}''(x) &= -\frac{\mathrm{bei}_2(x) - \mathrm{bei}(x)}{2} \\ \mathrm{bei}''(x) &= \frac{\mathrm{ber}_2(x) - \mathrm{ber}(x)}{2} \end{aligned}\right\} \tag{B. 27-2}$$

$$\left.\begin{aligned} \left(\frac{\mathrm{d}^2}{\mathrm{d}x^2} + \frac{1}{x}\frac{\mathrm{d}}{\mathrm{d}x}\right)\mathrm{ber}(x) &= -\mathrm{bei}(x) \\ \left(\frac{\mathrm{d}^2}{\mathrm{d}x^2} + \frac{1}{x}\frac{\mathrm{d}}{\mathrm{d}x}\right)\mathrm{bei}(x) &= \mathrm{ber}(x) \end{aligned}\right\} \tag{B. 27-3}$$

上述定义的推广：

$$\mathrm{ber}_p(x) \pm \mathbf{i} \times \mathrm{bei}_p(x) = \mathrm{I}_p(x\mathbf{i}^{\pm 1/2}) = \mathrm{J}_p(x\mathbf{i}^{\pm 3/4}) \tag{B. 28}$$

$\mathrm{ber}_p(x)$和$\mathrm{ber}_p(x)$递推关系：

$$\left.\begin{aligned} \mathrm{ber}_{p-1}(x) + \mathrm{ber}_{p+1}(x) &= -\frac{\sqrt{2}p}{x}(\mathrm{ber}_p(x) - \mathrm{bei}_p(x)) \\ \mathrm{ber}_{p-1}(x) - \mathrm{ber}_{p+1}(x) &= -\sqrt{2}[\mathrm{ber}'_p(x) + \mathrm{bei}'_p(x)] \\ \mathrm{ber}'_p(x) &= -\frac{\sqrt{2}}{2}[\mathrm{ber}_{p-1}(x) - \mathrm{bei}_{p-1}(x)] + p\,\frac{\mathrm{bei}_p(x)}{x} \\ \mathrm{ber}'_p(x) &= \frac{\sqrt{2}}{2}[\mathrm{ber}_{p+1}(x) - \mathrm{bei}_{p+1}(x)] - p\,\frac{\mathrm{bei}_p(x)}{x} \end{aligned}\right\} \tag{B. 29}$$

此外，还有$\mathrm{ker}_p(x)$、$\mathrm{kei}_p(x)$、$\mathrm{her}_p(x)$、$\mathrm{hei}_p(x)$、$\mathrm{yer}_p(x)$、$\mathrm{yei}_p(x)$等函数，它们的定义为：

$$\mathrm{ker}_p(x) \pm \mathbf{i} \cdot \mathrm{kei}_p(x) = \mathbf{i}^{\mp p}\mathrm{K}_p(\mathbf{i}^{\pm 1/2}x) \tag{B. 30}$$

$$\mathrm{her}_p(x) \pm \mathbf{i} \cdot \mathrm{hei}_p(x) = \mathrm{H}_p^{(1)}(\mathbf{i}^{\pm 3/2}x) \tag{B. 31}$$

$$\mathrm{yer}_p(x) \pm \mathbf{i} \cdot \mathrm{yei}_p(x) = \mathrm{Y}_p(\mathbf{i}^{\pm 3/2}x) \tag{B. 32}$$

上述几个贝塞尔函数在分析文克勒地基板时有应用，其中 kei_0 和 ker_0 较常用，如图 B.7 所示。

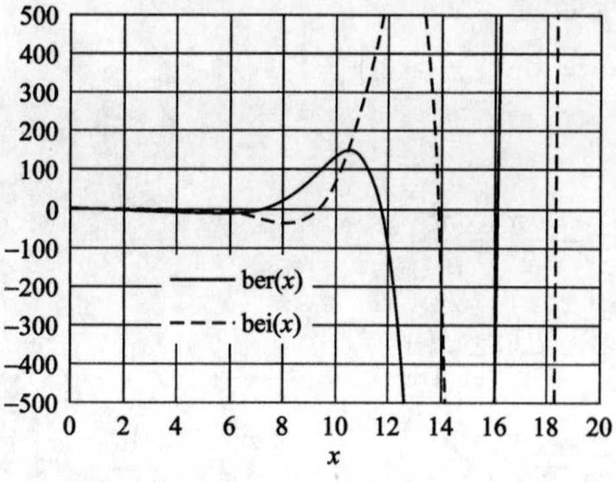

图 B.6 开尔文函数 $\mathrm{ber}_0(x)$和 $\mathrm{bei}_0(x)$图

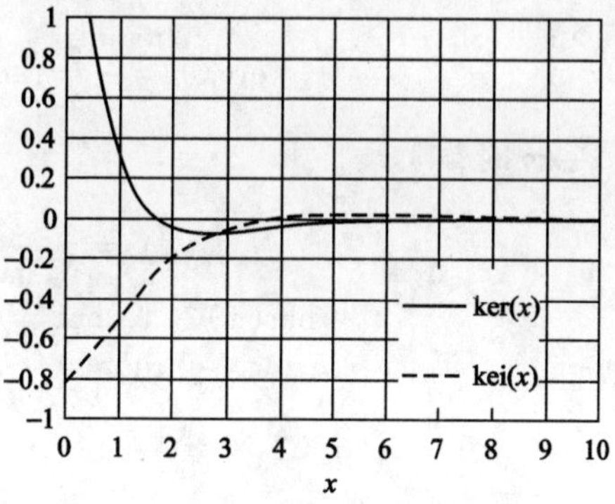

图 B.7 开尔文函数 $\mathrm{ker}_0(x)$和 $\mathrm{kei}_0(x)$图

B.7 贝塞尔函数的零点、奇点和渐近式

任何给定的实数 p，$\mathrm{J}_p(x)$有无穷多个实数零点。当 $p > -1$，$\mathrm{J}_p(x)$的零点都是实数。$P = 1 \sim 5$的前 9 个零点见表 B.1，当 x 很大时，$\mathrm{J}_p(x)$零点近似为$(m + p/2 - 1/4)\pi$。

贝塞尔函数 $J_p(x)$ 的零点 表 B.1

m	p					
	0	1	2	3	4	5
1	2.405	3.832	5.135	6.379	7.588	8.771
2	5.520	7.016	8.417	9.760	11.064	12.339
3	8.654	10.173	11.620	13.015	14.373	15.700
4	11.792	13.323	14.796	16.224	17.616	18.980
5	14.931	16.470	17.960	19.410	20.827	22.218
6	18.071	19.616	21.117	22.583	24.018	25.430
7	21.212	22.760	24.270	25.749	27.200	28.627
8	24.353	25.903	27.421	28.909	30.371	31.812
9	27.494	29.047	30.569	32.065	33.537	34.989

贝塞尔函数有两个奇点 0 和∞，0 点是正则奇点，∞ 点是非正则奇点。

在 $x \to 0$ 时，

$$J_0(x) = 1, J_n(x) = 0 (n \geqslant 1), Y_0(x) \sim \frac{2}{\pi}\ln\frac{x}{2}, Y_n(x) \sim \frac{(n-1)!}{\pi}\left(\frac{x}{2}\right)^{-n} \quad (n \geqslant 1)$$

$$I_0(x) = 1, I_n(x) = 0 (n \geqslant 1), K_0(x) \sim \ln\frac{x}{2}, K_n(x) \sim \frac{(n-1)!}{\pi}\left(\frac{x}{2}\right)^{-n} \quad (n \geqslant 1)$$

$$\mathrm{ber}(x) = 1, \mathrm{ber}_n(x) = 0 \quad (n \geqslant 1)$$

$$\mathrm{bei}(x) = 0, \mathrm{bei}_n(x) = 0 \quad (n \geqslant 1)$$

$$\mathrm{ker}(x) \sim -\ln\frac{x}{2} - \gamma, \mathrm{ker}_n(x) = -\frac{\pi}{4} \quad (n \geqslant 1)$$

$$\mathrm{kei}(x) = -\frac{\pi}{4}, \mathrm{kei}_n(x) = 0 \quad (n \geqslant 1)$$

在 $x \to \infty$ 时，

$$J_p(x) \approx \sqrt{\frac{2}{\pi x}}\cos\left(x - \frac{p\pi}{2} - \frac{\pi}{4}\right)$$

$$Y_p(x) \approx \sqrt{\frac{2}{\pi x}}\sin\left(x - \frac{p\pi}{2} - \frac{\pi}{4}\right)$$

$$I_p(x) \approx \frac{e^x}{\sqrt{2\pi x}}$$

$$K_p(x) \approx \sqrt{\frac{\pi}{2x}}e^{-x}$$

$$\mathrm{ber}(x) \approx \frac{e^{\frac{x}{\sqrt{2}}}}{\sqrt{2\pi x}}\cos\left(\frac{x}{\sqrt{2}} - \frac{\pi}{8}\right)$$

$$\mathrm{bei}(x) \approx \frac{e^{\frac{x}{\sqrt{2}}}}{\sqrt{2\pi x}}\sin\left(\frac{x}{\sqrt{2}} - \frac{\pi}{8}\right)$$

$$\mathrm{ker}(x) \approx \frac{e^{-\frac{x}{\sqrt{2}}}}{\sqrt{2\pi/x}}\cos\left(\frac{x}{\sqrt{2}}+\frac{\pi}{8}\right)$$

$$\mathrm{kei}(x) \approx \frac{e^{-\frac{x}{\sqrt{2}}}}{\sqrt{2\pi/x}}\sin\left(\frac{x}{\sqrt{2}}+\frac{\pi}{8}\right)$$

B.8 含贝塞尔函数的积分[90]

(1)第一索宁(Sonine)有限积分公式

$$\left.\begin{aligned}\int_0^{\frac{\pi}{2}} J_\mu(z\sin\theta)(\sin\theta)^{\mu+1}(\cos\theta)^{2\nu+1}\,d\theta = \frac{2^\mu\Gamma(\mu+1)}{z^{\mu+1}}J_{\mu+\nu+1}(z)\\ \mathrm{Re}(\mu),\mathrm{Re}(\nu) > -1\end{aligned}\right\} \tag{B.33}$$

(2)第二索宁(Sonine)有限积分公式

$$\int_0^{\frac{\pi}{2}} J_\mu(x\sin\theta)J_\nu(y\sin\theta)(\sin\theta)^{\mu+1}(\cos\theta)^{\nu+1}\,d\theta = \frac{x^\mu y^\nu J_{\mu+\nu+1}(\sqrt{x^2+y^2})}{(x^2+y^2)^{\frac{\mu+\nu+1}{2}}} \tag{B.34}$$

$$\mathrm{Re}(\mu),\mathrm{Re}(\nu) > -1$$

(3)汉克尔积分公式

$$\int_0^\infty e^{-at}J_\nu(bt)t^{\mu-1}\,dt = \frac{\Gamma(\mu+\nu)}{\alpha^{\mu+\nu}\Gamma(1+\nu)}\left(\frac{b}{2}\right)^\nu F\left(\frac{\mu+\nu}{2},\frac{\mu+\nu+1}{2},\nu+1,-\left(\frac{b}{a}\right)^2\right)$$

$$\mathrm{Re}(\mu+\nu) > 0,\mathrm{Re}(a\pm \mathbf{i}b) > 0 \tag{B.35}$$

式(B.35)的几个特例:

$$\int_0^\infty e^{-at}J_\nu(bt)\,dt = \frac{(\sqrt{a^2+b^2}-a)^n}{b^n\sqrt{a^2+b^2}} \tag{B.36-1}$$

$$\int_0^\infty \frac{e^{-at}J_\nu(bt)}{t}\,dt = \frac{(\sqrt{a^2+b^2}-a)^n}{nb^n} \tag{B.36-2}$$

$$\int_0^\infty \frac{J_\nu(t)}{t^{\nu-\mu+1}}\,dt = \frac{\Gamma(\mu/2)}{2^{\nu-\mu+1}\Gamma(\nu-\mu/2+1)} \quad 0 < \mathrm{Re}(\mu) < \mathrm{Re}(\nu)+1/2 \tag{B.36-3}$$

(4)斯图鲁弗(Struve)积分公式

$$\int_0^\infty \frac{J_\mu(t)J_\nu(t)}{t^{\mu+\nu}}\,dt = \frac{\Gamma\left(\frac{1}{2}\right)\Gamma(\mu+\nu)}{2^{\mu+\nu}\Gamma\left(\mu+\nu+\frac{1}{2}\right)\Gamma\left(\mu+\frac{1}{2}\right)\Gamma\left(\nu+\frac{1}{2}\right)}$$

$$\mathrm{Re}(\mu+\nu) > 0 \tag{B.37}$$

(5)韦伯－夏夫海特林(Schafheitlin)积分公式

设积分:

$$\int_0^\infty \frac{J_\mu(at)J_\nu(bt)}{t^\lambda}\,dt \tag{B.38}$$

其中,a 和 b 都是正数,且

$$\mathrm{Re}(\mu+\nu+1) > \mathrm{Re}(\lambda) > -1 \quad (a \neq b)$$

或

$$\mathrm{Re}(\mu+\nu+1) > \mathrm{Re}(\lambda) > 0 \quad (a = b)$$

当 $a>b>0$ 时，

$$\int_0^\infty \frac{\mathrm{J}_\mu(at)\mathrm{J}_\nu(bt)}{t^\lambda}\mathrm{d}t$$

$$= \frac{b^\nu \Gamma\left(\frac{\mu+\nu-\lambda+1}{2}\right)}{2^\lambda a^{\nu-\lambda+1}\Gamma(\nu+1)\Gamma\left(\frac{\mu-\nu+\lambda+1}{2}\right)}\mathrm{F}\left(\frac{\mu+\nu-\lambda+1}{2},\frac{\nu-\mu-\lambda+1}{2},\lambda+1,\frac{b^2}{a^2}\right)$$

当 $b=a$ 时，

$$\int_0^\infty \frac{\mathrm{J}_\mu(at)\mathrm{J}_\nu(at)}{t^\lambda}\mathrm{d}t = \frac{\Gamma(\lambda)\Gamma\left(\frac{\mu+\nu-\lambda+1}{2}\right)\left(\frac{b}{2}\right)^{\lambda-1}}{2\Gamma\left(\frac{\mu-\nu+\lambda+1}{2}\right)\Gamma\left(\frac{\nu-\mu+\lambda+1}{2}\right)\Gamma\left(\frac{\nu+\mu+\lambda+1}{2}\right)}$$

当 $\lambda=0$ 时，

$$\int_0^\infty \mathrm{J}_{\sigma+p}(at)\mathrm{J}_{\sigma-p-1}(bt)\mathrm{d}t = \begin{cases} \dfrac{\Gamma(\sigma)}{\Gamma(\sigma-p)p!b}\left(\dfrac{b}{a}\right)^{\sigma-p} \quad \mathrm{F}\left(\sigma,-p,\sigma-p,\dfrac{b^2}{a^2}\right) & (b<a) \\ \dfrac{(-1)^p}{2a} \quad (b=a) \\ 0 \quad (b>a) \end{cases}$$

当 $\sigma=1,p=0$ 时，上式则为：

$$\int_0^\infty \mathrm{J}_1(at)\mathrm{J}_0(bt)\mathrm{d}t = \begin{cases} \dfrac{1}{a} & b<a \\ \dfrac{1}{2a} & b=a \\ 0 & b>a \end{cases}$$

当 $\lambda=1,\mu=1,v=0$ 时，

$$\int_0^\infty \frac{\mathrm{J}_1(at)\mathrm{J}_0(bt)}{t}\mathrm{d}t = \begin{cases} F\left(\dfrac{1}{2},-\dfrac{1}{2},1,\dfrac{b^2}{a^2}\right) & b<a \\ \dfrac{a}{2b}F\left(\dfrac{1}{2},\dfrac{1}{2},1,\dfrac{a^2}{b^2}\right) & b>a \\ \dfrac{2}{\pi} & b=a \end{cases}$$

当 $\lambda=1,\mu=\nu=p,\mathrm{Re}(p)>0$ 时，

$$\int_0^\infty \mathrm{J}_p(at)\mathrm{J}_p(bt)\ \frac{\mathrm{d}t}{t} = \begin{cases} \dfrac{1}{2p}\left(\dfrac{b}{a}\right)^p & a \geqslant b \\ \dfrac{1}{2p}\left(\dfrac{a}{b}\right)^p & a \leqslant b \end{cases}$$

(6)索宁—盖根保尔积分公式

$$\int_0^\infty J_\mu(bt)\frac{J_\nu(a\sqrt{t^2+z^2})}{(t^2+z^2)^{\frac{\nu}{2}}}t^{\mu+1}dt=\begin{cases}0 & (a<b)\\ \dfrac{b^\mu}{a^\nu}\left(\dfrac{\sqrt{a^2-b^2}}{z}\right)^{\nu-\mu-1}J_{\nu-\mu-1}(z\sqrt{a^2-b^2}) & (a>b)\end{cases}\tag{B.39}$$

其中,z 是任意复数,a 和 b 都是正数,$\mathrm{Re}(\nu)>\mathrm{Re}(\mu)>-1$;若 $a=b$ 则需要 $\mathrm{Re}(\nu)>\mathrm{Re}(\mu+1)>0$。

式(B.39)的几个特例:

$$\int_0^\infty \frac{t^{\nu+1}J_\nu(at)}{(t^2+z^2)^{\mu+1}}dt=\frac{a^\mu z^{\nu-\mu}}{2^\mu\Gamma(\mu+1)}K_{\nu-\mu}(az)\tag{B.40-1}$$

$$\int_0^\infty \frac{J_1(at)J_0(bt)}{t^2+1}dt=I_1(a)K_0(b)\qquad(b\geqslant a>0)\tag{B.40-2}$$

$$\int_0^\infty \frac{t^2}{t^2+1}J_1(at)J_0(bt)dt=I_0(a)K_1(b)\qquad(a\geqslant n>0)\tag{B.40-3}$$

$$\int_0^\infty \frac{t^2}{(t^2+1)^2}J_1(at)J_0(bt)dt=\frac{1}{2}[aI_0(a)K_0(b)-bI_1(a)K_1(b)]\qquad(a\geqslant b>0)\tag{B.40-4}$$

(7)含 sin、cos 的积分式

$$\left.\begin{aligned}\int_0^\infty\frac{J_p(at)\sin bt}{t}dt&=\begin{cases}\dfrac{1}{p}\sin[p\arcsin(b/a)] & (a\geqslant b)\\ \dfrac{a^p\sin(p\pi/2)}{p(b+\sqrt{b^2-a^2})^p} & (a\geqslant b)\end{cases}\quad \mathrm{Re}(p)>-1\\ \int_0^\infty\frac{J_p(at)\cos bt}{t}dt&=\begin{cases}\dfrac{1}{p}\cos[p\arcsin(b/a)] & (a\geqslant b)\\ \dfrac{a^p\cos(p\pi/2)}{p(b+\sqrt{b^2-a^2})^p} & (a\geqslant b)\end{cases}\quad \mathrm{Re}(p)>0\end{aligned}\right\}\tag{B.41}$$

$$\left.\begin{aligned}\int_0^\infty J_p(at)\sin bt\,dt&=\begin{cases}\dfrac{\sin[p\arcsin(b/a)]}{\sqrt{a^2-b^2}} & (a>b)\\ \dfrac{a^p\cos(p\pi/2)}{\sqrt{b^2-a^2}(b+\sqrt{b^2-a^2})^p} & (a<b)\end{cases}\quad \mathrm{Re}(p)>-2\\ \int_0^\infty J_p(at)\cos bt\,dt&=\begin{cases}\dfrac{\cos[p\arcsin(b/a)]}{\sqrt{a^2-b^2}} & (a>b)\\ \dfrac{a^p\sin(p\pi/2)}{\sqrt{b^2-a^2}(b+\sqrt{b^2-a^2})^p} & (a<b)\end{cases}\quad \mathrm{Re}(p)>-2\end{aligned}\right\}\tag{B.42}$$

B.9 傅里叶—贝塞尔展开

设 α_m、α_n 是 $J_p(x)$ 的两个相异的正数零点，$p>-1$ 时，有：

$$\int_0^1 tJ_p(\alpha_m t)J_p(\alpha_n t)\mathrm{d}t = 0 \tag{B.43}$$

式(B.43)常称为贝塞尔函数的正交关系。

当 $\alpha_m=\alpha_n$ 时，有：

$$\int_0^1 tJ_p(\alpha_m t)\mathrm{d}t = \frac{1}{2}\{J'_p(\alpha_m)\}^2 \tag{B.44}$$

对于任何值 b，则有：

$$\int_0^1 tJ_p^2(bt)\mathrm{d}t = \frac{1}{2b^2}[b^2\{J'_p(b)\}^2+(b^2-p^2)J_p^2(b)] \tag{B.45}$$

函数 $f(x)$ 在区间 (a,b) 有界连续，则在 $0<a<x<b<1$ 范围内可进行傅里叶—贝塞尔展开：

$$\left.\begin{aligned} f(x) &= \sum_m a_m J_p(\alpha_m x) \\ \alpha_m &= \frac{2}{\{J'_p(\alpha_n)\}^2}\int_0^1 t\times f(t)J_p(\alpha_n t)\mathrm{d}t = \frac{2}{\{J_{p+1}(\alpha_n)\}^2}\int_0^1 t\times f(t)J_p(\alpha_n t)\mathrm{d}t \end{aligned}\right\} \tag{B.46}$$

特例，当 $\lambda_1<\lambda_2<\cdots<\lambda_m<\cdots$ 是 $J_1(x)$ 的零点，函数 $f(x)$ 还可展开为[91]：

$$\left.\begin{aligned} f(x) &= a_0 + \sum_m a_m J_0(\lambda_m x) \\ a_0 &= \int_0^1 tf(t)\mathrm{d}t,\ a_m = \frac{2}{J_0^2(\lambda_m)}\int_0^1 tf(t)J_0(\lambda_m t)\mathrm{d}t \end{aligned}\right\} \tag{B.47}$$

附录C 积 分 变 换

积分变换是通过积分运算,把一个函数转化为另一个函数的变换,且可通过再一积分运算,变换为原来函数。一般形式为:

$$\left.\begin{aligned} F(\xi) &= \int_a^b f(x)\mathrm{K}(x,\xi)\mathrm{d}x \\ f(x) &= \int_\alpha^\beta F(\xi)\mathrm{H}(x,\xi)\mathrm{d}\xi \end{aligned}\right\} \tag{C.1}$$

式(C.1)中 $\mathrm{K}(\xi,x)$、$\mathrm{H}(x,\xi)$ 为两个已知函数,$\mathrm{K}(\xi,x)$ 称为积分变换的变换核,$\mathrm{H}(x,\xi)$ 称为积分变换的反演核。$f(r,x)$ 为原函数,$F(r,\xi)$ 为 $f(r,x)$ 的像函数。当选取不同核(变换核、反演核)及积分区间时,就得到不同名称的积分变换(表C.1)。

常用的积分变换

表C.1

变换名称	x 区间 $[\alpha,\beta]$	换式核 $K(\xi,x)$	ξ 区间 $[\gamma,\delta]$	反演核 $\mathrm{H}(x,\xi)$
傅里叶	$[-\infty,\infty]$	$e^{-i\xi x}$	$[-\infty,\infty]$	$\frac{1}{2\pi}e^{i\xi x}$
傅里叶正弦	$[0,\infty]$	$\sin\xi x$	$[0,\infty]$	$\frac{2}{\pi}\sin\xi x$
傅里叶余弦	$[0,\infty]$	$\cos\xi x$	$[0,\infty]$	$\frac{2}{\pi}\cos\xi x$
拉普拉斯	$[0,\infty]$	$e^{-\xi x}$ $\mathrm{Re}(\xi)>c$	$[b-\mathbf{i}\infty,b+\mathbf{i}\infty]$ $b>c$	$\frac{1}{2\pi\mathbf{i}}e^{-\xi x}$
汉克尔	$[0,\infty]$	$x\mathrm{J}_v(\xi x)$ $v\geqslant -1/2$	$[0,\infty]$	$\xi\mathrm{J}_v(\xi x)$
梅林	$[0,\infty]$	$x^{\xi-1}$ $\mathrm{Re}(\xi)>c$	$[b-\mathbf{i}\infty,b+\mathbf{i}\infty]$ $b>c$	$\frac{1}{2\pi\mathbf{i}}x^{-\xi}$

C.1 傅里叶变换

傅里叶变换的定义:

$$\left.\begin{aligned} F(\xi) &= \int_{-\infty}^{\infty} f(x)e^{-i\xi x}\mathrm{d}x \\ f(x) &= \frac{1}{2\pi}\int_{-\infty}^{\infty} F(\xi)e^{i\xi x}\mathrm{d}\xi \end{aligned}\right\} \tag{C.2}$$

傅里叶变换的三角形式为：

$$f(x) = \frac{1}{2\pi}\int_{-\infty}^{\infty}\left[\int_{-\infty}^{\infty}f(t)e^{-\mathbf{i}\xi t}\mathrm{d}t\right]\mathrm{e}^{\mathbf{i}\xi x}\mathrm{d}\xi = \frac{1}{2\pi}\int_{-\infty}^{\infty}\left[\int_{-\infty}^{\infty}f(t)\mathrm{e}^{\mathbf{i}\xi(x-t)}\mathrm{d}t\right]\mathrm{d}\xi$$

$$= \frac{1}{2\pi}\int_{-\infty}^{\infty}\left[\int_{-\infty}^{\infty}f(t)\cos\xi(x-t)\mathrm{d}t\right]\mathrm{d}\xi + \frac{1}{2\pi}\int_{-\infty}^{\infty}\left[\int_{-\infty}^{\infty}f(t)\sin\xi(x-t)\mathrm{d}t\right]\mathrm{d}\xi \quad (C.3)$$

当$f(r,x)$对于x是偶函数时：

$$f(x) = \frac{2}{\pi}\int_{0}^{\infty}\left[\int_{0}^{\infty}f(t)\cos\xi(x-t)\mathrm{d}t\right]\mathrm{d}\xi \quad (C.4)$$

当$f(r,x)$对于x是奇函数时：

$$f(x) = \frac{2}{\pi}\int_{0}^{\infty}\left[\int_{0}^{\infty}f(t)\sin\xi(x-t)\mathrm{d}t\right]\mathrm{d}\xi \quad (C.5)$$

上述两式就是傅里叶正弦积分公式和余弦积分公式，又称傅里叶正弦、余弦积分变换。

傅里叶积分换算除了具有线性之外，还有：

位移性质：

$$F[f(x \pm x_0)] = \mathrm{e}^{\pm\mathbf{i}\xi t_0}F(\xi) \quad (C.6)$$

微分性质：

$$F\left[\frac{\mathrm{d}}{\mathrm{d}x}f(x)\right] = \mathbf{i}\xi F(\xi) \quad (C.7)$$

积分性质：

$$F\left[\int_{-\infty}^{x}f(t)\mathrm{d}t\right] = \frac{1}{\mathbf{i}\xi}F(\xi) + \pi F(0)\delta(\xi) \quad (C.8)$$

常用函数的傅里叶变换如表 C.2 所示。

常用函数的傅里叶变换 表 C.2

$f(t)$	$F(s)$	$f(t)$	$F(s)$
$\delta(t)$	1	$t\,\mathrm{H}(t)$	$\mathbf{i}\pi\delta'(s) - \frac{1}{s^2}$
1	$2\pi\delta(s)$	$\sin kt$	$\mathbf{i}\pi[\delta(\xi+k) - \delta(\xi-k)]$
$\mathrm{H}(t)$	$\frac{1}{\mathbf{i}s} + \pi\delta(s)$	$\cos kt$	$\mathbf{i}\pi[\delta(\xi+k) + \delta(\xi-k)]$
$\delta(t-t_0)$	$\mathrm{e}^{-\mathbf{i}st_0}$	$\mathrm{e}^{-\mathbf{i}at}\,\mathrm{H}(t)$	$2\pi\delta(s-a)$
$\delta^{(n)}(t)$	$(\mathbf{i}s)^n$	$f(t) = \begin{cases}1 & \lvert t\rvert \leqslant a \\ 0 & \lvert t\rvert > a\end{cases}$	$\frac{2\sin as}{s}$
t^n	$\mathbf{i}^n 2\pi\delta^n(s)$	$f(t) = \begin{cases}\mathrm{e}^{-at} & \lvert t\rvert \leqslant a \\ 0 & \lvert t\rvert > a\end{cases}$	$\frac{1}{a+\mathbf{i}s}$

C.2 拉普拉斯变换

(1)拉普拉斯变换的定义

$$L(s)=\mathcal{L}[f(t)]=\int_0^{\infty} f(t)\mathrm{e}^{-st}\mathrm{d}t(s\in D) \tag{C.9}$$

式(C.9)为$f(t)$为拉氏变换式,$L(\mathrm{s})$称为$f(t)$的像函数。拉氏变换除了具有线性之外,还有:

相似性质:

$$L[f(at)]=\frac{1}{a}F\left(\frac{s}{a}\right) \tag{C.10}$$

位移性质:

$$\mathcal{L}[\mathrm{e}^{at}f(t)]=L(s-a)\quad \mathrm{Re}(s-a)>c \tag{C.11}$$

延迟性质:

$$\mathcal{L}[f(t-t_0)]=\mathrm{e}^{-st_0}L(s) \tag{C.12}$$

微分性质:

$$\left.\begin{aligned}&L[f(t)]=sL[f(t)]-f(0)\\&L[f^{(n)}(t)]=s^nL[f(t)]-s^{n-1}f(0)-\cdots-f^{(n-1)}(0)\end{aligned}\right\} \tag{C.13}$$

积分性质:

$$\mathcal{L}\left[\int_{-\infty}^{t} f(u)\mathrm{d}u\right]=\frac{1}{s}\mathcal{L}[f(t)] \tag{C.14}$$

初、终值定理:

$$\left.\begin{aligned}\lim_{t\to 0}f(t)&=\lim_{s\to\infty}sF(s)\\\lim_{t\to\infty}f(t)&=\lim_{s\to 0}sF(s)\end{aligned}\right\} \tag{C.15}$$

(2)拉普拉斯逆变换

$$f(t)=\mathcal{L}^{-1}[L(s)]=\frac{1}{2\pi\mathbf{i}}\int_{\beta-\mathbf{i}\infty}^{\beta+\mathbf{i}\infty} L(s)\mathrm{e}^{st}\mathrm{d}s\qquad(t>0) \tag{C.16}$$

式(C.16)为$f(t)$为拉氏反演积分式。拉氏逆变换除了具有线性之外,还有:

微分性质:

$$\left.\begin{aligned}L'(s)&=-\mathcal{L}[tf(t)]\\L^{(n)}(s)&=(-1)^{(n)}\mathcal{L}[t^{(n)}f(t)]\end{aligned}\right\} \tag{C.17}$$

积分性质:

$$\left.\begin{aligned}\mathcal{L}\left[\frac{f(t)}{t}\right]&=\int_s^{\infty} L(s)\mathrm{d}s\\\mathcal{L}\left[\frac{f(t)}{t^{(n)}}\right]&=\int_s^{\infty}\mathrm{d}s\int_s^{\infty}\mathrm{d}s\cdots\int_s^{\infty}L(s)\mathrm{d}s\end{aligned}\right\} \tag{C.18}$$

(3)常用函数的拉普拉斯变换表(表C.3)

常用函数的拉普拉斯变换 表C.3

$f(t)$	$L(s)$	$f(t)$	$L(s)$
$\delta(t)$	1	$\frac{1}{\sqrt{\pi t}}e^{-2a\sqrt{t}}$	$\frac{1}{\sqrt{s}}e^{\frac{a^2}{2}}\mathrm{erf}\left(\frac{a}{\sqrt{s}}\right)$
$H(t)$	$1/s$	$\mathrm{erf}(\sqrt{at})$	$\frac{\sqrt{a}}{s\sqrt{s+a}}$
$e^{-at}H(t)$	$1/(a+s)$	$\mathrm{erf}\left(\frac{a}{2\sqrt{t}}\right)$	$\frac{1}{s}e^{-a\sqrt{s}}$
$\frac{1}{a}(1-e^{-at})$	$\frac{1}{s(a+s)}$	$e^t\mathrm{erf}(\sqrt{t})$	$\frac{1}{s+\sqrt{s}}$
$\frac{t}{a}-\frac{1}{a^2}(1-e^{-at})$	$\frac{1}{s^2(a+s)}$	$J_n(t)$	$\frac{(\sqrt{1+s^2}-s)^n}{\sqrt{1+s^2}}$
t^n	$\frac{n!}{s^{n+1}}$	$\frac{J_n(at)}{t}$	$\frac{1}{na}(\sqrt{a^2+s^2}-s)^n$
$\sin kt$	$\frac{k}{s^2+a^2}$	$t^n J_n(t)\quad(n>1/2)$	$\frac{2^n\Gamma(n+1/2)}{\sqrt{\pi}(s^2+1)^{n+1/2}}$
$\cos kt$	$\frac{s}{s^2+a^2}$	$t^{\frac{n}{2}}J_n(2\sqrt{t})$	$\frac{2}{s^{n+1}}e^{-\frac{1}{s}}$
$\sinh kt$	$\frac{k}{s^2-a^2}$	$\int_t^{\infty}\frac{J_0(t)}{t}dt$	$\frac{1}{s}\ln(s-\sqrt{1+s^2})$
$\cosh kt$	$\frac{s}{s^2-a^2}$	$\frac{e^{bt}-e^{at}}{t}$	$\ln\frac{s-a}{s-b}$
$e^{-\lambda t}\sin kt$	$\frac{k}{(s+\lambda)^2+a^2}$	$\frac{1}{\pi t}\sin\frac{1}{2t}$	$\frac{1}{\sqrt{s}}e^{-\sqrt{s}}\sin\sqrt{s}$
$e^{-\lambda t}\cos kt$	$\frac{s+\lambda}{(s+\lambda)^2+a^2}$	$\frac{1}{\pi t}\cos\frac{1}{2t}$	$\frac{1}{\sqrt{s}}e^{-\sqrt{s}}\cos\sqrt{s}$
$e^{-\lambda t}t^a$	$\frac{\Gamma(a+1)}{(s+\lambda)^{a+1}}$	$f(t-\tau)H(t)$	$L(s)e^{-\tau s}$
$\frac{1}{\sqrt{\pi t}}$	$\frac{1}{\sqrt{s}}$	$f\Big\|_0^t f(u)du$	$\frac{L(s)}{s}$

C.3 δ 函数

(1)单位跃迁函数

单位跃迁函数又称名赫维赛德 Heaviside 函数,它定义为:

$$H(t)=\begin{cases}1 & t>0\\0 & t<0\end{cases}\tag{C.19}$$

单位跃迁函数的傅里叶变换、拉氏变换为：

$$F[H(t)] = \frac{1}{\mathrm{i}\xi} + \pi\delta(\xi) \tag{C.20}$$

$$\mathscr{L}[H(t)] = \frac{1}{s} \tag{C.21}$$

(2)单位脉冲函数

单位脉冲函数又称为狄拉克 Diarc 函数，它定义为：

$$\delta(t) = \begin{cases} 0 & t \neq 0 \\ \infty & t = 0 \end{cases} \tag{C.22}$$

狄拉克 Diarc 函数的几个特性：

$$\left.\begin{aligned} &\int_{-\infty}^{\infty} \delta(t)\,\mathrm{d}t = 1 \\ &\delta(at) = \frac{\delta(t)}{|a|} \end{aligned}\right\} \tag{C.23}$$

$$\delta(a^2 - t^2) = \frac{1}{2a}[\delta(x-a) + \delta(x+a)]$$

单位跃迁函数与单位脉冲函数的关系；

$$H(x) = \int_{-\infty}^{x} \delta(t)\,\mathrm{d}t, \frac{\mathrm{d}H(x)}{\mathrm{d}x} = \delta(x) \tag{C.24}$$

设 $f(x)$ 是 $(-\infty,\infty)$ 内的连续函数，则有：

$$\left.\begin{aligned} &\int_{-\infty}^{\infty} f(t)\delta(t-t_0)\,\mathrm{d}t = f(t_0) \\ &\int_{-\infty}^{\infty} f(t)\delta'(t-t_0)\,\mathrm{d}t = -f'(t_0) \\ &\int_{-\infty}^{\infty} f(t)\delta^{(n)}(t-t_0)\,\mathrm{d}t = (-1)^{(n)} f^{(n)}(t_0) \end{aligned}\right\} \tag{C.25}$$

单位脉冲函数的傅里叶变换和拉氏变换

$$\left.\begin{aligned} &F[\delta(t)] = 1 \\ &F[\mathrm{e}^{\mathrm{i}\xi_0 t}] = 2\pi\delta(\xi - \xi_0) \end{aligned}\right\} \tag{C.26}$$

$$\mathscr{L}[\delta(t)] = 1 \tag{C.27}$$

C.4 卷积和卷积定理

对于 $(-\infty,\infty)$ 定义的函数 $f_1(t)$、$f_2(t)$，它们的卷积定义为：

$$f_1(t)*f_2(t) = \int_{-\infty}^{\infty} f_1(\tau)f_2(t-\tau)\mathrm{d}\tau \tag{C.28}$$

$f_1(t)*f_2(t)$是定义在$(-\infty,\infty)$内的函数，它满足交换律、分配律。

交换律：$$f_1(t)*f_2(t) = f_2(t)*f_1(t)$$

结合律：$$f_1(t)*[f_2(t)*f_3(t)] = [f_1(t)*f_2(t)]*f_3(t)$$

分配律：$$f_1(t)*[f_2(t)+f_3(t)] = f_1(t)*f_2(t)+f_1(t)*f_3(t)$$

傅里叶变换的卷积定理：

$$F[f_1(t)*f_2(t)] = F[f_1(t)]\times F[f_2(t)] \tag{C.29}$$

拉氏变换的卷积定理：$f_1(t)$，$f_2(t)$属于D（集合D$=\{f(t)$在$[0,t]$上可积，$t<0$时$f(t)=0\}$）

$$\left.\begin{aligned}\mathscr{L}[f_1(t)*f_2(t)] &= L_1(s)L_2(s)\\ \mathscr{L}^{-1}[L_1(s)L_2(s)] &= f_1(t)*f_2(t)\end{aligned}\right\} \tag{C.30}$$

C.5 汉克尔(Hankel)变换

汉克尔(Hankel)变换和逆变换式为：

$$\left.\begin{aligned}\bar{f}_v(\xi) &= \int_0^{\infty} x\mathrm{J}_v(\xi x)f(x)\mathrm{d}x\\ f(x) &= \int_0^{\infty}\xi\mathrm{J}_v(\xi x)\bar{f}_v(\xi)\mathrm{d}\xi\end{aligned}\right\}\quad v\geqslant -\frac{1}{2} \tag{C.31}$$

式(C.29)中，$\bar{f}_v(\xi)$称为函数$f(x)$的v阶汉克尔变换。

汉克尔变换的微分性质：

$$\frac{\mathrm{d}f}{\mathrm{d}x} = \int_0^{\infty}\xi\frac{\mathrm{dJ}_v(\xi x)}{\mathrm{d}x}\bar{f}(\xi)\mathrm{d}\xi = \int_0^{\infty}\xi^2\frac{\mathrm{J}_{v-1}(\xi x)-\mathrm{J}_{v+1}(\xi x)}{2}\bar{f}_v(\xi)\mathrm{d}\xi \tag{C.32}$$

当$v=0$时，式(C.32)则为：

$$\left.\begin{aligned}\frac{\mathrm{d}f}{\mathrm{d}x} &= \int_0^{\infty}\xi\frac{\mathrm{dJ}_0(\xi x)}{\mathrm{d}x}\bar{f}(\xi)\mathrm{d}\xi = -\int_0^{\infty}\xi^2\mathrm{J}_1(\xi x)\bar{f}(\xi)\mathrm{d}\xi\\ \bar{f}_1\left[\frac{\mathrm{d}f}{\mathrm{d}x}\right] &= \int_0^{\infty}x\mathrm{J}_1(\xi x)\frac{\mathrm{d}f}{\mathrm{d}x}\mathrm{d}x = -\xi\bar{f}_0(\xi)\end{aligned}\right\} \tag{C.33}$$

柱坐标系统轴对称问题的拉普拉斯算子：

$$\nabla^2\varphi(r,z) = \left(\frac{\partial^2}{\partial r^2}+\frac{1}{r}\frac{\partial}{\partial r}+\frac{\partial^2}{\partial z^2}\right)\varphi(r,z) \tag{C.34}$$

根据式(C.31)和式(C.32)，有：

$$\left.\begin{aligned}
\frac{\partial^2\varphi}{\partial r^2} &= -\int_0^\infty \xi^2 \frac{\partial \mathrm{J}_1(\xi r)}{\partial r}\bar{\varphi}_0(\xi,z)\,\mathrm{d}\xi = -\int_0^\infty \xi^3\left[\mathrm{J}_0(\xi r) - \frac{\mathrm{J}_1(\xi r)}{\xi r}\right]\bar{\varphi}_0(\xi,z)\,\mathrm{d}\xi \\
\frac{\partial \varphi}{\partial r} &= -\int_0^\infty \xi^2 \mathrm{J}_1(\xi r)\bar{\varphi}_0(\xi,z)\,\mathrm{d}\xi \\
\frac{\partial^2\varphi}{\partial z^2} &= -\int_0^\infty \xi \frac{\partial^2\bar{\varphi}_0(\xi,z)}{\partial z^2}\mathrm{J}_0(\xi r)\,\mathrm{d}\xi \\
\nabla^2\varphi(r,z) &= \int_0^\infty \xi\left(\frac{\partial^2}{\partial z^2} - \xi^2\right)\bar{\varphi}_0(\xi,z)\mathrm{J}_0(\xi r)\,\mathrm{d}\xi
\end{aligned}\right\} \tag{C.35}$$

$$\nabla^2\bar{\varphi}(\xi,z) = \int_0^\infty r\mathrm{J}_0(\xi r)\,\nabla^2\varphi(r,z)\,\mathrm{d}r = \left(\frac{\mathrm{d}^2}{\mathrm{d}z^2} - \xi^2\right)\bar{\varphi}_0(\xi,z) \tag{C.36}$$

平面轴对称问题的拉普拉斯算子 $\nabla^2\varphi(r,z) = \left(\frac{\partial^2}{\partial r^2} + \frac{1}{r}\frac{\partial}{\partial r}\right)\varphi(r,z)$，因此：

$$\nabla^2\bar{\varphi}(\xi,z) = \int_0^\infty r\mathrm{J}_0(\xi r)\,\nabla^2\varphi(r,z)\,\mathrm{d}r = -\xi^2\bar{\varphi}_0(\xi,z) \tag{C.37}$$

附录D　分离变量法

分离变量法是求解偏微分方程初、边值问题最常用且有效的方法，下面通过两个例子，阐述分离变量法的求解过程。

D.1　弹性地基梁的振动

文克勒地基上简支梁中点突加集中力 P 引起的振动，参见图D.1。该问题的微分方程以及初始条件为：

$$\left.\begin{aligned}&D\frac{\partial^4 w(x,t)}{\partial x^4}=-\rho\frac{\partial^2 w(x,t)}{\partial t^2}-kw(x,t)+\delta(x)\mathrm{H}(t)P\\&\left.\frac{\partial^2 w(x,t)}{\partial x^2}\right|_{x=\frac{L}{2}}=\left.w(x,t)\right|_{x=\frac{L}{2}}=0\\&\left.\frac{\partial^2 w(x,t)}{\partial x^2}\right|_{x=-\frac{L}{2}}=\left.w(x,t)\right|_{x=-\frac{L}{2}}=0\\&\left.\frac{\partial w(x,t)}{\partial t}\right|_{t=0}=\left.w(x,t)\right|_{t=0}=0\end{aligned}\right\}\tag{D.1}$$

式中：D——梁弯曲刚度；

ρ——梁线密度；

L——梁长；

k——地基反应模量。

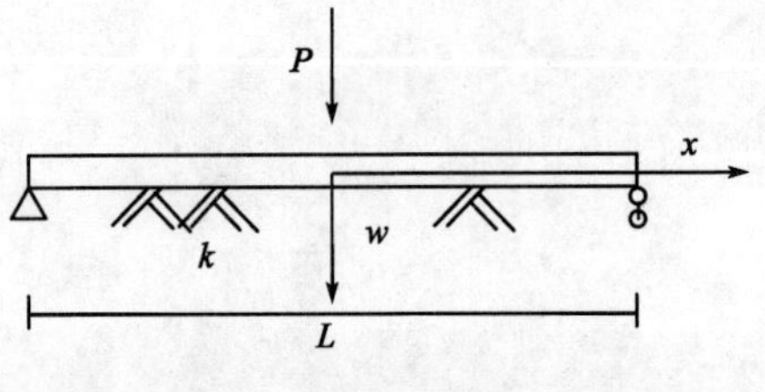

图D.1　文克勒地基上简支梁中点突加集中力 P

先求解微分方程(D.1)的齐次解。

$$\left.\begin{aligned}
&D\frac{\partial^4 w(x,t)}{\partial x^4} = -\rho\frac{\partial^2 w(x,t)}{\partial t^2} - kw(x,t)\\
&\frac{\partial^2 w(x,t)}{\partial x^2}\bigg|_{x=\frac{L}{2}} = w(x,t)\bigg|_{x=\frac{L}{2}} = 0\\
&\frac{\partial w(x,t)}{\partial x}\bigg|_{x=0} = \frac{\partial^3 w(x,t)}{\partial x^3}\bigg|_{x=0} = 0\\
&\frac{\partial w(x,t)}{\partial t}\bigg|_{t=0} = w(x,t)\bigg|_{t=0} = 0
\end{aligned}\right\}\tag{D.2}$$

设地基梁振动函数 $w(x,t)$ 具有分离变量的非平凡(不恒等于零)解:

$$w(x,t) = X(x)T(t)\tag{D.3}$$

将上式代入齐次振动方程(D.2),得:

$$\frac{D\frac{\mathrm{d}^4 X(x)}{\mathrm{d}x^4}\Big/\mathrm{d}x^4 + kX(x)}{X(x)} = -\frac{\rho\frac{\mathrm{d}^2 T(t)}{\mathrm{d}t^2}}{T(t)}\tag{D.4}$$

对任意 x,t 成立,则上式两边应同时等于一常数 C。由此得到:

$$\rho\frac{\mathrm{d}^2 T(t)}{\mathrm{d}t^2} + CT(t) = 0\tag{D.5}$$

及

$$D\frac{\mathrm{d}^4 X(x)}{\mathrm{d}x^4} + (k-C)X(x) = 0\tag{D.6}$$

方程(D.6)的解为:

情形一:$k > C$ 时

$$X(x) = A_1\sinh\beta x\sin\beta x + A_2\cosh\beta x\cos\beta x\tag{D.7}$$

其中,$\beta = \sqrt[4]{\dfrac{k-C}{4D}}$。

情形二:$k < C$ 时

$$X(x) = A_1\cosh\alpha x + A_2\cos\alpha x\tag{D.8}$$

其中,$\alpha = \sqrt[4]{\dfrac{C-k}{D}}$。

$X(x)$ 须满足地基梁的边界条件,由此求得:

情形一:$k > C$ 时

$$\left.\begin{aligned}
&A_1\sin\lambda_L\sin\lambda_L + A_2\cosh\lambda_L\cos\lambda_L = 0\\
&A_1\cosh\lambda_L\cos\lambda_L - A_2\sinh\lambda_L\sin\lambda_L = 0
\end{aligned}\right\}\tag{D.9}$$

其中,$\lambda_L = \dfrac{\beta L}{2}$。

情形二:$k < C$ 时

$$\left.\begin{aligned} A_1\cosh\theta_{\mathrm{L}} + A_2\cos\theta_{\mathrm{L}} &= 0 \\ A_1\cosh\theta_{\mathrm{L}} - A_2\cos\theta_{\mathrm{L}} &= 0 \end{aligned}\right\} \tag{D.10}$$

其中，$\theta_{\mathrm{L}} = \dfrac{\alpha L}{2}$。

根据方程有非零解条件，求出本征频率族 $\alpha_n, n=1,2,\cdots \Rightarrow c_n, n=1,2,\cdots$：

情形一：$k > C$ 时

$$(\tanh\lambda_{\mathrm{L}}\tan\lambda_{\mathrm{L}})^2 + 1 = 0 \qquad \text{无解} \tag{D.11}$$

情形二：$k < C$ 时

$$\cos\theta_{\mathrm{L}} = 0 \Rightarrow \alpha_n = \frac{2n\pi}{L} \Rightarrow C_n = k + D\left(\frac{2n\pi}{L}\right)^4 \tag{D.12}$$

则有：

$$X_n(x) = A_{2n}\cos\alpha_n x \tag{D.13}$$

方程(D.5)的解为：

$$T_n(t) = B_{1n}\sin\omega_n t + B_{2n}\cos\omega_n t \tag{D.14}$$

其中，$\omega_n = \sqrt{\dfrac{k}{\rho}}\left[1 + 4\left(\dfrac{l}{L}\right)^4 (n\pi)^4\right]^{\frac{1}{2}}, l = \sqrt[4]{\dfrac{4D}{k}}$。

由此得到齐次方程(D.2)的解为：

$$\left.\begin{aligned} w(x,t) &= \sum_{n=1}^{\infty}(C_{1n}\sin\omega_n t + C_{2n}\cos\omega_n t)X_n^*(x) \\ X_n^*(x) &= \cos\frac{2n\pi}{L}x \end{aligned}\right\} \tag{D.15}$$

式中：C_{1n}、C_{2n}——合并式(D.13)中 A_{2n} 与式(D.14)中 B_{1n}、B_{2n} 的待定常数，与特解有关。

振动方程的特解 $w^*(x,t)$ 也采用分离变量，设：

$$w^*(x,t) = \sum_{n=1}^{\infty}X_n^*(x)q_n(t) \tag{D.16}$$

代入式(D.1)，则有：

$$\sum_{n=1}^{\infty}\left[\frac{\mathrm{d}^2 q_n(t)}{\mathrm{d}t^2} + \omega_n^2 q_n(t)\right]X_n^*(x) = \frac{P}{\rho}\delta(x)\mathrm{H}(t) \tag{D.17}$$

不同 $X_n^*(x), n=1,2,\cdots$ 之间具有正交性，即：

$$\int_{-L/2}^{L/2} X_i^*(x)X_j^*(x)\,\mathrm{d}x = \begin{cases} 0 & i \neq j \\ \dfrac{L}{2} & i = j \end{cases} \tag{D.18}$$

对式(D.17)两边乘上 $X_n(x)$，则有：

$$\left(\frac{d^2 q_n(t)}{\mathrm{d}t^2} + \omega_n^2 q_n(t)\right)\frac{L}{2} = \frac{P}{\rho}\mathrm{H}(t)\int_{-L/2}^{L/2}\delta(x)X_n^*(x)\,\mathrm{d}x = \frac{P}{\rho}\mathrm{H}(t) \tag{D.19}$$

由式(D.19)解得：

$$q_n(t) = \frac{2P}{\rho\omega_n^2 L}\mathrm{H}(t) \tag{D.20}$$

地基梁振动微分方程通解为：

$$w(x,t) = \sum_{n=1}^{\infty}\left[C_{1n}\sin\omega_n t + C_{2n}\cos\omega_n t + \frac{2P}{\rho\omega_n^2 L}\mathrm{H}(t)\right]\cos\frac{2n\pi}{L}x \tag{D.21}$$

由初始条件$\left.\frac{\partial w(x,t)}{\partial t}\right|_{t=0} = \left.w(x,t)\right|_{t=0} = 0$ 确定 C_{1n}、C_{2n}：

$$\left.\begin{aligned} C_{2n} &= -\frac{2P}{\rho\omega_n^2 L} \\ C_{1n} &= -\frac{2P}{\rho\omega_n^3 L}\delta(t) \end{aligned}\right\} \tag{D.22}$$

由此得到通解：

$$w(x,t) = \frac{2P}{kL}\sum_{n=1}^{\infty}\frac{1-\cos\omega_n t}{1+\alpha_n^4}\cos\left(\frac{\alpha_n x}{l}\right) \quad t>0 \tag{D.23}$$

其中，$\omega_n = \sqrt{\frac{k}{\rho}(1+\alpha_n^4)}$，$\alpha_n = \frac{2n\pi l}{L}$，$l = \sqrt[4]{\frac{D}{k}}$。

D.2 已知表面温度的半无限体温度场

已知表面温度的半无限均质体温度场 $T(x,t)$ 的偏微分方程可表示为：

$$\left.\begin{aligned} \frac{\partial T(z,t)}{\partial t} &= \alpha\frac{\partial^2 T(z,t)}{\partial z^2} \\ T(z,0) &= f(z) \\ T(0,t) &= T_t(t) \end{aligned}\right\} \tag{D.24}$$

式中：α——半无限均质体的导温系数，m^2/h。

式(D.24)包含初值与边值二问题。因此，半无限均质体温度场 $T(x,t)$ 可视为式(D.25-1)的初值问题解 T_1、式(D.25-2)的边值问题解 T_2 和恒温场 T_0 的叠加。

$$\left.\begin{aligned} \frac{\partial T_1(z,t)}{\partial t} &= \alpha\frac{\partial^2 T_1(z,t)}{\partial z^2} \\ T_1(z,0) &= f(z) - T_0 \\ T_1(0,t) &= 0 \end{aligned}\right\} \tag{D.25-1}$$

$$\left.\begin{aligned} \frac{\partial T_2(z,t)}{\partial t} &= \alpha\frac{\partial^2 T_2(z,t)}{\partial z^2} \\ T_2(z,0) &= 0 \\ T_2(0,t) &= T_t(t) - T_0 \end{aligned}\right\} \tag{D.25-2}$$

式中：T_0——$t=0$ 时刻的表面温度，则有：$T_0 = T(0,0) = f(0) = T_t(0)$。

初值问题：

式(D.25-1)描述了表面为恒温 0℃ 条件下，半无限均质体初始温度的随时间的重分布。对影响温度场的两个变量进行分离：

$$T_1(z,t) = Z(z)\tau(t) \tag{D.26}$$

将式(D.26)代入式(D.24)，得：

$$\frac{Z''(z)}{Z(z)} = \frac{\tau'(t)}{\alpha\tau(t)} = -\beta^2 \tag{D.27}$$

对任 z,t 成立,则上式两边应同时等于一常数 β^2。由此得到:

$$Z''(z) + \beta^2 Z(z) = 0 \tag{D.28}$$

$$\tau'(t) + \alpha\beta^2\tau(t) = 0 \tag{D.29}$$

方程(D.28)的解为:

$$Z(z) = A_1\cos\beta z + A_2\sin\beta z \tag{D.30}$$

方程(D.29)的解为:

$$\tau(t) = B_1 e^{-\alpha\beta^2 t} \tag{D.31}$$

由 $T_1(0,t)=0$ 条件,可推出 $A_1=0$;且由无限深处温度有界条件,推得本征值 β 为大于零的任意值。由此得到初值问题的路面温度场解为:

$$T_1(z,t) = \int_0^\infty C(\beta)e^{-\alpha\beta^2 t}\sin\beta z d\beta \tag{D.32}$$

代入初值条件得:

$$T_1(z,0) = \int_0^\infty C(\beta)\sin\beta z d\beta = f(z) - T_0 \tag{D.33}$$

将 $f(z)-T$ 表示为傅里叶正弦变换的形式,可得到待定函数 $C(\beta)$ 的计算式:

$$C(\beta) = \frac{2\beta}{\pi}\int_0^\infty [f(z) - T_0]\sin\beta z dz \tag{D.34}$$

将式(D.34)代回式(D.32),则有:

$$T_1(z,t) = \int_0^\infty [f(\tilde{z}) - T_0]G(z,t \mid \tilde{z},0)d\tilde{z} \tag{D.35}$$

其中:

$$G(z,t \mid \tilde{z},0) = \frac{2}{\pi}\int_0^\infty e^{-\alpha\beta^2 t}\sin\beta\tilde{z}\sin\beta z d\beta = \frac{1}{\sqrt{4\pi\alpha t}}\left[e^{-\frac{(z+\tilde{z})^2}{4\alpha t}} + e^{-\frac{(z-\tilde{z})^2}{4\alpha t}}\right] \tag{D.36}$$

当半无限均质体初始温度为常数 T_A 时,则有:

$$T_1(z,t) = T_A \operatorname{erfc}\left(\frac{z}{\sqrt{4\alpha t}}\right) \tag{D.37}$$

边值问题

先讨论表面单位温度的问题

$$\begin{cases} \dfrac{\partial\theta(z,t)}{\partial t} = \alpha\dfrac{\partial^2\theta(z,t)}{\partial z^2} \\ \theta(z,0) = 0 \\ \theta(0,t) = 1 \end{cases} \tag{D.38}$$

作 $\theta(z,t)=\vartheta(z,t)+1$ 变换,则式(D.38)改写为:

$$\left.\begin{aligned}\frac{\partial\vartheta(z,t)}{\partial t}&=\alpha\frac{\partial^2\vartheta(z,t)}{\partial z^2}\\ \vartheta(z,0)&=-1\\ \theta(0,t)&=0\end{aligned}\right\}\tag{D.39}$$

式(D.39)即为表面温度下降一单位温度的情形,由式(D.37)得到:

$$\theta(z,t)=\mathrm{erfc}\left(\frac{z}{\sqrt{4\alpha t}}\right)\tag{D.40}$$

根据叠加原理,边值问题的解为:

$$T_2(z,t)=\int_0^t[T_t(t)-T_0]\frac{\partial\theta(z,t-\tau)}{\partial t}\mathrm{d}\tau\tag{D.41}$$

其中,$\frac{\partial\theta(z,t-\tau)}{\partial t}=\frac{z}{\sqrt{4\alpha(t-\tau)^3}}\mathrm{e}^{\frac{-z^2}{4\alpha(t-\tau)}}$。

将式(D.40)代入式(D.41)则得到:

$$T_2(z,t)=\frac{z}{\sqrt{4\alpha}}\int_0^t\frac{T_t(t)-T_0}{\sqrt{(t-\tau)^3}}\mathrm{e}^{\frac{-z^2}{4\alpha(t-\tau)}}\mathrm{d}\tau\tag{D.42}$$

令 $\eta=\frac{z}{\sqrt{4\alpha(t-\tau)}}$,则有 $t-\tau=\frac{z^2}{4\alpha\eta^2}$,$\mathrm{d}\tau=\frac{2}{\eta}(t-\tau)\mathrm{d}\eta$。

$$T_2(z,t)=\frac{2}{\sqrt{\pi}}\int_{\frac{z}{2\sqrt{\alpha t}}}^{\infty}\mathrm{e}^{-\eta^2}\left[T_t\left(t-\frac{z^2}{4\alpha\eta^2}\right)-T_0\right]\mathrm{d}\eta\tag{D.43}$$

若表面温度是时间周期函数 $T_t(t)-T_0=\Delta T\cos(\omega t-\varphi)$,则边值问题的解为:

$$T_2(z,t)=\Delta T\mathrm{e}^{-z\sqrt{\frac{\omega}{2\alpha}}}\cos\left(\omega t-z\sqrt{\frac{\omega}{2\alpha}}-\varphi\right)\tag{D.44}$$

参 考 文 献

[1] 中华人民共和国行业标准. GB 131—2006 公路工程结构可靠度设计统一标准[S]. 北京:人民交通出版社,2006.

[2] AASHTO. AASTHO guide for design of pavement structures[S]. Washington D. C. AASHTO,1993.

[3] ICAO. Aerodrome design Manual, Part 3 Pavements[S]. Quebec, 1982.

[4] ASTM D1883-94. Standard test methods for CBR(California bearing ratio) of laboratory compacted soils.

[5] ASTM D4429-93. Standard test methods for CBR(California bearing ratio) of soils in place.

[6] 张肖宁. 沥青与沥青混合料的粘弹性力学原理及应用[M]. 北京:人民交通出版社,2006.

[7] 姚祖康. 沥青路面结构设计[M]. 北京:人民交通出版社,2011.

[8] Boussinesq J. Application des potentiels à l'étude de l'équilibre et du mouvement des solides élastiques[M]. Gauthier-Villars, 1885.

[9] Terazawa K I. On the Elastic Equilibrium of a Semi-Infinite Solid under given Boundary Conditions, with some Applications[J]. Journal of the College of Science Imperial University of Tokyo, 1916, 37:1-64.

[10] Love A E H. The stress produced in a semi-infinite solid by pressure on part of the boundary [J]. Philosophical Transactions of the Royal Society of London. Series A, Containing Papers of a Mathematical or Physical Character, 1929: 377-420.

[11] Burmister D M, Palmer L A, Barber E S, et al. The Theory of Stress and Displacement in Layered Systems and Applications to the Design of Airport Runways[J]. Highway Research Board Proceedings, 1944(23): 126-148.

[12] Burmister D M. The General Theory of Stresses and Displacements in Layered Soil Systems [J]. Journal of Applied Physics, 1945, 16(3):126-127.

[13] 牟岐鹿楼. 表面にせん断荷重を受ける半無限弾性体の三次元応力問題[J]. 日本機械学會論文集, 1956, 22(119):468-474.

[14] Schiffman R L. General analysis of stresses and displacements in layered elastic systems[C]. International Conference on the Structural Design of Asphalt Pavements. 1962, 203(1): 369-384.

[15] Lekhnitskii, S. G.. Theory of elasticity of an anisotropic body[M]. Moscow :Mir Publishers, 1981.

[16] 胡海昌. 横观各向同性体的弹性力学的空间问题[J]. 物理学报, 1953, 9(2): 130-148.

[17] 同济大学道路教研室. 路面力学计算(论文集)[M]. 北京:人民交通出版社,1962.

[18] 许志鸿. 双层弹性体系在圆形均布水平荷载作用下的应力与位移[J]. 同济大学学报(自然科学版), 1978, 6(2):55-67.

[19] 王凯. 层状弹性体系的力学分析与计算[M]. 北京:科学出版社,2009.

［20］ 郭文复. 多层半无限弹性体在圆形荷载作用下的解析解［J］. 力学学报，1984，20(3)：282-289.

［21］ 郭大智，冯德成. 层状弹性体系力学［M］. 哈尔滨：哈尔滨工业大学出版社，2001.

［22］ Hertz H. Über das Gleichgewicht schwimmender elastischer Platten［J］. Annalen der Physik，1884，258(7)：449-455.

［23］ Goldbeck A T. Thickness of Concrete Slabs［J］. Public Roads，1919：34-38.

［24］ Westergaard H M. Stresses in concrete pavements computed by theoretical analysis［J］. Public Roads：Journal of Highway Research，1926，7(2)：25-32.

［25］ Westergaard H M，Holl D L，Bradbury R D，et al. Stresses in concrete runways of airports［C］. Highway Research Board Proceedings. 1940(19)：197-205.

［26］ Westergaard H M. New Formulas for Stress in Concrete Pavements of Airfields［J］. American Society of Civil Engineers Transactions，1948：425-444.

［27］ Westergaard H M. Theory of Elasticity and Plasticity［M］. New York，John Wiley & Sons，1952.

［28］ Westergaard H M. Analysis of stresses in concrete pavements due to variations of temperature［C］// Highway Research Board Proceedings. 1927(6)：201-215.

［29］ Bradbury R D. Reinforced concrete pavement［M］. Washington D. C.，Weir Reinforcement Institute，1938.

［30］ Hogg A H A. XLVIII，Equilibrium of a thin plate，symmetrically loaded，resting on an elastic foundation of infinite depth［J］. The London，Edinburgh，and Dublin Philosophical Magazine and Journal of Science，1938，25(168)：576-582.

［31］ Шехтер О Я. Расчет бесконечной плиты，лежащей на упругом основании，конечной и бесконечной мощности и нагруженной сосредоточенной силой［J］. М.：Госстройиздат，1939，No. 10：133-139.

［32］ Meyerhof G G. Load carrying capacity of concrete pavement［J］. Journal of Soil Mechanics & Foundations Div，1962：89-116.

［33］ 徐芝纶. 弹性力学上、下册［M］. 4 版. 北京：高等教育出版社，2006.

［34］ 石小平，姚祖康. 弹性地基上四边自由矩形厚板的解［J］. 力学与实践，1986，2：19-23.

［35］ 黄义、何芳社. 弹性地基上的梁、板、壳［M］. 北京：科学出版社，2005.

［36］ 黄仰贤. 路面分析与设计［M］. 余定选，齐诚，译. 北京：人民交通出版社，1998.

［37］ Ioannides A M，Thompson M R，Barenberg E J. Westergaard solutions reconsidered［J］. Transportation Research Record，1985，1043：13-23.

［38］ Ioannides A M，Thompson M R，and Barenberg E J，Finite element analysis of-on-grade using a variety of support models［C］. Proc. 3rd International Conference on Concrete Pavement Design and Rehabilitation，Purdue University，1985：309-324.

［39］ Wang S K，Sargious M，Cheung Y K. Advanced analysis of rigid pavements［J］. Journal of the Transportation Engineering Division，1972，98(1)：37-44.

[40] 姚祖康. 水泥混凝土路面设计[M]. 合肥:安徽科学技术出版社,1999.
[41] 姚祖康. 铺面工程[M]. 上海:同济大学出版社,2001.
[42] 姚祖康. 水泥混凝土路面荷载应力的有限元分析[J]. 同济大学学报:自然科学版,1979,7(3):45-55.
[43] 姚祖康. 水泥混凝土路面的翘曲应力[J]. 同济大学学报,1981,9(3):44-54.
[44] 戴经梁,王秉纲. 双层水泥混凝土路面的应力分析[J]. 西安公路学院学报,1986,4(2):2-5.
[45] 邓学钧. 弹性多层地基刚性路面板的力学分析[J]. 岩土工程学报,1986,8(5):31-38.
[46] 姚祖康,谈至明. 水泥混凝土路面异形板的荷载应力分析[J]. 华东公路,1986,2:1-11.
[47] 姚祖康,谈至明. 弹性半无限地基上矩形厚板的有限元分析[J]. 华东公路,1989,4:1-4.
[48] 中华人民共和国行业标准. JTG D40—2002 公路水泥混凝土路面设计规范[S]. 北京:人民交通出版社,2002.
[49] 中华人民共和国行业标准. JTG D40—2011 公路水泥混凝土路面设计规范[S]. 北京:人民交通出版社,2011.
[50] 谈至明,熊军,朱晶. 移动集中力作用下的局部脱空地基梁的振动[J]. 应用力学学报,2007,24(1):137-140.
[51] 谈至明,谭福平. 水泥混凝土路面板底脱空区水运动规律的分析模型[J]. 水动力学研究与进展:A辑,2008,23(3):281-286.
[52] 谈至明. 具有水平摩阻力的弹性地基上梁的解[J]. 力学与实践,1997,19(3):33-35.
[53] 谈至明. 半结合式双层板弯曲的近似计算[J]. 公路,2001,(4):25-26.
[54] 谈至明. 弹性地基上双层叠合梁的解[J]. 力学学报,1997,29(6):751-754.
[55] 张海华,熊军,谈至明. 具有水平摩阻力的弹性地基上双层叠合梁的解[J]. 力学与实践,2011,33(4):33-37.
[56] 谈至明. 具有弹性夹层的文克勒地基上双层叠合梁的解[J]. 应用力学学报,2000,17(3).
[57] 谈至明,周玉民,姜艺. 沥青加铺层温度应力研究(Ⅰ):力学模型[J]. 同济大学学报:自然科学版,2009,37(1):41-46.
[58] 谈至明. 路面张开型反射裂缝产生机理的力学分析[J]. 同济大学学报:自然科学版,1997,25(6):635-639.
[59] 谈至明. 路面温度翘曲型反射裂缝产生机机理的分析[J]. 同济大学学报:自然科学版,1998,26(4):362-366.
[60] 王敏中. 高等弹性力学[M]. 北京:北京大学出版社,1987.
[61] Chau K T, Wei X X. Finite solid circular cylinders subjected to arbitrary surface load. Part I-Analytic solution [J]. International Journal of Solids and Structures, 2000, 37(40): 5707-5732.
[62] 朱照宏,王秉纲,郭大智. 路面力学计算[M]. 北京:人民交通出版社,1985.

[63] 黄克智.板壳理论[M].北京:清华大学出版社,1987.
[64] S.铁摩辛柯.板壳理论[M].北京:科学出版社,1977.
[65] 谈至明,郭晶晶.弹性地基上无限大板的统一解[J].应用力学学报,2016,33(1):1-4.
[66] 谈至明,熊军,姜艺,等. 沥青加铺层温度应力研究(Ⅱ):内力及层间反力近似解[J]. 同济大学学报:自然科学版,2009,37(2):197-202.
[67] 胡洪龙,谈至明. 路面结构的土基应力应变近似计算[J]. 同济大学学报:自然科学版,2013,41(4):542-546.
[68] 谈至明,吁新华.沥青面层的截面弯曲刚度当量模量计算[J]. 中国公路学报,25(6):37-42.
[69] 吁新华,谈至明. 沥青路面结构层弯拉应力与应变的近似计算[J]. 同济大学学报:自然科学版,2012,40(6):849-853.
[70] 胡洪龙,谈至明. 圆形均布荷载下铺面结构层应力的水平向分布规律[J]. 同济大学学报:自然科学版,2014,42(12):1868-1872.
[71] 谈至明,王力. 基于弯拉应力等效的地基当量回弹模量[J]. 公路交通科技,2015,32(3):46-50.
[72] 卓卫东.应用弹塑性力学[M].北京:科学出版社,2005.
[73] 谈至明,周玉民,刘少文,等. 不等尺寸双层混凝土路面结构力学模型研究[J]. 工程力学,2010,27(3):132-137.
[74] 谈至明,周玉民,刘伯莹. 水泥混凝土路面板温度翘曲应力[J]. 公路,2005(11):63-67.
[75] 谈至明,姚祖康. 层间约束引起的双层水泥混凝土路面板的温度应力[J]. 交通运输工程学报,2005,1(1):25-28.
[76] 谈至明,姚祖康,刘伯莹. 双层水泥混凝土路面板的温度应力[J]. 中国公路学报,2003,16(2):10-12.
[77] 周玉民,谈至明. 双层水泥混凝土路面结构临界点位置分析[J]. 同济大学学报:自然科学版,2010,38(4):538-544.
[78] 谈至明. 港区道路堆场水泥混凝土铺面结构设计方法[J]. 土木工程学报,1998,31(4):65-73.
[79] 周玉民,谈至明,胡洪龙,等. 港口道路堆场水泥混凝土铺面荷载应力计算[J]. 同济大学学报:自然科学版,2014,42(11):1670-1675.
[80] Pan Y C, Chou T W. Point force solution for an infinite transversely isotropic solid[J]. Journal of Applied Mechanics, 1976, 43(4): 608-612.
[81] 丁皓江.横观各向同性弹性力学[M].杭州:浙江大学出版社,1997.
[82] 周光泉,刘孝敏.粘弹性理论[M].合肥:中国科学技术大学出版社,2006.
[83] S.铁摩辛柯.材料力学[M].汪一麟,译.北京:科学出版社,1979.
[84] 陈明祥.弹塑性力学[M].北京:科学出版社,2002.
[85] 杨桂通.弹塑性力学引论[M].北京:清华大学出版社,2004.
[86] 陈惠发.极限分析与土体塑性[M].詹世斌,译.北京:人民交通出版社,1995.

[87] R. 光拉夫,J. 彭津. 结构动力学[M]. 2 版. 北京:高等教育出版社,2006.
[88] 陈宇东. 结构振动分析[M]. 长春:吉林大学出版社,2006.
[89] 马乐为,徐赵东. 结构动力学[M]. 北京:科学出版社,2007.
[90] 王竹溪,郭敦仁. 特殊函数概论[M]. 北京:北京大学出版社,1995.
[91] Watson G N. A treatise on the theory of Bessel functions [M]. Cambridge university press, 1995.